자본은 전쟁을 원한다

BIC BUSINESS AND HITLER

자본은
전쟁을
원한다

자크 파월 지음 ─ 박영록 옮김

히틀러와 독일·미국의 자본가들
그리고 제2차 세계대전

오월의봄

차례

제 2 부
미국 재계와 나치 독일

서문

'비즈니스'는 모호한 말이다. 한편으로 이 말은 사업 활동을 의미한다. 이때 '빅 비즈니스'란 많은 수익을 창출하는 중요한 경제적 활동과 관련한 대규모 사업을 일컫는다. 다른 한편으로 '비즈니스'라는 단어는 이런 활동에 참여하는 사람들을 가리킨다. 이 경우 '빅 비즈니스'란 대규모로 돈을 버는 중요한 프로젝트와 관련된 사람들, 즉 기업가나 은행가를 의미한다. '자본가'라는 말 또한 적절한데, 이들이 자본을 소유하고 다루는 사람들이기 때문이다. 사실 '자본'이라는 말과 '빅 비즈니스'라는 말은 사실상 동의어라 할 수 있다. (우연히도 독일어에선 '대자본Großkapital'이 '빅 비즈니스'와 비슷한 말이다.) '자본'이라는 말은 단순히 돈 또는 '큰돈'을 지칭하는 게 아니라, 생산수단, 다시 말해 시설, 부동산, 기술, 기계 및 다른 요소를 가리킨다. 이 생산수단과 원료, 그리고 노동자나 임금 생활자가 제공한 **노동**이 결합하여 재화와 용역, 그리고 부를 창출한다.[1] 따라서 부는 노동과 원료에 자본이 투입되는 과정에서 산출되는 결과물이다. 이 생산과정은 **개인적**이 아니라 **집단적**인 노력이며, 다시 말해 사회적인 과정이다. 그리고 이러한 방식으로 창출된 부는 '사회적 생산물'이라 할 수 있다. 하지만 자본주의체제하에서 이 사회적 생산물 가운데 가장 큰 몫은 이른바 수익이라는 형태로 자본 소유자들에게 돌아간다. 반면 노동을 제공한 사람들은 임금이나 급여라는 명목으로 사회적 생산물 중에서 상대적으로 적은 몫을 받는다.

현대 '서방세계'에서 기업가와 은행가는 상층계급, 즉 사회 '지배층' 또는 '기득권층'에 속한다. 유럽에서 이들은 사회적 피라미드의 정점을 독점해온 사람들, 즉 대규모 토지와 부동산을 소유함으로써 권력과 부를 누려온 상류층(또는 귀족계급)과 쉽게 어울린다. 유럽에서 상층계급은 상당한 규모의 부동산을 장악하고 있는 산업계와 금융계의 거물들이나 영국이나 네덜란드 같은 나라의 국왕을 포함하여 비교적 한정된 수의 귀족계급으로 구성된다. 귀족들은 방대한 면적의 부동산을 소유했을 뿐만 아니라 여러 기업과 은행의 주식 역시 다량 보유하고 있기 때문에, 산업계와 금융계의 주요 구성원으로 여겨지기도 한다. 예를 들면 영국 왕실은 막대한 임대 수익이 발생하는 부동산 자산을 소유하고 있으며, 셸 Shell을 비롯한 여러 기업의 대주주이기도 하다.[2]

유럽의 귀족과 산업계 및 금융계의 주요 구성원들은 종종 스위스의 다보스나 네덜란드의 빌더버그에서 '폐쇄적'인 모임을 갖

8

고 공동의 이익에 대해 논의한다. 이들이 어떤 '음모'를 꾸미기 위해 모인다고 말한다면 그건 부적절한 얘기일 것이다. 하지만 이들이 이 기회를 이용해서 계획과 전략을 수립하고, 주요 국가에서 고위직에 오르려는 젊고 야심만만한 유망 정치인들과 친분을 쌓으려 하는 건 분명하다. 지배층은 정치계의 떠오르는 별들이 자신들의 이익을 옹호하고 촉진하는 데 도움이 되기를 원한다. 빌 클린턴과 토니 블레어는 각각 1991년과 1993년에 다보스 포럼에 참석해 전 세계 산업과 금융을 이끌고 있는 주요 인사들에게 눈도장을 받고자 했다.[3] 지배층은 엄청나게 부유한 사람들로 구성되어 있고, 이들을 전 세계 부의 99퍼센트 이상을 소유하는 '1퍼센트의 사람들'이라고 해도 과언이 아니다. 이 지배층은 막대한 부로 인해 거대한 힘을 가지고 있다. 이들이야말로 핵심 권력층이지만, 일반적으로 직접 정치에 관여하지는 않는다. 이들은 막후에서 믿을 만한 정당 소속의 역시 믿을 만한 지도자들—다시 말해서 클린턴이나 블레어 같은 사람들—에게 정치적인 일을 맡기는 방식을 선호한다. 또한 이들은 대개 상대적으로 평범한 사회적 배경을 지니고 있어서 지배층—또는 귀족계급—의 구성원으로 보이지 않기 십상이다. 이는 민주주의라고 일컫는 정치체제 환경에서 실용적인 전략이라 할 수 있다. 민주주의가 전체 '민중', 즉 1퍼센트의 특권층이 아닌 평범한 대중 시민을 위한 체제로 상정된 상황에서, 사회적 피라미드의 정점을 차지하는 이들과 대중 시민의 이해관계가 상충하기 때문이다.

대기업과 금융기관을 장악한 금권 세력, 즉 진짜 자본가들을 작은 회사 소유주나 자영업자 같은 소규모 사업가와 동일시해서는 안 된다. 소규모 사업가들은 상층사회에서 편안함을 느끼지 못한다. 이들은 상층계급이 아니라 중산계급, 정확히 말하면 사회학자들이 '하층 중산계급'이라고 지칭하는 층에 속한다. 한편 '상층 중산계급'이라는 용어는 사회학자와 역사학자가 기업가와 은행가(그리고 다른 분야의 매우 부유한 개인들)를 지칭하는 데 사용하고 있는데, 이들은 19세기에 귀족계급, 다시 말해 사회 계급체계의 정점에 위치한 '상층계급'에 편입됐다—심지어 때로는 기존의 귀족을 대체했다. 그 이전에는 위로는 군주에서부터 아래로는 공작, 백작, 남작, 그리고 텔레비전 드라마 시리즈 〈다운턴 애비Downton Abbey〉의 주인공처럼 이들보다는 소유한 토지가 적었던 영주에 이르기까지 이른바 귀족 혈통이 지배층을 독점했었다. 대기업과 금융기관을 운영하며 사회적 피라미드의 정점인 상류층에 편입한 사람들을 프랑스식으로 '상층 부르주아haute bourgeoisie'라고 부르기도 한다. 반면 소규모 사업가들은 '소부르주아petite bourgeoisie'의 일부로 다뤄지는데, 이들은 수공업자, 소매상인, 학교 교사 등과 비슷한 위치에 놓인다. 이 소부르주아 아래로 사회적 피라미드의 넓은 하단에는 다수의 임금 생활자들이 있다. 이들은 생산과정에 노동을 제공하고, 그 대가로 임금을 받는 사람들이다. 과거에는, 19세기에는 확실히, 임금 생활자라고 하면 주로 노동자들, 특히 공장 노동자들을 지칭하는 말이었다. 최근에는 '노동자worker'라는 용어가 잘 쓰이지 않는데, 이 용어가 저소득, 환경오염 유발 공장, 파업 등 부정적인 것들을 연상시키기 때문이다. 하지만 더욱 중요한 이유는 '노동자'나 '노동계급'이라는 용어 사용을 피할 경우, 자연스레 임금 생활자들이 모두 중산층에 편입된 것처럼 느껴지게 할 수 있다는 데 있다. 물론 19세기 말 이후로 많은 노동자—이른바 노동 귀족들—가 임금 수준을 높여왔고, 그에 따라 소부르주아의 지위를 획득해왔다는 사실 또한 인정해야 한다.

사업을 한다는 게 결국 수익 창출을 위한 것이고, 더구나 큰 사업을 벌이는 유일한 목표는 실현할 수 있는 가장 높은 수익을 달성하는 것, 즉 수익을 최대화하는 것이다. 이 '이상'을 실현하기 위해 대기업(그리고 금융기관)을 경영하는 사람들은 무엇이든 할 준비가 되어 있다. 이들은 개인적으로 친절한 사람일 수도, 아닐 수도 있다. 하지만 이는 전혀 중요하지 않은 문제다. 친절하건 그렇지 않건 간에, 비즈니스의 법칙은 이들에게 모질게 행동할 것을, 그것도 아주 모질게 굴 것을 요구한다. 그러지 않으면 이들은 비즈니스 세상 속 '정글'에서 살아남지 못할 것이다. (격언대로 사람 좋으면 꼴찌 하는 법이다!) 궁극적인 목표가 되어버린 높은 수익률 달성을 위해선 무자비해져야만 한다. **원치** 않는다 하더라도, 경쟁자들을 제거해야 하고, 노동자와 피고용인에게 더 열심히 일하라고 채근하다가 때로는 해고도 해야 하며, 가격을 올리더라도 임금 수준은 낮춰야만 한다. 그렇지 않으면 다른 누군가가 그렇게 해서 경쟁 우위를 점한 뒤, 내 수익을 낮추고 심지어 아예 나를 해당 사업에서 몰아낼 수도 있다. 그 과정에서 인간적으로 괴로운 일이 생기지만, 그런 건 염두에 두지 말라고 교육받는다. 수익이 사람에 우선하기 때문이다. 이것이 바로 대자본의 세계, 다시 말해 자본주의라 불리는 사회경제체제가 돌아가는 방식이다. 그런데도 이 체제를 옹호하는 지식인들은 이것이 유일하게 가능한 사회경제체제이며 다른 대안은 없다고 최선을 다해 우리를 설득하려고 든다.

대자본가들도 '민주적인' 정치체제 또는 '국가'를 편안해할 수 있지만, 자본주의의 역사는 그들이 충분히 높은 수익 수준을 달성할 수 있을 때에만 그것이 가능한 일이라는 걸 보여준다. '강력한 지도자'가 국가를 통솔하는 경우에만, 다시 말해 독재체제하에서만, 충분히 높은 수익을 얻을 수 있다는 확신이 들면, 그들은 독재자가 집권하는 데 기꺼이 협력할 것이다. '집권하는 데 협력한다'라는 표현을 쓴 건, 비슷한 위치의 사회 구성원들, 예를 들면 귀족인지 여부에 상관없이 대규모 토지를 소유한 지주들이나 교회의 고위 성직자들, 그리고 군 장성들 역시 도움의 손길을 내밀 준비가 되어 있기 때문이다. 민주주의는 그리스어로 '데모스demos'라고 하는 일반 시민들이—주로 공정한 선거를 통해—국가의 정치 활동에 참여하는 걸 전제로 한다. 하지만 이게 다는 아니다. 민주주의는 모든 시민이 적정한 생활수준을 누리도록 해줄 필요가 있다. 즉 민주주의는 공정한 임금을 받고 일할 기회와 (교육과 의료 서비스 같은) 폭넓은 사회복지 혜택도 제공해야 한다. 사업가나 은행가는 자신들의 기준에서 충분히 높은 수준의 수익성을 유지할 수 있을 경우, 이런 복지비용을 분담하고 노동자들에게 높은 임금을 지불할 준비가 되어 있다. 또한 그렇게 하지 **않음**으로써 사회 불안, 시위, 폭동, 그리고—무엇보다도—혁명이 야기될 수 있다는 위협을 받는 경우, 기꺼이 양보할 의사를 보일 것이다. 자신들의 부와 권력, 특권이 사라질 수도 있기 때문이다. 하지만 임금 지불이나 사회복지 지원에 따른 비용이 기업이나 은행의 수익성을 심각히 훼손할 정도로 상승할 경우, 소유주와 경영진은 임금을 낮추고 사회복지 제도를 없애는 데 필요한 건 무슨 짓이든 할 것이다.

대자본가들도 다른 모든 이와 마찬가지로 '세계 평화'라는 이상을 위해 노력한다. 다만 평시에도 충분히 높은 수익이 보장된다는 전제하에서만 그렇다. 전쟁을 통해서 더 높은 수익이 생긴다면, 그들은 주저 없이 전쟁의 신 마르스를 숭배할 것이다. 전쟁이 나도 궂은일은 사실상 모두 다른 사람들의 몫이기 때문에 더욱 그러할 것이다. 실제로 죽이고 죽는 일은 다수의 하층계급hoi polloi(문자 그대로 '다수'라는 뜻이다), 즉 너무 많아서 사회를 불안정하고 위험하게 하기 때문에 어느 정도 추려내는 것은 무방하다고 판단되는 다수 민중의 몫이다. 장 폴 사르트르의 말대로 "부자들이 서로를 상대로 전쟁을 벌이면, 그로 인해 죽는 이들은 빈자"인 것이다.

지금까지의 논의는 다소 추상적인 내용이었다. 하지만 모두 역사적 사례로 증명될 수 있는 이야기들이다. 본 연구는 그중 한 사례에 중점을 둘 것이다. 아돌프 히틀러와 그의 국가사회주의(즉 나치즘) 그리고 파시즘―나치즘은 독일형 파시즘이었다―전반에 대해 독일, 미국, 그리고 몇몇 다른 나라의 기업가와 은행가가 취했던 입장을 살펴보고자 한다. 독일과 미국의 자본가들은 히틀러와 사업을 벌이기 위해 몰려들었다. 그리고 양측, 즉 기업가 및 은행가와 나치스는 서로 협력해서 막대한 이득을 취했다. 기업가와 은행가는 꿈꿔왔던 바를, 즉 전례 없이 높은 수익을 손에 넣을 수 있었다.

독일의 대기업Großindustrie과 대형 금융기관Hochfinanz이라는 두 축, 그리고 이들과 협력했던 경제적 특권층—대부분 독일 동부 지역의 대지주 귀족인 융커들이었다—은 물심양면으로 히틀러를 지원했다. 히틀러가 정치적으로 부상해 마침내 권좌에 오를 수 있도록 도왔던 것이다. 그 기간이 길었고 그 과정에서 부침도 있었기 때문에 히틀러의 집권을 막을 수도 있었다. 그리고 독일 재계, 즉 대자본은 전례가 없을 정도로 높은 수익이라는 열매를 수확할 수 있었다. 그 열매는 나치스의 사회적으로 퇴행적인 정치, 대규모 재무장 프로그램, 정복 전쟁, 점령국에 대한 무자비한 약탈, 그리고 유대인 재산 몰수 및 학살 등 각종 그로테스크한 범죄로 얼룩진 땅 위에서 자라난 것이었다. 한 예로, 바이엘Bayer, 회흐스트Hoechst, 바스프BASF 등 대기업들로 구성된 트러스트 이게파르벤IG Farben을 들 수 있다. 이 트러스트는 히틀러의 집권에 도움을 주었고, 재무장 프로그램에 깊이 관여했다. 그리고 전쟁 기간 동안에는 자사 공장, 특히 아우슈비츠 절멸수용소 바로 옆에 지은 거대한 시설에서 노예노동을 활용(악용)해 막대한 부를 벌어들였다.

아직 어느 정도였는지 분명하진 않지만, 미국 자본 역시 초기 단계에 히틀러를 지원했다. 그리고 독일에 수많은 지사 공장을 세워 나치 정권이 사용할 무기와 기타 전쟁 물자를 생산하고, 나치스에 엄청난 양의 연료와 고무, 기타 전략 원료를 공급해 막대한 수익을 거둬들였다. 미국 기업들의 이러한 공급이 없었다면, 히틀러는 무시무시한 전격전Blitzkrieg(신속한 기동과 기습으로 일거에 적의 저항을 분쇄하는 작전—옮긴이)을 결코 실행할 수 없었을 것이다. 전쟁 기간 동안에도, 심지어 진주만 공격 이후에도, 미국 재계는 나치 독일과 중요한 거래를 지속했다. 그 거래로부터 엄청난 수익이 창출되었다. 그리고 이 수익은 점령국에서 강제로 이주된 사람들과 수용소 수감자 등을 활용한 강제노동을 통해 극대화되었다. 일례로 헨리 포드Henry Ford의 가족기업인 포드의 사례를 들 수 있다. 헨리 포드는 널리 존경받던 미국의 상징 같은 인물이었지만, 히틀러만큼이나 과격한 반유대주의 성향을 지니고 있었다. 포드는 나치 독일에 트럭과 광범위한 전쟁 물자를 공급해 돈을 벌었다. 그중 일부는 미국에서 수출되었지만, 대부분은 쾰른에 위치한 포드-베르케라는 이름의 자회사에서 생산되었다. 포드의 독일 내 투자는 전쟁 기간 동안 노예노동을 활용한 덕분에 더욱더 많은 수익을 올릴 수 있었다.

미국뿐만 아니라 독일의 기업가와 은행가는 히틀러 정권과 굉장한 사업을 벌였다. 동시에 그들은 서로를 상대로도 굉장한 사업을 벌이며, 그 과정에서 높은 수익을 올렸다. 그런 만큼 그들이 종전 뒤에도, 자신들이 마지막까지 협력했던 나치 정권의 최후 이후에도 계속해서 함께 사업을 벌이고 싶어 했던 건 어찌 보면 당연한 일이었다. 그런데 그러려면 독일의 대기업가와 은행가에게서 나치의 범죄를 씻어내야 할 필요가 있었다. 이는 가능한 일이었다. 미국 정부와 독일 내 미국 점령군 당국의 주요 결정권자 대부분이 미국의 대기업과 은행의 대리인들이었기 때문이다. 미국 자본가들은, 독일 자본가들이 나치스에 협력했던 사실을 용서하고 또 망각함으로써, 자신들이 협력했던 사실 또한 스스로 용서하고 은폐했다. 그러한 협력이 그들에게 높은 수익을 안겨주었다 해도, 본질적으로는 범죄일 수밖에 없었는데도 말이다.

독일의 기업가와 은행가는 히틀러가 권좌에 오르도록 지원했고, 그가 추진한 퇴행적인 사회 정책과 재무장 프로그램, 그리고 전쟁 덕분에 막대한 수익을 올렸다. 미국의 대기업가와 은행가 역시 히틀러가 성공 가도를 달리는 동안 그를 지원했고, 그들 회사의 수익성도 나치 정권의 대표적인 정책 덕분에 극대화되었다. 그런데 미국 자본은 나치 독일과 영국, 소련, 그리고—히틀러 자신의 잘못된 판단으로 벌어진—미국 사이의 전쟁에서도 재정적인 이익을 보았다. 미국 기업들은 제2차 세계대전 기간 동안 자국과 그 동맹국뿐만 아니라 독일까지 포함한 모든 참전국에 전쟁 물자 등을 공급—기증이었다는 주장도 종종 있지만 분명히 판매였고, 그것도 가격이 부풀려진 경우가 많았다—해서 전례가 없을 만큼 큰돈을 벌 수 있었다.

히틀러의 나치즘, 그리고 파시즘은 미국 자본가들에게 수익을 가져다주었다. 바로 이것이 1945년 이후에도 그들이 계속해서 프랑코, 수하르토, 피노체트 등이 이끌었던 파시스트 (그리고 다른 형태의) 독재 정권을 선호했던 이유이다. 그런데 파시즘보다 자본에 더 유리하게 작용하는 건 뭐니 뭐니 해도 전쟁이었다. 전쟁이 미국의 대기업과 대형 은행에 믿을 수 없을 만큼 큰 수익을 가져다주는 원천이라는 사실은 이미 확인된 바 있다. 그래서 미국은

1945년 이후에도 끊임없이 전쟁을 일으켰고, 최근 자신의 이력서에 노벨 평화상 수상자라는 내용을 추가한 대통령하에서도 전쟁을 멈추지 않았다. 미국이 빠른 시일 내에 마르스 숭배를 멈출 것 같지는 않다. 지구에 평화가 찾아온다면, 미국 재계가 큰 타격을 입을 것이기 때문이다.

이제부터 독일과 미국의 기업과 은행, 즉 양국의 재계가 히틀러와 맺은 관계에 대해 살펴보도록 하겠다. 그들은 히틀러의 정치 경력 초기부터 그를 지원했고, 독일에서 권력을 잡는 데 협력했으며, 그의 퇴행적 사회 정책과 재무장 프로그램을 통해 수익을 올렸다. 또 히틀러가 정복 전쟁을 벌이고 약탈을 저지르며 홀로코스트를 자행할 때 도움을 주었고, 그 과정에서 전례 없이 높은 수익을 거두었다. 그리고 결국 나치즘과 파시즘이 최후를 맞이하는 순간에도 살아남았을 뿐 아니라, 그 와중에 자신들의 부와 권력, 특권까지 지켜냈다.

제 1 부

독일 재계와
히틀러

German Big Business and Hitler

1장

제국, 전쟁, 그리고 혁명

독일은 선진화와 문명화를 이룬 이른바 서방세계의 출발지이자 중심으로 널리 인정받고 있는 대륙, 즉 유럽의 심장부에 있는 문명국가이다. 바흐와 베토벤, 칸트와 헤겔 등의 철학자, 아인슈타인 등의 과학자, 괴테를 비롯한 세계적인 작가를 비롯해서 수도 없이 많은 훌륭한 화가, 건축가, 기술자, 영화 제작자를 배출한 나라이기도 하다. 하지만 '이 창백한 어머니'(베르톨트 브레히트가 자신의 시에서 독일을 가리켜 사용했던 표현이다)는 역사상 가장 악독한 범죄자 중 한 사람인 히틀러와 가장 끔찍한 정치체제 중 하나인 나치 정권을 탄생시키기도 했다. 이걸 어떻게 설명할 수 있을까?

히틀러와 나치즘이 이례적인 것이었을까? 오늘날 유럽연합과 이른바 '국제사회'의 모범적인 회원국인 독일을 비롯한 서방세계가 올바르게 행동하도록—말하자면 인권을 존중하고, 민주적인 정치체제를 선호하며, 원칙적으로 전쟁을 피하도록—이끌어 주는 일반적인 규칙이 심각하게 훼손된 개탄스러운 예외였을 뿐일까? 그렇지는 않아 보인다. 왜냐하면 히틀러가 등장하기 이전에도 독일은 민주주의를 그다지 선호하지 않았기 때문이다. 이 점은 '철혈재상' 비스마르크의 권위주의 통치 시절 잘 드러난 바 있다. 또한 1870년과 1871년 사이의 보불전쟁과 1914년과 1918년 사이의 '제1차 세계대전' 중에는 군국주의 경향이 나타나기도 했다.

1920년대와 1930년대, 그리고 심지어 제2차 세계대전 이후에도, 히틀러 나치 정권과 비슷한 파시스트 또는 유사 파시스트 독재가 이탈리아와 스페인을 비롯한 많은 서방 국가에서 출현했다. 또한 제2차 세계대전 기간 동안 독일에 점령당한 모든 국가에서 히틀러와 나치 정권에 거부감을 느끼지 않던 협력자들이 얼마나 많이 나타났던가? 마찬가지로 인권과 관련해서도 그 악명 높은 제3제국, 즉 히틀러 독일이 이례적인 곳은 아니었다. 영국인, 벨기에인, 프랑스인, 네덜란드인, 스페인인, 포르투갈인, 그리고 독일인은 자국의 식민지에서 흑인, 갈색인종, 황색인종 등을 '열등 인종Untermenschen'으로 (학)대했다. 이 용어는 흔히 나치즘과 관련해서 사용되는데, 나중에 살펴보겠지만 사실 미국에서 만들어졌다. 그들이 '열등 인종'이라고 불렀던 사람들을 학살한 사례는 너무나도 많다. 이는 히틀러가 유대인과 집시를 상대로 같은 비극을 저지르기 전에 일어났던 일이다.[1] 독일인들은 히틀러가 없던 1904년에서 1907년 사이에 이미 오늘날 나미비아가 된 식민지 남서아프리카Südwest-Afrika에서 헤레로인과 나마인을 사실상 몰살했

는데, 이 사건은 20세기 첫 집단학살로 알려져 있다.[2]

히틀러를 다룬 책이나 다큐멘터리에서 흔히 그는 서방세계가 암흑기에서 풍요롭고 밝은 미래로 나아가는 과정에 나타난 예외적인 경우로 그려진다. 하지만 그건 몇 가지 이유로 '독일에서 발생한 희한한 교통사고' 같은 일이 아니었다. 히틀러와 나치즘은 무솔리니, 프랑코, 피노체트 등 독재자들의 파시스트 정권과 더불어 독일, 유럽 전반, 그리고 나머지 서방세계의 역사 진행 방향에 완벽하게 들어맞는 것이었다. 자본주의체제는 서방세계의 중심에서 탄생했지만 불과 한두 세기 만에 진정한 '세계체제'로 변모해왔는데, 이 역사에서 그들은 전혀 예외적인 경우가 아니었다. 히틀러의 나치즘, 더 나아가 파시즘은 사실 자본주의의 징후였다—그리고 자본주의는 여전히 새로운 형태의 파시즘을 만들어내고 있다.

히틀러는 당시 독일 사회 지배층의 협력이 없었다면 결코 집권하지 못했을 것이다. 여기서 지배층이란 지주 귀족, 군 장성(대부분 성이 폰von으로 시작되어 귀족 출신인 게 드러난다), 개신교와 가톨릭교의 고위 성직자, 고위 관료, 대학교수, 그리고 주요 은행가와 기업가(**중요하지 않아서 마지막에 언급한 건 아니다**)를 가리킨다. 이들은 함부르크의 위대한 역사가 프리츠 피셔Fritz Fischer가 지적한 대로, 제1차 세계대전 이전 시대부터 거의 변하지 않고 유지되어온 독일 기득권층의 '핵심'이었다. 독일제국의 제1차 세계대전 패전—그리고 전쟁이 촉발한 혁명—에도 큰 피해를 입지 않고 살아남은 이들이었다.[3] 이탈리아에서도 1922년에 이미 같은 특권층—기본적으로 산업계 및 금융계의 상층 부르주아와 지주 귀족의 연합체, 또는 '공생체'였다―이 무솔리니에게 힘을 실어준 바 있었다. 1930년대에 이들은 스페인에서 프랑코를 후원했을 뿐만 아니라, 프랑스와 벨기에를 비롯한 여러 유럽 국가에서, 그리고 심지어는 미국에서까지 파시스트 조직을 창설하거나, 최소한 지원해주었다. 이에 대해선 뒤에서 살펴볼 것이다. 그런데 미국에서는 지배층이 사실상 기업가와 은행가로만 구성되었는데, 이는 남북전쟁 이후 남부의 지주와 귀족 행세를 하던 지배층이 무너졌기 때문이다. 이 책에서는 기업가와 은행가, 즉 '재계'로 총칭되는 경제계 거물들의 역할에 집중할 것이다. 그리고 독일에서 그들이 왜, 그리고 어떻게 히틀러의 집권에 중요한 역할을 했으며, 악명 높은 제3제국에서 '히틀러의 전쟁' 기간 동안 어떻게 지냈는지를 살펴볼 것이다. 기득권층의 다른 '핵심'들―예를 들면 지주 귀족, 군 장성, 가톨릭교와 개신교의 고위 성직자들―에 대해서도 종종 거론할 것이다.

제1차 세계대전이 발발하기 전 19세기 동안 독일제국은 산업화를 이뤄 세계 최강대국 중 하나로 부상했다. 사회적·경제적 발전이 이뤄지면서 여러 가지 눈에 띄는 독특한 특징을 지닌, 역동적인 자본주의체제가 탄생했다. 예를 들어 산업의 핵심 영역에서는 '트러스트'라고 하는 거대 기업이 형성되었다. 이들은 서로―그리고 외국의 트러스트―를 상대로 냉혹한 경쟁을 벌이거나 함께 카르텔을 결성해 부족한 원료 문제, 완성품 판매 문제뿐 아니라 당연히 가격에 대해서도 담합하곤 했다. 이 모든 것의 목표는 경쟁으로 인한 손해를 최소화해 수익을 높이는 것이었다. 이들 거대 기업의 소유주들, 다시 말해 독일의 주요 자본가들은 비스마르크가 건설한 권위주의 국가를 완전히 통제하지는 못했지만, 그 안에서 막강한 영향력을 발휘하며 위세를 떨쳤다. 역으로 독일제국은 그들의 이익을 보호하고 늘리려 부지런히 애썼다. 그런데 비스마르크와 빌헬름 1세 정부가 그보다 더욱 열심히 지키려 했던 건 지주 귀족, 즉 프로이센 융커들의 이익이었다. 비스마르크 자신이 그 계층에 속해 있었고, 호엔촐레른가(프로이센의 왕과 독일제국의 황제를 배출한 가문. 독일제국의 빌헬름 1세와 2세도 이 가문 출신이다—옮긴이)의 황제가 그 계층의 일인자였기 때문이다. 제1차 세계대전 이전의 독일에선 지주, 즉 '농촌'의 상류층과 산업계(와 금융계)의 상층 부르주아가 일종의 협력관계 또는 공생관계를 맺고 있었다는 주장도 가능하다. '카이저 시대Kaiserzeit'(1871년부터 1918년까지 독일제국 시대를 가리킨다. 독일어로 카이저는 황제를 의미한다—옮긴이)를 좋았던 옛 시절이었다고 생각하는 이들도 있을 것이다. 그 시대에 정치권력은 귀족의 몫이었고, 경제권력의 알짜배기는 상층 부르주아, 즉 기업가와 은행가가 차지하고 있었다. 그런데 당시 지배적인 이데올로기는 귀족이 갖고 있던 '봉건적' 이데올로기로, 군국주의, 전제주의, 사회 기강 확립, 기독교 등을 그 내용으로 하고 있었다. 프랑스의 정치과학자 니코스 풀란차스Nicos Poulantzas는 "유럽 자본주의의 …… 부르주아 이데올로기의 주요 양상인 '자유주의'는 결코 독일에 뿌리내릴 수 없었다"며, 독일의 '봉건적' 이데올로기에 대해 설명한 바 있다.[4]

독일에서도 산업혁명으로 수많은 화이트칼라, 블루칼라 임금 생활자가 생겨났다. 이들 서민 중 압도적인 다수가 오늘날까지도 여전히 독일의 주요 정당 중 하나로 남아 있는 사회민주당(사민당)에 입당하거나 최소한 지지를 보냈다. 그런데 오늘날과는 다르게 당시 사민당은 노동계급 조직이자, 마르크스주의에 입각한 사회주의 정당의 성격이 짙었다. 이들은 기존의 자본주의체제 틀 안에서 정치적·사회적 개혁을 추구하는 데서 그치지 않고, 혁명의 붉은 깃발을 흔들었다. 바꿔 말하면, 이들은 여전히 대체로 '봉건적인' 제국의 정치 질서뿐만 아니라 자본주의적 사회경제 질서까지 전복하고자 했다. 사회주의적이면서 혁명적인 사민당의 선명한 정강은 노동계급뿐만 아니라 심지어 소부르주아들 사이에서도 상당한 반향을 불러일으켰다. (사실 수공업자, 소매상인, '자영업자' 등은 새로 생긴 백화점 같은 대기업과 경쟁하는 데 점점 더 압박감을 느끼고 있었다.) 그런 이유로 사민당은 선거에서 잇달아 놀라운 성공을 거둘 수 있었고, 결국 보통선거를 토대로 의원을 선출하는 제국의회에서 가장 많은 의석을 차지한 정당이 되었다.

보통선거제가 도입되어 있었음에도 불구하고, 비스마르크와 그 후계자들 지배하의 반민주주의적인 정치체제에는 사민당의 정치적 힘이 엄청난 의석수에 비례하여 커지지 않도록 만드는 몇몇 장치가 있었다. 예를 들어, 정부는 의회가 아닌 황제 개인에게 그 업무를 보고하도록 되어 있었다. 대지주와 마찬가지로, 기업가와 은행가도 이런 장치가 있는 걸 다행으로 여겼다. 그런데도 1914년 전쟁이 발발하는 순간까지 귀족과 상층 부르주아는—독일에서뿐만 아니라 유럽 전체 및 미국에서도—자신들이 어리석고 위험하다고 여기는 일반 '대중'이 권력을 잡을까봐 끊임없이 두려워했다. 1871년 파리코뮌이나 1905년 러시아를 뒤흔든 혁명 같은 폭력적인 혁명을 통해 그렇게 될 수 있었다. 또는 비스마르크의 보통선거 도입과 같이 점진적이고 느리지만 도저히 막을 수 없는 민주화 과정을 통해서도 그렇게 될 수 있을 터였다. 지식인들에게서도 '위험한 계급' '하층민' 또는 '군중'에 대한 공포가 표출되었다. 이는 예를 들어 오르테가 이 가세트, 파레토, 르봉, 니체 등이 수행한 엘리트주의적인 연구에서 찾아볼 수 있다—니체는 거의 모든 나라의 '상류사회'에서 대단한 성공을 거뒀지만, 조국인 독일에서 특히 그러했다. 이러한 사회민주주의적인 흐름을 멈추기 위해 비스마르크는 고용주들의 재정 지원을 받아 전국적으로 실업보험과 건강보험 등의 제도를 도입했다. 바꿔 말하면 세계 최초의 '복지국가'를 설립했던 셈인데, 독일의 은행가와 기업가에겐 당연히 마음에 들지 않은 제도였다. 한편, 비스마르크식 사회복지 제도와 임금 인상이 가져다준 혜택으로 인해 대부분이 사회주의자이고 따라서 혁명론자라고도 가정할 수 있는 노동계급 중에서 일종의 '노동 귀족'이 탄생했다. 그들은 현존하는 사회경제 체제에 자신의 지분을 가지게 되었고, 따라서 혁명적인 변화에 대한 그들의 열망은 점점 더 줄어들 수밖에 없었다. 사민당 또한 공식적으로는 혁명이라는 기획을 고수하고 있었지만, 당 지도부는 점차 '점진적'인 '개혁'을 지향하는 인물들—즉 혁명을 일으키는 게 필요하고 또 바람직하다는 생각을 사실상 포기한 사회주의자들—에게 장악되기 시작했다. 이들 개혁론자들은 독일 특유의 기존 질서, 즉 경제적으로는 자본주의적이고 정치적으로는 여전히 대체로 봉건적인 체제 안에서 정치적·사회적 개혁을 추구하는 실용 노선을 선호했다.

독일제국의 산업 성장은 자국 내 사회적·경제적 문제뿐만 아니라 국제적인 갈등 및 긴장도 불러일으켰다. 영국이나 프랑스 같은 다른 산업 강대국은 광대한 식민지를 보유하고 있었고, 따라서 원료 공급처와 자국의 완성품 시장을 독점적으로 통제할 수 있었다. 예를 들어 새로운 교통수단으로 점점 중요도가 높아지던 자동차의 타이어를 생산하는 데 필요한 고무를 말레이시아와 베트남에서 공급받을 수 있었던 것이다. 하지만 독일은 1871년에서야 겨우 통일을 이뤘고, 따라서 주요 식민지를 차지하기엔 너무 늦게 국제무대에 등장한 터라, 고무, 석유, 구리, 심지어 철광석과 같이 필수적인 원료를 모두 수입해야만 했다—가격 또한 비교적 높게 지불해야 했다. 따라서 독일 제품은 상대적으로 비싸 해외로 수출하기가 어려웠다. 급격하게 높아지는 생산성과 제한된 해외 판매 시장 사이의 모순을 해결할 긴급한 대책이 필요했다. 독일의 기업가와 은행가, 그리고 기타 지배층 구성원들이 볼 때 유일한 해결책은 전쟁이었다. 독일 산업계에 절실히 필요한 것을 얻으려면 해외뿐 아니라 유럽 내에서 영토를 확장해야 한다고 봤던 것이다. 그들이 원했던 것은 더 많고 더 큰 식민지였다. 그리고 그 식민지는, 예를 들면, 원료(심지어 노동력까지도)를 싼값에 구할 수 있고, 완성품을 내다 팔 시장으로 기능해야 하며, 독일의 자본을 투자할 수 있는 곳이어야 했다. 그들이 원했던 영토에는 러시아제국의 우크라이나를 비롯한 여러 지역 등 동유럽의 방대한 땅이 포함되어 있었다. 독일의 기업가들에게 동유럽은 고도로 산업화된 독일 본토를 보완해줄 수 있는 완벽한 지역이었다. 그곳의 비옥한 토지와 값싼 노동력을 이용하면 독일 노동자들에게 공급할 많은 양의 식량을 생산할 수 있었고, 그러면 독일 노동자들의 임금을 저렴한 수준으로 유지하는 게 가능하다고 봤던 것이다. 또한 토지를 소유한 융커들은 유럽의 '극동' 지역을 '무한한 기회의 땅'으로 여겼는데, 그들의 어린 자식들이 그 지역으로 이주하여 리터구트Rittergut, 즉 기사령騎士領을 확보하고, 그곳의 원주민들을 다스릴 수 있을 거라 생각했기 때문이다. 유럽과 해외에서 확보하게 될 지역은 원료 공급처와 시장뿐만 아니라 풍부한 값싼 노동력의 공급처가 될 것이 분명했다. 독일의 기업가와 지주는 거대한 식민제국이 된 프랑스와 영국에 비교해 불리하다고 느끼며 이런 계산을 하고 있었다. 영국은 수백만까지는 아니더라도 수십만 명의 '쿨리coolie'를 마음대로 이용할 수 있었다. 쿨리란 제국에서 고되고 위험한 일을 노예처럼 하도록 강제로 집단 이주시킨, 인도나 중국—중국은 '반식민지'나 다름없었다—출신 노동자를 가리키는 말이었다. 예를 들어 그들은 캐나다 로키산맥을 관통하는 철도를 건설하는 일 등에 투입되었다. 이러한 모든 상황이 독일제국의 황제 빌헬름 2세가 즐겨 사용했던 표현을 빌리자면, '태양이 비추는 곳' 확보를 목표로 하는 공격적인 외교 정책을 낳았고, 궁극적으로는 제1차 세계대전으로 이어졌던 것이다. 물론 제1차 세계대전이 발발했던 데에는 '독일에서 형성되지' 않은 다른 원인들도 있었다고 해야 온당할 것이다. 프랑스, 영국, 러시아에도 역시 갈등을 원할 만한 이유가 있었다.[5]

그렇지만 독일의 기업가(그리고 그들과 연관된 은행가)와 대지주가 1914년에 발발한 '제1차 세계대전'에서 여러 가지 이익을 기대했던 것은 사실이다. 이는 독일의 역사학자 프리츠 피셔가 1960년대에 발표한 유명한 연구서 《세계 패권 장악Griff nach der Weltmacht》에 설득력 있게 기술되어 있다. 승리―패배는 생각조차 할 수 없는 일이었다!―는 영국과 프랑스를 비롯한 해외 경쟁국에 심각한 타격을 줄 뿐만 아니라, 유럽과 전 세계에서 새로운 영토와 이제껏 기술한 모든 관련된 이익을 한꺼번에 획득하게 된다는 것을 의미했다. 더욱이 독일 지배층 전체는 위대한 애국 전쟁이, 독일 국민에게 전염된 사회주의라는 '질병'을 치료할 강력한 치료제가 될 것이고, 민주화 추세를 막거나 심지어 되돌릴 것이며, 전국을 떠도는 혁명이라는 유령을 완전히 쫓아버릴 것이라고 믿고 있었다. 1914년 이전 시기에 이미 셀 수 없이 많은 정치인, 기업인, 지식인, 그리고 부르주아 및 귀족계급 일원들은 세계대전이 두려운 혁명을 막을 '대책'이 될 수 있다고 확신했던 것이다. 이는 독일뿐 아니라 영국, 프랑스, 이탈리아, 러시아, 미국, 그리고 그 외의 국가에서도 마찬가지였다.[6]

피로 얼룩진 참상이 수년간 이어진 뒤, 제1차 세계대전은 독일에 승리가 아니라 쓰디쓴 패배를 안겨주었다. 독일은 식민지와 동유럽의 영토를 확보하기는커녕, 전쟁 이전에 가지고 있었던 식민지와 자국의 일부 영토마저 잃게 되었다. 게다가 전쟁은 혁명이라는 유령을 축출하는 대신 오히려 대규모 혁명을 불러일으켰다. 러시아에서 1917년에 볼셰비키가 권력을 장악하고 사회주의 사회를 건설하기 시작했던 것이다. 독일에서도 혁명이 발발했다. 하지만 군대에 의해 유혈 진압되었는데, 이는 사민당의 프리드리히 에베르트Friedrich Ebert 등 새로운 지도부의 찬성하에 벌어진 일이었다. 사민당은 제1차 세계대전 발발 이전에 이미 '개혁적' 또는 '점진적' 형태의 사회주의를 지향하고 혁명적 사회주의를 포기하기 시작했는데, 1918년과 1919년 사이에 이를 공식화했던 셈이다. 그 이전인 1914년에 전쟁이 발발했을 때, 사민당은—유럽의 다른 사회주의 정당 대부분이 그랬던 것처럼—프롤레타리아 국제주의에 대한 초기의 신념을 버리고, 그 대신 '사회배외주의social-chauvinism'라고 알려진 호전적인 민족주의를 바탕으로 한 사회주의 입장을 채택한 바 있었다. 하지만 탄압만으로는 혁명에 대한 요구를 잠재울 수 없었다. 정치체제에 '자유'민주주의적인 요소를 어느 정도 포함할 필요가 있다는 건 분명해 보였다. 예를 들어 보통선거—이미 비스마르크가 도입한 바 있었다—실시와 내각책임제 및 비례대표제 도입 등을 고려해야 했다. (비례대표제가 '최다 득표자 당선제'보다 더 민주적인 제도인 건 분명하지만, 이로 인해 정당 수가 급격히 증가하고, 연립정부가 형성되며, 그에 따라 정치적 불안정의 가능성이 높아질 수 있다.) 이에 더해 하루 8시간 노동과 실업보험 등 비스마르크 때보다 더 많은 사회복지 제도 도입이 불가피했다. 이런 것들이 필요했던 이유는, '노동자들의 천국'임을 천명하며 새로

형성된 소비에트연방보다 새로운 독일이 노동자와 임금 생활자 등의 대중에게 더 나은 곳이라는 걸 보여주기 위해서였다. 소련에서는 이미 프롤레타리아들이 완전고용과 무상교육 등 중요한 사회적 혜택을 누리고 있었다.

제1차 세계대전의 잿더미 위에서 일어선 '새로운' 독일, 즉 자유민주적인 '바이마르공화국'에서는, 사민당의 단호한 개혁적 사회주의자들이 중요한 역할을 수행할 수 있었다. 그리고 새로 창당한 독일공산당Kommunistische Partei Deutschlands의 급진적인 당원들 역시 중요한 역할을 맡게 되면서 지배층과 보수층을 경악케 했다. 공산당원들은 사회민주당원들과는 다르게 마르크스주의의 혁명적이면서 국제주의적인 이상에 여전히 충실하고자 했던 사회주의자들이었다고 할 수 있다. 그들은 러시아 볼셰비키가 이룬 사례에서 영감을 받았고, 그에 따라 종종 볼셰비키라고 불리기도 했다. 또한 러시아의 레닌을 비롯한 볼셰비키 지도부에게 격려와 지지를 받았다. 러시아는 소비에트연방이라고도 알려진 첫 번째 사회주의 국가, 소비에트사회주의공화국연방을 탄생시킨 혁명이 일어난 곳이었다.

비스마르크를 지원했던 국가자유당의 후신인 독일인민당 Deutsche Volkspartei이나 독일국가인민당 Deutschnationale Volkspartei과 같이 보수적이면서 독일의 전통적인 지배층의 이익을 대변하는 부르주아 정당은 매우 대중적이었던 사회주의자와 공산주의자를 상대로 경쟁조차 할 수 없었다. 워낙 유명한 정당들이었지만, 그들의 정강은 소수의 '인민'에게만 통할 만한 것이었기 때문이다.

(그들 입장에선) 다행스럽게도, 그들은 사민당의 개혁파, 몇몇 소부르주아 자유주의 정당, 오늘날의 독일기독교민주연합Christlich Demokratische Union의 전신으로 규모가 꽤 컸던 (그리고 보수적인) 가톨릭 중앙당에서 협력자를 찾을 수 있었다. 어쨌든 기업가와 은행가는 민주적인 바이마르 체제를 혐오했는데, 그 체제가 전쟁 이전의 권위주의적이었던 독일제국에서는, 즉 좋았던 옛 시절인 카이저 시대, 독일의 '좋은 시대belle époque'에는 결코 경험한 적이 없던 온갖 종류의 정치 문제를 일으켰기 때문이다. 게다가 바이마르공화국에선 노동조합 역시 중요한 역할을 수행하도록 허용되기까지 했다. 고용인들은 이제 임금, 노동시간 및 노동조건, 안전 규정 등에 관한 노동자들의 요구를 고려해야 했고, 또 자신들이 필요로 하거나 원하지도 않는 사회복지 비용을 최소한 일부라도 부담해야 했다.[7] 독일의 역사학자 루돌프 헤르브스트Ludolf Herbst는 바이마르공화국에 대한 기업가들의 태도를 다음과 같이 묘사한다.

> 그들은 사회 및 재정 정책에 대해 심하게 불평을 늘어놓았다. …… 그들은 임금이 지나치게 많고, 노동시간은 지나치게 적다고 생각했다. …… 그들은 복지국가로 나아가는 추세를 한탄했고, 심지어 자신들이 노동조합이 통제하는 나라에 살고 있다고 확신했다. …… 그들은 민주주의를 전혀 좋아하지 않았고, 여전히 군주제를 선호했다. …… 그들은 〔바이마르의〕 정치체제가 독일 산업의 경쟁력에 치명적인 악영향을 미친다고 확신했다.[8]

전쟁에서 패배한 독일은 식민지를 확보하는 데 실패했을 뿐만 아니라 상당한 규모의 영토와 해외 시장마저 잃게 되었다. 1914년에는 기대에 부풀었던 독일의 기업가와 은행가에게 이는 매우 실망스럽고 심지어 충격적이기까지 한 결과였다. 설상가상으로 독일은 프랑스와 벨기에에 수년에 걸쳐 많은 배상금을 지불해야 했기 때문에, 산업계와 금융계는 그중 상당한 금액을 부담해야 한다는 요구를 받고 있었다. 1918년 11월 항복 문서와 1919년 6월 베르사유조약에 서명했던 바이마르의 사회민주주의적·자유주의적 집권 세력은 이 모든 비참한 상황을 초래한 데 대한 비난을 받았다. 은행가와 기업가는 또한 민주공화제에 대해서도 불만을 드러냈다. 민주공화제 도입이 베르사유에서 맺은 약정을 따르기 위한 것이란 사실이 밝혀졌기 때문이다.

독일의 자본가들이 민주공화제를 폐기하고, 자신들과 관점이 같은 '독재자'가 지휘하는 권위주의 정권으로 대체하려는 꿈을 꿨다는 건 전혀 놀랄 만한 일이 아니다. 그 독재자가 독일 노동자들에게 엄격한 규율을 강제하고, 보복 전쟁을 준비해 1914년에 독일 재계가 품었던 원대한 팽창주의의 꿈을 마침내 실현해주기를 바랐던 것이다. 또한 그 전쟁이 혁명론자, 즉 독일의 공산주의자들에게 영감과 지침을 주고 있는 혁명의 나라 소비에트연방을 완전히 파괴해주기를 희망했다. 그런데 그런 독재자를 어디에서 찾을 수 있을까?

많은 사람이 자신들이 열망하는 구세주가 당시 국가방위군 Reichswehr이라고 알려졌던 군대의 고위층에서 나오리라 믿었다. 장성들은 기본적으로 귀족 출신이었고, 기업가와 은행가만큼이나 민주주의와 사회주의를 혐오하고 혁명을 두려워한 대지주들의 이익을 대변하는 인물이었기 때문이다. 그들에게 민주주의란 빵, 즉 자신들이 생산한 밀의 가격을 낮추려는 체제이자, 소농들에게 유리한 방향으로 토지 개혁을 실시하려는 체제일 뿐이었다. 그리고 실제로 1920년에 보수 정치인이었던 볼프강 카프Wolfgang Kapp와 군 고위 장교였던 발터 폰 뤼트비츠Walther von Lüttwitz가 다수의 군부대에서 지원을 받아 쿠데타를 시도했다. 이로 인해 정부가 베를린을 떠나 도피까지 해야 했지만, 결국 이 '카프 반란'은 실패로 끝이 났다. 사민당의 사회주의자들과 공산당의 공산주의자들이 총파업을 일으켜 나라 전체를 마비시켰기 때문이다. 쿠데타 지도부는 불명예스럽게 망명해야 했고, 군대는 순순히 막사로 돌아갔다. 이 사건으로 민주공화제를 독재체제로 대체하는 게 생각보다 어려운 일이라는 게 밝혀졌다. 심지어 위험하면서도 잠재적으로는 역효과를 낼 수 있는 기획으로 보였다. 사민당과 공산당이 함께 개입하면 순식간에 진짜 혁명으로 번질 수 있다는 게 위협이 되었던 것이다.[9]

2장

산업, 민주주의, 그리고 독재

전직 '최전선 군인'이었던 아돌프 히틀러가 뮌헨에서 역사의 무대에 모습을 드러낸 것은, 독일의 제1차 세계대전 패배, 러시아와 독일에서 일어난 혁명, 허약한 바이마르식 민주주의의 탄생을 비롯한 여러 충격적인 사건이 뒤섞여 있는 맥락에서였다. 초기에는 존재감이 거의 없던 극우 정당의 지도자가 된 히틀러는 자신의 정당에 국가사회주의독일노동당Nationalsozialistische Deutsche Arbeiterpartei이란 당명을 붙였다. 당명이 정당의 성격에 맞지 않아 오해의 소지가 있었다—다분히 의도적인 것이었다. 첫째, 히틀러 자신을 포함해 그의 초창기 동료들 모두 노동자가 아니었다—나중에 지역당 지도자Gauleiter나 기타 다른 조직의 책임자가 된 사람 중에도 노동자는 없었다. 히틀러는 정부 관료의 아들이었다. 그의 아버지는 오스트리아-헝가리제국의 관세청 직원으로 꽤 성공한 사람이었으며 '상당한 유력 인사'였다.[1] 1920년대 뮌헨에서 히틀러는 아주 부유한 후원자들로부터 넉넉한 재정 지원을 받아 '엄청난 물질적 안락'을 누리며 살았다. 이 후원자들에 대해서는 나중에 이야기하겠다. 그리고 1930년대 초반에는 재정 지원이 더욱 늘어나고 저서인 《나의 투쟁Mein Kampf》에서 많은 인세가 나오면서 히틀러는 사실상 독일의 부호 대열에 합류하게 되었다. 베를린, 뮌헨, 베르히테스가덴의 건물을 포함해 상당한 수준의 부동산과 크라나흐의 그림 등 훌륭한 미술 작품 컬렉션을 소유했다. 또 은행가와 기업가의 상징 같은 자동차인 대형 메르세데스를 타고 다녔다. 여느 산업계와 금융계의 거물들처럼 '많은 가사 노동자'를 고용했다.[2] 히틀러는 노동자였던 적이 없다. 그는 소부르주아 출신으로, 더 상위계층의 부르주아로 진입한 인물이었다.

둘째, 히틀러는 사회주의자가 아니었다. 사실 그는 사회주의를 혐오했다. 하지만 당시 독일의 시대정신이 사회주의적이고 어느 정도는 혁명적이었기 때문에, 사회주의라는 문구를 넣고 노동자계급과의 연대를 내세운 뒤 반자본주의적·혁명적 용어를 가져다붙이면 서민 대중에게 관심과 지지를 받아 표를 모을 수 있을 거라고 판단했다. (노동자들뿐만 아니라 일부 소부르주아도 막연하게나마 사회주의적이고, 반자본주의적이며, '반금권주의적'인 정서를 품고 있었다는 사실을 잊어서는 안 된다.) 히틀러는 확실히 민주주의자가 아니었고, 민중의 입장을 옹호하는 인물도 아니었다. 그는 '대중영합주의자', 즉 대중을 위한다는 명분을 내세우며 그들의 이익을 지킨다고 주장하는 사람이었다. 선동가는 사람들을 조종하는 데 능한데, 그는 의심할 여지없이 재능 있는 선동가였다. 하지만 자신과 같이 사회주의를 싫어했던 기업가, 은행가, 대지주, 군 고위 간부, 그리고 기타 부유하고 힘 있는 독일인들을 대할 때면, 그의 당이 가진 목표가 "마르크스주의적인 세계관을 파괴하고 박멸하는 것"이라는 사실을 분명히 했다. 이러한 내용은 1922년 10월 22일에 주요 기업가들에게 보낸 그의 메모에 잘 드러나 있다.[3] 히틀러는 기회가 될 때마다 "마르크스주의를 박멸"하겠다는 의지를 천명했고, 독일의 역사학자 볼프강 몸젠Wolfgang Mommsen이 지적한 대로, 이러한 말이 기업가와 은행가에게 어떠한 호소력을 지니는지 아주 잘 알고 있었다.[4]

히틀러는 독일 지배층을 대표하는 사람들, 예를 들면 유명한 루덴도르프 장군과 페라이니히테 슈탈베르케 아게Vereinigte Stahlwerke AG 카르텔의 최고 경영자인 프리츠 티센Fritz Thyssen 등의 지지를 얻기 시작했다. ('아게AG'는 '공개유한책임회사' 또는 '주식회사'를 의미하는 악티엔게젤샤프트Aktiengesellschaft의 약어다. 독일 재계는 종종 도이칠란트 아게Deutschland AG라고 불리는데, 이는 미국 재계가 종종 '코퍼러트 아메리카Corporate America'라고 불리는 것과 같은 이유에서이다.[5]) 독일 산업의 중심지인 루르 지역에서 가장 강력한 영향력을 지닌 인물이었던 티센은 1923년 10월에 히틀러를 만나 곧바로 그에게 엄청난 액수의 돈을 주었다.[6] 히틀러와 그의 정당은 출판업자인 율리우스 레만에게서도 후원을 받았다. 국가사회주의독일노동당이 1922년 1월에서 4월 사이에 그들에게서 받은 후원금은 1만 라이히스마르크에 달했다.[7] 히틀러는 독일 상류층의 선택을 받아가고 있었던 것이다. 독일에서 쓰이는 표현을 빌리자면, 그는 점점 잘 롱페이히salonfähig, 즉 '사교계에서 받아들이기에 사회적으로 어울리는' 인물이 되어가고 있었다.

당시 사교계 모임은 대개 분위기를 이끄는 여성의 후원을 받아 열리는 경우가 많았다. 지배층은 주로 그러한 모임을 통해 친교를 쌓았다. 히틀러가 나타나 권위주의·인종주의·반유대주의적인 자신의 생각을 드러내기 전부터 사교계에는 이미 그러한 시각이 팽배해 있었다. 초기, 즉 1920년에서 1922년 사이에, 히틀러는 사교계 모임에서 기업가 카를 알브레히트 헤크만의 미망인, 인쇄업과 출판업으로 부를 축적한 브루크만스 일가, 유명한 피아노 제조업자인 베히슈타인 씨 등을 소개받았다. 베히슈타인 부인은 히틀러가 자신의 딸과 결혼하기를 원했던 것으로 알려져 있다. 그런데 더욱 흥미로운 건 베히슈타인 부인이 "턱시도를 입고 에나멜가죽 신발을 신은" 히틀러를 소개받은 장소가 그가 속한 정당의 '노동자'들이 모인 자리가 아니라, 사교계 모임이었다는 사실이다. 그는 뮌헨뿐 아니라 베를린에서도 턱시도를 입을 기회가 있었다. 예를 들면 기관차 제조업자인 보르지히 씨, 지멘스Siemens의 대표 중 한 사람이었던 에밀 간서 등을 만나는 자리에서였고, 히틀러는 이들과 '상류사회 첫 인맥'를 형성했다.[8] 이 시기, 즉 1920년대 초반에 히틀러는 이미 국제적인 대자본가들에게서 재정 지원을 받고 있었다. 나중에 살펴보겠지만, 그들 대자본가 중에는 스위스의 몇몇 기업가와 은행가도 포함되어 있었다. 또한 억만장자 윌리엄 랜돌프 허스트William Randolph Hearst의 언론 특파원이었던 윌리엄 베

이어드 헤일William Bayard Hale은 히틀러를 지지한 최초의 미국인이 되었다.[9]

히틀러는 야심이 매우 컸지만 그만큼의 인내력은 없었다. 또한 자신의 정치 경력에서 상대적으로 초기인 이 시기에 받았던 지지와 호의를 과대평가했다. 무솔리니의 이른바 로마 진군에서 영감을 받은 히틀러는 1923년 11월 9일 뮌헨에서 자신이 이끄는 독재체제 구축을 목표로 카프(독일의 정치가. 1920년에 제정 부활을 목표로 반란을 일으켰지만 실패했다—옮긴이)식의 쿠데타를 시도했다. 하지만 이 '맥주 홀 폭동Bierkellerputsch'은 처참한 실패로 끝났다. 군대의 지원을 충분히 받지 못한 게 가장 큰 이유였다. 군 지휘부는 카프 반란 때 배웠던 뼈아픈 교훈을 잊지 않고 있었다. 히틀러는 체포되었지만, 채 1년도 되지 않아 석방되었다. 이는 바이마르공화국의 사법부—독일 기득권층의 또 다른 '기둥'이었다—가 민주주의의 적들에게 동조하고 있었다는 걸 방증한다. 그는 수감 생활 동안 편안한 여가 시간을 활용해《나의 투쟁》을 집필했다. 그는 폭동의 실패를 통해 선거로 권력을 잡아야 한다는 교훈을 얻었다. 그런데 선거운동을 하고 선거를 승리로 이끌려면 돈이, 그것도 아주 많은 돈이 필요했다. 결과적으로 히틀러는 더 많은 독일 부유층과 권력층에게서 지지와 협력을 끌어내야 했다. 1924년 12월에 출감한 그는 곧바로 이를 위한 활동에 착수했다. 먼저 일시적으로 법적 지위가 박탈되었던 당 재건에 나섰다. 히틀러는 후원자였던 티센의 도움을 받아 계획적·체계적으로 다른 기업가들의 지원을 받으려고 애썼다. 그는 티센에게 통했던 방법을 사용해서, 즉 두

가지 주장을 내세워서 그들을 설득하고자 했다. 두 가지 주장은 다음과 같았다. 첫째, 자신의 당이 추구하는 목표는 모든 형태의 마르크스주의를 박멸하는 것이다. 둘째 노동자들을 비롯해 서민들이 국제적인, 따라서 '독일식이 아닌', 더 구체적으로는 유대식 Jewish 사회주의에 빠져들고 있는데, 그런 흐름을 막을 방법을―표면상으로는 대중 사이에서 인기 높은 정치인이자 훌륭한 선동가인―자신이 잘 알고 있다.[10]

　　이러한 주장은 기업가와 은행가에게 강한 인상을 남겼다. 앞서 언급했던 바와 같이, 자신들의 이익을 옹호해온 보수 엘리트 정당들은 보통선거에 입각한 정치체제에서 성공하기가 어렵다고 봤기 때문이다. 그런 만큼 자신들의 뜻을 대변하겠다고 나서면서도 대중들이 치르는 선거에서 이길 수 있을 듯한 사람이 유용해 보이는 건 당연했다. 더욱이 히틀러는 공산주의자든 사회주의자든 자신들의 권력과 특권을 위협하는 모든 이를 무자비하고 잔인하게 상대해줄 준비가 되어 있는 것처럼 보였다. 그들은 그 점에 깊은 인상을 받았다. 따라서 수많은 기업가와 은행가가 오래지 않아 티센의 사례를 좇아 히틀러를 재정적으로 뒷받침하기로 결정한 건 당연한 일이었다. 그들 중에는 독일-룩셈부르크 대규모 광업 회사의 총괄을 맡고 있는 후고 스틴네스Hugo Stinnes, 또 다른 광업 회사인 겔젠키르헨 베르크베르크 아게의 대표인 에밀 키르도르프Emil Kirdorf, 라인-베스트팔렌 지역에 있는 대규모 석탄 카르텔의 설립자 등이 포함되어 있었다. 1925년에는 스틴네스의 후원으로 나치 정기간행물 《민족의 감시자Völkischer Beobachter》를 주간지에서 일간지로 전환할 수 있었다.[11] 키르도르프는 히틀러에게 큰 돈을 주었다. 1926년에 히틀러를 처음 만났던 그는 이듬해에 주요 기업가로서는 처음으로 국가사회주의독일노동당에 정식으로 입당했다. 그런데 이보다 더 중요한 것은 "그가 히틀러에게 독일 경제계 최상위 특권층으로 향하는 문을 열어주었고, 그로써 국가사회주의독일노동당이 거대한 돈[의 세계]에 직접 접근할 수 있는 길을 제시해주었다"는 사실이다.[12] 티센 역시 히틀러에게 상당한 금액의 돈을 지속적으로 후원했다. 1928년에는 지갑을 열어 국가사회주의독일노동당이 그 유명한 '브라운 하우스'를 구입해 당사로 활용하도록 지원해주었다. 브라운 하우스는 궁전 같은 곳으로, 이른바 노동자들의 정당에는 전혀 어울리지 않는 뮌헨의 호화 구역에 위치해 있었다. 티센은 이 자금—30만에서 40만 라이히스마르크로 추정된다—[13]을 자신이 네덜란드에 소유하고 있는 금융기관을 통해 히틀러에게 보냈다. 로테르담에 본사가 있는 방크 포어 한델 엔 스헵바르트Bank voor Handel en Scheepvaart(상업과 운송업을 위한 은행)였다. 티센이 국가사회주의독일노동당에 후원한 돈을 모두 합치면 100만 라이히스마르크에 육박한다. 게다가 그는 루르 지역의 유력한 기업가 12명이 만든 모임인 루르라더Ruhrlade에 속한 친구들을 히틀러에게 소개해주었다. 이들은 매우 보수적인 인사로 전통적으로 부르주아 정당들과 긴밀한 관계를 맺고 있었지만, 이후 종종 국가사회주의독일노동당에도 후원금을 내놨다.[14] 어쨌든 만프레트 바이스베커Manfred Weißbecker가 강조한 대로, 1920년대 중반에 가까워지자 수많은 '독일 경제계 실력자Wirtschaftsbosse'들이 아돌프 히틀러와 그의 나치 '조직'에 관심을 드러내며 여러 가지 방법으로 지원하기 시작했다. 그들은 히틀러가 '자신들의 정치적 목적을 실현'하는 데 도움을 줄 수 있을 거라고 확실히 믿었다.

독일의 기업가와 은행가는 심각한 경제 위기를 맞은 뒤에야 비로소 히틀러에게 관심을 보였지만, 키르도르프와 티센 등 예외적인 경우도 있었다. 히틀러는 이미 1926년과 1927년에 수많은 산업계와 금융계 명사들의 빌라와 클럽에 초대를 받은 바 있었다. 덕분에 그는 유명한 함부르크 민족클럽Hamburger Nationalklub 회원들 앞에서뿐만 아니라 에센, 쾨니히스빈터를 비롯한 여러 지역의 산업계 주요 인사들과 만남 자리에서도 연설할 수 있는 기회를 얻었다. 바이스베커에 따르면, 그는 그러한 자리에서 노동운동, 마르크스주의적 사회주의, 민주주의에 대한 증오를 표출하고, 권위주의 국가에 대한 선호와 독일을 세계적인 강대국으로 바꿔놓겠다는—트럼프식으로 이야기하자면 '독일을 다시 위대하게 만들겠다'는—의지를 천명해서 언제나 큰 성공을 거뒀다. 청중들은 사회주의자, 공산주의자, 그 밖의 적들을 정치적으로뿐만 아니라 물리적으로도 제거하겠다는 히틀러의 단호한 의지 표명에 열광했다. 이 모든 행사에서 그는 언제나 열렬한 환영과 함께 상당한 후원금을 챙길 수 있었다.[15]

히틀러는 1927년부터 1928년까지 이게파르벤에서도 재정 지원을 받았다. 이게파르벤은 1925년에 바스프, 바이엘, 회흐스트, 아그파Agfa를 포함한 대기업 여섯 곳이 합병해서 설립한 초대형 석유화학공업 트러스트였다.[16] 이 트러스트의 책임자 중 한 사람은 카를 뒤스베르크Carl Duisberg로, 원래 바이엘과 관련된 인물이었다. (제1차 세계대전 기간 동안 뒤스베르크는 독가스를 생산했고, 앞서 언급한 후고 스틴네스와 함께 점령지였던 벨기에에서 독일로 노동자 강제이주를 지휘했다.) 그 시절에도 또 현재에도 독일뿐 아니라 전 세계 거의 모든 나라에서 많은 기업이 그러하듯이 이게파르벤은 하나 이상의 정당에 자금을 후원했다. 이게파르벤이 그때까지만 해도 비교적 많이 알려지지 않았던 히틀러의 국가사회주의독일노동당에 후원한 이유를 독일의 역사학자인 쿠르트 고스바일러Kurt Gossweiler는 다음과 같이 설명한다.

> 화학업계의 장인들은 온갖 종류의 요소로 실험하여 그 요소가 유용하게 쓰일지 확인하는 데 익숙하다. 그들은 가장 쓸모없어 보이는 물질도 특정한 환경에 놓이거나 다른 물질과 상호작용을 일으키면 갑자기 기대하지 않았던 우수한 특성을 드러낼 수 있다는 사실을 경험을 통해 알고 있었다. 그들은 이러한 견해를 정치에도 적용했다. 물론 그들은 익숙하고 검증이 끝난 요소들, 즉 제국의회에 다수 의석을 가지고 있는 대형 정당도 계속해서 활용하고 있었다. 하지만 사실상 알려지지도 또 검증되지도 않은 요소들도 간과하지 않고 그 유용성 여부를 시험해보았다. 특히 그 요소가 뒤스베르크와 정치적인 판단이 일치하는 정당일 경우에는 더욱더 그러했다. 뒤스베르크는 대중의 의견에 개의치 않고 행동에 나설 준비가 되어 있는 독재자, 어떠한 상황에서도 자신

의 뒤로 국민 모두를 따르게 할 수 있는 누군가가 독일에 필요하다고 믿었다.[17]

히틀러는 독일 재계에서 괜찮은 성과를 거뒀지만, 사실 이보다 훨씬 더 큰 성공을 거둘 수도 있었다. 기업가들과 독일 부르주아 또는 귀족 출신의 기득권층 가운데 상당수는 그의 꼬드김에 반응하지 않았다. 그들은 오스트리아에서 이주한 소부르주아계급, 즉 사회적 지위가 떨어지는 집안 출신의 인물과 연관되는 것은 자신들의 체면을 떨어뜨리는 일이라고 생각했다. 또한 히틀러의 '노동자'당이 내세우는 '사회주의적' 정강과 '반자본주의적'이고 '혁명적인' 주장을 신뢰하지 않았다. 그들은 정치계 내 경쟁자들 가운데 전통적인 보수주의 정당과 자유주의 정당을 계속해서 선호했다.[18] 히틀러를 일정 부분 지지했던 독일의 많은 기업가, 은행가, 대지주, 군 장성, 고위 성직자 들도 섣불리 그에게 권력을 쥐여주려는 시도는 하지 못했고 그의 '모험주의'에 대해 우려했다. 그런 것들이 카프 반란 때처럼 자칫 사회주의와 공산주의자의 공동 대응을 유발하게 될까봐 두려웠던 것이다.[19]

그래서 대자본가들은 한동안 국가사회주의독일노동당에 대한 재정 지원을 제한적으로 유지했다. 하지만 그 정도 지원도 히틀러의 정당이 살아남는 데 결정적인 역할을 했다. 이유는 간단했다. 당원이 얼마 되지 않아 당비 수익이 매우 적었기 때문이다. (하지만 이런 사실에도 불구하고, 독일 재계를 비호해온 미국의 역사학자 헨리 애슈비 터너Henry Ashby Turner는 당비가 당의 주요 수입원이었기 때문에 기업가와 은행가의 후원금에 대한 의존도를 최소화할 수 있었다고 주장했다.[20] 터너에 대해선 나중에 다시 언급하겠다.) 1928년 말까지 국가사회주의독일노동당의 당원은 10만 명이 채 되지 않았고, 그들 대부분이 실업자였기 때문에 당비를 많이 받을 수도 없었다. 반면 지출은 상당했다. 그 악명 높았던 당의 군사조직 '돌격대Sturmabteilungen'의 '돌격대원', 즉 '갈색 셔츠단원'에게 제복과 곤봉이나 리볼버 권총 같은 무기뿐만 아니라 보수까지 지급해야 했던 것이다. 그래야만 실업자들을 당원으로 끌어모을 수 있었다. 또한 사무실 임대료, 비교적 높은 수준의 당직자 임금, 연례 당대회 등의 행사 비용, 히틀러가 타는 대형 메르세데스 자동차 유지비, 다른 당 간부들을 위한 비슷한 수준의 호화 자동차 유지비 등에 많은 돈이 쓰이고 있었다. 결과적으로 돈이 점점 부족해져서 효과적인 정치 선전을 펼칠 수 없게 되었으며, 그에 따라 선거에서 성공적인 결과를 거두는 것 역시 불가능해졌다.[21]

이탈리아의 권위 있는 민주주의 역사학자 루치아노 칸포라Luciano Canfora의 지적대로, 선거에서 승리하기 위해선 이른바 '작업'을 해야만 했고 이는 오늘날에도 마찬가지이다.[22] 무엇을 만들어 내려면 늘 그러하듯, 선거 승리를 위한 작업에도 대규모 투자가 필요하다. 가용한 예산이 상당히 많이 확보되어야 하는 것이다. 국가사회주의독일노동당은 선거 승리를 위한 '작업'에 충분한 자금을 사용하지 못했다. 더욱이 1920년대 후반은 바이마르공화국에 상대적인 안정과 번영이 찾아온 때였고, 히틀러의 당이 선택한 수단인 선동과 폭력이 효과를 발휘하지 못했던 통합의 시기였다. 1928년 5월에 열린 제국의회 선거에서 국가사회주의독일노동당은 2.6퍼센트의 득표율로 겨우 12석만을 차지할 수 있었다. 당시 독일의 기업가와 은행가는 히틀러에게 잠재력이 있다고 보고, 그가 정치적으로 살아남을 수 있을 만큼 충분한 현금을 그에게 쏟아붓고 있었다. 하지만 그들의 재정 지원이 선거에서 실질적인 성과를 내는 작업을 가능하게 할 정도는 아니었다. 이는 그때까지만 해도 그들에게 히틀러가 필요하지 않았다는 의미다. 전후에 이어지던 혁명의 흐름은 진정되었고, 대자본가들은 바이마르 민주제에 완전히 적응하지는 못했지만 그 아래에서 살아가는 법을 터득하고 있었다―최소한 당분간은 감수할 수 있었다. 그들은 히틀러를 지지했지만, 나중에 활용해야 할 때를 대비해 일단 예비해두었다.

3장

경제적 · 정치적 위기

1929년 말에 전 세계적으로 재앙과도 같은 경제 위기가 발생했고, 독일도 큰 타격을 입었다. 독일의 기업계와 금융계의 대표급 인사들이 히틀러에게 진심으로 관심을 가지기 시작한 것은 바로 이때부터였다. 그들의 눈에 히틀러는 자신들이 받아들일 수 있는, 더 나아가 선호하는 방식으로 독일의 심각한 정치적·경제적 문제를 타개할 의지와 능력을 지닌 독재자가 될 만한 인물로 비쳤다. 그때까지 바이마르 특유의 연립정부를 구성하던 정당들—가톨릭 중앙당Catholic Zentrumspartei, 줄여서 '중앙당Zentrum' 같은 온건한 부르주아 정당들과 사민당—은 1930년 선거에서 기반을 잃었다. 이에 따라 그들이 가까스로 유지하던 연립정부는 점점 더 불안정해졌다. 경제 위기를 타개하려면 긴축 정책이 필요해 보였지만, 이러한 정책은 대중 사이에서 인기가 없었다. 제국의회에서 관련 법안

이 과반수 찬성을 받지 못하는 경우가 꾸준히 늘어났고, 연립정부는 할 수 없이 수많은 명령을 발령해야 했다. 바이마르 헌법에 따르면 명령은 대통령의 승인으로 '예외적으로' 발령될 수 있었다. 당시 대통령은 극도로 보수적이었던 프로이센 융커인 힌덴부르크Hindenburg였다. 하지만 이러한 방식으로는 위기를 제대로 타개할 수 없었고, 더욱 체계적이면서 효율적인 정책이 필요했다. 바이마르는 갈림길, 즉 중도를 포기해야 하는 상황에 서 있었다. 그런데 어느 쪽으로 방향을 잡게 되었을까—왼쪽 아니면 오른쪽?

중도를 걷는 게 점점 어려워지자 왼쪽으로 급격히 방향을 전환할 가능성이 점점 높아졌다. 수많은 독일인, 그중에서도 경제활동인구의 절반을 차지했던 공장 노동자들은 세계 경제 위기를 자본주의체제가 사망 직전에 겪는 고통이라고 여겼다. 그들 사이에서 러시아식 혁명을 꿈꾸며 개혁적인 사민당 대신 혁명적인 공산당을 택하는 사람들이 점점 늘어났다. 다른 한편에서는 하층 중산계급—농부, 교사, 자영업자, 수공업자, 화이트칼라 노동자, 하급 관리, 그리고 독일어로 미텔슈탄트Mittelstand라 불리던 계층의 구성원들—이 사회적 지위가 낮아질까봐 두려워하고 있었다. 즉 최하위 사회계층으로 떨어지는 '프롤레타리아화proletarization'를 걱정했던 것이다. 이들 소부르주아들은 국가사회주의—실제로는 가짜 사회주의 또는 가짜 혁명 이데올로기—에 점점 더 현혹되어 모든 문제에 대한 책임이 자본주의체제 자체에 있는 것이 아니라 유대인, 공산주의자, 국제적으로 활동하는 '금권 정치가'들에게 있다며 그들을 비난하기 시작했다. 또한 나치스는 '사회주의'적이고

'반자본주의적'인 담론을 내세워 평범한 독일인들을 이롭게 한다는 민족공동체Volksgemeinschaft 개념을 설파하고 있었다. 인간 평등을 가정하는 이 공동체에서는 모든 독일인이 사회적 배경에 관계없이 동등한 권리와 혜택을 누리는 자랑스러운 구성원이 될 수 있었다. 나치스는 또한 독일인들이 통치하고, '지배 민족Herrenvolk'으로서 존중받으며, 모든 다른 민족, 그중에서도 특히 유대인을 비롯한 '열등 인종Untermenschen' 위에 군림하는 세계라는 전망도 제시했다. 그 결과 하층 중산계급 구성원 중에서 중도파 정당에서 벗어나 히틀러의 나치 '조직'에 합류하는 이들의 수가 급격히 늘어났다. 그들은 나치 조직에 동참하면 많은 혜택이 있을 거라고 기대했다. 예를 들어 소규모 소매상인과 경쟁관계에 놓여 있던 유대계 백화점 폐쇄, 농민과 소기업가를 위한 보조금 지급, 은행 대출금리 인하와 이에 따른 은행에 매인 '이자 노예 상태'에서의 해방 등을 바랐던 것이다.

국가사회주의독일노동당은 독일 서민들의 지지를 많이 받는 유일한 우익 정당으로 자리매김했다. 토머스 칠더스Thomas Childers 같은 역사학자는 이를 두고 "민중의 불만 표출을 위한 정당"이었다고 정확히 묘사하기도 했다. 노동자들 역시 나치스의 가짜 사회주의에 현혹되었다. 특히 실업자와 (하위) 중산계급에 진입하기를 꿈꾸던 노동자들이었다.[1] 하지만 노동자들의 정당을 표방한 국가사회주의독일노동당에서, 노동자들의 입장은 전체 인구에서 그들이 차지하는 비중에 비해 언제나 현저히 과소 대표되고 있었다. 1930년에서 1934년 사이에 국가사회주의독일노동당 당원 가운데 노동계급 비율은 28퍼센트에서 32퍼센트 사이를 오갔는데, 이는 이 계급이 독일 인구에서 차지하는 비율인 45퍼센트에 비해 현저히 낮은 수치였다.[2] 더구나 국가사회주의독일노동당이 선거에서 거둔 성과는 노동자들의 정당이었던 사민당이나 공산당이 아닌 전통적인 부르주아 정당에서 가져온 것이었다. 즉 국가사회주의독일노동당은 당명과는 다르게 진정한 노동자들의 정당이 아니었다. 니코스 풀란차스가 역설한 대로, "[독일] 노동계급의 다수는 여전히 사민당과 공산당을 일관되게 지지했다".[3]

지극히 당연한 이야기지만, 독일의 기업가와 은행가는 경제 위기의 원인에 대해 좌파식 해석보다는 우파식 해석을 선호했다. 좌파식 해석이란 경제 위기가 자본주의체제와 자본가들, 즉 본인들의 책임이라는 것이었고, 우파식 해석은 희생양을 내세우는 것, 그중에서도 유대인들의 책임으로 돌리는 것이었다. 그들은 다음 선거에서 좌파가 과반 의석을 차지하는 것을 막기 위해 히틀러가 충분히 득표하길 바라고 또 바랐다. 또한 히틀러를 통해 자신들이 간절히 원하는 희망 사항 가운데 많은 부분을 실현할 수 있을 거라고 기대했다. 경제 위기에도 불구하고 그들의 사업 상황은 비교적 괜찮은 편이었다—계속해서 상당한 수익을 내고 있었다. 하지만 상황이 더욱 나아지길 원했다. 예를 들어 자동차 회사 소유주와 경영진은 대규모 재무장 프로그램이 도입되길 바랐다. 그렇게 되면 트럭 주문이 대량으로 있을 터였다.[4] 하지만 재무장은 베르사유조약을 위반하는 것이라 위험했다. 전통적인 보수주의 정당과 자유주의 정당도 좌파들만큼이나 그러한 위험에 연루되는 걸 바라지 않았다. 그런데 히틀러는 자신이 이러한 계획을 실행할 수 있는, 신뢰할 만한 사람이라는 걸 알리려 했다. 독일의 기업가—더불어 은행가, 군 장성, 대지주—들에게 그는 수익성이 좋은 재무장 정책뿐 아니라, 공격적이고 '보복적인' 외교 정책, 즉 1918년의 패배를 뒤집고 1914년 이전에 독일 지배층이 품었던 뻔뻔한 야망을 마침내 실현해줄 정책을 제시했다. 중앙 유럽 Mitteleuropa(그 경계가 어디인지는 분명치 않다)과 더 나아가 유럽 전체에—물론 독일이 주도하는—거대한 무역 지대를 만들어 원료와 값싼 노동력 공급처, 독일 기업이 만드는 완성품을 위한 시장, 그리고 독일 투자자본을 위한 풍성한 기회를 확보하게 될 것이었다.

적어도 독일은 동유럽의 풍부한 원료, 비옥한 토양, 무한히 비축된 값싼 노동력, 그리고 '생존 공간Lebensraum'을 위한 광활한 지역, 즉 독일 중심부에서 필요 없는 사람 수백만 명을 보내 식민지로 만들 수 있는 '동쪽의 땅Ostland'을 차지할 수 있을 터였다. 이 나치 식민지 기획은 두 가지 역사적 선례에서 영감을 받은 것이었다. 첫째는 중세 시대에 게르만족이 동쪽으로 이주한 걸 가리키는 '드랑 나흐 오스텐Drang nach Osten'이었다. 둘째는 19세기에 미국인들이 이른바 서부의 황무지를 극도로 잔인하게 정복한 사례였다. 히틀러는 이 정복에 크게 감탄한 바 있었다.[5]

이 기획이 소련의 붕괴를 의미한다는 것은 자명했다. 하지만 그건 문제가 되지 않았다. 오히려 독일의 기업가와 은행가는 국제 공산주의의 성지를 히틀러만큼이나 싫어했다. 대자본가들은 이러한 측면에서도 자신들이 나치스와 같은 배를 타고 있다는 걸 깨달았다. 이러한 계획—자신들뿐만 아니라 히틀러의 계획—이 필연적으로 끔찍한 전쟁을 초래할 게 분명한데도 독일의 기업가와 은행가는 조금도 걱정하지 않았다. 그들은 독일이 경제적·군사적으로 충분히 강해서 어떠한 전쟁에서도 승리할 것이라고 확신했다. 그들이 볼 때, 그리고 히틀러가 볼 때, 1918년에 독일이 패전한 것은 배신 때문이었다. 독일 내부의 적색 혁명론자와 유대인이 '등 뒤에서 칼을 꽂았다'고 생각했던 것이다. 따라서 다음 전쟁을 위해서 해야 할 일은 이러한 '배신자'들을 제거하는 것뿐이었다. 독일 지배층 역시 전쟁을 두려워하지 않았는데, 이는 총알받이가 될 사람이 자신들이 아니라 서민들이었기 때문이다. 제1차 세계대전 당시 독일 군인들 사이에서 다음과 같은 냉소적인 후렴구의 노래가 유행했는데, 그들이 볼 때는 그 이후로도 변한 게 아무것도 없었다.

> Der Krieg ist für die Reichen,
> 전쟁은 부자들을 위한 것,
> die Armen stellen die Leichen
> 빈자들은 시신을 내어줄 뿐

사람들은 히틀러가 실행하게 될 대규모 재무장 프로그램이 생산 영역에 큰 활기를 불어넣을 거라고 믿었다. 그런데 생산이 늘어나면 그에 따라 노동 수요가 증가하기 마련이고, 그렇게 될 경우 자유경쟁 시장에서는 수요와 공급의 법칙에 따라 노동비

용, 즉 임금이 상승하는 게 일반적이었다. 이 비용 증가를 막아야
만 비로소 수익이 늘어날 수 있었다. 노동조합이 재무장으로 생겨
날 활기를 이용해서 임금 인상뿐만 아니라 노동시간 단축, 노동조
건 향상, 기업의 의사 결정 과정에 대한 개입, 그 밖의 혜택을 요
구하는 걸 누가 어떻게 막을 수 있겠는가? 그리고 국가에서 고용
주들에게 폭발적으로 증가할 것으로 기대되는 수익을 '사회적 비
용', 즉 실업보험, 건강보험, 연금과 그 밖의 임금 생활자들을 위한
사회적 혜택—대자본가들은 혐오했지만 바이마르체제의 본질적
인 부분이었다—을 위한 재정으로 지불하라고 강요하는 것을 어
떻게 막을 수 있겠는가?[6] 이러한 측면에서 기업가와 은행가는 아
돌프 히틀러가 대표하는 세력에 의존할 수 있었다. 지배층의 눈에
그들은 비록 천박하지만 쓸모 있는 신흥 세력으로 보였던 것이다.
히틀러는 기업계를 상대로 한 수많은 서한과 연설을 통해 자신이
집권하면 노동조합을 무력화할 것이고, 소유주들은 다시 '자기 집
의 주인'이 될 것이며, 임금을 올리지 않은 채 노동시간을 늘릴 것
이고, 사회적 비용 또한 줄어들게 될 것이라는 점을 분명히 했다.

경제 위기가 닥치면서 그때까지 히틀러를 무시해왔던 독일
의 산업계와 금융계 지배층 사이에서 그의 '유용성'에 주목하는
이가 늘어났다. 상당한 금액의 돈이 그들의 지갑에서 나와 국가사
회주의독일노동당으로 흘러들어갔다. 이 돈으로 히틀러는—처음
에는 가끔, 이후 1932년부터는 상시로—베를린의 호화 호텔인 카
이저호프의 스위트룸을 집무실 겸 미팅 장소로 사용했다. (나중에
는 심지어 이 호텔 한 층 전체가 국가사회주의독일노동당 본부가 되어 선

거운동 사무실로 활용되었다.) 독일 지배층을 대표하는 이들은 그곳에서 대접을 받으며 편안함을 느꼈고, 히틀러를 자신들의 일원으로 받아들일 수 있었다. 하지만 그 무엇보다도 상층계급에게서 점점 더 많은 재정 지원을 받은 덕에 국가사회주의독일노동당은 당명에 맞게 하층계급 사이로 파고들어 선거 승리를 그려볼 수 있게 되었다.[7] 1930년 9월에 국가사회주의독일노동당은 처음으로 성과를 냈다. 제국의회에서 의석수를 12석에서 107석으로 크게 늘리는 데 성공했던 것이다. 그때부터 국가사회주의독일노동당은 중앙당, 사민당, 공산당과 경쟁할 수 있는 다수당이 되었다.

히틀러의 전기 작가인 이언 커쇼Ian Kershaw는 1930년 선거 결과로 "경제계 인사들도 히틀러의 정당을 주시하지 않을 수 없"게 되었고 이에 "히틀러는 주요 사업가들과 잇따른 모임을 갖고 …… 자신의 목표를 설명했는데[그리고 깊은 인상을 남겼는데]" 이 사업가 중에는 함부르크-아메리카 해운의 빌헬름 쿠노Wilhelm Cuno도 있었다고 설명했다. 하지만 커쇼는 "좌파들의 쿠데타 시도가 있을 경우를 대비해" 기업가들이 "상당한 자금 지원을 약속한 것으로 알려져 있다"고만 언급했다. 또한 "나치가 일단 약진을 한 이상 대기업의 총수나 경영진은 정치적 보험을 들어놓은 차원에서 기민하게 대처해 자금을 지원했던 것"이라고 주장하며 기업의 재정 지원을 합리화했다. 커쇼가 기업의 히틀러 지원과 관련된 내용을 축소하고 싶어 했던 건 확실하다. 이러한 측면에서 그는 미국의 역사학자 헨리 애슈비 터너와 같은 시각을 가지고 있었다. 사실 그는 전적으로 터너의 자료만 참고했다.[8] 하지만 많은 정보를 가지고 있는 영민한 현대의 논평가들은 사업가와 은행가, 그리고 돈 많고 힘 있는 개인들의 재정 지원이 없었다면 국가사회주의독일노동당이 대중 정당으로 탈바꿈하는 건 불가능했고, 이러한 지원은 심지어 선거 이전부터 있었다는 데 의견을 같이한다. 프랑스 정부에 제출된 한 비밀 보고서는 나치스가 선거에서 성과를 거둔 건 "대자본가들이 재정적으로 넉넉히 뒷받침해줬기 때문"이라고 설명한다. 그리고 베를린 주재 미국 대사는 나치스의 놀라운 선거 승리에 대해 설명하면서 "히틀러가 일부 대기업가에게서 상당한 재정 지원의 **혜택을 받은 것**은 분명하다"고 썼다.[9]

대자본가들은 히틀러를 재정적으로만 지원한 게 아니었다. 히틀러가 자신의 뜻을 위해 끌어들이는 데 성공한 가장 힘 있는 인물 가운데 한 사람은 언론계의 실력자 알프레트 후겐베르크 Alfred Hugenberg였다. 그는 독일 언론의 절반 정도를 소유하고, 대형 영화사인 우니베르줌 필름 아게까지 인수한 엄청난 거물이었다. 우니베르줌의 영화관에선 매주 뉴스를 상영했다. 후겐베르크는 이 매체들을 활용해서 히틀러의 긍정적인 이미지를 선전했다. 그로 인해 독일 국민 사이에서 점점 히틀러를 존경할 만한 정치인이자 심지어 미래의 총리로 여기는 이들이 늘어났다.[10]

그렇다고 해도 일부 대기업가는 여전히 히틀러를 벼락출세했다고 깔보고 그의 진짜 의도를 의심하면서 보수 정치인을 더 선호했다. 그중에는 유럽 최대 배터리 제조업체인 아에프아 AFA(Accumulatoren-Fabrik Aktiengesellschaft) 등이 포함된 거대 기업체 그룹의 최고 경영자 귄터 크반트Günther Quandt가 있었다. 크반트는 1931

년에 히틀러를 처음 만났는데, 나중에 그가 "매우 평범한" 유형의 사람으로 보였다며 그다지 인상적이지 않았다고 밝힌 바 있다.[11] 이러한 회의론자들을 설득하기 위해 히틀러는 1932년 1월 27일에 뒤셀도르프에서 티센이 마련한 모임에 나가 기업가 수백 명을 상대로 프레젠테이션을 했다. 참석자 수는 정확하지 않지만 대략 400에서 600명 사이였던 듯하며, 그 행사에 관심 갖는 이가 많아서 매우 중요한 인물들조차 좌석을 구하기가 쉽지 않았다고 한다.[12] 히틀러는 그 기회를 빌려 자기 정당이 가진 '진짜 계획'을 소개했고, 매우 긍정적인 반응을 얻어냈다. 어떻게 되었던 것일까? 그는 국가사회주의독일노동당이 노동자들의 이익을 대변하며 사회주의적인 목표를 가지고 있다는 사실을 단호히 부인하며 연설을 시작했다. 그러고 나서 자신은 사유재산의 신성함을 굳게 신봉하는 사람이라고 설명했다. 이후 자신이 가장 좋아하는 주제, 권위적인 '지도자 원리Führerprinzip'에 대해 상세히 말했다. 이 원리는 그가 당에서 강제하는 것이기도 하고, 그 자리에 있던 청중이 자신들의 회사에서 최대한 적용하고자 하는 것이기도 했다. 그는 이같은 원리가 국가에도 적용돼야 한다고 제안했다. 그러면서 회사의 방향을 노동자들에게 맡기면 안 되듯이, 국가의 방향 역시 민주주의의 경우처럼 대중에게 맡기면 안 된다고 덧붙였다. 그는 정치에서 민주주의란 경제에서 기업 공유, 즉 공산주의와 부합하고, 반대로 경제에서 사유재산, 즉 자본주의는 권위주의 정치체제와 조화를 이룬다고 역설했다. 그는 청중이 자신의 말에 동의할 것이라는 사실을 너무나도 잘 알고 있었다. 결과적으로 신뢰할 만한 독재자가─산업계과 금융계의 이익을 위해─마땅히 해야 할 일을 할 수 있도록 바이마르 민주제는 청산되어야 한다고 선언했다. 그리고 독일에서 기업가들이 신뢰할 수 있는 강한 사람은 히틀러 자신밖에 없다고 강조했다. 히틀러는 독재주의 지지자들이 기대하는 것 그리고 바이마르 민주제에선 기대할 수 없는 것들, 즉 마르크스주의를 뿌리 뽑고, 독일 노동자들과 대중에게 엄격한 규율을 적용하며, 기업의 수익을 늘릴 경제 정책을 실행하고, 소련을 붕괴시키는 것 등을 해내겠다고 약속했다. 청중은 히틀러의 열변에 '열화와 같은 끝없는 박수갈채'로 화답했다. 훗날 티센은 이 연설에 대해 "그곳에 모인 기업가들에게 깊은 인상을 남겼고, 이후 중공업 기업으로부터 후원금의 물결이 국가사회주의 정당의 금고로 흘러들었다"고 설명했다.[13]

독일을 비롯한 여러 나라의 보수 역사학자들은 대체로 뒤셀도르프에서 있었던 이 프레젠테이션의 중요성과 성공의 의미를 애써 축소하고자 했다. 하지만 그중에 한 사람, 널리 존경받는 역사학자인 볼프강 J. 몸젠은 히틀러의 연설이 그 자리에 참석했던 기업가들에게 "깊은 인상을 남겼고machten Eindruck", 그 모임이 히틀러와 독일의 재계인 도이칠란트 아게를 연결하는 데 "일종의 돌파구ein gewisser Durchbruch" 역할을 했다고 인정했다.[14] 그리고 또 다른 보수 역사학자인 라인하르트 네베Reinhard Neebe 역시 히틀러가 뒤셀도르프에서 거둔 성공은 "국가사회주의가 대기업이 세우는 전략적 계획에 중요한 요소가 되었다는 사실을 드러낸다"고 썼다.[15]

뒤셀도르프 모임에서 반유대주의와 관련된 내용은 언급되

지 않았다. 하지만 반유대주의는, '사회주의적'이고 '반자본주의적'인 '노동자'들의 정당이라고 여겨졌던 국가사회주의독일노동당의 지도자인 히틀러가 독일에서 손꼽히는 최고의 자본가들 사이에서 성공을 거두는 데 상당한 기여를 했다. 히틀러와 나치즘의 다른 대변인들이 이른바 국가사회주의독일노동당이 추구하는 사회주의—만프레트 바이스베커의 표현에 따르면 '가짜 사회주의 Pseudosozialismus'[16]—의 본질에 대해 기업가들에게 만족스러운 설명을 제공할 수 있었던 것도 반유대주의 덕분이었다. 그들은 국가사회주의의 반자본주의는 '독일식' 자본주의인 '창조적인schaffendes' 자본주의가 아니라 유대인들의 '탐욕스러운raffendes' 자본주의에 반대하는 것이라고 설명했다. 역으로, 히틀러의 사회주의는 '국가'사회주의, 즉 독일식 사회주의로, '국제'사회주의, 즉 유대식 사회주의와는 아무런 관계가 없을 뿐 아니라 오히려 정확하게 반대되는 것이었다. 유대식 사회주의는 '국제적으로 떠도는 민족', 즉 유대인인 카를 마르크스가 지어낸 사악한 이데올로기일 뿐이었다. 히틀러가 역설하는 '혁명'은 유대식 자본주의와 유대식(또는 마르크스주의) 사회주의의 종말을 가져올 터였다. 그러니 독일의 기업가와 은행가, 즉 '창조적' 자본가들은 이 혁명을 두려워할 이유가 전혀 없었다.

히틀러는 평범한 반유대주의자가 아니었다. 반유대주의—그가 수많은 독일인, 프랑스인, 영국인, 미국인 등과 공유했던 사상—는 그에게 특별히 유용하고, 심지어 없어서는 안 되는 것이었다. 반유대주의를 통해 히틀러는 '사회주의자'로 행세하여 선거에서 이득을 보면서도 힘 있는 반마르크스주의자들의 심기를 건드리지 않을 수 있었고, 당시 대중 사이에서 인기 있던 '반자본주의' 담론을 마음껏 펼치면서도 자본가들의 기분을 해치지 않을 수 있었다. 또한 반유대주의를 활용함으로써 '혁명'을 설파하면서도 혁명이라는 기획 자체를 싫어하는 이들이 공포에 사로잡히는 대신, 오히려 혁명이 가져올 변화의 혜택을 기대하게끔 만들 수 있었다.[17]

4장

"우리가 히틀러를 고용했다"

히틀러는 뒤셀도르프에서뿐만 아니라 비슷한 많은 모임에서 사업가와 은행가로 구성된 청중에게 깊은 인상을 남겼다. 그 결과 대자본가들에게서 더욱더 많은 현금을 후원받는 결실을 맺을 수 있었다. 1932년에 프랑스 정보기관은 히틀러와 그의 당이 "독일 재계의 재정 지원" 덕분에 사실상 무한한 자금을 사용하고 있다는 내용의 보고서를 수백 건 작성했다.[1] 이러한 상황에서 국가사회주의독일노동당이 같은 해 7월 열린 선거에서 무려 230석을 차지하는 승리를 거둔 것은 그다지 놀라운 일이 아니었다. 히틀러의 나치 '조직'은 독일 최대 정당이 되었다. 하지만 나치스가 과반 이상 의석을 차지한 건 아니었고, 여전히 미숙한 중도 정당 연합이 독일을 통치했다. 사실 몇몇 힘 있는 보수 인사는 여전히 히틀러의 도움 없이도 좌파가 권력을 차지하는 걸 막을 수 있다고 믿고 있었다. 대표적으로 중앙당의 "야심만만하고, 군주제를 지지하며, 가톨릭을 믿는 보수 정치인"[2] 프란츠 폰 파펜Franz von Papen과 귀족 출신으로 군 고위직을 지내고 히틀러를 '보헤미안 상병'이라고 부르며 경멸감을 드러냈던 힌덴부르크 대통령 등이 있었다.

또 다른 정치적 위기가 지나간 뒤 1932년 11월 6일에 다시 선거가 치러졌다. 국가사회주의독일노동당의 과반 의석 확보를 바라는 독일인도, 두려워하는 독일인도 많았다. 선거 결과 히틀러의 정당은 과반 의석을 차지하기는커녕 오히려 의석을 잃었다. 34석을 잃었고, 득표율도 37퍼센트에서 31퍼센트로 하락했다. 200만 명 이상이 국가사회주의독일노동당에 대한 지지를 철회한 셈이었다! 더구나 그 당은 선거를 치르며 독일 재계에서 받은 지원금을 모두 써버렸을 뿐만 아니라 막대한 빚까지 지게 되었다. 그와는 대조적으로 국가사회주의독일노동당 최대의 적인 공산당은 17퍼센트에 가까운 득표율과 100석을 확보하는 엄청난 성공을 거두었다. 1300만 명 이상이 진정한 노동자들의 정당인 사민당 또는 공산당에 투표했다. 역사학자 볼프강 몸젠에 따르면, "나치당의 고위 당직자들이 패닉 상태에 빠졌"고, 12월 초에는 '당의 [정치] 조직 책임자Reichsorganisationsleiter', 즉 일종의 사무총장이자 히틀러의 오른팔이었던 그레고르 슈트라서Gregor Strasser가 크게 낙담해 사의를 표했다.[3] 괴벨스는 자신의 일기에 당의 금고는 비었고, 국가사회주의독일노동당은 해체될 위기에 처한 듯 보이며, 자신을 포함한 당의 주요 인사들은 "매우 암울한 심정"이고, 히틀러는 자살까지 생각하고 있다고 개탄했다.[4]

독일 지배층이 보고 있던 맑은 하늘에 갑자기 걱정으로 가득한 검은 구름이 끼기 시작했다. 히틀러가 제시했던 최고의 패, 하지만 그때까지 그들이 의도적으로 사용하지 않았던 그 패가 영영 손에서 빠져나가려는 것일까? 독일의 대다수 국민은 국가사회주의독일노동당을 버리고 진짜 사회주의의 본거지인 좌파 정당들을 지지하려는 것일까? 다음 선거에서 공산주의자들이 더 좋은 결과를 거둘 수 있을까? 재앙과도 같은 시나리오, 즉 1932년 가을에 이미 미국의 언론인 휴버트 R. 니커보커Hubert R. Knickerbocker가 대략적으로 예상했던 시나리오가 현실이 되려 하고 있었다. 히틀러를 추종했던 신문왕 윌리엄 랜돌프 허스트를 위해 일하던 해외 특파원 니커보커는 자유주의 부르주아 신문《포시셰 차이퉁Vossische Zeitung》에 기고한 글을 통해 다음과 같이 예언한 바 있었다.

> 만일 히틀러가 권력을 잡지 못하면 그를 추종하던 대중은 그의 정당을 버릴 것이다. 그들은 공산주의자 세력이나 사민당 내 진짜 사회주의자 세력에 동참할 것이다. 그래서 저항할 수 없을 만큼 압도적인 세력을 형성할 것이다. 그리고 결국 [독일에서] 자본주의를 전복시킬 것이다.[5]

독일에 주재하고 있던 미국의 외교관들은 나치스에 환멸을 느낀 많은 이가 공산당을 지지함으로써 "나치스의 실패가 공산주의자들의 성공을 견인하는" 결과를 초래할까봐 두려워했다.[6]

그러한 시나리오가 실현되는 것을 막기 위해 독일의 부유층과 권력층은 즉각적인 행동을 취해야 했다. 결국 대부분 비밀리에 진행되긴 했지만, 그들은 실제로 행동에 나섰다. 이 짧지만 독일 역사를 결정했던 판단에 대해 역사학자인 한스 울리히 벨러 Hans-Ulrich Wehler는 "전통적인 지배층die traditionellen Machteliten이 히틀러가 권력을 잡도록 도왔다. …… 그들의 협력이 없었다면 히틀러가 권력을 잡는 건 불가능했을 것이다"라고 설명했다. 그의 동료인 볼프강 몸젠도 이 의견에 동의했다. 그는 "[국가사회주의독일노동당이 선거에서 실패한 이후에도] 히틀러가 권력을 잡고 유지할 수 있었던 것은, 무엇보다도 당시 정치계 및 경제계의 지배층이 수행한 역할 때문이었다"라고 인정했다.[7] 뉘른베르크 재판에 참여한 일부 전문가도 거의 같은 의견을 낸 바 있다. 미국 측 검사인 텔퍼드 테일러Telford Taylor는 "독일 산업계와 나치당 사이의 협력관계가 없었다면, 히틀러와 그의 하수인들은 독일에서 권력을 잡을 수 없었을 것이다"라고 단언했다.[8] 히틀러의 당이 붕괴할 위기에 처해 있을 때, 그를 대신하여 부유층과 권력층이 기울인 노력이 몇 개월 뒤에 결실을 맺었다. 히틀러가 독일 정부의 수장으로 임명되었던 것이다.

1932년 봄에 기업가 빌헬름 케플러Wilhelm Keppler는 '케플러 모임Keppler-Kreis'이라고 알려진 '친목 단체'를 만들었다. 이 단체에는 대략 20명의 대지주가 참여했는데, 비스마르크 총리의 후손인 고트프리트 폰 비스마르크Gottfried von Bismarck 백작과 '함부르크-아메리칸 대서양 횡단 증기선 회사HamburgAmerikanische Packetfahrt-Actiengesellschaft'의 에밀 헬페리히Emil Helfferich 같은 선주와 대상인들, 페라이니히테 슈탈베르케('연합철강')의 알베르트 푀글러Albert Vögler 같은 주요 기업가들, 빈테르샬Wintershall의 아우구스트 로스테르크August Rosterg와 지멘스의 루돌프 빙겔Rudolf Bingel, 드레스드너 방크Dresdner Bank의 에밀 마이어Emil Meyer와 코메르츠방크Commerzbank의 프리드리히 라인하르트Friedrich Reinhart와 쾰른에 있던 방크하우스 J. H. 슈타인J. H. Stein의 쿠르트 폰 슈뢰더Kurt von Schröder 등이 회원이었다. 그중 쿠르트 폰 슈뢰더에 대해서는 독일의 역사학자인 쿠르트 고스바일러가 "은행업계에서 최고위층에 속하는 인물로, 처음부터 국가사회주의독일노동당에 동조했다"고 설명한 바 있다.[9] 케플러 모임의 목표는 히틀러가 이끄는 정부를 세우는 것이었다. 이를 중심에서 추진한 사람은 1923년부터 1930년까지 독일제국은행Reichsbank의 수장을 맡았던 햘마르 샤흐트Hjalmar Schacht였다. 그는 1931년 1월에 헤르만 괴링Hermann Göring이 주최한 저녁 만찬 자리에서 히틀러를 알게 되었다. 기업가 프리츠 티센과 또 한 명의 나치 주요 인사인 요제프 괴벨스도 함께한 자리였다.[10]

1932년 선거가 끝난 후, 부유하고 힘 있는 히틀러 지지자들 중 핵심 세력은 그가 선거에서 쓰라린 패배를 당했음에도 불구하고—아니 그렇기 때문에 오히려 더욱—자신들이 좋아하는 히틀러를 '제국 총리Reichskanzler', 즉 내각의 수장으로 임명하라고 모든 수단을 동원해 힌덴부르크 대통령을 설득했다. 샤흐트와 그의 친구들은 '지금이 아니면 영원히 못한다'고 생각했다. 히틀러를 둘러싼 상황은 급속히 악화되고 있었다. 선거와 관련해 히틀러가 가지고 있던 효용이 곧 사라질 수도 있었다. 치열한 협상이 이어졌다. 중앙당의 폰 파펜과 협상하는 게 유독 힘들었다. 폰 파펜은 오랫동안 협력을 거부했지만, 마침내 1933년 1월 4일 쾰른에 있던 은행가 폰 슈뢰더의 집에서 히틀러를 만난 뒤 힌덴부르크 대통령을 설득하는 데 도움을 주겠다는 뜻을 밝혔다. 1933년 1월 30일에 대통령은 히틀러를 초대해 연립정부를 구성했다. 의회의 운영 논리와는 전혀 맞지 않았지만,[11] 이미 샤흐트, 폰 파펜 등이 정부의 세부 사항을 다 정해놓은 상황이었다. 이 연립정부에 나치당원은 단 두 사람, 괴링과 빌헬름 프리크Wilhelm Frick만 들어갔다. 그건 결코 우연이 아니었다. 그들은 독일 재계와 긴밀한 관계를 유지해온 나치 인사들이었다. 새 정부의 다른 구성원들로는 부총리가 된 폰 파펜과 후겐베르크 같은 유명 보수 정치인들이 있었다. 독일 지배층의 이익을 대변하는 보수 성향의 장관들이 실질적인 권한을 갖고 새 정부의 정치 노선을 결정하면, 히틀러는—운신의 폭이 제한되고eingerahmt, 권력을 행사할 수 없는 상태로—새 정부의 뒤에서 서민 대중을 결집하고 정책을 선전하는 역할을 맡았는데, 이는 다분히 의도된 것이었다. "우리가 히틀러를 고용했다!" 그날 폰 파펜은 의기양양하게 외쳤다. 훗날 증명되었지만, 그날은 바로 독일—그리고 전 세계—에 암운이 드리워진 날이었다.

폰 파펜을 비롯한 독일 기득권층의 수많은 구성원에게, 히틀러는 자신들의 목표 달성을 가능케 해주는 도구에 지나지 않았다. 하지만 그것은 히틀러에 대한 과소평가였다. 히틀러는 서서히 폰 파펜과 내각의 다른 보수 인사들을 제거해나갔다. 따라서 그를 단순히 수동적인 도구, 또는 '꼭두각시 인형'이라고 여긴 독일 지배층, 특히 독일 자본가들의 생각은 잘못이었다. 이 중요한 점에 대해선 이후 다시 언급할 것이다.

얼마 지나지 않아 독일의 기업가와 은행가는 자신들 덕분에 벼락출세한 사람에 불과하다며 극도로 과소평가해왔던 히틀러에 의해 정치 영역에서 배제되었다. 하지만 히틀러는 사회정치적 영역에서 그들이 가장 고대해왔던 꿈을 실현해주었다. 그들이 히틀러의 총리직 수행에 행복해야 할 이유는 많았다. 그들은 미국의 역사학자 로버트 O. 팩스턴Robert O. Paxton의 표현대로 "독재자 히틀러라는 옵션을 선택"한 데 대해, 또 쿠르트 고스바일러의 말대로 히틀러와 그의 당을 "자신들의 목표를 실현하기 위한 이념적·정치적 돌격대"로 선택한 데 대해 만족해했다.[12] 베를린 증권거래소의 주가가 1933년 1월과 3월 사이에 가파르게 올랐던 것은 우연이 아니었다. 최근 연구에 따르면, 이러한 주가 상승은 대규모 투자자들의 열기를, 또 무엇보다도 국가사회주의독일노동당과 긴밀한 관계를 맺었던 수많은 주요 기업 및 은행의 열광을 반영한 것이었다. 독일의 기업가와 은행가는 히틀러가 곧바로 공산당 탄압을 시작한 데 대해 몹시 안도했다. 공산당이 그다음 선거에 대해 가졌던 기대감은 악몽으로 변했다. 기업가와 은행가는 벌써부터 입맛을 다시며 독일의 새로운 지도자가 약속했던 재무장 프로그램이 실행되어 대량 주문이 들어오기를 고대했다. 1933년 1월 중순에서 3월 중순 사이 주가는 엄청나게 상승했지만, 그 수혜자는 주로 국가사회주의독일노동당과 밀접하게 관련된 큰 기업과 금융기관이었다. 그들이 벌어들인 금액은 약 3억 5800만 라이히스마르크에 달했는데, 이는 전체 수익 금액인 3억 8300만 라이히스마르크의 93퍼센트에 해당하는 것이었다.[13]

히틀러는 사실상 독일의 기업가와 은행가가 그에게 품었던 모든 희망을 실현해주었다. 심지어 그들이 직접 권력을 운용했다면 감히 할 수 없었을 정도로, 그들 계획의 중요한 부분을 더 열정적으로, 완벽하게, 가차 없이 실현해주었다고 해도 과언이 아니다. 그리고 히틀러가 이러한 역할을 수행한 것은 장기적인 관점에서 그들에게 또 다른 매우 중요한 이점이 있었다. 키르도르프나 폰 슈뢰더 같은 소수의 개인을 제외하고, 대부분의 은행가와 기업가는 서민들의 정당인 국가사회주의독일노동당에 굳이 직접 입당할 필요가 없었다. 따라서 12년간의 나치 독재가 끝나고 시간이 많이 흐른 뒤, 그들은 나치즘에서 자신들을 분리해낼 수 있었다. 그들은 나치즘의 산파였음에도 불구하고, 모든 범죄와 고통에 대한 책임을 히틀러와 다른 나치당원에게 전가한 뒤, 경건하게 '무죄'를 주장할 수 있었던 것이다.

5장

좌파 숙청

히틀러와 나치스는 독일 산업계와 금융계 지배층의 계획 중에서 어떠한 부분을 실현해줬던 것일까? 우선 히틀러는 1933년 1월 30일 집권하자마자 혁명적 사회주의의 요새였던 공산당을 파괴하여 혁명을 일으킬 실재의 또는 가상의 위협 요소를 제거했다. 2월 초부터 이미 베를린에는 나치스가 '위장 작전', 즉 새로운 총리 암살 기도가 있는 듯 위장하려는 작전을 준비했으며, 이에 대한 책임을 공산당이 뒤집어쓸 것이라는 소문이 돌았다.[1] 또한 공산당 당직자 중에서 제거되어야 할 인물 명단이 작성되어 있었던 것은 이미 사실로 확인된 바 있다. 이러한 맥락에서 볼 때, 백 퍼센트 확실하진 않지만, 1933년 2월 27일에서 28일 밤 사이에 제국의회 의사당에서 일어난 화재 사건은 나치스가 직접 일으켰고, 그 지휘는 괴링이 맡았을 가능성이 매우 높다. 예상대로 방화범으로 공산당원들이 즉시 지목되었고,[2] 이를 구실 삼아 대략 4,000명의 공산당 당직자와 당원이 체포되었다. 결국 국가사회주의독일노동당의 가장 유력하고 위험한 경쟁 상대였던 공산당 소속 의원들은 위헌적인 방식으로 제국의회에서 제명되고 말았다. 공산당원들은 대부분 암살되거나 투옥되었다. 당시 나치스가 새로 마련한 첫 번째 강제수용소에 갇힌 인원들도 이들이었다. 일반 감옥은 공산당원뿐 아니라 사민당원, 자유주의자, 심지어 보수주의자들까지 포함한 나치스의 적들로 넘쳐났던 것이다. (이후 계속 세워질 강제수용소의 원형이 된 이 첫 번째 강제수용소는 다하우에 세워졌다. 다하우는 뮌헨 외곽에 있으며, 현재는 비교적 쾌적한 예술인 마을로 알려져 있다.) 1933년 3월부터 11월까지 2,000명이 넘는 공산당 활동가가 암살되었고 최소한 6,000명이 수감되었다. 공산당의 자산은 1933년 5월 26일 제정된 법률에 의해 국가로 몰수되었다. 공산당은 지하에서 겨우 살아남은 비밀조직을 제외하고는 모두 사라지고 말았다.[3] 이에 독일의 기업가와 은행가, 그리고 지배층은 크게 기뻐하며 갈채를 보냈다. 하지만 이후 이들 중 최소한 일부는 자신들의 태도를 후회하게 되었다. 친구들과 가족, 심지어 자신들에게도 같은 운명이 닥쳤던 것이다. 이러한 회한의 감정은 프로테스탄트 목사인 마르틴 니묄러Martin Niemöller의 유명한 시에 잘 나타나 있다.

처음에 그들은 공산주의자를 잡으러 왔다. 나는 공산주의자가 아니었기에 아무 말도 하지 않았다.
다음에 그들은 사회주의자를 잡으러 왔다. 나는 사회주의자가 아니었기에 아무 말도 하지 않았다.

다음에 그들은 노동조합원을 잡으러 왔다. 나는 노동조합원이 아니었기에 아무 말도 하지 않았다.

다음에 그들은 유대인을 잡으러 왔다. 나는 유대인이 아니었기에 아무 말도 하지 않았다.

다음에 그들은 나를 잡으러 왔다. 나를 위해 말해줄 사람은 아무도 남아 있지 않았다.[4]

나치스는 제국의회 화재를 이용해 이른바 전권 위임법 Ermächtigungsgesetz도 제정할 수 있었다. 1933년 3월 23일 통과된 이 법으로 제국 총리, 즉 히틀러는 법령으로 직접 통치할 수 있는 전권을 갖게 되었다. 다시 말해, 제국의회의 과반수 동의를 받지 않고도 법령을 제정할 수 있게 된 것이었다. 이전 바이마르 정부하에서도 대통령의 승인만으로 명령을 발령할 수 있었지만 특별한 상황에 제한된 것이었다면, 전권 위임법은 포괄적이면서 기간 제한도 없는 법령 발효를 가능케 한다는 점에서 차이가 있었다. 이 법안에 반대표를 던질 용기가 있던 의원들은 사민당 의원들뿐이었다. 히틀러는 공산당원들만큼이나 싫어했던 사회민주당원들을 결코 용서하지 않았다. 1933년 6월 22일에 사회민주당의 정당 활동은 금지되었다. 얼마 지나지 않아 7월 14일에는 국가사회주의 독일노동당을 제외한 모든 정당이 불법이라는 걸 명시하는 법이 제정되었다.

히틀러의 이 모든 조치는, 심지어 명백히 위헌적인 조치들조차도, 독일 기득권층의 무조건적인 지원을 받았다. 기업가, 은행가, 대지주, 법관, 대학교수, 고위 성직자 들은 자신들이 지지해왔던 전통적인 정당들이 정치 지형에서 사라져야 한다는 사실에 개의치 않았다. 여기에는 몇 가지 이유가 있었다. 첫째, 이런 정당들은 의미 있는 득표를 할 수 없었기 때문에 선거와 무관해졌다. 둘째, 독일의 지배층은 히틀러와 국가사회주의독일노동당이 자신들의 '계획' 중에서 가장 야심 찬 목록까지도 실현해주고, 독일 국민들―나치스의 프로파간다와 공포 정치의 희생자들―로 하여금 이 상황을 열광적으로, 아니면 체념적으로라도 받아들이게 할 거라고 믿었다. 지배층은 그동안 지지해온 정당들에 이런 성과를 기대해본 적이 없었다. 독일 권력층의 또 다른 축인 프로테스탄트와 가톨릭교회도 히틀러를 축복했다―말 그대로도 축복했고, 비유적으로도 그러했다. 1933년 7월 20일 바티칸은 히틀러 정부와 협약을 체결했다. 이는 독일, 유럽, 그리고 전 세계 앞에서 히틀러 정부에 정당성을 부여하는 상징적인 승인과 다름없었다. 당시 나치 독재는 아직 자리를 못 잡고 불안정했는데, 바티칸의 축복으로 절실히 요구되던 지위와 위신을 확보할 수 있었다.[5]

그사이 히틀러는 자신을 비롯해서 독일 기업가와 은행가가 그토록 싫어했던 노동조합을 해산해버렸다. 그 방식도 매우 냉소적으로 조롱하는 식이었다. 히틀러는 1933년 5월 1일을 '노동절'로 선포하고 대대적인 기념행사를 가졌는데, 이는 '노동자'들의 '사회주의' 정당에 기대할 법한 것이었다. 하지만 다음 날 아침, 돌격대원들이 독일 노동조합 건물을 강제로 점거했다. 조합 지도부는 강제수용소로 보내졌고, 조합의 자산―모두 1억 8400만 라이히스마르크 이상의 가치를 지녔을 것이라고 추정된다―은 몰수되었다.[6] 이후 히틀러의 독일에서 노동조합 활동은 불법으로 금지되었다. 그 자리는 '독일노동전선Deutsche Arbeitsfront'으로 대체되었다. 이 조직은 노동조합처럼 보였지만, 사실은 국가사회주의독일노동당 산하의 '강압적 조직Zwangsorganisation'으로서 독일의 임금 생활자들은 원하건 원하지 않건 모두 이 조직에 가입해야 했다. 그 결과 그들을 더 쉽게 통제하는 게 가능해졌고, 그 통제는 일관되게 고용주들의 이익을 위한 방향으로 이뤄졌다.[7] 이러한 조치는 독일에서 임금 및 노동시간에 관한 단체협약, 노동자들의 기업 경영 참여, 파업 등의 노동 쟁의 방식이 더는 불가능해졌다는 걸 의미했다.

히틀러는 독일의 정치적·사회적 지형에서만 좌파를 제거한 것이 아니라, 자신의 당에서도 없애버렸다. 국가사회주의독일노동당은 늘 '좌익'을 표방해왔기 때문에, 당내에도 히틀러의 반자본주의적이고 사회주의적이면서 혁명적인 담론을 진지하게 받아들였던 분파가 있었다. 그들은 당이 집권하면 어떤 식으로든 자신들과 하층 독일인들이 혜택을 받을 수 있는 엄청난 변화가 시작될 거라고 기대하고 있었다. 하지만 히틀러가 총리가 된 뒤에도 구체적으로 이뤄진 변화는 전혀 없었다. 독일의 역사학자 쿠르트 페트졸트Kurt Pätzold와 만프레트 바이스베커는 이에 대해 다음과 같이 설명한다.

재산관계 및 생산과 관련해 아무것도 변하지 않았다. 트러스트와 카르텔, 은행과 증권거래소, 그리고 대형 백화점[은 여전히 존재했다]. 히틀러가 약속했던 대로 새로운 사회나 진정한 민중의 공동체를 건설하자는 이야기는 아무도 하지 않았다.[8]

'좌익 나치당원'은 그게 무엇인지는 모호했지만 '반자본주의에 대한 향수'를 지닌 사람들이었다. 결국 그들은 불만을 드러내기 시작했다.

국가사회주의독일노동당 '좌익'[9]의 본거지는 바로 당의 군사조직인 돌격대였다. 주로 실업자층이나 하층 중산계급에서 모집된 이 '갈색 셔츠단'의 지휘는 히틀러와 같은 '최전선 군인' 출신으로 초기부터 히틀러의 부하였던 에른스트 룀Ernst Röhm이 맡고 있었다. 룀은 진정한 혁명론자임을 자처하는 인물로, 돌격대가 초보수적인 성향을 지닌 귀족 출신의 장성들이 이끄는 전통적인 군대를 대신할 혁명군이라고 생각했다. 그는 돌려 말하는 법이 없었고, 혁명에 관한 이야기로 독일 지배층을 불안하게 했다. 예를 들어 군 고위 간부들은 군대와 관련된 그의 야망을 알고 두려워했으며, 사업가와 은행가는 돌격대원들 사이에 백화점 폐쇄나 금리 인하와 같은 '반자본주의적' 요구가 끊이지 않고 나온다는 사실을 걱정했다. 하지만 히틀러가 무엇보다 우려했던 것은 군 지휘관들의 태도였다. 힌덴부르크 대통령의 동의가 있건 없건, 군 장성들이 쿠데타를 일으켜 룀의 계획을 짓밟고, 동시에 여전히 불안정했던 총리 자리에서 히틀러를 끌어내릴 수도 있는 매우 현실적인 위험이 존재했기 때문이다. 1934년 봄까지 히틀러의 권력은 아직 안정되지 않은 상태였던 것이다. 이 곤란한 상황은 다음과 같은 비상조치로 해결되었다. 1934년 7월 1일 히틀러는 룀을 포함한 돌격대의 지도부와 수많은 대원들, 그레고르 슈트라서를 비롯한 그 밖의 나치 '좌익' 책임자들, 그리고 모든 정적과 잠재적인 경쟁자들을 암살하라고 지시했다. 이 피로 물든 사건은 '피의 숙청 사건'이란 명칭으로 역사에 남게 되었다.

이로써 국가사회주의독일노동당의 '좌익', 혁명에 대한 환상, 히틀러의 정당 내에 존재했던 이른바 사회주의와 반자본주의는 자취를 감추게 되었다. 서민들로 구성된 돌격대는 그전까지 독일 국민들을 겁박하고, 사회주의자와 공산주의자에 맞서 싸우는 데 유용하게 쓰였지만, 더 이상 나치당과 나치 정부에서 중요한 역할을 수행할 수 없었다. '피의 숙청 사건' 이후 돌격대를 대신해 히틀러의 개인 경호대로 하인리히 힘러Heinrich Himmler가 이끌던 '친위대Schutzstaffel'가 빠르고도 강력하게 부상했다. 룀과 그의 동료들을 암살하는 책임을 맡은 사람이 바로 힘러였다. 히틀러의 관점에서 보자면 친위대는 훌륭히 임무를 수행했던 것이다. 이후 친위대가 급부상하게 된 것은 임무를 잘 수행한 데 대한 일종의 보상으로도 볼 수 있다. 다른 한편으로, 돌격대를 친위대로 대체한 것은 자신의 당을 '새로운' 독일에 더욱 적합한 정당으로 탈바꿈하려는 히틀러의 의지가 반영된 결과였다. 새로운 독일이란 표면상으로는 히틀러 자신이 세웠지만, 사실은 지배층의 도움을 받아 그들의 이익을 대변하기 위해 세워졌던 것이다. 그런 만큼 서민들로 구성된 돌격대와는 달리, 친위대는 새로운 독일에 훨씬 더 잘 어울리는 상류층으로 구성되었다. 이는 한편으로 국가사회주의독일노동당이 전체적으로 더욱 존중받도록 만들었고, 또 다른 한편으로는 야심 있는 젊은 부르주아들과 심지어 귀족들에게 비교적 좋은 취업 기회를 제공하는 효과를 낳았다. 실제로 친위대는 대부분의 대원을 '상층사회hohe Gesellschaft, feine Gesellschaft', 다른 말로 하면 상위 중산계급과 상층 부르주아뿐만 아니라 귀족까지 포함한 상류층Oberschicht에서 모집했다. 나치즘하에서 상층사회 구성원들의 생활에 대한 책을 집필한 한 역사학자는 친위대에 대해 "대저택에서 열심히 모집했"고, "귀족의 문장을 가져와 부대 마크로 삼았으며 …… 기마부대를 창설했는데 …… 이는 귀족과의 연결성을 강조하기 위해서였다"라고 설명한 바 있다.[10] 그리고 실제로 프로이센, 바이에른 등 여러 지역의 수많은 명문 귀족 출신이 나치당 조직 중에서 가장 품위 있어 보이는 친위대에 들어왔다. 친위대 취업이 매력적으로 보였던 건 적지 않은 귀족이 상대적으로 어려운 시기를 겪으며 일종의 '귀족 프롤레타리아Adelsproletariat'[11] 계급을 형성하고 있었기 때문이다. 친위대에 합류한 귀족 중에는 앞에서 언급한 고트프리트 폰 비스마르크 백작과, 훗날 네덜란드 왕국의 베른하르트 왕자로 알려지게 되는 카운트 베른하르트 레오폴트 프리드리히 에베르하르트 율리위스 퀴르트 카를 고트프리트 페터르 판 리프비스터펠트 백작 등이 있었다. 상위 중산계급에 관해 언급하자면, 기업가와 은행가 대다수는 대체로 국가사회주의독일노동당을, 그중에서도 특히 촌스러운 갈색 셔츠와 목이 긴 군화를 착용한 돌격대를 노골적으로 경멸했었다. 하지만 제3제국의 '품위 있는 훌륭한 조직'인 친위대원은—최소한 명예 대원이라도—주저 없이 되고 싶어 했다.[12] 사소하지만 과소평가해서는 안 될 친위대원들의 특권 중 하나는 고상한—그리고 위협적인—검정색 제복을 입고 뽐낼 수 있다는 점이었다. 이 제복은 휴고 보스Hugo Boss라는 재단사가 만들었다. 그는 히틀러의 추종자로, 1931년에는 국가사회주의독일노동당 당원이, 또 1933년에는 친위대원이 되었으며, 공식 제복업자로서 친위대뿐 아니라 다른 나치당 조직에도 제복을 납품했다.[13]

독일의 기득권층은 1934년 7월 1일의 유혈 사태에 주목하고 크게 만족감을 드러냈다. 특히 군 지휘관들이 기뻐했다. 잠재적 경쟁자로서 불쾌하게 생각하던 돌격대가 제거되어 장성들이 지저분한 일에 직접 손을 더럽힐 필요가 없게 되었던 것이다. 그 일을 수행했던 것은 히틀러의 개인 경호대, 즉 친위대의 능력 있는 병사들이었다. 얼마 뒤인 1934년 8월에 노쇠한 힌덴부르크 대통령이 숨을 거두자, 히틀러는 군으로부터 특별한 보상을 받게 되었다. 군 장성들이 국민투표라는 형식적 절차를 거쳐 히틀러가 힌덴부르크의 역할을 이어받을 수 있도록 기꺼이 허락해주었던 것이다. 그렇게 히틀러는 제국의 총리 겸 대통령이 되었다. 다시 말해 행정부뿐 아니라 국가의 수장이 되었던 것이다. 이것이 바이마르 헌법에 명백히 위배된다는 사실은 아무런 문제가 되지 않았다. 히틀러는 굳이 이 헌법을 공식적으로 폐지하려 하지도 않았다. 이에 더해 장성들은 수하의 장교와 병사 들에게 히틀러 개인을 상대로 충성을 맹세할 것을 요구했다. 히틀러가 무한한 권력을 쥐게 된 것은 바로 이때였다. 이렇게 나치 독재가 탄생했던 것이다.

히틀러가 권좌에 오른 것은 우리가 자주 들어온 바대로 '불가항력적'인 일이 아니었다.[14] 그는 독일 유권자 다수의 표를 받은 적이 없었다. 심지어 심하게 조작되었던 1933년 3월 5일 선거에서조차 그는 과반이 넘는 표와 의석을 얻는 데 실패했다. 광범위한 폭력과 협박—그리고 독일 재계의 엄청난 재정 지원으로 실행한 프로파간다와 대규모 선거운동—에도 불구하고, 국가사회주의독일노동당은 43.9퍼센트라는 실망스러운 득표율을 얻는 데 그쳤다.[15] 1933년 초 히틀러가 집권하게 된 것은 물론이고, 1934년 여름에 총리 겸 대통령이 되면서 무한한 권력을 누리게 된 것도 민주적인 절차를 거친 게 아니었다. 또한 히틀러 자신은 그렇게 믿었지만, 그가 자신의 의지와 결단으로 집권하게 된 것도 아니었다. 레니 리펜슈탈Leni Riefenstahl의 유명한 선전영화 〈의지의 승리Triumph des Willens〉나 〈신념의 승리Sieg des Glaubens〉 제목은 거짓이었던 것이다. 그가 자신의 힘으로 집권했다는 것은 당시 나치스가 만들어낸 신화일 뿐이었다. 프리츠 피셔는 히틀러의 이른바 '권력 장악Machtergreifung'은 '권력 위임Machtübertragung' 또는 '권력 양도Machtübergabe'일 뿐이었다고 정확히 지적한 바 있다. 산업계와 금융계 구성원들—다른 말로 하자면 대자본가들—과 나머지 독일 권력층의 재정 및 기타 지원이 없었다면, 히틀러는 결코 대권을 잡을 수 없었을 것이다. 독일의 부유층과 권력층은 사실 별로 힘들이지 않고 히틀러에게 권력을 주었다.[16] 따라서 사회학자들이 나치스의 이른바 혁명이라는 것이 독일 사회 지배층의 입지에 전혀 부정적인 영향을 미치지 않았다는 사실에 주목했던 건 당연한 일이었다. 1933년에 이뤄진 나치스의 집권과 이른바 혁명으로 유대인 상류층은 제거되었지만, 독일 상류층의 존재와 정체성, 그리고 특권은 명백히 그대로 유지되었다.[17] 독일 상류층의 상황은 전혀 악화되지 않았다. 논란의 여지가 있지만—그래서 이 책에서 곧 다룰 예정이지만—사실 그들의 상황은 오히려 나아졌다.

6장.

나치 독재: 누가 이익을 보았는가 CUI BONO?[1]

히틀러의 정당 당명에는 '사회주의'라는 단어가 있었지만, 히틀러의 독일, 그 악명 높은 제3제국에서 사회주의와 조금이라도 관련된 건 전혀 찾을 수 없었다.[2] 히틀러는 뒤셀도르프에서 (그리고 다른 지역에서) 루르 지역과 독일 전체의 기업가들에게 했던 약속—사유재산을 존중하겠다는 약속—을 지켰다. 나치스는 공산주의 정당이 아니었다. 어떠한 생산수단도 국유화하지 않았다. 기존의 계급관계와 고착된 사회질서는 변화하지 않았다. 사회 계급 체계의 최상단에 우연히 자리하게 되었던 사람들은 그곳에 편안히 눌러앉았다. 밑바닥에 있게 된 사람들은 계속해서 고생하며 신음했다. 독일 자본주의체제는 존속되었고, 그동안 독일 자본가들은 살아남은 것은 물론이고, 영화를 누렸다. 독일의 역사학자 만프레트 바이스베커는 "독일 파시스트 정당은 경제적·사회적 이

해관계가 얽혀 있는 자본주의체제를 무너뜨리기는커녕 손상시킨 적도 없다"고 정확히 지적했다.[3]

독일 재계는 좌파적인 모든 것, 즉 극좌파 공산주의자, 온건 좌파 사회주의자, 유사 좌파 나치당원, 그리고 좌파 (및 기타) 노동조합 등이 제거된 것에 대해 매우 만족해했다. 독일에서 한때 강력했던 노동운동을 진압하는 것은 기업가와 은행가가 꽤 오랫동안 꿈꿔왔던 일이었다. 전통적으로 그들을 도와왔던 기존 정당들이 실현해주지 못했던 이 꿈을 이 영리하고 작은 '보헤미안 상병'은 눈 깜짝할 사이에 해치워버렸던 것이다. 재계에선 좌익 정당과 노동조합을 해산함으로써 많은 것을 얻을 수 있을 거라 기대했다. 고용주의 관점에서 볼 때 그로부터 얻는 이득은 명백했다. 재계에선 더 이상 (공산당과 연계된) 혁명을 두려워할 필요도, (사민당과 연계된) 사회복지 비용 증가를 걱정할 필요도 없었다. 또한 임금 인상, 사회복지 비용 부담, (노동조합과 연계된) 노동자들의 회사 경영 개입 역시 우려할 필요가 없었다. 이제 파업을 선동하거나 다른 문제를 일으키는 과격한 노동자들은 그 자리에서 해고하거나 심지어 체포하여 강제수용소로 보내버릴 수도 있었다. 튀링겐의 교사이자 반파시즘 저항 투사였던 오토 옌젠Otto Jensen은 전후에 독일의 기업가와 은행가가 "강제수용소에 대한 두려움으로 독일 노동자들이 작은 애완견처럼 고분고분해진 것"에 대해 매우 만족해했다고 기록한 바 있다.[4]

이후 모든 독일 기업은 히틀러의 당과 국가에 널리 퍼져 있던 인식, 즉 앞에서 언급했던 바와 같이 '지도자에 대한 복종의 원리'에 따라 운영되었다. 히틀러가 자신의 정당과 제국의 지도자인 것에 이의가 없는 것처럼, 회사의 소유주나 최고 경영자가 그 회사의 지도자인 것에 대한 반대는 없어야 했다. 다시 말해, 그들은 도전받지 않는 무제한적인 권한을 가질 수 있었다. 노동운동이 시작되고 바이마르식 민주주의가 도입되기 전의 '좋았던 옛 시절'로 돌아간 것처럼 다시 '자신의 집에서 주인이자 지배자'가 될 수 있었던 것이다. 대조적으로 노동자를 비롯한 피고용인들은 단체로 인격 없는 '추종자 집단Gefolgschaft'으로 전락하여 회사의 지도자에게 철저히 복종해야 했다.[5] 이제 더 이상 혐오스럽던 바이마르공화국에서 그랬던 것처럼 노동조합의 요구를 고려할 필요가 없었다. 노동시간은 연장될 수 있었고, 근무지 안전을 강화하는 것과 같은 일에 돈을 쓸 필요도 없어졌다. 그런 상황으로 인해 총 생산비에서 임금이나 사회복지 비용에 투입해야 하는 부담이 줄어들었다—그리고 그에 따라 수익은 늘어났다. 이 중요한 문제에 대해서는 곧 다시 논의하기로 하자. 한편 나치 정권은 1933년 5월에 '노동 단체'와 관련한 새로운 법률을 제정해 바이마르공화국 때엔 보장되었던 단체협약을 비롯한 노동자들의 권리를 박탈했는데—따라서 '고용주들에게' 진정한 '승리'를 가져다주었는데—이 법률을 이전에 재계 입장을 대변하는 로비 활동을 했던 경력이 있는 관리가 입안한 사실에 주목할 필요가 있다.[6]

경제 위기로 수요와 공급 사이에 불균형이 생겼고, 이 문제는 대부분의 다른 국가들보다 독일에서 더 심하게 나타났다. 사실 독일 산업계는 생산성이 매우 높았지만, 식민지가 없었기 때문에 값싼 원료 공급처나 수출품과 투자자본을 위한 시장을 보유하고 있지 않았다. 이에 대해 히틀러가 제안한 해결책은 본질적으로 케인스식 정책, 다시 말해 수요에 초점을 두기 때문에 '수요 중심적'이라 할 수 있는 정책이었다. 그의 계획은 국가 차원에서 수요를 촉진하는 것이었다.[7] 미국을 비롯해서 다른 나라에서도 케인스식 정책이 실행되고 있었다. '뉴딜'이라고 알려진 루스벨트 대통령의 경제 정책은 수력발전 댐 건설과 같은 대규모 프로젝트를 통해 수요를 촉진하는 것이었다. 반면 히틀러의 케인스식 정책은 대부분 군사적인 것이었다. 그의 지휘 아래 독일 정부는 탱크, 잠수함, 트럭, 비행기, 그리고 기타 전쟁 물자를 대량으로 주문했다. 고속도로 건설 같은 전형적인 케인스식 처방도 있기는 했지만 상대적으로 미미한 수준이었다. 더군다나 히틀러의 명령으로 새롭게 건설된 아우토반에도 신속한 부대 이동이라는 군사적인 목적이 있었다.

히틀러가 대규모 재무장 프로그램을 통해 위기를 돌파하려 했던 것이다. 이는 정확히 기업가와 은행가가 꿈꿔왔던 접근 방식이었다. 재무장 프로그램은 티센Thyssen의 철강이나 크루프Krupp의 총기 수요를 늘릴 것이 분명했고, 그에 따라 생산의—그리고 수익의—엄청난 증가가 예상되었다. 기업가들—그리고 군 장성들—이 히틀러의 집권을 도운 것은, 그가 이러한 경제 정책을 실행할 수 있는 유일한 인물이란 걸 알았기 때문이다. 다른 형태의 케인스식 정책과 마찬가지로 히틀러의 재무장 프로그램도 '적자 지출', 즉 재정 적자를 불러왔다. 엄청난 부채를 지지 않고는 가장 현대적인 무기를 광범위하게 공급받을 수 있는 방법이 없었기 때문이다. 이러한 전망은 독일의 은행가들을 흥분시켰다. 제국 영토 내에서 자신들의 자본을 투자해 엄청난 수익을 올릴 수 있는 기회가 열렸던 것이다. 해외로 투자할 기회가 상대적으로 제한된 상태라 더욱 반가운 일이었다. 재계에서는 재무장이 국제사회에서 긴장을 불러일으키고 심지어 전쟁으로도 이어질 수 있다는 사실에 전혀 개의치 않았다. 첫째, 앞서 언급한 바와 같이, 대부분의 기업가와 은행가는 나치스와 마찬가지로 독일이 제1차 세계대전에서 패배한 것은 배신 때문이라는 '배후중상설stab-in-the-back myth'에 동의하고 있었고 다음 전쟁에서는 이길 수 있다고 확신했다. 둘째, 나치 정권이 부채를 청산할 수 있는 유일한 방법은 약탈 전쟁으로 전리품을 획득하는 길밖에 없어 보였기 때문에 전쟁은 터져야만 했다. 셋째, 1914년에 그랬던 것처럼, 기업가와 은행가, 군 장성 등 제국의 지배층은 승리가 확실시되는 전쟁에서 엄청난 수익이 생길 거라고 기대하고 있었다.

독일이 실제로 그러한 전쟁을 벌일 준비를 하려면 최소한 몇 년의 기간은 필요했다. 하지만 히틀러는 즉시 재무장 프로그램을 개시해 티센, 크루프, 지멘스, 다임러-벤츠, 베엠베BMW 등 대기업에 원하는 전쟁 물자를 주문하고, 도이체 방크Deutsche Bank, 드레스드너 방크 등 은행에 대출을 신청했다. 히틀러가 집권한 지 몇 달도 지나지 않은 1933년 7월에 이미 국가방위부Reichswehrministerium에서 장갑차 대량 주문서를 들고 크루프, 다임러-벤츠, 헨셸Henschel, 엠아엔MAN의 문을 두드렸던 것이다. 같은 해, 독일의 군비

지출액은 이미 27억 라이히스마르크에 달했다. 1935년엔 그 금액이 81억 라이히스마르크가 되었고, 1936년엔 115억 라이히스마르크로 늘어났으며, 1938년이 되자 자그마치 225억 라이히스마르크로 치솟았다. 1932년의 수치를 100으로 놓는다면, 1938년에 국내총생산은 214로 증가한 반면, 전쟁 물자 생산액은 2,600까지 올랐던 것이다! 히틀러가 집권한 1933년에 재정지출에서 군비가 차지하는 비율은 4퍼센트였다. 이 수치는 1934년에 극적으로 18퍼센트로 상승했고, 1936년에는 39퍼센트가 되었으며, 1938년에는 거의 50퍼센트에 육박했다.[8] 제3제국 경제사에 정통한 역사학자 애덤 투즈Adam Tooze에 따르면, 독일 국내총생산에서 군비가 차지하는 비율은 1933년 1월에 1퍼센트도 안 되었던 게 1938년 가을이 되자 거의 20퍼센트로 증가했다.[9]

크루프와 같은 기업가들은 대규모 재무장에 열광하면서, 이는 독일인들에게 "반드시 필요한 것"이고 독일이 "전쟁이 일어날 경우를 대비"하는 프로젝트이며 "기업가 정신이 그 유용성을 드러낼" 활동 분야라고 주장했다. 크루프, 클뢰크너Klöckner, 회흐스트, 지멘스, 이게파르벤 등의 대기업은 사회적 책임을 다하려는 것이라고 주장하며 전쟁 물자를 생산했다. 크루프는 그로부터 대단한 도덕적 만족감을 얻었다며 시적으로 표현한 바 있는데, 그가 얻게 된 건 그것만이 아니었다. 그는 언급하지 않았지만 전례 없이 높은 수익도 함께 얻었던 것이다. 역사학자 샤를 베틀레임Charles Bettelheim에 따르면, 독일 산업계가 공식적으로 벌어들인 수익은 1933년과 1938년 사이에 66억 라이히스마르크에서 150억 라이히스마르크로 증가했다. 무려 127퍼센트나 성장했던 것이다.[10] 베틀레임이 이런 통계를 내놓은 게 오래전인 1945년 때 일이라서, 물론 그 정확성에 대한 논란이 있을 수 있다. 하지만 이 분야의 뛰어난 전문가인 애덤 투즈 역시 최근에 "제3제국하에서 수익이 빠르게 늘어났다는 사실은 부정할 수 없"고, 나치 독일에서 "1933년 이후에 수익은 급격히 증가했다"고 강조한다.[11] 또 다른 제3제국 경제사 전문가인 마르크 스푀러Mark Spoerer도 독일 기업들의 수익성이 1920년대에는 "유난히 낮았"는데 1930년대에는 "유난히 높아졌다"고 역설한 바 있다.[12] 기업들은 아마도 이전보다 더 높은 세율을 적용받았을 것이다. 그럼에도 순이익은 히틀러 집권 이후 급격히 증가했다. 1928년, 즉 경제 위기 직전의 수준을 넘기 시작해, 1936년에는 34퍼센트, 1939년에는 256퍼센트나 증가했던 것이다. 스푀러에 따르면, 1936년부터 1941년까지 독일 기업의 세후 수익은 평균적으로 투자액의 15퍼센트에 달했다.[13]

이러한 '수익의 폭발적인 증가Gewinnexplosion'가 주로 히틀러의 재무장 프로그램이 부린 마법 덕분이었다는 사실은 의심할 여지가 없다.[14] 그런데 몇몇 기업은 더욱 유난한 성적을 거뒀다. 아래 표는 1933년에서 1940년 사이 크루프와 이게파르벤이 신고한 순수익이며, 단위는 백만 라이히스마르크이다.

	1933~1934	1935~1936	1938~1939	1938	1939	1940
크루프	6.65	14.39	21.11	-	-	-
이게파르벤	47	-	-	191	240	298

히틀러 덕분에 해당 기간 동안 크루프와 이게파르벤이 거둔 수익은 각각 300퍼센트와 600퍼센트 증가했다.[15] 이게파르벤이 긁어모은 수익이 크루프보다 높았는데, 이 사실은 나치 정권만큼이나 산업계와 금융계의 다른 자본가들과의 관계가 중요한 요소였다는 걸 보여준다. 독일 재계는 단일체가 아니라 각기 다른 여러 분야에 걸친 개별 기업으로 구성된 집합체였고, 각 분야와 기업은 국가가 내어준 여물통에서 가장 좋은 위치를 선점해 가장 수익성이 좋은 주문 물량을 차지하기 위해 인정사정없는 경쟁을 벌여야 했다. 나치의 주요 인사를 포섭하고, 국가사회주의독일노동당과 나치 정부의 주요 기관—이 기관들 사이에서도 치열한 경쟁이 있었다—에 영향력을 행사해, 자신들의 이익을 최대화하는 방향으로 재무장 프로그램을 진행시키기 위해 열심히 로비 활동을 벌였던 것이다. 여기서 이러한 복잡한 내용을 자세히 살피기는 어렵다. 다만 독일의 거대한 산업계 내에서 전통적인 중공업 분야—크루프 등의 석탄 및 철강 생산업체들—와 이게파르벤이라는 대기업이 독점하다시피 했던 석유화학/전기화학 분야 사이에, 그리고 비행기 제조업체 마네스만_{Mannesmann}과 금융 분야의 도이체 방크 같은 회사 사이에, 엄청난 경쟁이 있었다는 사실에 주목해야 할 필요가 있다.[16]

1936년이 되자 석유화학/전기화학 분야가 확실한 우세를 차지했다. 이게파르벤의 경영진은 석탄과 갈탄을 원료로 한 합성고무와 합성연료의 생산—자신들의 전문 분야였다—을 늘리면 재무장의 속도를 앞당겨 히틀러와 독일 재계가 그토록 갈망하는 전쟁을 '석탄 및 철강'에 기초한 계획보다 더 빨리 시작할 수 있다고 히틀러를 설득했다. 1936년에 석유화학 트러스트의 '신속 추진 계획fast-track program'이 받아들여져 그 유명한 '4개년 계획Vierjahresplan'의 형태로 착수되었다. 이 계획대로라면 늦어도 1940년까지는 전쟁을 시작할 수 있을 터였다. 이게파르벤은 나치스의 최고위직에 있는 괴링이라는 협력자에게서 큰 도움을 받았다. 괴링이 4개년 계획의 책임자가 되어 그때부터 제국의 '경제 분야 실권자'로 군림한 것은 결코 우연이 아니었다. 4개년 계획이 '이게파르벤 계획'이라고 불린 데에는 다 이유가 있었던 것이다. 또한 이게파르벤의 임원인 카를 크라우히Carl Krauch는 이 계획의 원동력을 제공하기도 했다.[17]

4개년 계획으로 독일의 합성연료 생산은 급격히 늘어나 1936년과 1939년 사이에 두 배로 증가했다. 이와 동시에 막대한 양의 석유를 비롯한 여러 유형의 연료가 수입되어 비축되었다. 하지만 1939년에 전쟁이 터지자, "연료가 계획했던 군사 공격에 필요한 양에 비해 많이 부족"했다. 그래서 독일은 폴란드 등의 점령국에서 제한적으로 보유하고 있던 석유 자원을 "무자비하게 착취"하고, 헝가리나 루마니아 같은 동맹국에 깊이 의존할 수밖에 없었다.[18]

나치의 4개년 계획이란 명칭은 사회주의 경제라는 맥락에서 중앙집권식 계획을 실시했던 소련의 5개년 계획에서 따온 것이었다. 하지만 이 계획은 독일 경제를 사회주의화하려는 게 아닌 건 물론이고, 국가의 통제하에 두거나 중앙집권식 계획에 종속시키려고 하지도 않았다―그러했다는 주장이 종종 제기되기는 한다.

이 계획의 의도는 이게파르벤이나 크루프 같은 민간기업들의 지위를 바꾸려는 것이 아니라, 이러한 기업들의 생산을 촉진하고 가속화해 무장 프로그램과 보조를 맞추려는 것이었다. 독일의 한 역사학자가 언급한 대로, 4개년 계획을 통해 "독일의 경제생활 전체가 대기업들의 통제권하에 들어갔다"고 할 수 있을 정도가 되었다. 그 기업의 소유주와 경영진은 정치 지도자와 군 지휘관들이—그리고 자신들이—간절히 바라온 정복 전쟁을 벌일 준비를 할 수 있게 된 데 대해 매우 기뻐했다.[19] 그런데 전쟁을 준비하면서 독일 재계는 당연히 별도의 입장을 가진 군 수뇌부와 긴밀히 협조해야 했다. 이러한 방식으로 4개년 계획은 독일 경제를 점점 더 조직화, 더 나아가 '군대화'되도록 만들었고, 이런 현상은 전쟁 기간 동안 극심해졌다. (기업가와 은행가 등 전통적으로 자유기업체제를 옹호해온 이들은 이러한 조직화에 불만을 느껴 불평했고 심지어 저항까지 했다. 일부 역사가는 이를 두고 기업가와 은행가가 정권에 대한 적대감과 정권의 전쟁 계획에 대한 거부감을 초지일관 지니고 있었다는 가설을 증명하는 거라고 해석하기도 한다. 이 주제에 대해서는 이후 다시 논하도록 하자.) 그렇다고 해도 4개년 계획으로 인해 독일의 사유재산과 경쟁에 기초한 경제체제, 즉 자본주의체제가 위협받은 적은 없었다. 이 계획에 참여한 기업들은 계속해서 민간 소유로 남았고, 수익을 엄청나게 늘려나갔다.[20]

히틀러 정권은 독일에서 자본주의체제를 결코 위협했던 적이 없다. 이 정권이 여러 의미에서 사실상 독일 자본주의의 산물 그 자체라는 사실 또한 그다지 놀랄 만한 일은 아니다. 많은 역사학자의 주장과는 다르게, 나치스는 민간기업을 국영기업으로 전환하여 독일의 자본주의체제를 위협하려는 계획을 세운 바가 없다. 꽤 최근인 2008년에 제3제국 산업 정책 분야의 전문가인 요나스 셰르너Jonas Scherner는 "제국에선 다른 가능성이 없는 경우, 즉 민간 영역에서 필요한 투자를 꺼리거나 [정권이] 받아들일 수 없는 조건하에서만 투자하려는 경우를 제외하고는, 국영기업을 설립하는 데 관심이 없었다"고 설명한 바 있다. 셰르너는 괴링의 말을 인용했다. 괴링은 1942년에 "국가는 민간기업Privatwirtschaft이 감당할 수 있는 수준을 넘을 때를 제외하고는 기업 프로젝트에 간여해서는 안 된다는 의견을 언제나 고수해왔다"고 단언했다.[21] 4개년 계획의 틀 안에서 나치 정권이 설립했던 국영기업들, 예를 들어 유명한 괴링 공장(헤르만-괴링-베르케) 같은 기업들은 원료 개발이나 경제적 수익성이 떨어져 민간 영역에서 관심을 갖지 않는 특정한 군수산업 등에만 몰두했다.[22] 나치 독일이 소수의 국영기업을 세웠던 것은 사실이다. 하지만 그런 설립은 예외적인 것이지, 일반적인 것이 아니었다. 그 이전에도 그랬고 당시에도 민간기업이 일반적인 원칙이었다. 1930년대 초반에 심각한 재정상의 문제로 독일 정부에 인수되었던 많은 은행(드레스드너 방크 등)과 회사들을 히틀러 정권이 다시 민영화했던 건 이러한 일반적인 원칙이 반영된 결과였다. 재민영화 과정을 통해, 투자자와 대자본가, 기업들은 대단히 유리한 조건으로 자신들의 자산 손실을 만회할 수 있었다. 나치 정권과 파시즘하에서, 생산수단 공동 소유라는 사회주의적 원칙은 아무런 진전도 이루지 못했다―오히려 그 반대였다.

제3제국의 경제사 분야에 정통한 독일인 전문가 두 사람이 내린 결론은 다음과 같다.

> 문학작품에서 반복적으로 주었던 인상과는 반대로, 기업들은 …… 이전에도 그랬던 것처럼—정부의 개입이라는 맥락에서조차—자율적으로 활동했고, 수익 창출을 목표로 했으며, 생산과 투자에 대한 결정권을 계속해서 장악하고 있었다. …… 나치 정권에서 기업들이 생산에 관해서뿐만 아니라 투자에 관해서도 알아서 결정할 수 있는 권리를 대체로 존중했던 것은 명백한 사실이다. …… 기업들은 자유롭게 자신들의 기본적인 목적, 즉 수익 극대화를 추구했다. …… 결국 나치 시대의 경제체제는 본질적으로 중앙 계획 경제라기보다는 시장 중심적인marktwirtschaftlich 경제였다고 볼 수 있다.[23]

제3제국에서의 기업 역사를 전문으로 연구하는 독일의 역사학자 크리스토프 부흐하임Christoph Buchheim은 "국가의 규제가 있기는 했지만, 기업들은 여전히 자유롭게 결정하고 자신들의 판단대로 행동에 옮길 수 있었다"고 설명한다. 또한 나치 독일 경제사 분야에 저명한 전문가 중 한 사람인 영국의 역사학자 앨런 S. 밀워드Alan S. Milward는 히틀러의 독일에서 "산업은 이전과 동일하게 민간 자본주의의 독점 영역으로 남았다"고 언급한 바 있다.[24]

히틀러는 자신의 야심 찬 재무장 프로그램에 필요한 재정을 부담하기 위해 다양한 수단을 활용했다. 첫째, 사회복지 비용을 과감하게 축소해 자금을 확보했다. 사회복지 비용 지출은 1933년 23억 라이히스마르크에서 1934년에는 14억 라이히스마르크, 1935년에는 13억 라이히스마르크, 1936년에는 9억 라이히스마르크, 그리고 1937년에는 4억 라이히스마르크로 계속해서 감소했다.[25] 비스마르크가 처음 도입했던 사회보험 제도가 폐지되었던 것은 아니다. 하지만 보험료는 같은 수준에 머문 반면, 지급액은 급격히 감소했다. 따라서 사회보험 기금은 꾸준히 증가해 1939년에는 105억 라이히스마르크에 달했다. 이 재원은 다가오는 전쟁에 필요한 자금으로 주도면밀하게 전용되었다. (결국 비스마르크식의 사회보험 제도는 제3제국에서 명맥을 유지했지만, 그 규모가 대폭 축소되었던 것이다.[26]) 괴링이 냉소적으로 표현한 대로, 제3제국의 경제는 "버터 대신 총"을 생산하는 데 중점을 두었다. 서민들은 점점 더 허리띠를 졸라매야 했지만, 부유한 기업가와 은행가는 총기류와 기타 전쟁 물자를 생산해 엄청난 수익을 긁어모았다. 이렇게 생산된 무기로 히틀러는 전쟁을 일으킬 수 있었고, 그 전쟁에서 서민들은 총알받이가 되었다. 요컨대, 무장 프로그램은 부자들의 이익을 위해 빈자들이 비용을 치르는 방식으로 부의 왜곡된 재분배 문제를 일으켰던 것이다.

히틀러의 대규모 재무장 프로그램에 의도치 않게 재정을 부담했던 이들은 바로 독일에 있는 유대인들이었다. 앞서 살펴본 대로, 나치식 세계관에 따르면 유대인들은 이중으로 유해한 민족이었다. 한편으로는 독일의 '선한' 국가사회주의자들과 대비되는 '악한' 국제사회주의자들이었고, 다른 한편으로는 독일의 '선하고' 창조적인 자본주의자들과 대비되는 '악하고' 탐욕스러운 자본주의자들, 즉 '금권 세력'이었다. 히틀러의 제3제국에서 모든 유대인은 박해를 당해야 했다. 하지만 부유한 중산계급과 가난한 이들은 각기 다른 시기에 다른 방법으로 다뤄졌다. 나중에 설명하겠지만, 가난한 유대인들은 대부분 전쟁 기간 동안에 아우슈비츠나 기타 다른 멸종수용소의 가스실이나 화장터에서 생을 마감했다. 자영업자나 기타 중산계급 유대인들은 히틀러가 집권한 뒤 온갖 종류의 모욕, 구타에서 살인에 이르는 신체적 학대, 재산 몰수, 강제 폐업, 직업에 종사할 권리 박탈 등을 당해야 했다. 히틀러가 자신의 제3제국을 '유대인 없는judenrein' 곳으로 만들겠다는 의지를 가지고 있었기 때문에 이들은 다른 곳으로 이주하라는 종용을 받았다.[27] 한때 나치스가 유대인들이 자신들의 고향인 팔레스타인으로 이주해야 한다고 주장했던 독일 내 시온주의자들과 협력했다는 건 놀랄 만한 사실도 아니다.[28]

초기까지만 해도 부유한 유대인들, 예를 들어 은행이나 산업체의 소유주들은 (별로) 괴롭힘을 당하지 않았다. 나치 정권에서 그러한 사람들—특히 은행가—을 학대할 경우 해외에서 영향력 있는 그들의 지인들이 반발할 것을 우려했기 때문이다.[29] 하지만 1930년대 중반이 되자 그들에게도 운명의 시간이 다가왔다. 히틀러와 괴링이 재무장 프로그램의 자금을 보조하기 위해 그들의 자본이 긴급히 필요하다고 결정했기 때문이다. 그때부터 독일의 부유한 유대인들은 자신들의 사업체, 집, 보석, 예술품, 기타 귀중품을 '아리아계' 독일인들에게 헐값에 넘기고 나라를 떠나라는 강요를 받게 되었다.[30] 유대인 은행가, 기업가, 호텔 소유주 등에게 재산 매각을 강제한 이른바 '아리아화Arianisierung'는 히틀러의 무장 프로그램 재정에 크게 기여했다.[31] 1938년 말에 괴링은 협력자들과 함께했던 자리에서, 나치 정부가 심각한 재정 위기에 빠진 적도 있었지만, 유대인들이 강제로 내놓은 엄청난 재산과 유대인 기업들을 아리아화하는 과정에서 창출한 수익을 통해 극복할 수 있었다고 시인한 바 있다.[32]

당연하게도 아리아화는 나치 정부, 나치당, 그리고 나치의 주요 인사들에게 엄청난 이익을 안겨주었다. 한 예로 독일 최대 출판사였던 울슈타인 출판사를 언급할 수 있다. 이 출판사의 가치는 대략 7000만 라이히스마르크로 추산되었는데, 히틀러가 상당한 지분을 보유하고 있던 아리아계 출판사인 프란츠 에어 출판사에 단돈 600만 라이히스마르크에 인수되었다. 이후 이 출판사는 '도이체 출판사'라는 새로운 이름으로 있다가, 나치당의 출판사인 국가사회주의독일노동당 중앙출판사에 흡수되었다.[33]

물론 독일 재계도 아리아화 운동으로 막대한 혜택을 보았다. 나치 정부와 당 이외에도 주로 은행과 기업이 유대인들이 소유했던 회사, 주식, 빌라, 예술품 등을 마음껏 착복하며 자산을 불리고 경쟁자들을 제거해나갔다.[34] 권위 있는 히틀러 전기를 쓴 이언 커쇼는 "부패한 당료들"을 비롯한 많은 이가 "할 수 있는 한 많이 갈취하"면서 크건 작건 부당한 이익을 취했다면서, 그중에서도 부유한 유대인들을 착복해 가장 큰 이득을 본 것은 재계였다고 역설한다.

> '아리아인' 사업가들은 경쟁자였던 유대인들을 희생시켜 수익을 낼 수 있는 기회가 있으면, 그 수익이 많든 적든 가리지 않고 쫓아다녔다. 그들은 수백 개의 유대계 회사—바르부르크Warburg와 블라이흐뢰더Bleichroder와 같은 설립된 지 오래된 민간 은행까지 포함해서—를 마치 폭력배가 강탈하듯 헐값에 사들였다. 가장 많은 것을 차지한 곳은 재계였다. 마네스만, 크루프, 티센, 플리크, 이게파르벤과 같은 대기업과 도이체 방크, 드레스드너 방크와 같은 대형 은행이 주요 수혜자였다. ……[35]

도이체 방크는 수없이 많은 판매와 구매에 관계해 수수료로 큰돈을 벌었을 뿐 아니라,[36] 베를린의 방크하우스 멘델스존 운트 코Bankhaus Mendelssohn & Co.와 같은 유명 은행을 포함해 유대계 은행 몇 곳을 터무니없이 낮은 가격에 인수하는 특혜를 누렸다—그곳에서 일하던 유대계 행원들은 즉시 해고되었다. 또 다른 예가 있다. 1923년에 이미 국가사회주의독일노동당을 지원한 적이 있는 사업가이자 금융업자인 프리드리히 미누Friedrich Minoux는 1938년에 오펜하이머 젤스토프- 운트 파피어베르크Offenheimer Zellstoff- und Papierwerk('오펜하임 펄프 및 종이 공장')라는 회사를 100만 라이히스마르크에 인수했는데, 이 회사의 실제 가치는 1200만 라이히스마르크였다.[37] 이렇게 아리아화는 잘 알려진 대로 나치스가 자신들의 이익을 위해 준비한 '계획적인 약탈'이었을 뿐만 아니라, 동시에 독일 기업과 은행의 이익을 위한 것이기도 했는데 이 점에 대해선 잘 알려져 있지 않다.[38] 반면 아리아화는 독일의 역사학자 괴츠 알리Götz Aly의 견해대로 '힘없는' 독일인들에게는 아무런 혜택을 주지 못했다. 알리에 대해서는 나중에 다시 언급할 것이다.[39]

히틀러는 유대인들에게서 갈취한 돈으로 주머니를 두둑이 채웠으나, 군수품 구입을 위해 지불할 현금을 감당하기엔 여전히 자금이 부족했다. 그는 상당한 금액의 돈을 빌려야 했고, 심지어 외국은행을 이용하기도 했다. 이러한 일을 처리하는 데 햘마르 샤흐트의 역할은 나치스에 절실히 필요한 것이었다. 샤흐트는 스위스나 미국 등에 있는 국제 금융기관과 돈독한 관계를 유지하고 있었다. 히틀러는 그를 독일제국은행 총재로 다시 임명했을 뿐만 아니라, 경제장관Reichswirtschaftsminister 및 '전시경제 전권위원Generalbevollmächtigter für die Kriegswirtschaft'으로도 기용했다.[40] 히틀러의 관점에서 샤흐트의 가장 큰 장점은 재무장하는 데 필요한 엄청난 규모의 융자금을—매우 의심스러운 수단을 빈번히 사용하여—끌어오고, 동시에 독일이 해외 채권국에 추가로 지급해야 할 배상금을 무기한 면제받을 수 있게 조율할 수 있는 능력이었다.[41]

1936년에 시작된 4개년 계획은 전례 없는 군비 증액을 가져왔고, 그 재원은 변형된 케인스식 적자 지출 정책에 따른 광범위한 프로그램을 통해 충당되었다. 이에 보수적인 금융업자였던 샤흐트는 큰 부담을 느꼈다. 그는 히틀러의 재무장 프로그램과 그

프로그램의 결과물인 전쟁에는 반대하지 않았지만, 그에 필요한 자금을 마련하는 데는 좀 더 전통적인 방식을 선호했다. 그래서 1937년에 경제장관과 제국은행 총재 자리에서 물러나라는 종용을 받게 되었고, 결국 그 자리는 좀 더 고분고분한 인사들에게 넘어갔다.[42] 이후 나치 정부는 비행기, 탱크, 대포 등을 대량으로 생산하기 위해서, 또 독일에서 쉽게 구할 수 있는 석탄과 아탄(즉 '갈탄')을 원료로 이게파르벤의 공장에서 합성고무와 합성연료를 생산하고자 하는 등의 더욱 야심 찬 프로젝트를 진행하기 위해서 필요한 재정을 부담하기 위해 더 많은 돈을 빌리게 되었다. 이는 독일 경제에 '연료를 바탕으로 한 호황'을 일으켰고, 이게파르벤과 같은 민간 소유 기업에 엄청난 수익을 안겨주었지만, 공채무公債務는 전례 없는 수준으로 늘어났다. 1933년과 1936년 사이에 독일의 공채무는 이미 29억 5000만 라이히스마르크에서 120억 라이히스마르크로 늘어났다. 이후 더욱 가파르게 증가해 1937년에는 143억 라이히스마르크, 1938년에는 180억 라이히스마르크, 1939년에는 308억 라이히스마르크가 되었다. 전쟁 중인 1940년에는 520억 라이히스마르크, 1941년에는 890억 라이히스마르크, 1942년에는 1420억 라이히스마르크로 현기증이 날 수준까지 치솟았다.[43]

　　나치 정권은 독일 내에서도 드레스드너 방크나 도이체 방크 같은 대형 은행에서 4개년 계획에 필요했던 자금을 빌렸다. (도이체 방크가 빌려준 자금만 1936년에는 2억 2300만 라이히스마르크이었는데, 1939년에는 4억 3400만 라이히스마르크로 늘어났다.[44]) 이 은행들은 국영이 아니라 민간 소유였고, 재무장 프로그램 덕분에 대출금 이자의 형태로 막대한 수익을 올리게 되었다. 더구나 이 은행들은 정부를 대신해 채권을 거래함으로써 거액의 수수료를 벌어들였는데, 이 채권의 90퍼센트는 은행을 포함해 보험회사, 대기업 등 독일 재계에서 매입했다. 이러한 사실들이 시사하는 바가 있다. 미국의 역사학자 헨리 애슈비 터너와 피터 헤이스Peter Hayes 등 독일 재계를 비호하는 사람들은 히틀러가 크루프와 그의 동료들에게 자신의 뜻을 따르도록 강요했고, 독일의 자본가들은 나치스로부터 위압을 받아 그들이 원하는 대로 무엇이든 할 수밖에 없었다고 주장하지만, 그건 사실과 다르다. 만약 그게 사실이라면, 나치스가 은행을 찾아 공손히 대출을 구걸할 필요는 없었을 것이다. 또한 은행가들이 요구하는 높은 이자율에 동의할 필요도 없었을 것이다. 나치 정부가 자신의 뜻을 따르라며 대형 은행과 기업을 굴복시킨 게 아니라, 대형 은행과 기업이 나치 정부를 좌지우지했던 것이다.[45]

국채는 히틀러의 재무장 프로그램으로 많은 돈을 번 금융기관과 대기업이 주로 매입했다. 이는 재무장 프로그램 덕분에 쌓인 '신규' 자본이 새로운 프로젝트에 투자되지 않고, 재무장 프로그램의 재원을 마련하는 데 필요한 대출금 형태로 다시 나치 정부로 돌아갔다는 것을 의미한다—효율적인 자본주의체제였다면 국가의 생산수단을 늘리는 데 투자되었을 것이다. 결국 나치 정부는 독일 자본에 이중의 서비스를 제공한 셈이었다. 첫째, 독일 산업계의 '과잉' 생산 문제를 해결하는 '내부의', 즉 국내의 판로로 기능했다. 경제 위기를 겪고 있던 데다가 식민지가 없는 독일의 현실을 감안할 때, 과잉 생산물을 해외, 즉 '외부의' 시장에 처분하는 건 쉽지 않은 일이었다. 둘째, 같은 이유로 해외에서 투자 기회를 얻지 못하던 '신규' 투자자본을 위한 '내부' 시장을 제공했다. 샤를 베틀레임은 "나치 정부에서 만들어낸 그 판로는 독일 경제를 괴롭혀온 문제, 즉 완성품과 자본을 수출하기 어려운 상황을 타개할 마법과 같은 해결책을 제시했다"면서 "하지만 그러한 [경제] 정책이 영원히 지속될 수 없다는 것은 너무나도 명백했다. 나치 정부의 재정이 붕괴하든지 아니면 무력으로 해외 시장을 정복하든지, 다시 말해 전쟁을 하든지, 둘 중 하나로 이어질 수밖에 없었다"고 설명한다.[46] 그리고 실제로 나치 독일의 경제 정책은 결국 전쟁으로 이어졌다. 이러한 사실에도 불구하고 일부 역사학자를 포함해 히틀러가 대공황이라는 문제에 대한 훌륭한 해결책을 제시했다고 믿는 사람들이 여전히 있다.

히틀러의 재무장 프로그램은 수익을 사유화하고 비용을 사회화했다고 할 수 있다. 수익을 두둑이 챙긴 이게파르벤을 비롯한 독일 기업과 은행이 히틀러에게 감사해야 할 이유였다. 그런데 그것은 정확히 그가 '고용된' 이유이기도 했다. 대기업가와 은행가는 히틀러에게 많은 것을 기대했고, 또 그만큼 받아갔다. 피터 헤이스는 기업가와 은행가가 "새로운 정권의 경제적 성공에, 특히 노동계에 평화를 가져온 데 대해, 기뻐하면서도 놀랐다"고 주장했지만, 사실 그들은 전혀 놀라지 않았다.[47] 히틀러와 그의 정당이 독일 산업계와 금융계의 거물들에게 계속해서 넉넉한 재정 지원을 받은 것도 전혀 놀랄 만한 일이 아니었다. 1933년 1월에 히틀러는 연립정부의 수장이 되었다. 그 정부를 재정적으로 지원하고 협력했던 보수 인사들은 정부가 좌파의 혁명 위협을 제거하고, 경제 위기에 자신들이 만족할 만한 방식, 즉 그 비용을 서민들에게 전가하는 방식으로 대처하기를 기대했다. 이를 위한 다수의 조치가 힌덴부르크 대통령이 발령한 명령으로 시행되었지만, 그의 많은 나이를 감안할 때 이러한 방식에는 분명한 한계가 있었다. 그래서 제국의회에 과반 의석을 가진 정부가 절실히 필요했는데, 히틀러는 그 정도 득표를 할 수 있는 '북 치는 사람'으로서 반드시 있어야 할 인물로 보였다. 그의 정당이 1933년 11월 선거에서는 성공을 거두지 못했지만, 이제 그는 현직 총리라는 지위, 국가사회주의독일노동당의 최대 정적이었던 공산당의 위헌적 해산, 체계적인 선전과 강압적인 조치 병행 등 선거에 유리하게 작용될 각종 이점을 누리고 있었다. 이런 상황에서 새로운 선거가 실시되었고, 그들은 과반수 의석을 확보하길 희망했다. 국가사회주의독일노동당 단독으로는 힘들겠지만, 여기에 히틀러가 정식으로 이끄는 연립정부에 소속된 보수 정당 의석수를 합치면 과반을 넘길 게 확실했다. 어쨌든 히틀러가 선거에서 성공적인 결과를 내야 하는 건 매우 중요한 일이었다. 1932년 11월 선거는 물론이고, 1932년 여름 선거 때보다도 훨씬 더 좋은 결과를 이끌어내야 했다. 하지만 국가사회주의독일노동당 금고는 비어 있었고, 히틀러가 선거에서 승리를 거두기 위해서는, 바꿔 말하자면 선거 승리를 위한 '작업'에 들어가기 위해서는, 다량의 현금 투입이 신속히 필요했다. 그의 입장에서는 다행스럽게도 재계에서 그를 구하기 위해 나섰다.

1933년 2월 20일 괴링은 주요 사업가와 은행가를 베를린에 있던 자신의 장관 집무실로 초대해 모임을 가졌다. 독일 산업계와 금융계 주요 인사들이 초대에 응했는데, 그중에는 구스타브 크루프로 더 잘 알려진 구스타브 크루프 폰 볼렌 운트 할바흐Gustav Krupp von Bohlen und Halbach와 페라이니히테 슈탈베르케의 알베르트 푀글러, 이게파르벤의 게오르크 폰 슈니츨러Georg von Schnitzler, 할마르 샤흐트 등이 있었다. 괴링은 3월로 예정된 선거에서 이기기 위해서는 그들의 재정적인 지원이 필요하며, 선거에서 승리해야 히틀러가 이끄는 정부에서 사업가와 은행가가 원하는 일을 수행할 수 있을 거라고 설명했다. 샤흐트가 갑자기 일어나 큰 소리로 소리쳤다. "여러분, 경리부에 지시하세요!" 그는 그 자리에 참석한 모든 이에게 약 300만 라이히스마르크를 모아 주자고 요구했고, 이 요구는 받아들여졌다. 샤흐트는 직접 이 자금의 관리를 맡았다.[48] 가장 많은 돈을 낸 곳은 40만 라이히스마르크를 보내온 이게파르벤이었다. 그런데 그 정도 금액은 그 회사가 이후 몇 달 동안 나치당과 연결되어 있다는 이유만으로 주식시장에서 벌어들인 돈이 8600만 라이히스마르크에 달한다는 사실을 감안하면 푼돈에 불과했다.[49] 1931년에는 히틀러에 대해 미심쩍어하던 귄터 크반트마저도 이 자리에 참석해 나치 조직에 2만 5,000라이히스마르크를 후원했고, 몇 달 후에는 국가사회주의독일노동당 당원 가입까지 했다.[50] 하지만 이렇게 상당한 규모의 지원이 이루어지고, 프로파간다와 공포 정치를 시행했음에도, 히틀러의 국가사회주의독일노동당은 1933년 3월 5일 선거에서 기대했던 과반 의석을 확보하는 데 실패했다. 그의 재정 후원자들이 기대하는 바를 수행하기 위해서, 히틀러는 앞서 언급했던 전권 위임법을 시급히 제정해야 했다.

기업가와 은행가는 히틀러에게 엄청난 것들을 기대하고 있었기 때문에, 선거 이외의 다른 목표에도 재정을 지원할 용의가 있었다—1933년 3월 선거 이후, 국가사회주의독일노동당을 제외한 다른 모든 정당이 강제해산되어 제대로 된 선거는 다시 치러지지 않았다. 구스타브 크루프는 독일 산업계와 금융계에서 히틀러가 권력을 잡기 전까지 한번도 그를 지원한 적이 없는, 몇 안 되는 인사 중 한 사람이었다. 그는 품위 있는 보수 정치인들을 선호했고, 벼락출세한 오스트리아 출신의 떠버리를 개인적으로 싫어했다. 하지만 1932년 11월 선거에서 나치스가 패한 뒤에, 많은 동료들처럼 오직 히틀러만 공산주의자들의 집권을 막을 수 있다는 말에 설득되었다. 크루프는 히틀러에게 권력을 넘겨주기 위한 모의에는 관여하지 않았다. 하지만 그의 집권이 기정사실화되자 급히 독일의 새로운 독재자에게 지원 의사를 밝혔다.[51] 1933년 2월 20일 그는 괴링이 베를린에서 개최한 모임에 참석했고, 샤흐트가 제안한 구호기금에 적절한 금액을 냈다. 한 달 뒤인 1933년 3월 24일에 그는 히틀러에게 서신을 보내 "독일 기업인들은 제국 정부의 어려운 임무를 돕기 위해 필요한 모든 것을 하고 싶습니다"라고 강조했다. 그는 이 서신을 노동운동에 대응하려는 목적으로 1919년에 설립한 독일기업가협회Reichsverband der Deutschen Industrie 회장 자격으로 썼다.[52] 얼마 뒤 그는 앞으로 모든 대기업가가 "히틀러에게 재정적인 지원를 할 것"이라고 공표했는데, 이렇게 모

인 자금은 이후 '아돌프-히틀러-기금Adolf-Hitler-Spende'이라고 불리
게 되었다. 이 기금은 적어도 이론상으로는 1년에 한 번 모금되는
것이었다. 또한 그 금액은 각 참여 기업이 1932년에 지불한 총 임
금액의 0.5퍼센트에 해당하는 수준으로, 3000만 라이히스마르크
에 달했다. 크루프 혼자서만 600만 라이히스마르크 이상을 후원
했다. 도이체 방크(1937년까지는 도이체 방크 운트 디스콘토 게젤샤프
트Deutsche Bank und Disconto Gesellschaft를 줄여 데-디-방크De-Di-Bank라고 알
려져 있었다), 드레스드너 방크, 코메르츠방크 등의 은행과 기타 금
융기관도 각각 수십만 라이히스마르크씩 후원했는데, 그중 도이
체 방크는 1933년 5월에 60만 라이히스마르크를 내놓았다. 이렇
게 넉넉한 후원금 덕분에 국가사회주의독일노동당의 재정에 대
한 우려는 연기처럼 사라져버렸다.[53] (독일 재계에 책임이 없다고 주
장하는 역사학자들은 이 후원금이 순수하게 방어적인 성격을 띤다고 해
석한다. 국가사회주의독일노동당 지역당, 특히 돌격대 지역 조직에서 크
고 작은 회사들로부터 재정 '후원금'을 갈취해왔는데, 그 갈취를 한꺼번
에 끝내려는 대책이었다고 설명하는 것이다.[54]) 한편 케플러 모임은 친
위대장 하인리히 힘러의 개인적인 영향권 아래 놓이게 되었다.
이 모임은 임시로 '경제 문제 연구센터Studienkreis für Wirtschaftsfragen'
로 바뀌었다가 이후 '친위대 국가 지도자 친교 모임Freundeskreis des
Reichsführers-SS'으로 알려졌다. 이 모임에는 이게파르벤, 지멘스, 보
슈Bosch, 외트커Oetker, 도이체 방크, 드레스드너 방크 등의 대형 기
업 및 금융회사의 소유주와 경영진 등 40여 명이 참여했고, 나치
스에 상당한 금액의 돈을 전달하는 수단으로 활용되었다. 예를 들

어 도이체 방크의 연간 후원금은 7만 5,000라이히스마르크에 달했다. 쾰른에 근거를 둔 은행가 폰 슈뢰더는 자신의 은행에 '특별 계좌 에스'라고 불린 특별 계좌를 관리했는데, 이 계좌로 친교 모임 회원들이 각각 매년 100만 라이히스마르크를 예치했다. 힘러는 이 기금을 자신과 친위대, 그리고 나치당이 관심을 갖는 사업을 진행하는 데 사용했다. 몇몇 추산에 따르면, 1933년에서 1945년 사이 독일 재계가 국가사회주의독일노동당에 후원한 금액은 모두 합쳐 대략 7억 라이히스마르크에 달한다.[55]

1933년 이전에는 그들 모두 히틀러를 지지한 것도 아니었고, 그들 중 일부만 히틀러에게 권력을 넘겨주기 위한 모의에 직접 가담했지만, 앞서 언급했던 수익 통계에서 잘 드러나듯 독일 기업가와 은행가는 대체로 제3제국에서 더욱 막대한 부를 누리게 되었다. 잠시 귄터 크반트라는 굉장히 흥미로운 인물에 대해 이야기해보자. 크반트는 기업가로서 1933년 이전에는 히틀러와 국가사회주의독일노동당을 지지하지 않았다. 하지만 나치스가 집권하자 그는 곧바로 국가사회주의독일노동당에 후원금을 내기 시작했고, 1933년 5월 1일에는 나치당원이 되었다. 이후 그의 사업은 재무장 프로그램과 관련된 정부의 주요 사업에서 특혜를 누렸고, 그 과정에서 막대한 수익을 냈다. 크반트의 많은 회사 중에서 가장 수익이 높았던 곳은 베를린에 있는 '독일 무기 및 탄약 공장Deutsche Waffen und Munitionsfabriken'이었다. 이 공장에서는 기관총과 그 유명한 루거 파라벨룸 권총 같은 무기를 히틀러에게 공급했다. 크반트의 또 다른 회사인 '배터리 공장Accumulatorenfabrik Aktiengesellschaft'(현재는 바르타VARTA라고 알려져 있다)은 탱크, 잠수함, 그리고 전쟁 말기 무렵에는 V-2 로켓 미사일에 들어가는 배터리를 전문적으로 생산했다.[56]

7장

제3제국: 복지국가였나?

독일의 자본가들이 히틀러와 그의 정당에 계속해서 돈을 쏟아부은 건 놀랄 만한 일이 아니었다. 이는 결국 훌륭한 투자였던 것으로 판명됐다. 그들이 그토록 싫어했던 바이마르공화국과는 다르게, 히틀러의 제3제국은 기업가, 은행가, 대지주 등 독일의 지배층에게 천국 그 자체인 걸로 밝혀졌던 것이다. 하지만 독일을 비롯한 여러 나라의 수많은 역사학자, 대표적으로 괴츠 알리 같은 학자는, 나치 정권이 소중히 대한 건 사실 '힘없는' 독일인들—자영업자, 농부, 수공업자, 노동자 등—이었다고 주장해왔다. 제3제국은 일종의 복지국가로, 제2차 세계대전 이후 역사에 나타난 서독 같은 사회복지 국가와 매우 유사했다는 것이다. 하지만 역사적 사실은 그러한 주장에 배치된다.[1]

히틀러가 독일의 경제 위기와 연관된 가장 심각한 문제, 즉 대규모 실업 사태에 마법 같은 해결책을 제시했고, 이에 노동자들이 혜택을 본 것은 사실이다. 그의 지휘하에 실업자 수는 1933년에 550만 명에서 1937년에 100만 명 이하로, 1939년에는 4만 명이 채 되지 않는 수준으로 급격히 감소했다.[2] 하지만 이 '기적'은 재무장으로 가능했던 것이고, 앞서 이미 살펴봤던 대로 이를 위해 '평범한' 독일인들이 상당한 비용을 부담해야 했다는 사실을 잊으면 안 된다. 더욱이 고용에 대한 대가로 노동자들은 1933년 이전 반세기 동안—많은 피와 땀, 그리고 눈물을 흘리며—노동운동으로 얻어낸 모든 권리를 상실했다. 그리고 재무장은 새로운 '대전★戰'으로 이어져 독일의 수백만 노동자와 서민을 끔찍한 고통과 죽음으로 몰아넣었다. 결국 고용의 증가, 다시 말해 노동량의 증가는 노동의 질 저하로 이어졌던 것이다. 이는 근무지의 안전과 위생 문제가 매우 악화되었다는 것을 의미한다. 이러한 악화로 제3제국에서 안전사고 및 노동과 관련된 질병 발생 빈도는 끊임없이 증가하여, 1933년에 약 93만 건이었던 것이 1939년에는 220만 건으로 늘어났다. 이런 의미에서, 독일의 한 역사학자가 지적한 대로 "국가사회주의하에서 경제적인 보장[예를 들어, 쉬운 취업]은 죽음의 전조가 되었다—사람들은 참호 속에서, 공습으로, 공장에서 과로로, 기차역 조차장이나 화학 공장 등에서 사고로 사망했다".[3] 그리고 독일의 노동자들은 나치스가 그토록 자랑했던 '모든 이에게 일자리' 정책 때문에 **실질**임금(또는 순임금) 하락이라는 희생 역시 감수해야 했다.

1930년대 히틀러 치하에서 **명목**임금(또는 총임금)은 상승했다. 또한 일부 분야의 전문 인력 보수가 크게 늘어난 것도 사실이다. 재무장 붐에 관련된 회사들이 그들을 유치하기 위해 종종 치열하게 경쟁한 덕분이었다. 하지만 전반적으로 임금은 하락했는데, 공제금이나 기부금 때문이었다. 나치당 조직 수백 곳 중 한 곳에 가입해 회비를 내야 했고, '겨울맞이 자선 모금'과 같은 나치의 자선사업 계획에 의연금Spenden을 내야 했던 것이다. 겉으로는 자발적인 행위로 보였지만, 실제로는 강제적인 것이었다. 이는 추가 과세나 다름없었고, 이 때문에 독일 노동자들의 1936년 소득은 대공황이 시작되기 이전인 1928년보다 20퍼센트나 줄어들었다.[4]

순임금이 감소한 건 나치 정권하에서 일정하게 꾸준히 물가가 상승한 것이 주된 원인이었다. 예를 들면 1938년 생활비는 1933년보다 20퍼센트에서 25퍼센트 정도 늘었다. 이것이 바로 **실질**임금이 오르기는커녕 감소하게 된 주된 이유였다.[5] 1933년 실질임금 수준을 100으로 놓는다면, 1937년과 1938년에는 각각 94.2와 94.4였다.[6]

국민소득에서 임금이 차지하는 비중 역시 줄어들었다. 1933년 국민소득에서 임금이 차지하는 비중은 63퍼센트였지만, 1938년에는 57퍼센트에 불과했다. 가장 눈에 띄는 건 임금은 줄어든 반면 수익은 이미 앞에서 살펴본 대로 급격히 증가했다는 사실이다. 이 두 가지 현상은 서로 관련되어 있다. 원인이 같은 것이다. 나치스는 의도적으로 임금을 낮은 수준으로 유지하여 자신들과 친분이 있는 대자본가, 기업가, 은행가가 손쉽게 엄청난 수익을 올릴 수 있도록 해주었다. 나치스의 조력 덕분에 독일 **자본가들**은 **노동계**

급의 희생을 바탕으로 사회적 생산물 '파이' 중에서 더 큰 몫을 차지할 수 있었다.[7]

또한 임금은 노동시간을 고려해서 책정해야 한다. 나치 정권은 바이마르공화국에서 시행되던 하루 8시간 노동제를 공식적으로 폐지하지는 않았다. 하지만 노동시간 연장을 가능케 하는 온갖 종류의 꼼수를 도입했고, 고용주들은 이를 최대한 이용했다. 오래 지나지 않아 1933년 이전과 비교했을 때 주 3시간에서 4시간 정도 추가 노동이 강제되었다.[8] 독일의 역사학자 클라우스-마르틴 가울Claus-Martin Gaul에 따르면, 독일 노동자들은 1933년에 주당 평균 42.9시간을 일했지만, 1939년에는 47시간 이상을 노예처럼 일해야 했다. 독일의 또 다른 역사학자인 미하엘 슈나이더Michael Schneider 역시 매우 유사한 통계자료를 제시한 바 있다. 그에 따르면 주당 평균 노동시간은 1932년에 41.5시간이었으나 1938년에 47.9시간으로 증가했다.[9]

잠시 임금과 생활비 사이의 관계를 되짚어보자. 식료품 Nahrungsmittel 가격은 가파르게 상승했다. 그에 따라 노동자를 비롯한 서민들이 먹는 음식물은 점점 더 부실해져갔다. 빵, 버터와 마가린, 소시지와 기타 육류, 감자 등 중요한 식료품은 점점 더 구하기가 어려워졌다—그리고 점점 더 비싸졌다. 그들의 영양 수준은 악화되었다. 고기나 버터 같은 양질의 식품은 서민들의 식탁에서 점점 사라졌다. 영국의 역사학자인 마크 해리슨Mark Harrison은 1930년대 영국뿐 아니라 바이마르 시대와 비교해도 "[제3제국에서] 독일인들의 식사는 매우 단출했다"고 지적한다.[10] 애덤 투즈에 따르면, 히틀러 치하에서 "독일인 대다수는 빵과 잼, 감자, 양배추와 돼지고기에 물과 적은 양의 우유나 맥주를 곁들인 단출한 식단을 항상 유지했다".[11] 의복 역시 질은 떨어졌지만, 가격은 올랐다. 제복 생산 때문에 수요가 대폭 늘어서 섬유 가격이 천정부지로 치솟은 것이 주된 원인이었다.[12]

나치 독일에서 임금은 '소고기 스테이크 수준'에서 '쌀 수준'으로 떨어졌다고 표현할 수 있다.[13] (제대로 수당을 받지 못한) 시간외근무 때문에 1937년 실질임금지수가 경제 위기 시작 이전 수준으로 돌아갔다고 믿는 한 역사학자조차도 "국가사회주의 시대의 가장 좋았던 시기에도 임금 생활자들의 생활수준은 1928~1929년 수준에 미치지 못했다"고 인정한다.[14] 제3제국 고용 분야의 전문가인 또 다른 역사학자는 1930년대 말에 노동자들의 생활수준은 대공황 직전인 1928년보다 더 낮아졌다고 역설한다. 또한 그에 따르면, 재무장 프로그램과 관련해 엄청난 경제 붐이 일었던 1930년대 말에도, 수많은 독일인의 생활은 계속해서 빈곤에 허덕였다.

1939년 11월 8일에 한 평범한 목공이었던 게오르크 엘저Georg Elser는 뮌헨에서 단독으로 히틀러를 암살하려 시도했으나 실패했다. 그에게는 어떠한 이념적인 동기도 없었다. 이안 커쇼가 역설했던 대로 "당시 평범한 독일인들의 우려"가 반영된 시도였던 것이다. 커쇼가 설명하는 몇 가지 조건이 그 두 달 전에 막 시작되었던 전쟁으로 발생한 (최소한 악화된) 것이긴 해도, 엘저의 행동은 나치 정권이 처음부터, 그러니까 1933년부터 독일의 노동자와 하층계급을 악랄하게 다룬 것에 대한 일종의 응징이었던 건 명백하다. 커쇼는 이 점을 분명히 했다.

> 〔엘저는〕노동계급의 생활수준이 악화되고 자유가 제한되는 것을 확인했다. 노동자들 사이에서 체제를 향한 분노가 터져 나오는 것을 감지했다. 열악한 상황에 대해 직장 동료들과 토론했고, 그들의 관점을 공유했다. 또한 모두가 1938년 가을에는 터질 거라고 예상하던 전쟁에 대한 불안감도 공유했다. …… 엘저는 홀로 행동했다. 하지만 그가 행동하게 된 동기였던 우려—생활수준에 대한 걱정 …… —는 1939년 가을에 이미 널리 퍼져 있었다. 당시 노동계급의 불안감에 관한 보고서는 넘쳐났다. …… 더 길어진 노동시간, 식품 가격 상승, 심각한 석탄 부족은 그해 가을 사회에서 가난한 사람들에게 가장 먼저 영향을 미쳤다. 또한 공장에 증원 배치된 경찰들은 일탈 행동을 할 경우 강제노동수용소로 보내질 거라며 끊임없이 위협하고 있었다.[15]

나치 당국이 이러한 빈곤 문제를 완전히 외면했다고 할 수는 없다. 하지만 그들은 이 문제에 주로 상징적인 제스처만 취했는데, 그 대표적인 예가 선전용 행사로 유명했던 겨울맞이 자선 모금이었다. 이는 겨울 동안 빈곤층에게 사회적인 도움을 주고자 하는 계획이었지만, 그 대상은 이른바 아리아계 국민Volksgenossen으로 한정되어 있었다. 겨울맞이 자선 모금은 개인들의 기부와 보여주기식 의도가 다분했던 공개 모금으로 돈, 의류, 음식을 모았고,

복권 판매액을 보탰으며, 앞서 설명한 대로 겉으로만 자발적인 것으로 보였을 뿐 실제로는 임금에서 강제로 공제한 돈을 더해 진행되었다. 독일의 대중들은 모금액의 상당 부분을 나치의 주요 인사와 기관이 전용하거나 재무장 프로그램 재원으로 사용하고 있을 거라고 의심했다. 대체적으로 제3제국의 사회복지 수준은 1928년보다 낮은 상태였다.[16]

히틀러 역시 '평범한' 독일인들의 생활수준에 대해 많은 걱정을 했던 건 사실이지만, 이는 주로 정치적이고 군사적인 이유에서였다. 그는 독일인들이 여유로운 생활을 누려서 전쟁을 일으켰을 때 제1차 세계대전 중에 독일을 곤란하게 했던 시나리오가 되풀이되지 않기를 바랐다. 당시 국민 다수가 빈곤한 생활을 했던 게 '국내 전선home front'(전쟁 중인 국가에서 민간인이 군을 적극적으로 지원하는 체계를 가리킨다—옮긴이)의 붕괴를 야기했고, 이는 1918년 독일 패전의 한 원인이 되었다. 그럼에도 높은 임금과 낮은 물가는 기업가, 은행가, 대지주 등 히틀러에게 협력하는 이들의 이익에 부합하는 것이 아니었다. 이 모순을 타개할 방법으로 히틀러는 약탈과 착취를 위한 전쟁을 일으키고자 했다. 점령국 국민들의 희생을 바탕으로 독일에서 사회적 안정을 유지할 정도의 호경기를 누리고, 자신에게 협력한 자본가들의 욕망을 채워줄 요량이었던 것이다.[17]

자영업자를 비롯한 하층 중산계급, 즉 미텔슈탄트 가운데 상당수는 이미 초기 단계에 국가사회주의독일노동당에 입당했고, 심지어 돌격대에 들어가 '붉은' 공산주의자와 사회주의자를 상대로 시가전을 벌이기도 했다. 하지만 히틀러의 제3제국에서 그들의 상황은 노동자들과 별로 다르지 않았다. 제3제국 역사 분야의 권위자인 독일의 카를 디트리히 브라허Karl Dietrich Bracher는 히틀러 집권 뒤 그들의 상황을 이렇게 설명한다. "하층 중산계급[미텔슈탄트]의 희망은 …… 이내 실망으로 바뀌었다. …… 백화점 폐쇄 같은 그들의 바람이 실현될 가능성은 없었다."[18] 히틀러가 집권할 수 있었던 건 전적으로 독일 재계의 조력 덕분이었다. 따라서 히틀러 정권은 소자본가들이 아닌 대자본가들에게 유리한 방향으로 움직일 수밖에 없었다. 국가사회주의독일노동당은 '가짜 사회주의', 즉 명목상으로만 사회주의였지 실제로는 자본주의 정당이었다. 이 자본주의, 20세기의 자본주의는 소규모 사업가들을 위한 자본주의가 아니라, 대기업과 대형 은행의 대기업가들을 위한 자본주의였다. 전문용어를 쓴다면 '독점기업'과 '독점자본'을 위한 자본주의였던 것이다. 나치즘하의 독일 경제에 대한 책을 집필한 샤를 베틀레임은 약간의 과장을 섞어 이렇게 설명한다.

> 나치 정권하에서, 독일 경제는 점점 더 몇몇 독점기업에 장악되어갔다. …… 나치 정부가 기반으로 삼았던 재산이, 나치 정부가 유지·보호·옹호·육성했던 재산이 바로 독점자본가들의 재산이었던 것이다.[19]

대기업과 대형 은행은 1933년보다 훨씬 이전부터 이미 독일의 사회경제 생활을 지배하고 있었다. 그런데 이들의 지배력은 히틀러의 집권 이후, 히틀러 덕분에 더욱 강화되었다. 재무장 프로그램의 주문은 대기업에 집중되었다. 결국 수익도 그들의 몫이었다. 대형 은행에서도 전쟁 준비에 필요한 재원을 마련하려는 나치 정부에 대출을 해주고 그 이자로 막대한 수익을 올렸다. 이 과정에서 소규모 사업가들은 어떠한 혜택도 누리지 못했다. 정부 수입은 꾸준히 늘어났지만, 그 늘어난 부분을 대기업과 대형 은행에서 착복했던 셈이다. 더욱이 공적 부채가 급격히 늘어나면서 천정부지로 치솟은 비용을 감당하려면 세금을 더 많이 거둬야 했다. 이렇게 세금이 늘어나면서 재무장 프로그램으로 단 1페니히도 벌지 못한 수많은 소규모 생산자가 파산했다. 샤를 베틀레임은 이러한 상황에 대해 다음과 같이 요약한다.

> 공적 부채의 증가는 대자본의 입지를 강화했고, 늘어나는 세금의 부담을 감당하지 못한 소기업들의 파산을 초래했다. 결과적으로 세제를 통해 〔소기업들을〕 몰수했던 셈이다.[20]

그 밖에도 나치 정권의 정치경제학에는 소기업가들을 희생시켜 대자본가들의 이익을 도모하고, 또 자영업자, 소매상인, 수공업자 등 독일 하위 중산계급, 즉 미텔슈탄트를 희생시켜 기업가와 은행가 등 상위 중산계급의 이익을 도모하는 다른 방법들이 있었다. 예를 들어 소매가격을 정권이 공식적으로 동결하는 방법이 있었다. 여기에는 대중을 선동하고자 하는 목적도 있었지만 그보다는 임금 인상을 막으려는 목적이 더 컸다. 재계의 재정 부담을 덜어주고자 했던 것이다. 하지만 대형 제조업체에는 완성품의 가격을 알아서 정하고, 소매업자, 상인, 수공업자 등에게 도매가를 올려서 받는 것이 사실상 허용되었다. 이러한 유형의 합법적인 착취로 인해 소규모 사업가들의 수입은 감소했다. 공장 노동자들의 수입보다 적은 경우도 생겼다. 결국 점점 더 많은 수의 소매상인, 수공업자, 소규모 사업가가 사업을 접고 임금 생활자 대열에 합류하게 되었다. 1933년에 독일 자영업자의 수는 경제활동인구의 20퍼센트에 가까웠지만, 1939년에는 16퍼센트가 조금 넘는 수준으로 떨어졌으며, 반대로 같은 기간 임금 생활자 비율은 52퍼센트에서 53.6퍼센트로 상승했다. 1936년에서 1938년 봄 사이의 기간 동안에만 수공업자 10만 4,000명이 임금 생활자로 신분을 바꾸게 되었다. 미텔슈탄트 계층의 수많은 사람이 서둘러 나치당원이 되었던 이유가 '프롤레타리아화'에 대한 공포 때문이었는데, 비극적이게도 바로 그 나치스의 집권 이후 그게 자신들의 현실이 되었던 것이다.[21]

소농들은 나치스로부터 독일의 블루트크벨러Blutquelle, 즉 '피의 근원'이라고 찬양받았던 집단이다. 그런데 소농이라면 누구나 어쩔 수 없이 국가사회주의독일노동당 산하 '제국농업동지회Reichsnährstand'라는 단체에 참여해야 했다. 이 단체의 수장은 발터 다레Walther Darré였는데, 그는 큰 어려움에 처해 있던 수많은 소농을 지원하는 일에는 손가락 하나 까딱하지 않았다. 반대로 대지주들은 히틀러의 좋은 벗이었다. 소농들을 위해 토지 개혁을 하겠다던 히틀러의 거창한 공약은 전혀 지켜지지 않았다. 이 공약으로 선거 때 시골 지역에서 많은 지지를 받았지만, 의미 없는 약속일 뿐이었다. 더구나 대지주들의 대규모 경작지에서 노예처럼 일했던 농장 노동자들의 임금과 노동환경 상황은 심각할 만큼 악화되었다. 공장 노동자들의 임금을 올려줘야 한다는 압박에서 벗어나기 위해 나치스는 소규모 독립 농가들의 희생을 대가로 농작물 가격 역시 동결했다. 임금 인상 압박이 기업가들에게 불리하게 작용될 것을 우려해서였다. 하지만 대기업들이 농기계와 비료를 비롯해서 농민들에게 절실히 필요한 기타 제품들의 가격을 높게 책정하는 건 허용해주었다. 소규모 낙농 농장도 유제품 생산 기업에 우유를 고정가에 공급하도록 강요받았으며, 그 결과 그 기업들은 막대한 수익을 올릴 수 있었다. 독일 농부들에게 제3제국은 결코 낙원이 아니었다. 수많은 농부가 돈을 잃고 자산을 내놓을 수밖에 없었다. 농업 회사를 포함한 소규모 회사의 수는 1933년 히틀러의 집권 이후 점차 줄어들었다. 이는 프로이센 융커나 다른 대지주들의 운명과 극명한 대조를 이뤘다. 그들은 히틀러가 집권할 수 있도록 돕고, 그 대가로 엄청난 지원금을 포함해 나치 정부에서 제공하는 온갖 종류의 혜택을 받았다.[22]

'사회주의적'이고 '반자본주의적'인 듯했던 히틀러의 나치즘 하에서 노동자도, 소부르주아도, 농부도 잘살지 못했다. 하지만 대지주 등 지배층 내의 협력자나, 은행가와 대기업가 등 대자본가들은 영화를 누렸다. 19세기 말께 시작되었던 경제력 집중 경향이 나치 시대에 들어서면서 가속화했던 것이다. 다시 말해 소수의 대형 기업과 은행에서 생산과정 및 그에 따른 재정적 이익을 장악하게 되었다. 반대로 사업이 정체되어 운영을 접거나 더 큰 기업에 흡수되는 소기업들의 수는 점점 늘어났다. 그리고 이러한 집중화 과정은 나치 정부가 수많은 소기업에 '카르텔 결성'을 강요하면서 재차 탄력을 받기 시작했다. (주식회사, 즉 악티엔게젤샤프트의 수는 1933년에 9,150개였던 것이 1939년에는 약 5,300개로 줄어들었다. 비공개유한책임회사의 수는 1934년에 약 5만 5,000개였던 것이 1938년에는 약 2만 5,000개로 감소했다.) 아리아화 운동 역시 카르텔화 과정을 가속하는 역할을 했고, 이에 따라 이게파르벤, 지멘스, 크루프 등 소수의 대형 트러스트나 카르텔에서 점점 더 많은 자본을 축적하게 되었다. 전쟁 기간 동안에도 산업의 집중화 과정이 지속적으로 진행되었다는 사실 역시 주목할 필요가 있다.[23]

재계는 1933년, 그러니까 자신들의 지원으로 히틀러가 권력을 장악한 해에도 이미 독일의 경제와 사회를 지배하고 있었다. 이후에도 히틀러 정권의 후원으로 계속해서 독일에 대한 경제적·사회적 지배력을 크게 강화해나갔다. 그런데 경제 집중화 및 자본 비대화 경향, 다른 말로 하자면 독점자본주의가 나치스나 다른 파시스트 정당이 집권하지 않았던, 미국 등의 나라에서도 나타났다는 것은 주목할 만한 일이다. 이는 나치즘이 자본주의의 전개를 저해하거나 왜곡하지 않았다는 사실을 증명한다. 다르게 표현하자면 나치즘하에서도 자본주의체제는 어쨌든 '일반적인' 양상으로 전개될 수 있었던 것이다. 결론적으로 말해, 나치즘은 1930년대와 1940년대의 독일에서 자본주의가 그 근본 목표—수익의 극대화와 자본의 축적—를 실현하기 위해 취했던 방식에 지나지 않는다.

나치 집권 후 3년이 지난 1936년에 독일 국민의 소득 불평등은 제1차 세계대전 기간 수준에 이르면서, 바이마르 시대보다 심해졌다. 상위 10퍼센트 소득자에게 돌아간 몫은 1913년과 비슷한 수준이었지만, 하위 50퍼센트의 몫은 1928년의 25퍼센트 수준에서 18퍼센트로 낮아졌다. 노동자, 직장인, 농부, 수공업자, 자영업자 등 하위 50퍼센트 소득 계층에 속한 이들에게 제3제국은 발전이 아닌 뚜렷한 퇴보를 가져다주었던 것이다. 다른 말로 하자면, 히틀러 정권은 '힘없는' 독일인들에게 경제 위기로 인한 비용을 부담시켰다.[24] 유럽에서 민주화 과정, 즉 하층계급의 정치적·사회적·경제적인 해방은 프랑스혁명 이후 여러 방면으로 시작되었다. 프랑스혁명은 부르주아 상위계층이 그토록 소중히 생각했던 자유뿐만 아니라, 상층 중산계급이 반혁명적인 귀족들만큼이나 싫어했던 평등—법 앞에서의 정치적 평등뿐만 아니라 사회적·경제적인 평등까지—도 설파했던 바 있다. 19세기 동안에도 민주화와 해방이 이뤄지는 방향으로 큰 진전이 있었다. 물론 엄청난 노력으로 이뤄낸 결실이었고, 특히 1848년 혁명(1848년에 이탈리아에서 시작되어 프랑스, 독일, 오스트리아 등으로 번져간, 민주화를 위한 혁명을 가리킨다—옮긴이) 등 계속된 혁명으로 만들어낸 결과였다. 민주화 과정은 제1차 세계대전 직후 절정을 맞이했다고 할 수 있는데, 이는 전쟁이 아니라 또 다른 혁명, 즉 러시아혁명이 낳은 결과였다. 이 시기에 많은 국가에서 보통(남성)선거가 도입됐고, 하루 8시간 노동제와 같은 사회적 혁신이 이뤄졌다. 이는 더 많은 것을 요구하려는 흐름, 즉 러시아 방식의 혁명적인 변화를 바라는 흐름을 누그러뜨리기 위한 것이었다. 이러한 관점에서 볼 때, 바이마르공화국은 유럽에서 가장 민주적인 국가 중 하나로, 국민들은 보통선거, 비례대표제, 상당한 수준의 사회복지 등 여러 혜택을 받았다. 하지만 불행히도 바이마르공화국은 민주체제를 경멸하며 1914년의 제국주의적인 큰 야망을 실현할 방법을 찾던 세력, 즉 강력한 군국주의를 고수하던 군 지도부, 초보수적인 대지주 귀족, 그리고 대기업과 대형 은행 인사들에 매여 있는 상태였다. 어쨌든 독일 역사에서 민주화와 해방은 바이마르공화국에서 절정에 이르렀다. 민주주의의 정점에 이른 건 아니었지만, 그 이전까지 독일 하층계급의 여건이 그렇게 크게 개선되었던 적은 없었다.

이러한 측면에서 보자면, 히틀러의 제3제국은 크게 퇴보해 프랑스혁명 이전, 즉 앙시앵레짐 시대로 돌아간 셈이었다. 히틀러는 프랑스혁명을 비롯한 모든 혁명운동을 혐오했고, 사회주의는 물론이고 '자유, 평등, 박애' 사상, 민주주의, 해방, 평화주의, 자유주의까지 두루 경멸했다. 이탈리아의 훌륭한 철학자이자 역사학자인 도메니코 로수르도Domenico Losurdo의 표현을 빌리자면, 제3제국은 "해방에 대한 대규모 반대"를 시작했던 것이다.[25] 하층계급 해방운동은 유례없는 큰 타격을 입었다. 그 타격을 가한 이는 스스로를 '평범한 시민'이자 서민을 이해하는 정치인으로 포장한 채, 자신의 사상을 '사회주의적'이라 칭하고 자신의 정당을 '노동자 당'이라 부를 수 있을 만큼 뻔뻔한 인물이었다.

독일 하층계급과 시민들의 이러한 좌절은 그들보다 훨씬 수가 적은 상류층의, 그중에서도 산업계와 금융계의 대자본가들의 환희로 이어졌다. 오늘날 '1퍼센트'라고 부르기도 하는 그들은 정권의 총애와 비호를 받았다. 미국의 역사학자 존 길링햄John Gillingham이 지적한 대로 그들 또한 "별다른 이의 없이 정권을 지원해야 한다는 데 동의했고, 정권의 업적을 자랑스러워하기까지 했"는데, 이건 결코 놀랄 만한 일이 아니다.[26] 한편 노동자와 소부르주아에겐 만족스럽거나 자랑스러운 것이 전혀 없었다. 이러한 다수의 '힘없는' 독일인은 매우 불행했는데, 나치 정권으로부터 받은 처우가 걱정했던 그대로였기 때문이거나 히틀러에게 받을 수 있을 거라 희망했던 혜택을 누릴 수 없었기 때문이다. 그래도 그들 중 압도적인 다수는 상황에 순응했고 침묵을 지켰다. 이유는 단순했다. 조금이라도 불만을 드러내거나 저항할 경우, 또는 파업에 들어가려고 할 경우, 그들은 직장을 잃거나 게슈타포에 체포되어 강제수용소로 끌려가 돌아오지 못할 수도 있었기 때문이다. 더욱이 나치스는 선전 기술을 교묘히 활용해서 독일인들이 그 어느 때보다 잘살고 있다는 생각을 심어주었다. 심리적인 요인도 작용했을 것이다. 가장 가난한 독일인들조차 점령국의 많은 국민들, 특히 유대인이나 동유럽의 슬라브인들보다는 형편이 훨씬 낫다고 여겼다. 서민들의 히틀러 정권에 대한 충성은 나치스가 해외의 열등 인종을 '극심하게 착취'함으로써 독일 내 상황을, 적어도 어느 정도까지는 향상하고 있다는 인식에 기반을 둔 것이었다.[27] 어쨌든 수많은 국민이 히틀러 정권의 보호하에서 모든 일이 잘되어가고 있다고 확신하고 있었다. 심지어 한참 뒤인 1950년대와

1960년대까지도, 히틀러가 독일 국민들에게는 잘했고, 그의 '유일한' 잘못은 유대인들을 학살하고 세계대전을 일으킨 것뿐이라고 믿는 독일인들이 많았다. 그들은 심지어 노동자들을 비롯한 '힘없는' 독일인들에게까지 나쁘지 않았다고 생각했다.

나치가 활용한 효과적인 선전 수단 중에는 국가사회주의독일노동당 산하의 특별 부서인 '기쁨의 힘Kraft durch Freude'에서 조직한 활동이 있었다. 하층계급 구성원들에게 혜택을 주려는 것이라고 그럴듯하게 꾸며진 활동이었다. 시골 지역을 다녀오는 당일치기 여행도 있었고, 노르웨이의 협만을 구경하는 화려한 크루즈 여행 등 다양한 해외여행도 있었다. 하지만 실제로 해외여행은 당료나 정부 관료를 대상으로 엄격히 제한되어 있었고, 상대적으로 높은 보수를 받는 고도로 숙련된 노동자들 가운데 극소수만 포함되었다. 대부분의 평범한 노동자들은 가끔 진행된 독일 내 당일치기 여행에 만족해야 했다. 독일뿐 아니라 전 세계에 독일 노동자들이 히틀러 덕분에 잘 지내고 있다는 믿음을 심겠다는 취지로 나치가 기획한 또 다른 선전 계획은 1938년에 대규모 축하행사와 함께 착수한 폴크스바겐 프로젝트였다. 대략 36만 명의 독일인이 총통 덕분에 언젠가 자신들이 소유한 작은 자동차를 타고 제국의 새로운 고속도로를 달릴 수 있다는 희망을 갖고 저축해두었던 돈을 기꺼이 기부했다. 덕분에 나치스는 1939년 9월 전쟁이 시작될 때까지 1억 라이히스마르크 이상의 돈을 모금할 수 있었다. 하지만 국민들이 돼지 저금통을 털어 모은 기금으로 설립한 공장에선 군수품 이외에 다른 어떤 것도 생산하지 않았다.[28]

히틀러는 과반이 넘는 독일인들이 선출해 집권한 게 아니었다. 그럼에도 나치 정권은 대부분—'1퍼센트'와 대비되는 '99퍼센트'—의 독일인들에게 혜택은커녕 힘겨운 고통만 안겨주었다. 하지만—사회적 배경을 불문하고—너무나 많은 독일인이 그들의 기만을 받아들였고, 상황에 적응해나갔으며, 어떠한 형태의 저항도 하지 못했다. 그들은 수동적이었건 능동적이었건 히틀러가 자신들의 나라에서 가장 어두운 역사의 페이지를 써내려가도록 도왔다. 독일의 역사학자인 만프레트 바이스베커는 너무나 많은 독일인이 나치 정권에 협력한 문제에 대해 다음과 같이 요약한 바 있다.

자발적인 협력자들이 없었다면, 나치 정권은 총력전도 무자비한 점령도 하지 못했을 것이다. 또한 학살도 하지 못했을 게 분명하다. 그들이 없었다면, 정권은 대략 2만 곳에 달하는 강제노역수용소 체계를 고안해내지 못했을 것이다. 그들이 없었다면, 대다수의 독일인들이 최후까지 전쟁을 지원할 준비를 하지 못했을 것이다.[29]

O Deutschland, bleiche Mutter!
오 독일이여, 창백한 어머니여!
Wie haben deine Söhne dich zugerichtet
자식들이 어떻게 당신을 망가뜨렸기에
Daß du unter den Völkern sitzest,

여러 민족 사이에 그렇게 앉아 있나요

Ein Gespött oder eine Furcht!

조롱거리로, 또는 공포의 대상으로!

—베르톨트 브레히트, 〈독일Deutschland〉(1933) 부분.

8장

1939~1945년: 히틀러의 전쟁?

유독 독일에서 역사학자들―그리고 기도 크노프 Guido Knopp 와 같은 다큐멘터리 제작자들―이 제2차 세계대전을 '히틀러의 전쟁'이라 부르는 경우가 많다. 그들의 의도는 전쟁을 원했고 일으켰으며 직접 지휘하다 마침내 패전한 장본인은 바로 히틀러라고, 다르게 표현하자면 이 아마겟돈에 대한 책임은 온전히 히틀러―그리고 그의 동료인 '나치 악당들'―에게 있다고 주장하고 싶은 것이다. 이러한 방식으로 다른 모든 독일인은 어떠한 죄로부터도 편리하게 면죄된다. 이 과정에서 숨겨지는 건 독일 기업가와 은행가 대다수가 간절히 전쟁을 바랐고, 또 그들이 히틀러의 집권을 도운 이유가 정확히 그가 주전론자主戰論者여서 자신들이 바랐던 종류의 전쟁을 일으킬 거라고 확신했기 때문이라는 사실이다. 그들은 히틀러가 전쟁을 준비하고 일으키도록 도왔고, 그렇게 함으로써 상당한 이득을 보았다. 히틀러의 전쟁은 그들의 전쟁이기도 했다. 그의 승리와 정복은 그들의 승리와 정복이기도 했다. 그러나 전쟁이 끝나자 그들은—앞으로 살펴보겠지만, 제3자에게서 약간의 도움을 받아—히틀러의 패배가 자신들의 몰락으로 연결되는 것을 막을 수 있었다.[1]

독일의 기업가와 은행가는 제1차 세계대전이 발발하는 데 도움을 준 사람들이었다. 그들은 그 전쟁에서 좋은 성과를 기대하고 있었지만, 그 결과는 쓰디쓴 실망감만 안겨주었다. 하지만 1918년 독일 패전 이후에도 그들은 주화론자主和論者가 되지 않았다. 그러기는커녕 이 패배를 없었던 일로 되돌리고 베르사유조약을 쓰레기통에 처넣고 싶어 했으며, 정치적으로뿐만 아니라 경제적으로도, 그리고 유럽에서뿐만 아니라 전 세계적으로도 진정한 강대국이 된 독일을 볼 수 있길 꿈꿨다. 그들이 히틀러가 집권하는 걸 도운 이유는 매우 많다. 그 이유 중 하나는 그가—적당한 시기에 적당한 조건하에서—자신들이 갈망하는 보복 전쟁을 일으킬 준비가 되어 있다는 것이었다. 이에 대해 독일 역사학자이자 정치과학자인 라인하르트 퀴늘Reinhard Kühnl은 다음과 같이 설명한다.

국가사회주의독일노동당 지도부는 집권하기 훨씬 전부터 이미 전쟁을 일으켜 베르사유조약을 갈가리 찢어버리고 동쪽의 땅을 정복하고 착취해 독일을 다시 한번 세계적 강국으로 만들겠다고 거듭 강조했다. 당의 협력자들인 산업계와 군의 지도층에게도 정확히 같은 목표가 있었다. 그들은 제1차 세계대전 당시부터 이미 이러한 목표를 지니고 있었다. 이견을 보였던 부분은 언제 전쟁을 시작해야 하는지, 동맹국 역할을 할 나라는 어디인지, 그리고 감수할 만한 가치가 있다고 판단되는 위험은 무엇인지 등 세부 사항뿐이었다.[2]

독일의 역사학자인 울리케 회르스터-필립스Ulrike Hörster-Philipps도 거의 비슷한 주장을 펼친다. "나치의 전쟁이 목표로 했던 것은 독일 대자본가들의 이익과 완벽하게 일치했다."[3] 또 제3제국 전시경제 분야의 전문가인 독일의 디트리히 아이히홀츠Dietrich Eichholtz도 이러한 견해를 드러낸 바 있다. "히틀러의 [전쟁] 계획에는, 전체적으로나 부분적으로나, 이미 수십 년간 알려져 있던 독일 거대 자본des deutschen Großkapitals의 목표와 꿈이 …… 반영되었다는 것을 쉽게 알 수 있다."[4]

독일의 기업가와 은행가는 히틀러가 자신들을 위해 벌인 전쟁의 초기에 그동안 열렬히 바라고 기대했던 것을 쉽게 얻을 수 있었다. 그것은 바로 대서양 연안에서부터 머나먼 캅카스산맥 정상에까지 이르는 유럽 전역에서, 독일이 선도하는 대경제권 Grosswirtschaftsraum을 형성하는 것이었다. 그 경제권은 독일의 기업과 은행이 누릴 수 있는 수익성 좋은 특혜로 가득한 구역이었다. 예를 들어 이게파르벤, 크루프, 도이체 방크와 같은 회사는 엄청나게 유리한 조건으로 경쟁자들을 제거하거나 인수할 수 있었다. (그들은 영국과 프랑스에서 유화 정책을 폄에 따라 나치 독일이 점령한 국가에서 이미 그런 행위를 저지르고 있었다. 독일 재계는 예를 들어 오스트리아나 체코슬로바키아에서 은행, 광산, 제강소 등을 단숨에 가로챘다.[5] 1940년에 프랑스의 전기기술 분야 공장들을 상대로 그랬던 것처럼, 군 당국의 조력을 받아 기계류 제조 회사와 그 회사들이 보유하고 있던 구리 등의 귀한 원료를 강탈했던 것이다.[6] 또한 이 점령국들은 독일 기업들이 만든 완성품을 위한 전속시장 captive market 으로 변모했다. 반면에 독일 기업들은 독일 측에서 일방적으로 결정한 가격, 환율, 조건으로 그 나라의 생산품을 구입할 수 있었다. 마지막으로 점령국들은 독일 기업들에 값싼 강제 노동력을 무제한으로, 다시 말해 대량의 노예 노동력을 공급하도록 강요받았다. 독일 안에서만 1200만에서 1300만, 심지어는 1400만 명 정도의 강제 노동자가 전쟁 기간 동안 나치 정권에 착취당한 것으로 추산된다. 점령국까지 모두 합하면 최소 3600만 명이 어떠한 형태로든 강제노역에 시달려야 했다.[7]

독일 내 유대계 기업들을 아리아화했던 당시 사례에서 알 수 있듯이, 독일의 대기업과 대형 은행은 전쟁으로 생긴 엄청난 **사업기회**를 활용해 이익을 내는 법을 가장 잘 알고 있었다. 그리고 당연히 그들은 점령국에서 가장 매력적인 걸 손에 넣기 위해 치열하게 경쟁했다. 각 기업들은 나치당과 정부, 그리고 점령 당국의 관료조직 내 '협력자'들에게 의존했다. 기업과 은행에서 요구 사항 목록을 만들어 베를린에 제출하는 경우도 많았다.[8] 예를 들어 1940년 10월 2일에 카를 차이스 예나 Carl Zeiss Jena 경영진은 각각 겐트와 브뤼셀에 본사를 둔 벨기에 광학 회사 두 곳이 경쟁업체라며 폐업해주기를 희망한다는 의사를 베를린에 전달했다. 하지만 네덜란드 벤로에 있는 비슷한 회사는 자신들과 협력관계에 있다는 이유로 유지해달라고 했다. 카를 차이스는 노르웨이와 덴마크에 대해서는 아무런 요청도 하지 않았다. 이들 나라에는 경쟁업체가 없다는 단순한 이유에서였다.[9]

독일 기업체가 점령국에서 저지른 경제적 약탈의 또 다른 사례로는 도이체 방크가 벨기에에서 벌인 활동을 들 수 있다. 이 은행은 벨기에의 금융기관인 소시에테 제네랄레Société Générale에 독일인들이 관심을 가진 모든 종류의 주식, 예를 들면 유고슬라비아 은행이나 룩셈부르크 제철소 주식을 자신들에게 매우 유리한 조건으로 양도할 것을 강요했다. 도이체 방크는 이와 유사한 방식으로 또 다른 벨기에 기업인 페트로피나Petrofina가 보유하고 있던 루마니아의 석유 트러스트 콘코르디아Concordia 주식 지분을 강탈하듯 인수하기도 했다. 그사이에 도이체 방크의 파리 지점은 1940년 여름에 승전한 나치 독일이 휴전 조건 중 하나로 프랑스에 부과했던 엄청난 액수의 배상금을 관리하며 높은 수익을 올렸다. 이러한 종류의 활동을 통해 도이체 방크는 전쟁 기간 동안 유럽 대륙에서 일등 은행이라는 가장 높은 위치로 올라설 수 있었다.[10] 전쟁 기간 중 거래액도 급격히 늘어나, 1939년에 41억 8400만 라이히스마르크였던 게 1940년에는 53억 1500만, 1941년에는 65억 7300만, 1942년에는 75억 400만, 1943년에는 87억 300만, 그리고 1944년에는 113억 7400만 라이히스마르크로 증가했다.[11]

독일의 대자본가들은 저지대 국가들(네덜란드, 벨기에, 룩셈부르크를 가리킨다—옮긴이)과 프랑스도 마음껏 약탈했지만, 그들이 나치스 덕분에 일확천금한 곳은 주로 동유럽이었다. 유럽 동부는—나치스의 관점에선—원래부터 슬라브계와 유대계의 '열등 인종'이 살던 곳이었다. 독일의 대자본가들은 그 지역을 아예 식민지로 취급해 철저히 착취했다.[12] 나치 이데올로기에 따르면, 이 방대한 영토의 역할은 독일 인종에게 '생존 공간'을 제공하는 것이었다. 다시 말해 미국 서부에 농민들이 이주해 자리를 잡았던 것처럼 독일 농부들이 정착할 곳이라는 얘기였다. 실제로 그 지역에서 가장 먼저 권리를 주장한 이들은 독일의 대기업들이었다. 그들은 각종 원료를 수탈하고, 말도 안 될 정도로 저렴하면서도 무궁무진한 노동력을 이용하기 위해 그 지역으로 몰려갔다. 게다가 그 지역에서 생산된 농작물 덕분에 독일 국민들의 식비가 저렴해졌고, 그로써 임금을 낮은 수준으로 유지하는 게 가능했다. 셀 수 없이 많은 동유럽인이 노예노동과 기아로 죽어가고 있는 현실은 전혀 중요하지 않았다. 동유럽의 남성들뿐 아니라 여성과 13세 이하 어린이들도 모두 노예노동에 시달렸고, 그중 수십만 명은 독일로 강제이주를 당했다. 그들은 다른 어느 곳보다도 이게파르벤, 지멘스 운트 할스케, 데베엠, 다임러-벤츠, 베엠베, 메서슈미트 Messerschmitt, 클뢰크너 등 전쟁 물자를 만들던 공장에서 노예노동에 시달려야 했다. 대기업의 뒤에는 푼돈을 받고 그 대가로 규율을 강제해주던 친위대가 있었기 때문에, 그들은 문자 그대로 죽도록 일할 수밖에 없었다.[13]

전쟁 기간 동안에 유럽 내 유대인 수백만 명이 아우슈비츠나 트레블링카 등의 절멸수용소에서 살해되었다. 어린이나 노인처럼 노동할 만한 힘이 없는 사람들은 수용소에 도착하자마자 가스로 살해되어 화장되었다. 그 외의 사람들은 고된 노동을 감당할 수 있을 때까지만 살아남을 수 있었다. 독일 기업들은 이들의 노동력을 착취하기 위해 수용소 근처에 공장을 지었다. 이게파르벤은 아우슈비츠에 이른바 부나베르크Bunawerk라는 거대한 공장을 지어 합성고무를 생산했다. 여러 은행 중에서도 특히 도이체 방크가 자금을 댄 사업이었다. 지멘스와 크루프 역시 곧 죽음이 예정된 유대인들에게 노예노동을 강요했다.[14] 수감자들은 대부분 거칠고 위험한 일에 투입되었다. 더구나 그들은 부실한 식사를 했고, 겨울에는 추위에 여름에는 더위에 노출되었으며, 매우 비위생적인 환경에서 지내면서 혹사를 당했기 때문에 매달 약 5분의 1 정도가 죽음을 맞이했다. 앞서 언급한 대로, 노예처럼 일할 만큼 건강하지 못했던 사람들은 수용소에 도착하는 즉시 살해되었다. 하지만 사망한 이들조차 나치스와 나치스를 도운 기업과 은행에겐 쓰임새가 있었다. 시신에서 옷, 현금, 보석, 시계, 머리카락, 그리고 무엇보다도 금을 약탈하는 범죄를 저질렀던 것이다. 심지어 금니까지 수거했다. 죽음이 예정된 사람들마저도 수익 창출의 도구로 활용되었다. 독일 산업계의 이익을 위해 진행되었던 생체 실험 및 기타 연구 실험에 기니피그 같은 실험동물로 쓰였던 것이다.[15]

도이체 방크는 나치의 금, 아니 나치가 희생자들에게서 훔친 금을 거래하여 큰돈을 벌었다. 방대한 양의 금이 투입된 사업이었다. 여기에는 체코슬로바키아, 벨기에, 네덜란드 국립은행에서 약탈한 금Beutegold, 아리아화를 둘러싸고 독일 내 부유한 유대인에게서 강탈한 금Raubgold, 게토(유대인을 강제로 격리하기 위해 정해놓은 거주 지역—옮긴이)나 수용소에서 자행된 홀로코스트로 인한 희생자에게서 빼앗은 금Opfergold, 따라서 피로 얼룩진 금Blutgold 등 여러 가지 종류의 금이 있었다. 이 금들은 무엇보다도 전쟁 자금을 조달하는 데 사용되었다. 왜냐하면 전쟁 기간 동안 라이히스마르크의 가치가 하락하고, 독일의 외환 보유고가 고갈되어 스웨덴의 철광업체를 비롯한 해외의 전략적 원료 및 전쟁 물자 공급업체에 금으로만 대금을 지불할 수 있었기 때문이다. 친위대가 독일제국은행으로 전달한 금은 해외로 판매되었다. 제국은행이 직접 스위스와 포르투갈의 국립은행에 팔거나, 도이체 방크가 '자유시장'에서 활동하는 국제적인 은행들에 판매했다. 이 사업은 터키에서 처리되었기 때문에 도이체 방크의 이스탄불 지점은 수수료로 많은 돈을 챙길 수 있었다.[16] 절멸수용소에서 학살된 유대인들에게서 떼어낸 금니는 데구사Degussa라는 회사에서 녹여 금괴로 제작한 다음, 제국은행을 통해 도이체 방크로 배송되었다. 데구사가 제3제국에서 벌였던 일들을 치밀하게 연구한 피터 헤이스는 이 회사가 "국가사회주의 정치의 비호하에 엄청나게 성장했다"고 설명한다. 실제로 데구사가 1939년에서 1945년 사이에 유대인에게서 약탈해 거둬들인 수익은 200만 라이히스마르크에 달했다.[17] 괴츠 알리가 지적한 대로, 유대인을 비롯해 나치스에 희생된 이들에게서 훔친 금이 '힘없는' 독일인들을 위해 쓰인 적은 없었다. 대부분의 금은 오로지 전쟁 자금을 조달하는 데 쓰였다. 물론 그 과정에서 데구사 주주들과 도이체 방크의 은행가들, 그리고 그 밖의 '힘 있는' 독일인

들은 더욱더 많은 돈을 벌 수 있었다.[18]

독일의 기업과 은행은 전쟁 기간 동안 자신들이 기대했던 높은 수익을 실현할 수 있었다. 특히 전쟁 초기에 독일 재계가 올린 수익은 어마어마했다. 1940년에 기업과 은행에서 올린 수익은 "전례 없이 높은 수준으로 수직 상승"했다.[19] 이는 나치 당국을 다소 당황케 했던 듯하다. 그들은 대중 사이에서 '전쟁으로 폭리를 취한 자'들을 상대로 한 분노가 번지는 것을 두려워했는데, 이는 제1차 세계대전 중인 1914년에서 1918년 사이에 실제로 벌어졌던 일이다. 나치 당국은 1941년 중반 법인세율을 40퍼센트에서 50퍼센트로 높여야겠다고 판단했고, 1942년 1월에는 50퍼센트에서 55퍼센트로 재차 인상할 필요가 있다고 느꼈다. 이러한 조치는 여론을 달래기 위한 것일 뿐만 아니라, 좀 더 근본적으로는 동부 전선에서 소련과 벌이고 있는 전쟁 자금을 조달하기 위한 것이기도 했다. 1941년 6월 시작된 이 전쟁은 '전격전'으로 길어야 몇 달 안에 끝날 것으로 예상됐다. 하지만 결국 시간도 비용도 엄청나게 많이 드는 힘겨운 전쟁이 되고 말았다. 그리고 애덤 투즈가 역설한 대로, 소련과 전쟁을 시작한 지 몇 개월 지나지 않아 "이미 위태로웠던 전체 독일 경제의 재정 및 통화 균형이 더욱 불안정해질 조짐을 드러냈다".[20] 어쨌든 1930년대에 폭발적으로 증가했던 이게파르벤 등 기업의 세후 수익은 1939년과 1940년에 계속 늘어나다가 1941년과 1942년에는 다소 주춤했다. 그럼에도 최소한 "만족할 만한" 수준은 유지되었다.[21] 더욱이 이들 기업은 이익을 최소화해 소득을 신고했다. 당국의 승인을 받은 경우도, 받지 않은 경우도 있었다. 이에 대해서는 역사학자 한스 몸젠Hans Mommsen과 만프레트 그리거Manfred Grieger가 폴크스바겐에 대한 연구를 통해, 그리고 디트리히 아이히홀츠Dietrich Eichholtz가 독일 전시경제에 대한 탁월한 연구를 통해 지적한 바 있다. 이들에 따르면, 기업들은 예를 들어 생산 시설을 건축하거나 개선하는 등 매출의 일부를 기업 내부에 재투자해서 이익을 최소화했다. 주요 항공기 제조업체인 융커스Junkers의 '재투자액'은 1941년에 1억 6500만 라이히스마르크였다가 1942년에는 3억 700만 라이히스마르크로 증가했다. 하지만 새로운 시설에 가장 대규모로 재투자한 곳은 1939년과 1944년 사이에만 대략 25억 라이히스마르크를 쓴 이게파르벤이었다. 그 금액 중에서 17억 라이히스마르크는 수익성이 줄어들었던 것으로 추정되는 1941년부터 1943년까지 지출되었다. 사실상 모든 기업이 사용했던 이익을 최소화하는 (또는 단순히 숨기는) 또 다른 방법은 바로 '감춰진 자산stille Reserven'을 조성(말 그대로 '신고하지 않은 자본금 보유')하는 것이었다.[22] 전쟁으로 인해 사업 규모가 대폭 확장되고 약탈 기회가 많이 늘어난 데다 세율 역시 별로 높지 않았기 때문에, 독일 기업들은 1939년과 1945년 사이에 막대한 부를 축적했다. 아이히홀츠에 따르면, 이게파르벤이 실현한 순익은 1933년에서 1940년 사이에 4700만에서 2억 9800만 라이히스마르크로 극적으로 늘어났고, 이후 전쟁 기간에도 꾸준히 증가했다. 이 회사의 순익은 1944년에 '겨우' 1억 4800만 라이히스마르크로 떨어지기 전까지 꾸준히 증가하여, 1941년에 3억 1600만을 달성했다가, 1942년에 2억 6600만으로 줄어들었지만, 1943년에 3억

라이히스마르크로 다시 늘어났다.[23]

마르크 스푀러[24]는 히틀러의 '전체주의' 정부가 기업과 은행으로 하여금 이토록 엄청난 수익을 거둘 수 있게 허용했던 것은 모순이라고 본다. 그는 이 사실이 자신의 연구가 기초하고 있는 '정치 우선primacy of politics' 이론에 배치된다고 말하고자 하는 듯하다.[25] 이 이론 틀에서 보자면, 히틀러를 비롯한 나치의 실력자들, 즉 제국의 정치 지도자들이 자신들의 의지를 기업가와 은행가, 즉 경제계 지도자들에게 강요했다고 할 수 있다. 결국 '정치', 즉 나치 정치는 '경제', 즉 독일의 경제체계를 지배했던 셈인데, 이 경제체계가 히틀러 치하의 자본주의였다는 건 아무도 부인할 수 없다. 이는 독일의 자본가들이 나치 '정치'의 단순한 대상, 또는 심지어 희생자였다는 걸 의미한다. 비극적이게도 자본가들이 거미줄에 걸린 파리처럼 나치 '정치' 안에서 꼼짝도 못했던 측면이 있다는 뜻이다.[26] 또 헨리 애슈비 터너는 자본가들이 나치스의 범죄에 연루되었다는 사실을 부인할 수는 없지만, 이는 그들이 '덫'에 걸렸기 때문이라고 조심스럽게 주장한다. 이러한 주장은 도이체 방크와 관련이 있던 한 역사학자가 제3제국의 기업에 관한 글을 모아 엮은 논집에 실린 터너의 기고문에서 확인할 수 있다.[27] 피터 헤이스 역시 비슷한 의견을 밝힌 바 있다. 그는 다른 많은 독일인과 마찬가지로 독일 거대 기업의 실력자들 역시 나치스의 범죄에 점점 더 깊이 가담하게 되었는데, 이는 그들이 "정치적으로 조직화된 환경"의 인질들이었기 때문이라고 말한다. 하지만 그 환경이 만들어진 배경이나, 조성 과정에서 기업가나 은행가가 했던 역할, 또는 이 특권층이 어떻게 인질이 되었는지 그 경위에 대해서는 별다른 설명을 하지 않고 있다.[28] 정치 우선 이론이 이른바 "독일 기업가 및 은행의 어용 역사학자들Hofhistoriker der deutscher Großunternhemen",[29] 즉 이 회사들이 제3제국에서 자사가 벌인 활동 역사를 기록하기 위해 고용한 역사학자들에게 일종의 공식 이론으로 채택된 것은 당연한 일이다. 이해하기 힘든 것은, 이 이론이 제3제국과 관련된 현대 서구 역사기술학에서 주류 이론으로 자리 잡고 있다는 사실이다.

정치 우선 이론의 관점에서 보자면, 나치의 정치 수뇌부가 세금 문제와 관련하여 독일 경제 핵심 인사들에게 보여준 관대함은 정말로 이상한 것이다—그 이론으로는 적절히 설명할 수 없거나, 심지어 모순되어서 이론에 오류가 있음을 드러내는 것이다. 하지만 앞서 살펴본 대로, 독일 재계가 심각한 경제 위기 속에서 자신들의 근본 목표인 수익의 최대화를 실현해줄 정치적 기반으로 나치 정부를 수립했다는 것을, 또는 최소한 수립에 기여했다는 것을 이해하고 나면 이러한 관대함은 전혀 모순적인 것이 아니다. 즉 정치 우선 이론에 반대되는 이론—'경제 우선primacy of economics' 이론이라고 부를 수 있을 것이다—의 관점에서 보자면, 이는 전혀 이상하지 않다. 우연히도 제3제국 역사에서 또 다른 '모순', 다시 말해 '정치 우선' 이론의 관점에서 보면 이상한 사례에 대해 앞서 이미 언급한 바 있다. 바로 나치 통치자들이 은행가들을 찾아가 공손히 대출을 구걸하고, 그 대출과 관련해 과도한 이자를 지급해야 했다는 사실이다. 만일 정치가 경제에 우선했다면, 히틀러 패거리가 돈을 내놓으라고 간단명료하게 명령하지 않은 이유는 무엇이며, 또 자신들이 흔쾌히 낼 수 있는 이자 금액을 은행가들에게 간단명료하게 정해주지 않은 이유는 무엇일까?

나치 정권이 자신들의 목적을 달성하기 위해 "기업의 수익 추구"를 교묘하게 활용했다는 스퀴러의 주장 역시 잘못된 것이다. 실제로는 정확히 그 반대였다. 재계 인사, 즉 기업가와 은행가는 수익을 추구하기 위해 나치 정권을 탄생시켜 교묘히 활용했고, 심지어 세계대전까지 일으키도록 만들었다. 이것이 수익을 최대화하려는 자신들의 목표를 가장 잘 이룰 수 있는 방법이었다. 그리고 독일 재계는 꽤 성공적으로 이를 해냈다고 할 수 있다. 이러한 맥락에서 보면 미국 측 검사인 텔퍼드 테일러가 뉘른베르크 재판에서 "미치광이 집단 나치스가 아니라 기업들이 진정한 전범이다"라고 주장했던 것을 이해할 수 있다.[30]

실제로 은행가, 기업가 등 '힘 있는' 독일인들은 전쟁에서 엄청난 수익을 냈다. 하지만 괴츠 알리는 전쟁이 '힘없는' 독일인들, 그의 표현대로라면 "평범한 독일인"들에게 가져다준 큰 이익에 초점을 맞춘다. 그는 평범한 독일인들이 "히틀러의 군사 행동에 기여한 바가 거의 없"고 "겨우 전쟁 비용의 10퍼센트 정도만 부담했"음에도 전쟁―그리고 유대인 학살―의 최대 수혜자라고 주장했다.[31] 알리에 따르면 전쟁은 독일인들이 한 일종의 대규모 투자였고, 이 모험적인 투자에 약간의 기여밖에 하지 않은 '힘없는' 또는 '평범한' 독일인들은 상대적으로 가장 큰 혜택을 챙겼다. 반면 가장 큰 투자를 했던 '힘 있는' 독일인들은 적은 배당금만 받아갔다는 것이다. 하지만 이미 살펴본 대로 노동자들과 하층 중산계급이 재무장 프로그램으로 대표되는 전쟁에 대한 투자에서 엄청난 값을—예를 들어 임금 하락과 많은 사회복지 혜택의 축소를 통해—치른 바 있다. 반대로 기업가와 은행가는 재무장 프로그램으로 거대한 수익을 창출함으로써, 결국 독일의 부가 부자들에게는 더욱 이롭고 빈자들에게는 더욱 불리하게 왜곡된 방식으로 재분배되는 결과를 가져왔다. 따라서 '힘없는' 독일 시민들은 전쟁 준비 비용에 큰 몫을 부담했던 게 확실하다. 다른 말로 하자면, 전쟁에 큰 '투자'를 했던 것이다.

더욱이 전쟁이 '힘없는' 독일인들에게는 지옥과 같았다는 건 의심할 것도 없이 확실하다. 이들 중 수백만 명이 전선에서 총알받이가 되어야 했고, 수백만 명은 전장에서 돌아오지 못했다. 1939년과 1945년 사이 1350만 명이 넘는 독일인들이 죽거나, 다치거나, 전쟁 포로가 되었고, 이들 중 대다수가 소부르주아, 화이트칼라 및 블루칼라 노동자, 농민 등 서민들이었다.[32] 국내 전선에서도 '힘없는' 또는 '평범한' 독일인들이 무거운 대가를 치러야 했다. 노동자들은 더 적은 임금을 받고 더 긴 시간 동안 더 고되게 일해야 했다. 1939년 9월 4일에 '전쟁경제에 관한 명령 Kriegswirtschaftsverordnung'이 발령되면서 임금과 물가는 이미 동결된 상태였다. 하지만 1945년까지 물가는 지속적으로 상승한 반면, 노동자들의 임금은 대체로 유지되거나 종종 하락하기도 했다. 물론 특정한 분야에서 인력이 부족할 경우 오르는 경우도 있었다. 노동시간 역시 점차적으로 증가했다. 1939년 독일 노동자들의 평균 노동시간은 주 47시간이었는데, 이는 히틀러가 집권에 성공했던 1933년에 비해 이미 상당히 늘어난 것이었다. 이후 전쟁 기간 동안에는 더욱 늘어나 대개 56시간에서 58시간 정도가 되었고, 60시간인 경우도 많았으며, 심지어 70시간인 경우도 있었다! 이러한 초과근무에 대한 수당은 아주 적거나 아예 없었다. 이는 고용주들이 수익을 늘리는 또 다른 방법이었다. 이 방법을 통해 자본가들은 사회적 생산물의 총액 중에서 더욱 큰 몫을 차지하고, 남은 노동자들은 그에 따라 더욱 적은 몫을 가질 수밖에 없었다.[33]

전쟁 기간 동안 '힘없는' 독일인들, 특히 노동자들의 상황은 전반적으로 점점 악화되었다. 노동시간은 길어졌는데도 임금이 동결됐기 때문만은 아니었다. 자신들과 가족이 먹을 음식을 구하기가 점점 더 어려워졌던 것이다. 빵, 버터나 마가린, 감자, 달걀, 치즈 그리고 육류에 이르기까지 식료품 물가가 엄청나게 올랐다. 석탄이나 신발과 같은 생필품 역시 마찬가지였다. 이러한 물품의 품질마저도 급격히 나빠졌다. 하지만 그보다 더 심각한 문제는 몇몇 필수품은 아예 구할 수도 없는 경우가 늘어났던 것이다. 특히 도시 거주자들은 이러한 공급 위기에 더욱 시달려야 했고, 식량 부족과 물가 상승에 대해 거리낌 없이 분노를 표출하기 시작했다. 독일의 산업 노동자들은 노동조건이나 임금수준 때문에 점점 더 소외되어갔다. 그들은 제대로 먹지 못했기 때문에 허약해져서 자주 건강상 문제를 느꼈다. 남성이든 여성이든 공장에서 일하다가, 또는 상점에서 줄을 서서 기다리다 실신하는 경우도 많았다. 엎친 데 덮친 격으로 1943년 이후부터는 독일의 대도시에 연합군 공군의 조직적인 폭격이 이어졌고, 다수의 노동자가 밀집되어 있는 지역도 피해를 입는 경우가 많았다. 40만에서 60만 명 정도의 독일인이 이 폭격으로 사망한 것으로 추산된다. 희생자 대부분은 중산계급과 하층계급에 속했다. 운 좋게 살아남은 이들도 불면의 밤을 보내고, 집을 잃고 혼잡한 대피소로 피신하는 등 여러 불편을 감내해야 했다. 정보기관의 비밀 보고서에 따르면, 특히 노동자들은 전쟁 초기, 즉 히틀러가 대승리를 거두고 정복에 성공하고 있던 시기부터 이미 이 모든 것에 대해 불만을 표출하기 시작했다. 그리고·이 보고서의 작성자들은 오래지 않아 이 '힘없는' 독일인들이 전쟁에 진저리die Nase voll를 치고 있다고 결론 내렸다.[34]

반면 독일 상층사회 구성원들은 전쟁 발발 이후 처음 몇 년 동안에는 아무런 불만이 없었다. 그들에게 위대한 독일이 승전을 거두던 시기는 심지어 '풍요로운 시기'이기까지 했다. 실제로 그들은 1943년 초 스탈린그라드의 재앙이 있기 전까지는 비교적 풍요로움 속에서 살았다. 폭격이 시작된 이후, '힘 있는' 독일인들은 안전한 마을이나 지방의 별장으로 피신할 수 있었다. 나치의 주요 인사들을 제외하고, 이 운 좋은 피난민 중에는 누구보다 부유한 기업가와 그 가족이 포함되어 있었다. '히틀러 전쟁'의 수익과 혜택은 부자들의 몫이고, 불편함과 비참함은 빈자들의 몫이었던 것이다.[35] 히틀러는 제1차 세계대전 당시 영국 해군의 봉쇄 등의 이유로 극심한 궁핍이 생겨 일반 국민들의 사기가 떨어진 게, 유일한 이유는 아니더라도 독일에서 혁명이 일어나고 결국 패전으로 이어지는 데 상당한 영향을 미쳤다고 확신하고 있었다. 그는 어떠한 대가를 치르더라도 같은 역사를 되풀이하지 않겠다고 결심한 뒤, 1939년부터 1945년까지 독일 국민들이 극심한 궁핍을 겪지 않게 하려고 최선을 다했다. 미국의 역사학자 게이브리얼 콜코Gabriel Kolko는 이에 대해 다음과 같이 설명한다.

> 나치스는 전쟁을 일으키던 당시, 1914년에서 1918년 사이에 노동계급과 군인들이 고통으로 인해 과격해졌던 것과 …… 그로 인해 사회질서가 무너져 혁명 직전까지 갔던 상황에 대해 충분히 이해하고 있었다. 그들은 독일이 다시는 그러한 어려움을 겪거나 엄청난 위험을 감수하지 않도록 하겠다고 다짐했다.[36]

그런 이유로 히틀러는 '힘없는' 또는 '평범한' 독일인들도 점령국을 무자비하게 수탈하고 착취하여 얻은 과실의 일부를 받을 수 있도록 조치했다. 예를 들어 프랑스 같은 나라를 약탈해서 일반 국민에게 부과하는 세율을 합리적으로 낮은 수준으로 유지하고, 군인의 배우자 등 경제적인 혜택을 받지 못하던 집단을 여러 가지 사회복지의 형태로 지원했다. 또한 우크라이나산 밀 같은 식재료를 약탈해 저렴한 가격에 독일 시장에 공급했다—그로 인해 동유럽의 이른바 열등 인종은 굶주릴 수밖에 없었다.[37] 그 덕에 제1차 세계대전 기간보다 제2차 세계대전 기간 동안에 전체적으로 독일인의 식탁엔 더 많은 빵이 오를 수 있었다. 휴가를 받은 군인들이 종종 폴란드와 네덜란드 또는 덴마크산 소시지, 치즈, 버터 등으로 가득한 가방을 들고 집으로 왔던 것 역시 사실이다. 하지만 정보기관 보고서가 명확히 보여주는 것처럼, 이렇게 사소한 혜택이 쌓이면서 사람들에게 좋은 인상을 남겼는지, '제3제국에 찬성하고 협력하는 기반'을 쌓는 데 도움이 되었는지, 그래서 결과적으로 히틀러가 독일 서민들의 충성심을 '구입'할 수 있었는지—그리고 괴츠 알리의 주장대로, 그 충성심이 전쟁이 끝날 때까지 유지되었는지—는 상당히 의문스럽다.[38]

히틀러는 '그의' 전쟁을 통해 독일의 자본가들을 크게 도왔다. 하지만 독일의 자본가들이 자신들의 이익을 위해 히틀러로 하여금 대신 전쟁을 일으키도록 만들어서 스스로를 크게 도왔다고 말할 수도 있을 것이다. 전쟁이 순조롭게 진행되는 동안, 독일 재계는 히틀러 정권에 대한 지원을 충실히 이어나갔다. 1933년 히틀러가 집권하는 데 기여한 군 장성과 대지주 등 독일의 다른 지배층도 마찬가지였다. 미국의 한 역사학자는 "이 지원"이 심지어 "전쟁 기간 동안에 더욱 늘어났다"고 설명한 바 있다.[39] 독일의 지배층은 '히틀러의 전쟁'이 자신들에게 보상을 하는 한, 그 전쟁이 큰 수익과 여러 가지 다른 혜택을 안겨주는 한, 그리고 그 전쟁이 히틀러의 독일이자 자신들의 독일의 승리로 끝날 것이라고 믿는 한, 전쟁에 대한 지원을 멈추지 않았다.

9장

끝까지 함께!

독일 대기업과 대형 은행이 이른바 '히틀러의 전쟁'을 통해 기대한 것은 무엇보다 소련의 붕괴였다. 독일 기득권층은 소련을 무너뜨림으로써 큰 이권을 얻기를 기대했다. 예를 들어 귀족들은 차남들에게 우크라이나의 드넓은 영지를 물려줄 수 있는 기회를 갖고 싶어 했다. 독일 국방군Wehrmacht 고위층 일부 장성들도 귀족과 마찬가지로 동쪽에 있는 드넓은 '무한한 기회의 땅' 어딘가에 영지를 소유하는 꿈을 꿨다. 소련이 무너지면 그런 광대한 땅이 생길 것처럼 보였던 것이다.[1] 그리고 독일뿐 아니라 심지어 바티칸에서도 가톨릭 고위 성직자들은 독일군이 승리를 거두면 러시아인들을 가톨릭 신도로 개종시킬 기회가 생길 거라고 생각했다. 예전에는 '기독교의 한 교파'인 동방정교회의 신도였고, 그 당시에는 '신을 믿지 않는' 볼셰비키의 강요로 무신론자가 되었던 러시아인들이 기꺼이 '복음'을 받아들일 거라고 봤던 것이다.[2] 그런데 여기서 다시 독일 지배층의 핵심부, 즉 기업가, 은행가, 대자본가 들이 무엇을 열망했는지 살펴보자.

크루프, 이게파르벤, 도이체 방크 및 이들 기업 협력사들의 이사회는 1941년 6월 22일에 나치 군대가 소련을 공격했을 때 열렬히 환영했다. 그들은 나치 독일의 승리를 확신했고, 그 승리는 러시아와 그 밖의 세계에서 공산주의를 종식시키는 의미를 지녔다. 나치스가 그 전쟁에서 이기면, 그것은 사회주의와 노동운동에 대한 자본주의의 승리, 노동에 대한 자본의 확실한 승리가 될 것이었다. 그것도 전 세계적이며, 아마도 최종적인 승리일 터였다. 그러한 성과로 히틀러는 1933년에 독일에서 공산주의(그리고 노동운동)를 분쇄했을 때처럼, 기업가와 은행가에게서 감사와 칭송을 받게 될 것이었다. 독일 재계의 관점에서 보면, 소련의 붕괴는 수년간의 논쟁 끝에 파시스트를 선택했던 1933년의 결정이 현명했음을 확인해주는 것이었다. 또 동부 전선Ostkrieg에서 나치스가 승리할 경우 독일 기업과 은행은 경제적 이익도 얻을 수 있었다.

국가사회주의독일노동당 측에서는 재계에서 선호하는 인물인 괴링이 "독일의 대형 트러스트와 협력해 소련 경제 전체를 마음껏 이용할 수 있도록 장악하는" 임무를 맡고 있었다. 독일 재계는 히틀러 정부라는 유용한 도구를 활용해, 이 경우에는 괴링이라는 인물을 통해, 소련 경제에 탐욕스러운 손길을 뻗을 채비를 마친 상태였다. 대기업과 대형 은행은 벌써부터 자신들에게 돌아올 전리품에 대한 기대에 부풀어 있었다. 전리품은 이미 '공정한' 방식으로 나누기로 결정되어 있었다. 예를 들면 크루프는 레닌그라드의 제철소를, 회슈 아게Hoesch AG는 키예프와 러시아 남부의 제철소를 넘겨받기로 합의되어 있었다. 물론 이게파르벤도 합성연료 생산 시설을 모두 차지하기로 되어 있었다. 소련 공격을 몇 달 앞둔 1941년 3월에 이게파르벤과 도이체 방크는 이미 콘티넨탈레 욀 아게Kontinentale Öl AG라는 회사를 설립했고, 이 회사를 통해 소련 석유산업의 소유권을 취하고자 했다. 덧붙여 말하자면, 이 기획은 드레스드너 방크, 석유와 가스 부문 주요 업체인 빈테르샬 아게, 아탄(갈탄)으로 합성연료를 생산하는 브라바그Brabag(브라운 콜렌 벤친 아게Braunkohlen Benzin AG의 약어)를 비롯한 독일 기업과 은행의 관심을 끌었다. 이 기획을 이끈 주요 인물은 앞서 언급한 빌헬름 케플러, 카를 크라우히, 아우구스트 로스테르크와 나중에 다시 언급할 은행가 헤르만 요제프 압스Hermann Josef Abs 등이었다. 콘티넨탈레 욀 아게는 대단히 야심찬 프로젝트였다. 캅카스 유전 정복은 이미 기정사실로 받아들여지고 있었다. 이는 석유의 엘도라도인 중동으로 진출하는 과정의 서막에 불과했다. 이라크의 키르쿠크Kirkuk 시라는 목표도 있었다. 이를 통해 독일은 '석유 제국 Erdolimperium'을 점령할 계획이었다.[3]

그런데 나치스는 독일 국민, 특히 '힘없는' 독일인들 사이에 대기업과 대형 은행의 거물들에게만 지나치게 후하다는 인식이 퍼지게 할 수는 없었다. 그들은 히틀러가 《나의 투쟁》에서 내세웠던 신념이자, 나치 이데올로기의 도그마였던 농업 낭만주의 사상을 계속해서 장려하고 싶어 했다. 동부의 '생존 공간'을 정복하려는 것은 재계 거물들이 아니라 그곳에 정착할 농민, 수공업자 등 일반 국민에게 혜택을 주기 위한 것이라는 내용이었다. 그래서 '동부 회사Ostgesellschaften'가 나치 정부와 민간 부문의 합작 투자 형태로 설립되었다. 어디에나 끼는 도이체 방크, 드레스드너 방크, 코메르츠방크 등의 은행이 자본을 댔다. 이 기획은 "참여하는 [민간] 기업들이 나치 정부와 이익을 나누는 조건으로 소련의 모든 자산을 넘겨받아 마음대로 착취할 기회를 부여받"은 사실을 위장하기 위한 것이었다.[4] 그런 회사 중 하나가 양털, 면, 아마 등 섬유산업에 유용하게 쓰이는 원료를 생산, 가공, 유통하기 위해 1941년 8월 초에 설립된 동부섬유회사Ost-Faser-Gesellschaft였다.[5] 하지만 나치스가 노리는 가장 중요한 원료는 석유였다. 바쿠 주변 등 캅카스 지역에 매장된 소련의 석유는 앞서 언급한 대로 이게파르벤과 도이체 방크가 설립한 콘티넨탈레 욀에 할당될 예정이었다. 독일은 소련의 석유에 큰 희망을 품고 있었다. 나치 정권의 지원 등의 이유로 이미 크게 성장해 있던—즉 높은 수익을 올리고 있던—기업인 이게파르벤은 더욱 막대한 수익을 고대하고 있었다. 그런데 이게파르벤의 협력자였던 나치 정부의 기대는 그 성격이 달랐다. 수천 킬로미터에 걸친 동부 전선에서 전쟁을 치르려면 수많은 차량과 비행기를 운용해야 했는데, 비축된 연료가 충분치 않았던 탓에 소련의 석유가 급히 필요했던 것이다. 붉은 군대를 항복시키려면 최소한 6주에서 8주 동안 사용할 석유가 있어야 했다.[6] 계획대로 전격전으로 승리를 거둬 캅카스 유전—그리고 소련의 기타 모든 자원—에 대한 통제력을 갖게 되면 나치 독일은 영국뿐만 아니라 어떤 적과 맞붙어 전쟁을 계속해도 성공적인 결과를 낼 수 있을 터였다.[7] (히틀러가 실제로 소련을 점령했다면, 영국과 미국이 나치 독일을 이길 수 있었을까? 이런 의문을 가질 만한 이유가 있다. 독일군 대부분이 동부 전선에서 치열한 전투를 벌이고 있었기 때문에, 노르망디 전투에는 병력의 일부분—아마도 대략 10퍼센트—만 투입될 수 있었다. 그럼에도 1944년 6월 영국과 미국의 노르망디 상륙은 매우 어려운 작전이었다.)

초기에 독일군이 승리를 거둔 덕분에, 독일 기업의 임원들은 폴란드와 서유럽에서 했던 대로 공장, 광산, 석유광상 같은 전리품에 대한 권리를 주장하기 위해 점령된 소련의 영토로 들어갔다. 콘티넨탈레 욀은 캅카스 지역에 매장된 원유를 차지할 것을 기대하며 1941년 8월에 오스트 욀 유한회사Ost Öl GmbH라는 자회사를 설립하고, 수백만 라이히스마르크를 들여 운송수단과 시추설비를 비롯해 각종 장비를 마련했다. 소련의 원유는 상업적으로뿐만 아니라 전략적으로도 중요했기 때문에 독일군은 이른바 석유특공대Mineralolkommandos라는 부대를 창설해서 캅카스 등 석유가 풍부한 여러 지역을 점령하기 위한 훈련을 시행했다.

그러나 기대만큼 상황이 좋지는 않았다. 길어야 두 달 안에 쉽게 이길 것이라는 기대는 실현되지 않았다. 그리고 1941년 12월 5일에 모스크바 근방에서 붉은 군대의 강력한 반격이 시작되었는데, 이는 동부 전선에서 펼쳐진 나치 독일의 '전격전'이 실패로 끝날 것임을—더불어 독일에 최종적인 승리를 가져다줄 비결로 여겨진 전격전 전략이 무용해질 것임을—예고하는 것이었다. 독일군은 전쟁을 계속하기 위해 반드시 확보해야 할 캅카스 유전 지대에서 너무 멀리 떨어져 있었다. 히틀러와 군 장성들은 그 운명의 날에 자신들이 더 이상 승전할 수 없으리라는 것을 깨달았다—소련과의 전쟁뿐만 아니라 영국과의 전쟁에서도 패전할 터였다. 1941년 12월 5일은 제2차 세계대전의 실질적인 전환점이었다. 12월 7일에 일본이 진주만을 공습하자, 그로부터 며칠 뒤인 12월 11일에 히틀러는 미국에 불필요한 선전포고를 했다. 일본이 소련에 선전포고를 하길 바라며 취한 조치였다—결과적으로 헛된 바람이었다. 결국 나치 독일은 러시아에서 심각한 어려움을 겪으면서, 미국이라는 부담스러운 새로운 적을 마주해야 했다. 조만간 이 새로운 적국의 군대가 독일 또는 유럽 내 점령국의 해변으로 상륙할 것이 예상되었다. 사실 이는 좀 이른 걱정이었는데, 미국이 독일제국을 위협할 정도의 무장 병력을 꾸릴 때까지는 어느 정도 시간이 필요했기 때문이다. 그럼에도 독일이 더 이상 미국에서 석유를 공급받을 수 없다는 것만은 분명했다. 전쟁을 치르는 데 필요한 연료가 부족한 상황에서 그때까지 미국에서 공급받던 석유는 나치스에 큰 도움이 되고 있던 상황이었다.[8]

그렇다고 해서 독일 재계가 소련에 대해 품은 환상을 접은 것은 아니었다. 그들은 독일이 패전 위기에 몰렸다는 걸 미처 파악하지 못하고 있었다. 그건 히틀러와 독일군 장성들을 제외하고는 바티칸이나 스위스 정보기관처럼 정확한 정보를 확보할 수 있던 곳에서만 아는 사실이었다.[9] 그런데 독일 기계화부대가 레닌그라드와 모스크바로, 또 당연히 (우크라이나를 거쳐) 캅카스로 진격하던 1941년의 그 영광스럽던 여름에 이미 소련을 착취하는 게 쉬운 일은 아니라는 사실이 점점 더 명확해지고 있었다. 소련의 초토작전(적군이 이용할 수 없도록 모든 시설과 물자를 파괴하는 작전—옮긴이)으로 독일인들이 손에 넣은 것은 아무 장비도 남아 있지 않은 폐허 같은 빈 공장 정도였다. 더구나 최전방 뒤로 이어진 길고 취약한 병참선을 따라 끈질기고 파괴적인 게릴라전이 이어지고 있었다. 이런 상황은 잠재적인 투자자들을 낙담하게 했고, 그들 중 다수는 "[점령된 소련에서] 사업 기회가 기대했던 정도는 아닐 거란" 냉정한 결론에 도달했다.[10]

그렇긴 해도 여전히 동쪽에 있는 '약속의 땅'에서 운을 시험해보려는 독일 기업이 상당수 있었다. 특히 대규모 자본 투자가 필요하지 않은 경우에 더욱 그러했다. 예를 들면 독일군에서 전쟁물자 생산 공장 설비에 투자한 뒤 민간 부문에 운영과 개발을 맡기는 '전쟁 공장Kriegswerke' 또는 '전쟁 작업장Kriegswerkstätte(카-베르케K-Werke이라고도 알려져 있다)'의 경우가 있었다. 대규모 카-베르케가 프스코프, 민스크, 드네프로페트롭스크 같은 곳에 지어졌다. 독일군 탱크와 트럭 등 차량 정비를 담당했던 이런 공장들의 운영은 오펠과 다임러-벤츠가 맡았다. 그 회사들은 주로 유대인이나 전쟁 포로 등에게 강제노동을 시킴으로써 성공(다른 말로 수익) 가능성을 높였다.[11]

나치스—그리고 나치스의 재정을 후원했던 기업들—에 무한한 기회의 땅이 될 걸로 기대됐던 점령지 소련에서 자신의 운을 시험한 독일 기업의 극적인 사례는 대형 담배 생산업체인 렘츠마의 경우에서 찾을 수 있다. 이 회사의 대표인 필리프 F. 렘츠마Philipp F. Reemtsma는 1932년 나치스 기관지에 광고를 싣고, 1933년 회사를 통해 나치 정당과 정권에 거액 후원을 시작하면서 히틀러의 대열에 합류했다. 1941년 렘츠마는 나치스가 점령한 소련 영토 남부인 크림반도에 '크림 담배 재배 협회Krim Orient Tabakanbau GmbH'라는 자회사를 설립했다. 대서양에서 우랄산맥에까지 이르는 독일이 지배하는 대경제권 내에서 크림반도를 담배 생산의 중심지로 만들기 위해서였다. 이 계획은 1941년 가을 크림반도 전역에서 수확된 담배를 수탈하면서 시작되었다. 렘츠마는 가혹한 환경에서 14세밖에 안 된 어린이를 노동시키는 등의 강제노동, 더 정확히는 노예노동을 활용해 수익을 극대화했다.[12]

소련과 전쟁을 벌이는 동안 독일 산업계가 이익을 취한 가장 중요한 방식은 '동부의 노동자Ostarbeiter'를 동부 현지에서뿐만 아니라 독일 내에서도 동원하는 것이었다. 소련을 상대로 한 '전격전'의 실패로 독일 젊은이 수백만 명이 고향에 있는 공장 일터로 복귀할 수 없게 되었고, 이는 국내 전선의 심각한 노동력 부족으로 이어졌다. 나치 정권은 영국이나 미국이 그러했듯이 여성들을 공장으로 보내 이 문제를 완화하려 했다. 하지만 여성보다 더욱 큰 규모로 투입된 것은 외국인 노동자들이었다.[13] 이러한 외국인 노동자Fremdarbeiter 중 일부는 자발적으로 온 사람들이었지만, 절대다수는 강제로 끌려온 사람들이었다. 이들은 형편없는 음식을 먹고, 열악한 숙소에 머물러야 했다. 빈번하게 학대당했고, 끝없이 혹사당했다. 아주 적은 임금을 받거나 아무 대가도 받지 못했으며, 심지어 과로로 사망에 이르는 경우도 많았다. 독일 산업계가 부린 '노예' 상태의 노동자는 1200만 명에 이르렀다. 이들 중 수백만 명은 소련의 민간인과 전쟁 포로였다. 전쟁 포로의 경우, 가혹한 노동조건을 견디지 못하고 대다수가 사망했다. 소련군 전쟁 포로 570만 명 중 330만 명이 수용소에서 사망했던 것이다.[14]

강제노동은 매우 비효율적일 수밖에 없지만, 노동력이 풍부하고 친위대의 폭력적인 통제로 유지될 수 있다는 이점이 있었다. 독일 기업의 관점에서 강제노동의 가장 큰 이점은 매우 저렴하게 또는 거의 무상으로 노동력을 활용할 수 있다는 것이었다. 그렇기 때문에 수익 극대화에 완벽하게 적합했다.[15] 이 점은 이게파르벤의 사례에서 잘 드러나는데, 임금과 사회복지 비용이 줄어들면 같은 비율로 수익이 상승하는 것을 확인할 수 있었다. 전쟁이 한창이던 때에 이게파르벤은 전쟁 전과 비교해 노동자 한 사람당 1년에 대략 1,000라이히스마르크를 더 벌어들였다.[16] 이런 '노예' 형태의 고용을 유지하기 위해 일부 기업은 포로수용소, 강제수용소, 그리고 심지어 절멸수용소 바로 옆에 공장을 세웠다. 몇몇 사례를 들면 다음과 같다. 하인켈Heinkel은 오라니엔부르크 강제수용소 수감자들을 활용했고, 지멘스는 특히 라벤스브뤼크 강제수용소의 여성 수감자들을 동원했으며, 겐스하겐의 다임러-벤츠 공장에선 작센하우젠 강제수용소 수감자들을 부렸고, 베엠베는 노동력을 공급받기 위해서 모든 강제수용소의 원형으로 뮌헨 주변에 있던 다하우 수용소와 협력관계를 맺었다.[17] 그러나 그중 최악은 의심할 것도 없이 악명 높은 아우슈비츠 절멸수용소의 사례다. 앞서 언급한 대로, 수용소에서 겨우 몇 킬로미터 떨어진 곳에 아우슈비츠-모노비츠Auschwitz-Monowitz라고 불리는 대규모 공장이 친위대와 이게파르벤의 합작 투자로 세워졌다. 거대한 아우슈비츠에 수용된 인원 수천 명—주로 소련을 비롯한 유럽 전역에서 끌려온 유대인들이었고, 집시와 소련군 전쟁 포로도 있었다—이 혹독한 조건하에서 강제노동을 해야 했다.[18]

소련을 상대로 전쟁을 벌이게 된 이유와 이 전쟁을 치르는 데 독일 재계가 수행한 역할이 무엇이었는지를 염두에 두고 아우슈비츠-모노비츠 사례를 잠시 살펴보기로 하자. 나치 정권에게 동부 전선에서 전격전이 실패로 돌아간 건 결과적으로 캅카스의 석유를 장악하겠다는 꿈이 물거품이 되었다는 것을 의미했다. 이는 군사적·전략적으로 재앙이나 다름없었고, 정권 붕괴를 음울하게 암시하는 것이기도 했다. 이게파르벤의 입장에서 이는 중대한 투자 손실을 의미했다. 하지만 독일 석유화학산업계의 거대 기업인 이게파르벤에 이 위기의 암운은 또한 희망의 빛을 의미하는 것이기도 했다. 이 위기가 돈을 벌 수 있는 새로운 기회가 되었기 때문이다. 소련의 석유도 미국의 석유도 없는 상황에서, 제3제국에선 그 어느 때보다 합성연료와 합성고무에 대한 수요가 늘고 있었다. 이것들은 이게파르벤이 전문으로, 거의 독점으로 취급하는 생산품이 아니던가? 그야말로 전례가 없을 만큼 수익을 극대화할 수 있는 기회가 열렸던 것이다. 친위대로 대표되는 나치 정부와 이게파르벤이 대표하는 대기업의 긴밀한 협력이 실현된 곳이 바로 아우슈비츠-모노비츠였다. 양측 모두 이 협력을 통해 이익을 얻었는데, 나치 정부는 전쟁을 계속해서 정권의 수명을 연장하는 데 필요한 연료와 고무를 공급받을 수 있었고, 이게파르벤은 생산에 요구되는 대규모 노동력을 공급받아 수익을 실현할 수 있었다. 이 모든 것은 유대인, 집시, 소련인 전쟁 포로 등 수십만, 아니 수백만 명의 희생을 상정하는 것이었다. 결국 나치 정부는 이러한 희생을 바랐고, 이게파르벤은 이를 묵인했다는 걸 암시한다.[19]

1941년 12월 모스크바 앞에서 '전격전'이 실패로 돌아간 뒤, 히틀러와 군 장성들은 패전을 직감했다. 이어서 1942년과 1943년에 걸친 겨울에 스탈린그라드의 대규모 전투에서 패배한 뒤에는 모두가 독일의 패전을 예견할 수 있었다. 독일 지배층은 히틀러가 최후를 맞이하면서 자신들도 함께 끌고 들어갈까봐 두려웠다. 결국 독일군 최고 지휘부의 장성 몇 사람과 상위 중산계급을 대변하는 몇 사람이 히틀러를 제거할 계획을 세우기 시작했다. 히틀러의 집권을 도왔고, 그의 성공이 곧 자신들의 성공이라며 조건 없이 지지했으며, 그때까지도 나치스에게 정치를 일임하고 만족해하던 사람들이었다. 아직 건질 수 있는 건 어떻게든 챙겨보려는 속셈이었다. 그들은 실제로 1944년 7월 20일 히틀러 암살을 기도하지만, 유감스럽게도 실패로 끝났다.[20]

히틀러는 1941년 12월에 이미 패전이 불가피하다는 걸 깨달았지만, 외교적으로 전쟁을 마무리할 방법을 찾기보다는 가능한 한 오래 끌기로 결정했다—히틀러의 이 결정으로 이후 수년 동안 수백만 명이 살해되고 사망하는 대가를 치러야 했다. 그래서 독일 산업계는 전쟁을 지속하는 데 필요한 무기와 전쟁 물자를 계속 생산해야 했고, 실제로 종전 때까지 생산을 멈추지 않았다. 제3제국의 기업들은 나치 정권과 긴밀한 협력관계를 계속해서 유지했다. 전직 건축가로 군수장관을 맡고 있던 알베르트 슈페어Albert Speer의 역할이 컸다. 독일 재계와 나치 정부의 협력관계가 최고조에 달했을 때가 슈페어가 장관으로 있던 나치 독재 말기라고 주장하는 역사학자들도 일부 있을 정도다.[21] 기업들은 히틀러를 위해 최후까지 물자를 생산했고, 그 과정에서 계속해서 큰돈을 벌었다.[22] 게다가 나치 독일은 법인세율을 높지 않은 수준으로 유지했다. 앞서 언급한 대로 1941년과 1942년에 법인세율을 높인 뒤 더 이상 인상하지 않았다. 슈페어는 재계의 협력사들이 나치 정부의 재정 건전성 확보에 기여하는 건 바라지도 않았다. 그저 나치 독일의 최후를 최대한 뒤로 미룰 수 있게 필요한 전쟁 물자를 충분히 생산해주기만 하면 된다고 생각했다.[23] 히틀러와 슈페어를 비롯한 나치의 주요 인사들은 기업가와 은행가가 전쟁이 끝날 때까지 나치 독일에서 특권을 계속해서 누리도록 허용하는 것으로 보답했다.[24] 그들이 누린 최고의 특권은 물론 계속해서 수익을 극대화할 수 있는 권리였다. 하지만 나치스는 비교적 사소한 것까지 온갖 종류의 특권을 주었다. 그중 색다른 것은 제3제국이 최후를 향해 달려가던 1944년 크리스마스의 일화인데, 독일 서민들이 거의 아무것도 먹지 못하던 그 시기에 힘러는 '친교' 모임에 속한 모든 이에게 진짜 커피를 약 1.5킬로그램씩 보냈다.[25]

미국의 역사학자 존 길링햄은 독일 재계의 나치 정권 지원은 "무조건적이지 않았고, 대체로 전쟁을 치르는 과정에서 늘어난 것"이라고 역설한다.[26] 다른 역사학자들은 이 견해에 반론을 제기하는데, 그들의 공통된 의견은 나치 정권의 협력자이자 수혜자였던 기업인과 금융인 가운데 아주 사소하게나마 히틀러에게 저항하는 움직임을 드러낸 사람이 없었다는 것이다.[27] (사업가와 은행가들이 히틀러의 집권을 돕고, 그 정권을 통해 이익을 얻은 사실을 부정하려는 역사학자들은 그들의 행동이 부끄러운 짓이지만, 단지 '권위주의적 사고방식', '법을 존중하는 태도', '정치와 무관한 전문가주의' 등에 따라 무기력하게 이뤄졌던 것이라며 그럴듯한 이유를 대고 있다.[28]) 반면 계급적으로 독일 재계와 반대되는 위치에 있던 노동운동가, 사회주의자, 특히 공산주의자들이 독일인들 중에서 가장 두드러지게 나치스에 저항했던 건 당연한 일이었다. 결국 그들은 나치 독재의 첫 번째 희생자가 되었다. 독일의 역사학자 H. J. 라이히하르트H.J. Reichhardt가 지적했던 대로 나치 독재는 그들을 "가장 위험한 적대세력으로 간주했"던 것이다. (1933년에서 1935년 사이에 공산당원 중 대략 4분의 1—7만 5,000명 정도—이 투옥되거나 암살되었다.) 그런데 슐츠-보이젠Schulze-Boysen/하르나크Harnack 단체(1936년에 독일군 중위 하로 슐체-보이젠과 경제학자 아르비드 하르나크가 결성한 좌파 비밀 단체—옮긴이) 회원들로 대표되는 이 반항적인 '빨갱이'들은 서구 역사 기록에 언급된 적이 거의 없다. 그들은 인원도 많았으며, 제3제국의 시작부터 끝까지 나치 반대 선전, 태업행위, 연합국을 위한 스파이 활동, 파업, 부헨발트 등 여러 강제수용소에서 저항 조직화 등 매우 활발한 활동을 벌였다. 그리고 그에 따른 혹독한 대가를 치러야 했다.[29]

또한 (슈타우펜베르크Stauffenberg 등) 몇몇 군 장성과 (괴르델러 Goerdeler 등) 일부 부르주아 등의 반나치 저항 세력도 있었다. 그들은 히틀러가 승전을 거두는 동안엔 열정적으로 지지했지만, 스탈린그라드 전투 패전 이후엔 히틀러를 골칫거리로 보고 필사적으로 제거하려 했다. 서방세계에는 이들이 히틀러 정권에 저항한 유일한 독일인들이라는 잘못된 믿음이 널리 퍼져 있다. ("1933년부터 1945년까지 개인이나 단체가 국가사회주의 독재에 저항하기 위해 어떠한 행동을 취했는지 알릴" 목적으로 설립된 독일저항기념관이 슈타우펜베르크가 히틀러 암살 시도를 계획하다 처형당한 베를린의 한 건물에 자리 잡고 있는 건 우연이 아니다.) 어쨌든 독일 대기업이나 대형 은행에 관련된 주요 인사 중에서 어떤 식으로든 히틀러에게 저항했던 인물을 찾는 것은 헛수고이다.[30] (주요 인사 가운데 샤흐트 같은 인물이 히틀러에게 저항했다는 취지의 주장은 진지하게 받아들여지지 않고 있다.)

독일에서 나치즘과 자본주의의 역사는 친밀한 관계의 연대기이자 일종의 러브스토리라고 할 수 있다. 전쟁이 끝을 향해 가는 동안, 그 관계는 힘겨운 시기를 겪으면서도 그대로 이어졌다. 전쟁이 끝난 바로 그 순간까지, 독일 재계는 나치 정권에 충실했고, 히틀러가 절망적일 만큼 참혹한 전쟁을 계속할 수 있도록 최대한 많은 물자를 생산했다. 역으로 나치 정권도 몰락하는 그날까지 거대 기업과 은행으로 상징되는 자본주의체제에 대한 존중과 신뢰를 보여주었다. 마지막 순간까지도 양측은 그 모든 정황에도 불구하고 자신들의 관계에 빛나는 미래가 있을 거라 믿는 듯 보였다—최소한 믿는 척하는 듯 보였다. 히틀러는 1944년 6월 26일 베르히테스가덴에서 마지막 대중 연설을 했다. 슈페어가 초안을 썼거나 최소한 영감을 줬을 것으로 예상되는 그 연설에서 히틀러는 '기업가의 자유'에 대한 자신의 신념을 강조하면서, 이 체제가 인류의 진보를 드러내는 것임을 확신한다고 덧붙였다. 히틀러는 만약 전쟁에서 진다면 연합국이 독일 산업을 '초토화할 것'이라고 경고했다. 또한 전쟁에서 독일이 승리하면 '자유기업' 체제는 "역사상 최고의 순간을 맞이하게 될 것"이라고 약속했다.[31] 그러한 애정 고백에 감동받은 독일 재계는 히틀러 정권의 충실한 협력자로 남았다. 하지만 종전이 가까워지자, 사업가와 은행가는 자신들이 큰 기대를 걸어왔던 인물이 이제 곧 무너지리라는 걸 받아들일 만큼 충분히 현실적인 모습을 드러냈다. 그들은 나치스라는 협력자가 없는 미래를 준비하기 시작했다.[32] 많은 면에서 히틀러의 전쟁은 그들의 전쟁이기도 했다. 하지만 기업가와 은행가는 어떤 희생을 치르더라도 곧 현실로 다가올 게 분명한 히틀러의 패배가 자신들의 패배로 이어지지 않도록 만들고 싶어 했다. 그들은 히틀러의 경고가 현실이 되지 않도록 막고 싶어 했다. 또한 히틀러 정권의 몰락이 자신들의 기업과 은행, 독일의 경제체계, 독일의 자본주의 체제의 몰락으로 이어지는 상황을 피하고 싶어 했다.

당시 독일 재계에서는 곧 현실로 다가올 패전에 대비해 독일 자본주의를 지킬 생존 전략을 모색하는 '대책 소모임kleiner Arbeitskreis'이 꾸려졌다. 이 모임의 구성원은 도이체 방크, 드레스드너 방크, 이게파르벤, 지멘스, 마네스만, 렘츠마 등과 관련된 기업가와 은행가였다. 그중 '브레인'은 나중에 독일연방공화국, 즉

'서독'의 초대 경제장관을 지낸 젊은 경제학자 루트비히 에르하르트Ludwig Erhard였다. 전후 독일은 이 '대책 소모임'의 노력이 맺은 결실이라고 말할 수 있을 정도다. 또한 에르하르트는 서독의 이른바 경제 기적의 설계자이기도 하다. 생존 전략 모색이란 전후 독일에서 자본주의체제를 유지하고, 더 나아가 독일의 기업과 은행이 존속하는 것은 물론, 제3제국 때보다 '국가 통제'가 덜한 경제체제에서 운영될 수 있는 방법을 확보하고자 하는 것이었다. 그렇게 되면 기업과 은행은 나치 정권 때보다 더 많은 자유와 자율성을 누리게 될 터였다. 즉 독일 역사상 그 어느 때보다 규제가 덜한 자본주의체제에서 마음껏 사업을 벌일 수 있기를 목표로 했던 것이다. 군수장관(슈페어), 경제장관, 사악한 오토 올렌도르프Otto Ohlendorf를 포함한 친위대 내 경제 전문가들을 포함한 나치 당국자들은 '대책 소모임'의 계획을 완벽히 파악하고 있었지만, 기업의 자유를 보장한다는 명분으로 눈감아주었다. 이것은 나치 정권에서 재계의 협력자들에게 주는 마지막 호의가 되었다. 또한 제3제국을 정치 우선 이론의 관점으로 볼 때 또 하나의 이례적인 경우라 할 수 있다. 나치 독일이라는 괴물은 독일 재계라는 프랑켄슈타인 박사가 창조해낸 것이었다. 외모는 무시무시했지만, 그 괴물이 재계를 지배했던 적은 없었다. 오히려 그 괴물은 죽음을 앞두고 주인이 자신을 대체할 새로운 유형의 나라를 만드는 모습을 온순하게 지켜보는 수밖에 없었다.

대기업과 대형 은행, 즉 독일 재계의 집단적 이익뿐만 아니라 개별 회사와 은행의 이익도 함께 보장되어야만 했다. 이 목적을 달성하기 위해 수많은 조치가 취해졌는데, 예를 들면 해외 기업의 주식을 매입하거나, 해외의 안전한 장소, 다시 말해 스위스, 스웨덴, 포르투갈 등 중립국의 은행으로 자본을 이전했으며, 희소해서 가치 있는 원료를 확보하는 데 수익을 투자하기도 했다. 또한 기업 내에서 수익을 재투자하기도 했다. 예를 들어 주요 공장과 대도시에서 멀리 떨어진 곳에 새로운 공장을 짓거나, 새로운 기계를 구입했다. 폭격으로 피해를 입을 수 있는 위험을 최소화했던 것이다. 이 조치는 소련보다는 미국이나 영국이 점령할 것으로 예상되는 독일 서부 지역에서 이뤄졌다. 특정한 '가치 있는 물자Sachwerten'를 (비교적) 안전한 장소에 비축, 보관하는 전략은 전쟁 말기의 물가 상승률과 전후 라이히스마르크 가치의 하락 가능성을 고려하면 매우 실용적인 선택이었다. 이 전략은 앞서 살펴본바와 같이 세금을 최소화하는 데에도 활용된 바 있었다.

독일 내 자본주의체제 유지와 개별 은행 및 회사의 생존을 모색한다는 것은 결국 해외로부터의 조력을 찾는 일이었다. 특히 서구의 강대국인 영국과 미국의 도움이 절실했다. 물론 이 강대국들은 히틀러가 이끌던 제3제국의 적국이었지만 자본주의를 수호하는 나라였기 때문에, 독일처럼 중요한 나라에서 자본주의를 지키고자 하는 계획에 어느 정도는 공감해줄 거라고 충분히 희망해봄직했다. 독일의 기업가와 은행가는 미국에 큰 기대를 품고 있었다. 전후에 미국이 전 세계 경제 패권을 쥘 것으로 예상되었고, 미국 재계에서 독일에 대규모로 투자해놓은 상황이었기 때문이다. 1920년대부터 독일의 많은 기업과 은행이 미국과 맺어온 협력관계는 유지되고 있었다. 전쟁 때문에 불편해지기도 했지만, 끊어진 적은 없었다. 이러한 관계가 독일 자본주의를 지키고자 하는 활동에서 일종의 구명조끼 같은 역할을 하게 될 수도 있었다.[33]

독일 산업계와 금융계의 주요 인사—이게파르벤, 크루프, 뷔싱 아게Büssing AG, 라인메탈Rheinmetall, 메서슈미트 등의 기업 대표가 포함되어 있었다—들이 1944년 8월 10일 스트라스부르의 메종 루주 호텔에서 만났던 것으로 알려져 있다. 그들은 그곳에서 유에스 스틸 코퍼레이션US Steel Corporation, 케미컬 파운데이션Chemical Foundation Inc., 아메리칸 스틸 앤드 와이어American Steel & Wire 등 미국의 협력사에 연락을 취하기로 결정했다. 목표는 미국에 호의와 공감을 구하고, 무엇보다 다가오는 독일의 패전 뒤에 독일 기업과 은행의 나치 관련 범죄에 대한 면죄부를 보장받는 것이었다.[34] 이런 상황에서도 나치 정권은 재계에 관대한 모습을 보였고, 최후의 그날까지 도움을 주고자 했다. 사실 스트라스부르 모임은 나치당의 실세이자 히틀러의 오른팔이었던 마르틴 보어만Martin Bormann이 주도하고, 은행가인 할마르 샤흐트가 협력해 성사된 것이었다. 당시 샤흐트는 히틀러에게 반대했다는 이유로 브이아이피용 특별 감옥에 수감되어 있었다. 그를 수감했던 이유는 히틀러 정권 붕괴 이후 히틀러에게 저항했다고 항변할 수 있도록 해주기 위한 것이었다고 알려져 있다. (프랑스에서도 같은 전략이 적용되어 주요 부역자들이 해방 이후 사실은 레지스탕스였던 것처럼 행동하기도 했다.) 보어만은 샤흐트가 미국에 형성하고 있는 엄청난 인맥을 활용해 기업가와 은행가의 이익뿐 아니라 자신의 이익도 함께 챙기고자 했다.[35]

히틀러 제거를 시도했던 독일 장성들은 살아서 그의 몰락을 보지 못했다. 그러나 최후까지 히틀러에게 충실했던 독일 기업가와 은행가는 그들보다 운이 좋았다. 그들은 히틀러의 몰락을 지켜보았지만, 큰 상처 없이 살아남았다—최소한 훗날 서독이 되는 지역에서는 그러했다. 부유하고 힘센 미국인들과, 서독 초대 총리가 된 콘라트 아데나워Konrad Adenauer 등 미국인들의 조력자였던 독일인들 덕분이었다. (영국의 한 역사학자는 아데나워에게 "히틀러에게 부역했던 군 장성, 고위 관료, 사업가, 은행가, 학자, 의사 들의 명예를 대규모로 복권해준" 책임이 있다고 강조한 바 있다.[36]) 히틀러와 나치스는 무대에서 퇴장했지만, 히틀러의 집권을 돕고 그의 독재, 범죄, 전쟁을 통해 이익을 얻은 기업과 사람, 기업가와 은행가는 남게 되었다. 히틀러의 독재, 범죄, 전쟁은 사실상 그들의 독재, 범죄, 전쟁이었음에도 말이다. 심지어 전후 서독에서, 그리고 이후 통일된 독일에서, 그들은 더욱더 많은 부와 권력을 축적할 수 있었다. 예를 들어 샤흐트는 히틀러가 집권하는 데 큰 역할을 했고 재무장 프로그램의 재정을 맡은 바 있지만, 뉘른베르크 전범 재판에서 무죄를 선고받았다. 도이체 방크 이사였던 요제프 압스는 유대인 기업의 아리아화와 점령국 약탈 과정 등에서 매우 적극적인 역할을 수행했지만, 아데나워 정권하에서 독일 경제의 막후 실력자가 되었다. 도이칠란트 아게, 즉 독일 재계는 어떻게 히틀러의 집권 과정, 그리고 그의 제국과 전쟁에서 그들이 맡았던 사악한 역할을 밝혀 소장을 제출하려던 이들의 손아귀에서 빠져나갈 수 있었을까.[37] 곧 이 중요한 주제에 대해 다시 살펴볼 것이다.

10장

만족하지 못했던 수혜자들

독일 재계가 히틀러의 집권을 도운 것은 이른바 사회주의노동당 당수라는 이 벼락출세한 천박한 인간에게 활용 가치가 있다고 판단했기 때문이다. 그리고 이미 살펴본 대로, 히틀러는 그들을 실망시키지 않았다. 히틀러가 마지막 그날까지 그들에게 기여했고, 그런 이유로 그들도 마지막 그날까지 그와 그의 정권에 충실했다고 말할 수 있을 것이다. 그렇다고 이런 사실이 히틀러가 단지 재계의 손에 놀아난 도구이자 허수아비였다는 것을 의미하지는 않는다. 그리고 모든 기업가와 은행가가 히틀러가 정치 경력을 시작한 그 순간부터 그를 지지했다거나 1933년부터 1945년까지 히틀러가 재계에 기여한 바에 전적으로 만족했다는 것을 의미하지도 않는다. 앞서 이미 많은 기업인과 금융인이 1933년 이전에는 히틀러를 지지하지 **않았고**, 1933년 이후에도 히틀러의 인품과 정책에 대해―대개는 사적으로, 하지만 때로는 공개적으로―염려와 불평을 드러냈다는 것을 살펴본 바 있다. 산업계 및 금융계의 지배층과 히틀러의 관계에 대해 그 미묘한 뉘앙스까지 묘사하려면 몇 가지 중요한 요소를 고려해야 한다.

첫째, 독일 재계는 히틀러가 정권을 잡도록 **도왔고**, 그런 면에서 그들의 역할은 매우 중요했다. 그러나 프리츠 피셔가 강조한 대로, 재계만이 이른바 나치의 권력 장악Machtergreifung―실제로는 권력 이양Machtübertragung, Machtübergabe이었다―계획을 가능케 한 유일한 조력자는 아니었다. 독일의 다른 기득권층, 즉 권력층의 역할도 컸다. 그들 중에는 군 고위 간부도 있었고, 독일 동부의 대지주 귀족인 융커도 있었다. 융커 중에 가장 잘 알려진 주요 인물로는 힌덴부르크 대통령이 있었다. 그들도 이 비열한 '보헤미안 상병'이 유용하게 쓰일 거라는 믿음을 가지고 움직였다. 히틀러를 지지한 또 다른 특권층은 가톨릭교회였다. 독일과 바티칸의 고위 성직자들은 히틀러가 '무신론'을 표방하는 공산주의를 제국에서―그리고 아마도 전 유럽에서―몰아내주길 바랐다. 가톨릭교회는 1933년 7월 히틀러 정권과 정교협약을 맺어 정권을 강화하는 데 큰 힘을 실어주었다. 프로테스탄트 고위 성직자들도 공산주의를 몰아내주기를 바라면서 히틀러가 제국 총통으로 임명되었을 때 그를 축복하고 지지해주었다. 히틀러는 이들 지배층 지지자뿐만 아니라 다양한 비지배층 지지자들에게도 빚을 지고 있었다. 하지만 지지자들의 기대는 서로 상충되는 경우가 많았다. 예를 들면 대지주들은 자기 땅에서 수확한 밀을 높은 가격에 팔고 싶어 했지만, 노동자들에게 임금을 올려주기를 원하지 않던 기업가들은 빵 가격이 낮게 유지되길 바랐다. 히틀러가 모두를 만족시킬 수는 없었다. 그는 일부 지지자를 기쁘게 해줄 수 있었지만, 적어도 가끔은 다른 지지자들을 좌절케 할 수밖에 없었다. 재계도 히틀러에게 기대했던 모든 것을 매번 얻지는 못했다. 하지만 기업가와 은행가가 불평할 이유는 없었다. 히틀러는 집권하자마자 (실재의 또는 가상의) 혁명의 위협을 제거했고, 10여 년의 독재 기간 동안 기업과 은행의 수익성을 단계적으로 높여줌으로써 독일 재계가 가장 원하던 바를 실현해주었다. 히틀러는 노동운동의 씨를 말렸고, 아리아화라고 알려진 약탈을 꾸몄으며, 재무장 프로그램을 추진하고, 무엇보다 전쟁을 일으킴으로써 그들의 욕구를 충족해주었던 것이다.

둘째, 재계는 단일체가 아니고, 자주 서로 경쟁하는 다양한 부문으로 이뤄져 있었다. 그리고 때로는 카르텔 내에서 협력하기도 하고 또 때로는 격렬한 경쟁관계에 놓이기도 하는 수많은 개별 회사로 구성되어 있었다. 개별 산업 부문, 개별 회사, 그리고 그 회사의 소유주나 경영진은 각자 히틀러가 이끄는 정부에서 자신들의 기대를 가능하면 즉시 실현해주길 바랐다. 하지만 총통이 그들 모두를 만족시켜줄 수 없는 건 당연한 일이었다. 또한 그들 모두를 같은 수준으로 공평하게 만족시켜주는 것도 불가능했다. 앞서 살펴본 대로, 나치 정권은 이게파르벤 등의 기업을 선호했다. 말할 필요도 없이 그런 기업에선 다른 기업이나 은행에 비해 히틀러의 조치에 더 큰 만족감을 느꼈다. 나치 정권이 선호하지 않는 기업이나 은행은 크게 실망하게 되는 경우가 많았다. 이 책에서는 나치 정권이 그 시작부터 최후의 순간까지 독일 재계라는 **집단**에 특혜를 준 양상을 보여주고자 했다. 특정한 개별 산업 부문이나 개별 기업 또는 은행을 체계적으로 지원했다고 폭로하려는 의도는 없었다. (앞서 살펴본 대로, 정권의 수혜를 받은 노동자들도 있었다. 노동계급은 전체적으로 나치 정권에 의해 희생되었지만, 특별하고 중요한 업무를 수행했던 소수의 노동자들은 높은 임금 등 각종 혜택을 받았던 것이다.)

독일 재계는 자국 역사의 특정한 시점에 히틀러가 집권하는 것을 도왔다―다르게 표현하자면, '파시스트 옵션'을 선택했다. 그 시점에 기업가와 은행가는 두 가지 문제에 대해 결론을 내렸다. 첫째, 그들은 이어지는 선거에서 곧 공산주의자들이 승리할 것이라고 보고, 그걸 막을 수 있는 유일한 길이 파시스트 독재 정권 수립이라고 판단했다. 둘째, 그들은 독일 정부가 서둘러서―오늘날에는 완곡하게 '내핍 정책'이라고 부르는―퇴행적인 사회 정책과 재무장에 중점을 둔 경제 정책을 실시해 경제 위기 극복을 시작해야 할 필요가 있다고 믿었다. 그런 정책은 그들에게 유리하게 작용할 게 분명했다―반면 하위 중산계급 및 노동계급 등 '힘없는' 독일인들과 이 정책이 야기할 전쟁에서 희생될 수백만 명의 외국인들에게는 크나큰 불이익을 가져다줄 터였다. 기업가와 은행가는 히틀러가 이 두 가지 중요한 문제를 해결해줄 거라는 기대를 걸어도 될 만한 인물이라는 사실을 잘 알고 있었다. 한편 그들 중 대다수는 유대인을 상대로 한 끔찍한 학대를 비롯한 온갖 잔혹

행위 및 범죄에 대해 불편하게 생각했지만, 히틀러가 집권하면 온갖 종류의 그런 불쾌한 일들이 벌어지리라는 건 이미 정확히 알고 있었다. 몇몇 개인이 이 점에 대한 우려를 표명했음에도 집단 차원에서 재계는 한마디 말도 하지 않았고 손가락 하나 까딱하지 않았다. 히틀러에게서 받을 큰 혜택을 위해 치러야 할 대가라고 생각했던 게 분명하다―물론 그 대가는 그들 자신이 아니라 다른 사람들이 치러야 했다.

히틀러는 재계가 자신에게 바라던 일을 했지만, 자신만의 방식, 즉 권위주의적이면서 거칠고 잔인한 방식으로 했다. (히틀러는 분명히 단지 자본가들 손에 쥐여진 '도구'가 아니었다. 만약 이 비유를 반드시 써야만 한다면, 그 도구는 메스처럼 정확한 것이 아니라 곤봉처럼 거친 것이었다고 말해야 옳을 것이다.) 대부분의 기업가와 은행가는 좀 더 섬세한 문제 해결 방식을 선호했을 듯하지만, 당시 유행하던 말인 "달걀을 깨뜨리지 않고는 오믈렛을 만들 수 없다"는 식으로 접근하는 히틀러의 방식에 군말 없이 동의했다. 히틀러는 재계에서 장기간에 걸쳐 큰 이익을 챙길 수 있도록 전쟁으로, 그것도 정복과 약탈의 전쟁으로 이어질 수밖에 없는 재무장 프로그램을 선택했다. 재계는 이 점을 분명히 인식하고 있었지만 아무런 이의도 제기하지 않았다. 앞서 언급한 대로, 그들은 전쟁으로 생길 엄청난 수익을 고대하고 있었다. 그런데 재무장 프로그램 진행 방식과 속도, 그리고 전쟁을 수행하는 방법 등을 두고, 기업가와 은행가, 그리고 히틀러 사이에 커다란 의견 차이가 있었다. 이뿐만 아니라 재계의 주요 인사들 사이에서도 이견이 존재했다. (군 장성들도 생각이 달라 종종 히틀러나 재계와 갈등을 빚기도 했다.) 두 가지 사례가 있다. 샤흐트는 재무장 프로그램을 좀 더 천천히 진행하고, 그 재정도 전통적인 방식으로 마련하길 바랐는데, 그로 인해 정권에서 물러나야 했다. 다른 많은 은행가와 기업가가 반대하고, 히틀러와 나치스의 경제 분야 실권자였던 괴링도 받아들일 수 없는 의견이었기 때문이다. 1939년과 1940년에는 많은 군 장성이 비현실적이고 심지어 매우 위험하기까지 한 히틀러의 전쟁 계획을 우려해서 쿠데타를 일으켜 히틀러를 제거하자고 모의하기도 했다. 쿠데타 계획은 히틀러 군대가 승리를 거두자 폐기되었지만, 스탈린그라드 전투 대패 이후 다시 논의되었다.[1]

경제 위기를 극복하고 기업과 은행의 수익성을 증대하는 히틀러의 방식이 본질적으로 케인스주의식이라는 건 이미 앞서 살펴본 바 있다. 히틀러는 국가 주도로 경제를 재건하길 원했다. (알다시피 나치 케인스주의의 경우, 정부가 취한 조치는 주로 군비 확장이었다.) 이것은 자본주의체제가 전통적인 자유방임주의체제의 틀에서 더 이상 제대로 작동하지 못했던 시기에 정부가 나서서 독일의 자본가들을 구제했다는 걸 의미한다. 케인스주의식 접근법은 필연적으로 국가가 나서서 온갖 종류의 규제를 가하고, 국영기업을 설립하고, 원료를 할당하는 등 경제생활에서 적극적인 역할을 수행할 것을 요구한다. 이 경우에는 나치 정권이 그 역할을 했던 것이다. 이러한 방식은 자발적 또는 자연적으로 작동하는 것을 상정하는 '자유시장'에 개입하는 것으로, 자유방임주의 도그마에 위배되는 것이었다. 히틀러의 지휘하에 경제생활에서 국가의 역할은 대폭 강화되었고, 반면 전통적인 '기업 활동의 자유'는 축소되었다. 다시 말해, 경제 영역에서 나치 정권의 방식은 '국가통제주의dirigiste'적이었다. 이런 측면에서만 보자면, 제3제국에서 정치는 경제에 '우선'했다고 할 수 있다. 다른 서방세계 국가에서도 같은 현상을 발견할 수 있는데, 예를 들어 미국에서 루스벨트 대통령이 댐 건설 같은 국책 사업을 통해 수요를 진작하는 뉴딜 경제 정책을 폈던 게 이에 해당한다. 루스벨트와 히틀러가 실행한 국가통제주의는 재계의 이익을 위해 기능했지만, 그렇다고 해서 재계의 모든 구성원이 이에 만족했던 건 아니다. 오히려 독일과 미국에서 기업가와 은행가 대부분은 국가통제주의를 혐오했다. 이상적인 자유방임주의 세계에서는 자신들의 사업을 완벽히 통제할 수 있는데, 그 권한을 침해하는 거라 생각했기 때문이다. 다시 말해, '자유로운 기업 활동'뿐만 아니라 심지어 자본주의체제 전반에 대한 공격이라고 보았던 것이다.

1933년에서 1945년 사이에 독일 재계는 자신들의 도움으로 집권한 정권과 긴밀히 협력했고, 그 과정에서 높은 수익을 올렸다. 나치 정권은 재계에 아주 요긴한 혜택을 많이 주었지만, 그 방식과 태도가 매우 거친 경우가 많았다. 또한 앞서 살펴본 대로 나치스가 대지주 등 다른 특권층도 챙기면서 기업과 금융기관이 바라는 바를 전부 받아들이지 않는 등 재계 입장에선 혜택이 완벽하다고 볼 수는 없었다. 그래서 재계의 수혜자들은 온전히 만족하지 않았다. 그들은 욕구를 채우지 못했고, 심지어 다소 불만을 품기도 했다. 나치체제에서 특권적 지위를 누렸던 대자본가들이―대부분 사적인 자리에서였지만 때로는 공개적으로—비판, 불평, 이의 제기를 멈추지 않았던 건 바로 그 때문이었다. 하지만 정말로 중요한 것, 즉 나치 정권이 그들을 위해 노동운동을 억누르는 등 계급상의 적들을 탄압해주고, 경제 위기와 이어진 전쟁에도 불구하고 전례가 없을 만큼 수익을 극대화할 수 있게 해준 것 등에 대해선 그 어떤 비판, 불평, 이의도 드러내지 않았다. 결국 그들이 일으킨 소란은 그저 사소하고 지엽적인 일에 관련한 것일 뿐이었다. 그리고 이것이 비판, 불평, 항의는 간간이 있었지만, 나치스에 진정으로 반대하는 저항은 활발히 전개되지 않은 이유였다. 하지만 1945년 이후 나치스에 열정적으로 협력하고 그 협력관계에서 큰 수익을 올렸던 수많은 기업가와 은행가는 가끔 불평을 드러냈던 걸 저항행위로 포장하고자 했다. 샤흐트의 경우는 이런 종류의 위선을 드러내는 가장 충격적인 사례이다. 재계 입장을 비호해온 역사학자들은 대자본가들이 드러냈던 비난과 불평을 진정한 저항행위였다고 보지는 않았지만, 나치 정권에 대한 뿌리 깊은 비판의 표출이었다고 해석한 바 있다. 결국 독일의 기업가와 은행가에게 히틀러 정권의 협력자이자 주요 수혜자로서가 아닌 희생자로서의 지위를 부여하기 위해 노력했던 것이다.

막간

다른 곳에서는? :

그들 또한 강력한 지도자를 원했다

대안을 찾기 위한 많은 고민과 탐색 끝에, 독일 기업과 은행의 소유주와 경영진은 자신들의 원대한 목표를 실현해줄 거라 믿을 수 있는 '강력한' 정치 지도자 히틀러를 발굴했다. 그 원대한 목표란 좌파 정당과 노동조합 해산, 퇴행적인 사회 정책, (그들에겐) 수익성이 좋은 재무장 프로그램의 도입, 증오의 대상인 소련의 붕괴를 포함해 갖가지 이익이 기대되는 제국주의 전쟁 촉발 등이었다. 이모든 일에 대해 히틀러 한 사람에게만, 또는 히틀러와 소수의 나치 '악당'들에게만 책임을 묻는 것은 잘못이다. 히틀러가 존재하지 않았다면, 부와 권력을 가진 독일의 지배층은 또 다른 '히틀러'를 찾아냈을 게 분명하다.

　제1차 세계대전이 끝난 뒤 유럽의 다른 곳에서도—기업가와 은행가를 비롯해서 대지주, 군 장성, 고위 성직자 등으로 구성된—지배층은 히틀러와 비슷한 역할을 맡아줄 독재자를 찾았다. 경제 대공황이 시작된 이후에는 더욱 간절해졌다. 그곳에서도 꼭 해야 한다고 판단되는 더러운 일들을 가차 없이 실행해줄 준비가 된 '히틀러들'이 등장했다. 히틀러가 독일 지배층에 '고용'되었던 것처럼, 많은 나라에서 그와 같은 역할을 할 후보들이 지배층에 '고용'되었다. 그 결과 민주주의는 파시스트 독재에 자리를 내줘야 했다. 하지만 일부 국가에서는 기득권층이 파시스트를 권좌에 올려놓는 데 실패했다. 그에 따라 기업가, 은행가, 대지주와 그들의 동료들은 민주주의 정치체제를 계속해서 견뎌야 했다. 물론 그들이 바라던 바는 아니었다.

지배층이 (그들의 관점에서) 성가신 민주주의 정치체제를 자신들이 선호하는 권위주의 정치체제로 대체할 수 있다는 것을 처음으로 보여준 곳은 독일이 아니라 이탈리아였다. 최초의 파시스트 독재자는 히틀러가 아니라 무솔리니였다. 역사책이나 텔레비전 다큐멘터리를 보면 1922년에 무솔리니가 다른 사람들의 도움 없이 자신의 힘으로 집권에 성공한 걸로 묘사되는 경우가 많지만, 그건 사실이 아니다. 11년 뒤 히틀러가 그랬듯이 무솔리니도 지배층에 '고용'된 것이었다. 그가 권력을 손쉽게 손에 넣을 수 있었던 건 이탈리아의 기득권층, 즉 왕가, 바티칸 성직자, 대지주, 군 수뇌부, 그리고 은행가와 기업가의 솜씨였다. 그들 기득권층은 일반 대중에게 너무나도 많은 것을 내줘야 하는 민주주의체제에 대한 혐오, 혁명에 대한 공포, 노동조합원, 사회주의자, 공산주의자에 대한 증오 때문에 '파시스트 옵션'을 선택했다. 무솔리니의 사례에서도 추가적인 영토 확대와 식민지 확보를 목표로 한 공격적이고 제국주의적인 외교 정책이 시행되었다는 것을 알 수 있다. 사실 그러한 정복은 이탈리아 지배층이 오랫동안 욕망해온 것이었다. 그런 이유로 1915년에 제1차 세계대전에 참전하기도 했지만, 베르사유조약에 따라 이탈리아가 얻게 된 것은 일부 작은 영토뿐이었다. 콘티Conti, 피렐리Pirelli, 아그넬리Agnelli 같은 거물을 포함한 이탈리아의 기업가들은 무솔리니와 그의 파시스트 조직에 재정을 지원하고, 그가 집권할 수 있도록 적극 협조함으로써 무솔리니 정권에게서 노동조합과 좌파 정당 해산 등의 많은 혜택을 받았다.[1] 미국의 역사학자 존 길링햄은 이탈리아 파시스트 정권과 관련된 "[대]자본가들"을 가리켜 "자신들이 만든 정권의 최대 수혜자였다"고 설명한 바 있다.[2]

이탈리아의 선례는 독일의 기업가와 은행가에게 깊은 인상을 남겼다. 1920년대에 독일 기업가들이 모인 자리에서는 '무솔리니!'를 외치는 소리를 듣게 되는 경우가 많았다. 경멸스러운 바이마르 민주주의체제를 자신들의 목표에 공감해줄 독재자가 이끄는 파시스트 정권으로 교체하길 희망한다는 점을 분명히 했던 것이다. 1931년에는 영향력 있는 기업인과 금융인 약 50명—티센, 크반트, 샤흐트 등이 포함되어 있었다—이 무리를 이뤄 새로 설립된 '파시즘 연구 협회Gesellschaft zum Studium des Faschismus'에 가입했다. 이 협회는 우익 및 극우 정당과 연계된 조직으로, 이탈리아 파시즘을 모델로 독일의 정치적·경제적 체제를 확립하는 것을 목표로 했다. 히틀러도 자신에게 재정 지원까지 해준 무솔리니에게 영감을 받아 그를 따르고자 했다. 1933년 히틀러는 실제로 독일의 '무솔리니', 즉 독일 자본가들이 열렬히 갈구하던 구세주가 되었고, 같은 해 파시즘 연구 협회는 목표를 달성한 뒤 문을 닫았다.[3]

스페인에서는 수세기에 걸친 반#봉건적인 암흑기 이후 1931년 4월에 공화정이 선포되면서 서광이 비쳤지만, 그 나라의 지배층 역시 민주주의를 매우 불안하게 여겼다. 1936년 이미 지배층 구성원들—기업가, 은행가, 대지주, 군 장성, 강력한 가톨릭교회의 '거두' 들—은 이제 막 태동한 민주주의체제가 자신들이 태곳적부터 누려왔고 또 세상이 끝날 때까지 누릴 자격이 있다고 믿어온 특권을 위협한다고 판단했다. 프란시스코 프랑코와 군 장성들이 일으킨 쿠데타로—3년간의 잔혹한 내전을 치른 뒤에—들어선 정권은 순수한 파시스트 정권이라기보다는 군부독재 정권의 성격이 짙었다. 물론 그 체제에서 스페인의 파시스트 정당인 팔랑헤당이 중요한 역할을 맡기는 했다.[4] 어쨌든 스페인에선 토지 재분배를 비롯해 공화국 정부가 추진하던 여러 진보적 조치가 취소되었고, 기업가와 은행가 등 지배층 전체를 기쁘게 할 통상의 시나리오가 전개됐다. 노동조합 해산, 공산주의나 사회주의를 표방하는 좌파 정당 해산, 좌파 정당 활동가 수만 명 사형 집행, 사회복지제도 폐지, 저임금과 장시간 노동 같은 상황이 펼쳐졌던 것이다.

영국에는 민주주의 정치체제가 깊이 뿌리내리고 있어 파시스트 독재로 대체하려는 시도는 불가능했다. 하지만 그 정치체제는 왕족과 귀족 기득권층의 전통적인 특권을 지나칠 정도로 존중했고, 기업인과 금융인의 특권도 합리적인 수준에서 보장해주었다. 그럼에도 왕족을 비롯해서 수많은 기업가, 은행가 등 영국의 사회·경제·정치 지배층은 본인이 (은밀한) 파시스트이거나 공공연하게 무솔리니와 히틀러 등 외국의 파시스트 지도자들에 대한 공감을 드러냈다. 예를 들어 잉글랜드 은행의 수장이었던 몬터구 노먼Montagu Norman은 샤흐트와 우호적인 관계를 맺고 히틀러에 대한 존경심을 공유했다. 영국을 비롯한 많은 서유럽 국가에서 권력과 부를 누리고 있는 수많은 인사들처럼, 노먼은 히틀러를 소련의 볼셰비키로 상징되는 혁명의 위협으로부터 독일과 전 유럽을 구원할 지그프리트Siegfried(게르만 전설에 등장하는 영웅—옮긴이) 같은 존재라고 생각했다. 1934년에 뉴욕에서 열린 기자회견에서 노먼은 다음과 같이 견해를 밝혔다.

> 히틀러와 샤흐트는 독일에서 문명의 수호자 역할을 하고 있다. 그들은 독일에 있는 유일한 우리의 벗이다. 그들은 공산주의에 맞서 우리와 같은 사회체제를 수호하고 있다. 만약 그들이 실패한다면, 공산주의자들이 독일에서, 또 전 유럽에서 권력을 차지하게 될 것이다. 그 이후에는 어떤 일이 일어날지 모른다.[5]

노먼은 초기부터 히틀러에게 재정적인 지원을 한 것으로 보인다. 나중에 그는 샤흐트를 도와 나치 독일이 히틀러의 재무장 프로그램 비용을 조달하는 데 필요한 해외 융자금을 확보할 수 있도록 해주었다. 1939년 3월 히틀러가 바로 전해에 체결한 뮌헨협정을 위반하고 체코슬로바키아를 점령했을 때, 노먼은 체코슬로바키아 국립은행이 안전하게 보관하기 위해 잉글랜드 은행으로 보냈던 금을 독일제국은행에 넘겨주도록 허가하는 것이 옳다고 판단했다.[6]

노먼은 1934년에 또 다른 영국인 은행가 어니스트 테넌트 Ernest Tennant가 만든 영-독 펠로십의 회원이기도 했다. 테넌트는 나치스의 핵심 인사로 당시 런던 주재 독일 대사로 있었던 요아힘 폰 리벤트로프 Joachim von Ribbentrop의 친구였다. 정치와 경제 분야에서 영국과 나치 독일의 우호를 다진다는 취지로 결성되었지만, 실제로는 히틀러를 선전하는 모임이었다. 이 모임이 부와 권력, 그리고 영향력을 가진 지배층 인사들로 구성된 것은 결코 우연이 아니었다. 다른 나라에서와 마찬가지로 영국의 지배층도 파시즘에 흠뻑 매료되어 있었던 것이다. 앞서 언급한 독일의 은행가 쿠르트 폰 슈뢰더는 런던에 자기 소유 은행이 있었으며 이 모임의 회원이었다. 영-독 펠로십은 독일에서 활동하던 몇몇 영국 기업—던롭과 유니레버 등—으로부터 후원을 받기도 했다. 그들 기업은 독일 기업이나 은행과 마찬가지로 히틀러의 저임금 정책과 노동조합 해산 등의 조치로 이익을 보고 있었다.[7] 마가린과 비누 같은 제품을 생산하던 영국-네덜란드 합작 회사인 유니레버가 히틀러에게 만족을 느낄 만한 이유는 충분했다. 히틀러의 보호하에 유니레버의 독일 내 자산 가치는 1800만 파운드에서 1933년에는 2000만 파운드로, 1939년에는 3700만 파운드로 증가했다. 이런 자산 증가는 1939년에 독일이 오스트리아와 체코슬로바키아의 수데텐 지역을 합병함으로써 확장된 것을 고려해도 놀라운 성과였다. 그런데 유니레버의 성장 배경에는 매우 유리한 조건으로 유대인 기업을 인수할 수 있게 해준 아리아화 계획으로 생긴 기회를 활용한 측면도 어느 정도는 있었다. 유니레버 독일 지사는 나치 정부 당국으로부터 아리아계 기업으로 인정받는 데 성공했고, "아리아화 시류를 타는" 것이 유리하다는 것을 일찌감치 깨달았다.[8]

영국의 기업가와 은행가를 비롯한 지배층 대다수는 파시즘을 무척 선호했다. 다르게 표현하자면, '필로파시스트philofascist'(파시즘을 선호하는 사람들―옮긴이)들이었다. 히틀러와 무솔리니를 좋아했지만, 영국에서는 그런 파시스트 독재 정권을 세울 기회가 없었다. 사실 그럴 기회가 있었다면 그들은 기꺼이 받아들였을 게 확실하다. 그들을 대표하는 네빌 체임벌린(영국의 정치인으로, 1937년부터 1940년까지 총리를 지냈다―옮긴이) 같은 인물은 히틀러의 제국주의적 야망, 특히 소련을 붕괴시키려는 목표를 열정적으로 지지했다―체임벌린의 가족은 독일에 여러 자회사를 둔 영국 기업의 대주주였다.[9] 하지만 여론이 대체로―아마도 압도적으로―나치에 반대했기 때문에, 그들은 악명 높은 '유화 정책'을 내세운 채 은밀히 지지할 수밖에 없었다. 이 유화 정책은 전쟁을 피하지 못해서 결국 실패한 정책인데도, 역사학자들로부터 진정성 있는 훌륭한 정책으로 평가받고 있다. 하지만 실제로는 히틀러가 소련을 공격해서 붕괴시키는 데 필요한 발판으로 오스트리아와 체코슬로바키아 영토를 차지한 것을 용납해준 정책이었다. 히틀러는 독일뿐만 아니라 영국 등 많은 서방 국가의 기업가와 은행가를 비롯한 지배층이 바랐던 큰 꿈을 실현할 수 있게 되었던 셈이다.

영국의 많은 기업가와 은행가가 나치 독일이 소련을 격멸해 주길 희망했던 것은 틀림없는 사실이다. 그들은 그 전쟁에서 영국이 중립을 지키거나 반볼셰비키 '십자군' 동맹이 되길 바랐다.[10] 영국산업연맹과 독일 측 상대인 제국산업협회가 뒤셀도르프에서 체결한 협정은 유화 정책의 정점이었던 1938년 9월의 뮌헨협정과 사실상 유사한 성격의 경제 협정이었다. 이 협정의 목적은 모든 형태의 '불건전한 경쟁'을 제거하고, 두 단체의 협력을 증진하는 것이었다. 1939년 3월 16일에 협정이 체결되었는데, 바로 전날 히틀러가 뮌헨 합의를 깨고 체코슬로바키아의 나머지 영토를 군사 점령하라는 명령을 내렸음에도 예정대로 서명이 이뤄졌다.[11]

1920년대와 1930년대에 프랑스의 기업가와 은행가도 제1차 세계대전과 러시아혁명의 여파와 심각한 경제 위기 상황으로 직면하게 된 여러 문제에 대해 파시스트를 내세워 해결하는 방식에 현혹되었다. 그들도 다루기 힘들고 반항적인 것으로 유명한 프랑스 노동자들을 길들일 수 있는 독재자를 열심히 찾았다. 그들은 지나치게 민주적이라는 이유로 제3공화국(1870년부터 1940년까지 프랑스에서 유지되었던 공화정체제—옮긴이)을 싫어했다. 보통선거제가 도입되었고, 프랑스혁명의 전통이 남아 있으며, 사회주의자와 공산주의자 등 온갖 골치 아픈 프롤레타리아계급이 개입할 수 있는 체제였기 때문이다. 그래서 그들은 감탄과 질시 어린 시선으로 알프스와 라인강 너머를 지켜보았다. 무솔리니와 히틀러가 철권을 휘둘러 질서와 규율을 회복한 곳이었다. 게다가 많은 프랑스 기업가는 나치 독일과 함께 수익성 좋은 사업을 진행하고 있었다. 예를 들면 전쟁 수행에 절실히 필요한 철광석 같은 군과 관련된 중요한 원료를 히틀러에게 공급하고 있었다. 철강 카르텔 코미트 데 포르주Comite des Forges 같은 기업을 이끄는 사람들은 프랑스에서 도 무솔리니와 히틀러가 등장하길 간절히 바라면서, 자국 내에서 파시스트와 기타 우익들이 민주공화제를 무너뜨리고 독재체제로 대체하거나 군주제로 회귀시키기 위해 벌이는 활동을 지원했다. 라 카굴La Cagoule은 이런 활동을 했던 조직 중 하나였는데, 이 조직 에선 큐클럭스클랜Ku Klux Klan을 모방해 의식儀式을 치르고 제복을 입었다. 독일(그리고 영국)의 경우처럼 귀족이나 상층 부르주아 같 은 상류계급 출신이라 민주주의를 싫어하는 일부 군 고급 지휘관 들이 유망한 독재자 후보로 거론되었다. 이런 맥락에서 치열했던 베르됭 전투의 위대한 영웅 필리프 페탱Philippe Pétain 원수의 이름이 자주 오르내렸다. 유명 화장품 제조업체인 로레알의 소유주를 포 함한 많은 프랑스 기업가가 라 카굴의 회원이었다.[12]

그러나 바이마르공화국처럼 프랑스는 민주주의 국가였다. 1936년에는 보통선거 덕분에 사회주의자와 공산주의자, 그리고 그 밖의 급진주의자들로 구성된 좌익 연합 정당인, 그 유명한 인 민전선Popular Front이 집권하게 되었다. 인민전선의 지도자는 유대 계 사회주의자 레옹 블룸Léon Blum이었다. 인민전선 정부가 도입 한 사회경제 개혁 정책은 임금 생활자에게 연차유급휴가제를 도 입하는 정도로 혁명적이라고까지는 할 수 없는 수준이었지만, 프 랑스 지배층은 투우사가 흔드는 붉은 천을 본 황소처럼 흥분했다.

그들의 대응은 신속했다. 1937년 11월 15일과 16일에 프랑스 파시스트들은 군 고위 간부들의 도움을 받아 정부를 전복하고 권위주의 정권을 수립하려고 시도했다. 하지만 이 쿠데타는 큰 실패로 끝났다. 이 사건에 대한 조사는 에두아르 달라디에Edouard Daladier 같은 영향력 있는 정치인의 입김이 작용해 중단되었다. 너무 많은 고위 장교가 연루되어 그들을 모두 처벌할 경우 군대가 무력화될까봐 우려했기 때문인 것으로 추정된다.[13]

사회주의자와 공산주의자를 비롯한 좌파들은 국제주의를 지지하는 경향을 보였던 반면, 파시스트, 필로파시스트 등 우익들은 대개 스스로를 민족주의자로 내세웠다. 프랑스의 기업계, 금융계, 군부 등 지배층에 속해 있던 파시스트와 그들의 지인인 필로파시스트들도 마찬가지였다. 하지만 이들 파시스트와 필로파시스트는 자신들 계급의 이익을 위해서라면 애국심도 쉽게 접을 수 있는 사람들이었다. 자신들도 인정한 바와 같이 그들은 '외부의 적' 독일을 별로 좋아하지 않았다. 하지만 프랑스의 사회주의자, 공산주의자, 소부르주아 출신의 '급진적'인 정치인, 노동조합 지도부 등 '내부의 적'들에게 훨씬 더 적대적이었다. '블룸보다 히틀러가 낫다!'는 얘기도 있을 정도였다.

1937년 11월의 쿠데타가 실패로 끝난 뒤 프랑스의 (필로)파시스트들은 '내부의 적'을 이길 수 없다고 판단했다. 그래서 그들은 해외의 파시스트, 즉 히틀러에게 도움을 받기로 결정했다. 프랑스의 기업가 상당수는 히틀러가 프랑스로 와 '상황을 바로잡아주기'를 바라는 희망을 공공연히 드러냈다.[14] 1939년에서 1940년 사이

전쟁 초기에 프랑스 정치 권력자와 군 고위 간부 들이 의도적으로 패전을 택했고, 그 결과 파리에 독일의 파시스트 괴뢰 정권이 수립되었다는 것은 이제는 정설이다. 이러한 반역적인 계략, 그리고 연이은 독일의 너무 쉬운 승전과 프랑스의 굴욕적인 패전—'이상한 패전'이라고 불리기도 했다—의 결과로 파시스트 정권이 들어섰던 것이다. 이 정권, 즉 비시 괴뢰 정권의 수장 자리를 수년간 프랑스 파시스트와 필로파시스트들이 큰 기대를 걸어왔던 페탱이 맡은 건 놀랄 만한 일이 아니었다. 프랑스 지배층이 굴욕적이지만 그럴 만한 가치가 있는 패배를 통해 독일에서 파시스트 정권을 '수입'해왔다고 할 수 있을 것이다. 이 충격적인 사실은 최근 프랑스의 역사학자 아니 라크루아-리즈Annie Lacroix-Riz가 꼼꼼하게 정리한 연구서인 《패전의 선택, 뮌헨에서 비시까지Le choix de la defaite, De Munich à Vichy》와 《1940년부터 1944년까지의 프랑스 엘리트층: 독일과의 협력부터 미국과의 연합까지Les élites francaises entre 1940 et 1944: De la collaboration avec l'Allemagne à l'alliance américaine》에서 자세히 밝혀진 바 있다.

기업가와 은행가는 비시 정권의 수립을 반겼다. 비시 정권을 통해 나치스와 수익성 좋은 사업을 벌일 기회를 잡을 수 있었기 때문이다. 예를 들어 원료와 독일 국방군이 사용할 차량 등의 완성품, 그리고 당연히 와인, 치즈, 향수 등 사치품까지 판매할 수 있으리라 기대했다. 비시 정권 역시 기꺼이 임금을 낮추고, 노동 시간을 연장시켰으며, 파업을 방해하고, 혹시라도 파업이 일어나면 무자비하게 진압하는 등의 조치를 취했다. 반대로 대다수의 프랑스인들은 비민주적이고 반민주적인 비시 정권을 경멸했다. 그들 대부분은 노동자이고 임금 생활자였다. 비시 정권이 들어섰던 1940년에서 1944년 사이에 그들의 실질임금은 50퍼센트 가까이 감소했고, 몸무게도 평균 10~12킬로그램이 줄었다. 라크루아-리즈는 '암흑기annees noires' 동안 프랑스 산업계의 거물이었던 자동차 제조업자 루이 르노Louis Renault의 사례를 조사한 바 있다. 그 결과는 다음과 같았다. 르노는 크루아드푀Croix de Feu('불의 십자가'란 뜻으로 1927년 프랑스에서 조직된 파시즘 성향의 극우단체—옮긴이)와 라 카굴 등의 파시스트 조직을 재정적으로 후원했다. 1935년과 1938년에는 존경하던 히틀러를 만나러 가기도 했다. 또한 "[제3]공화국이 패전으로 붕괴되는 과정에 직접 기여했다." 점령기에는 독일에 매우 긴밀히—그리고 자발적으로—협력했는데, 예를 들어 1940년 여름부터 독일 국방군 탱크 수리를 맡았고, 제3제국을 위해 "트럭, 탱크, 비행기 엔진, 비행기, 소이탄, 대전차포 등"을 만들었다. 이 협력관계를 통해 전례가 없을 만큼 높은 수익을 얻게 되었다.[15]

베네룩스 국가(벨기에, 네덜란드, 룩셈부르크 세 나라를 총칭하는 말—옮긴이)들도 예외는 아니었다. 이곳의 기업가와 은행가를 비롯한 기득권층도 제1차 세계대전과 러시아혁명을 거친 뒤, 무엇보다 1930년대에 불황기를 맞이하게 되면서 파시즘 운동을 지지하고 재정적으로 후원했다. 그들은 파시스트들이 전통적으로 누려온 자신들의 특권을 보호해주고 이익을 챙겨주길 희망했다. 네덜란드, 벨기에, 룩셈부르크에서 기업가를 비롯한 부유하고 힘 있는 인사들은 대부분 히틀러에 경탄했고, 나치 독일과 전쟁 물자 공급 같은 수익성 좋은 사업 계약을 맺었으며, 히틀러가 지구상에서 저주스러운 소련을 곧 사라지게 해주길 바랐다. '석유계의 나폴레옹'으로 불리기도 했던 셸의 회장 헨리 디터딩Henry Deterding은 공개적으로 나치 독일에 찬사를 보냈다. 그는 이미 1933년 이전에 게오르크 벨Georg Bell이라는 대리인을 통해 히틀러에게 거액의 돈을 보낸 바 있었다. 특히 히틀러와 신설 정당인 국가사회주의독일노동당이 위기를 겪던 시기에 큰 도움을 주었다. 이후 히틀러가 정권을 잡자 셸의 독일 지사 공장인 레나니아-오사크Rhenania-Ossag는 나치의 재무장화 프로그램 덕분에 합성연료를 생산하면서 높은 수익을 올렸다. 디터딩은 곧 시작될 게 분명한 전쟁에서 소련이 붕괴되기를 간절히 바랐다. 소련이 코카서스 지방에 있는 '그의' 유전을 국유화했는데, 그걸 되찾기를 희망했던 것이다.[16]

벨기에 산업계와 금융계 인사들은 자국의 민주적인 정치체제가 작동하는 방식과 경제 위기를 다루는 방식에 불만을 가지고 있었다. 그들 대부분은 기업과 은행의 장기 수익을 늘리는 방향으로 사회경제·정치 체제를 재편해줄 권위주의 정권이 들어서길 바랐다. 그들은 동쪽의 큰 이웃, 즉 독일을 부러운 눈으로 보았다. 그곳에선 콧수염을 기른 독재자가 '안정적'인—즉 낮은—임금이라는 정책을 통해 '위험 요소가 없는 경제'와 대기업에 혜택을 주는 거대한 사회질서, 그리고 장기적으로 고수익이 보장되는 경제와 노동조합이 공룡처럼 멸종된 상황을 구축해놓고 있었다. 조만간 전쟁이 터져 독일이 벨기에를 점령할 것 같다는 예상이 있었는데,

사실 그건 그들이 바라는 바이기도 했다. 미국의 역사학자 존 길링햄은 이에 대해 "벨기에의 왕과 은행가들은 실제로 점령당하기 전부터 이미 [독일 점령군에] 협력하기로 결심하고 있었다"고 설명한다.[17] 1940년부터 1944년까지 독일의 벨기에 점령으로 점령국인 독일이 가장 많은 이익을 얻은 건 당연한 사실이다. 그들은 벨기에에서 매우 유리한 조건으로 온갖 상품을 손에 넣었다. 대부분 독일인들이 직접 정한 조건을 통해서였다.[18] 하지만 벨기에의 지배층—그중에서도 기업가와 은행가—은 독일에 부지런히 협력해 그로부터 파생되는 많은 이권을 챙겼다. 그들에게 독일의 점령은 벨기에에 파시즘적인 '새로운 질서'를 부여해 사회를 개조할 완벽한 기회로 보였다. 1941년 6월 유력 은행가인 알렉상드르 갈로팽Alexandre Galopin은 "최근에 나타난 모든 체제 중에서, 독일의 체제가 …… 최고인 것으로 밝혀졌다는 걸 모두 인정합시다"라는 내용의 쪽지를 동료들에게 보내기도 했다.[19]

좌파 정당과 노동조합은 밀려나고, 보수적이고 권위주의적이며 유사 파시즘적인 정부가 들어섰다. 경제 분야에서는 기업가와 은행가, 고용주 들이 전체적으로 특혜를 누리게 된 반면, 임금생활자들은 물가 상승에도 불구하고 임금이 하락하는 고통을 감내해야 했다. 점령 기간 동안 일반 국민은 점점 더 허리띠를 졸라매야 했지만, 기업과 은행은 저임금체계와 점령군을 대리하는 과정에서 얻은 많은 기회를 활용해 수익을 냈다. 앞서 언급한 대로 점령국인 독일에서 거래 조건을 결정했기 때문에, 그들이 벌어들인 이익금은 놀랄 만한 수준은 아니었다. 하지만 대다수 민중과 비교했을 때, 기업계와 금융계 인사들을 비롯한 벨기에 지배층은 점령 기간 동안 꽤 잘 지낼 수 있었다. 그들에게 무엇보다 중요한 것은 독일 점령군이 벨기에의 정치체제 및 사회경제체제를 자신들에게 유리한 방향으로 개조해줄 수 있다는 사실이었다. 더구나 이런 추세가 계속 이어질 것 같았다. 독일이 아주 오랫동안 유럽을 지배할 것으로 보였기 때문이다.[20] 하지만 스탈린그라드 전투로 이 멋진 시나리오는 깨지게 되었다.

다음은 작지만 중요한, 독일의 또 다른 이웃 스위스의 상황을 살펴보자. 1918년 11월 11일, 바로 제1차 세계대전을 발발시킨 총성이 고요를 깨뜨린 바로 그날, 총파업이 이 알프스의 나라를 마비시켰다. 스위스 지배층은 러시아에서처럼 혁명이 일어날 것이라고 믿었다. 그 시나리오를 막기 위해 크로이츠베어Kreuzwehr, 국민전선Nationale Front, 스위스사회주의노동당 Eidgenössische soziale Arbeiterpartei 등의 파시스트 조직이 결성되었다. 이들 조직은 독일 나치당의 경우와 마찬가지로 반볼셰비키와 인종주의적인 성격을 띠었고, 이른바 순수 아리아인만 조직원으로 받아들였으며, 스위스 기업가와 은행가에게 재정 대부분을 지원받았다.[21] 또한 스위스 자본가들은 독일에서 히틀러가 권좌에 오르자 만족감을 숨기지 않았다. 다음은 히틀러의 집권에 환호를 보낸 스위스 기업가와 은행가의 여론이 반영된 기사 내용이다.

정권을 잡은 히틀러는 …… 중부 유럽 전체에, 따라서 스위스에도, 큰 도움을 줄 것이다. 볼셰비즘의 공격을 막아온 인

물이기 때문이다. …… 독일의 혁명은 중부 유럽 문명의 구원을 의미한다.[22]

스위스의 국가사회주의독일노동당으로 간주되어온 스위스 사회주의노동당의 경우는 스위스의 대기업과 대형 은행의 최고 위층에게서 전폭적인 재정 지원을 받은 것으로 알려져 있다. 예를 들어 석유화학산업의 거대 기업으로 바젤에 본사가 있던 산도즈 Sandoz와 가이기Geigy, 제화업체 발리Bally, 보험회사 빈터투어Winterthur insurance, 무기 제조업체 올리콘Oerlikon, 전 세계 최고의 식품업체 네슬레Nestlé 같은 기업이 있었다. 그들은 돈으로 외국의 파시스트들을 '유럽의 지붕'(알프스의 별칭—옮긴이)으로 모이게 만들었다. 1923년에는 뮌헨에서 지내던 한 파시스트도 스위스로 왔다. 바로 히틀러였다. 히틀러는 자금을 모으는 역할을 맡고 있던 에밀 간서 Emil Gansser와 함께 스위스의 기업가와 은행가에게 재정 지원을 요청하기 위해 취리히와 베른을 방문했다.[23] 히틀러를 초청한 울리히 빌레Ulrich Wille는 스위스 재계와 긴밀한 관계를 맺고 있던 군 장교였다. 그는 1918년 군을 동원해 총파업을 진압한 장군 울리히 빌레의 아들이었다. 빌레가 주선한 자리에서 히틀러는 고임금과 노동시간 제한, 사회복지 제도에 대한 반대를 표시하고, 이탈리아의 무솔리니가 추구하는 정책을 칭찬하면서—물론 볼셰비즘을 맹렬히 비난하는 것도 빼놓지 않으며—기업가들의 호감을 샀다. 히틀러는 스위스 방문으로 상당한 이익을 챙겼다. 모두 3만 스위스 프랑—오늘날의 가치로 환산하면 대략 60만 프랑에 해당한다―가치의 선물을 받았다. 이조차 빙산의 일각이었을 것이다. 실제로 국가사회주의독일노동당의 금고에는 스위스 재계에서 추가로 돈이 흘러들어왔다. 예를 들면 바젤에 본사를 둔 겨자 생산업체인 프랑크Franck에서 2만 프랑을 기부했다. 당시 국가사회주의독일노동당 상황이 좋지 않았기 때문에, 마침 알맞은 시기에 알프스의 천국에서 하늘의 양식이 날아온 셈이었다. 나치스는 그 양식으로 돌격대의 용역들에게 계속 보수를 지급할 수 있었다. 역사학자 라파엘 셰크Raffael Scheck는 "스위스에서 보내온 돈 덕분에 1923년 가을에 국가사회주의독일노동당은 활동을 지속할 수 있었다"라고 결론 내린 바 있다.[24]

1933년 히틀러가 집권하자, 스위스 기업들은 독일에 수출을 하든 독일 내 지사 공장에서 생산을 하든 독일과 관련해 괜찮은 사업을 할 수 있게 되었다. 켐프탈을 기반으로 하는 알리멘타나Alimentana의 자회사인 마기Maggi가 그 좋은 사례이다. 알리멘타나는 1947년 네슬레와 합병해 네슬레-알리멘타나가 되었다. 마기는 나치 독일에 온갖 식품을 공급해 큰돈을 벌었다. 특히 독일 국방군에 큐브 형태로 응고한 수프를 공급했다. 이 회사도 전쟁 기간 동안 강제 노동자들을 활용해서 더 높은 수익을 올렸다. 다른 두 가지 사례를 더 살펴보자. 알루미늄 인더스트리Aluminium Industrie는 독일에서 최소한 네 개의 자회사를 소유하고 있었다. 그들은 나치스의 전투기와 폭탄을 제조하는 데 필요한 알루미늄을 양산했다. 또한 이 회사는 전쟁 기간 동안 스위스에서 생산한 알루미늄도 독일에 공급했다. 스위스의 한 역사학자에 따르면, "제2차 세계대전은

[알루미늄 인더스트리에] 막대한 수익을 올릴 기회를 제공했다. 1939년에서 1945년 사이 이 기업의 순이익은 무려 7400만 스위스 프랑에 달했다. 그중 2200만 프랑은 1942년 한 해 동안 거둬들인 것이다." 이 기업이 "나치스가 동유럽에서 동원한 민간인으로 구성된 노동력을 나치스의 방식으로 …… 즉 '열등 인종'으로 다루면서 착취하"지 않았다면 이런 엄청난 이익을 실현할 수는 없었을 것이다. 샤프하우젠의 게오르크 피셔Georg Fischer 제강소도 마찬가지였다. 이 회사는 독일에 지사 공장을 소유하고 있었는데, 그곳은 스위스 본사에서 불과 몇 킬로미터 떨어진 국경도시 징겐에 있었다. 이 지사에서는 독일 국방군이 사용할 박격포를 대량으로 생산했다.[25] 전쟁 기간 동안, 스위스 산업계는 나치스가 꼭 필요하다고 판단한 온갖 종류의 무기와 전쟁 물자를 독일로 수출해서 큰돈을 벌었다.[26]

스위스의 유명 은행들도 그와 마찬가지로 나치스와 관련된 수익성 높은 사업을 벌였다. 그들은 모스크바를 앞에 두고 독일이 승리할 희망이 모두 사라진 뒤에도 히틀러가 오랫동안 전쟁을 이어갈 수 있도록 협력했다. 이 은행들은 나치스가 훔친 금을 스위스 프랑으로 구입했다—그러면서도 그 출처를 물어 귀찮게 하지는 않았다. 국제 시장에서 라이히스마르크가 신용을 잃어 곤란을 겪던 나치스는 이렇게 획득한 스위스 프랑으로 스위스뿐만 아니라 다른 중립국에서 온갖 전략 물자와 원료를 구입할 수 있었다. 예를 들어 포르투갈의 텅스텐이나 스웨덴의 철광석 같은 원료였다. 1943년에 스위스국립은행은 독일로부터 모두 5억 2900만 스위스 프랑 상당의 금을 사들였다. 또한 1944년에는 스위스 은행들은 독일제국은행이 스위스를 비롯한 몇몇 국가에서 6억 달러 상당의 금을 세탁할 수 있도록 도왔다. 전쟁 기간 동안 스위스의 금 보유량이 1939년에 23억 7400만 스위스 프랑에서 1945년 3월에는 46억 7200만 스위스 프랑으로 두 배나 증가한 것은 전적으로 독일에서 들어온 금 때문이었다.[27]

전쟁 기간 동안 스위스는 중립 정책을 표방하고 있었지만, 나치스를 좋아하고 소련을 싫어하며 나치 독일과 좋은 사업 관계를 유지하고자 했던 자국의 기업가와 은행가가 동부 전선에 공식적으로 적십자단을 파견하는 걸 막을 수는 없었다. 그들이 보낸 적십자단은 오직 독일군 부상병만 돌봤으며, 히틀러가 직접 요청한 대로 아리아인으로만 구성되었다. 이 파견은 가이기의 C. 쾨흘린C. Koehlin, 크레디트 스위스Crédit Suisse의 수장이었던 은행가 페터 비엘리Peter Vieli 등의 넉넉한 재정 지원으로 이뤄졌다. 스위스의 역사학자인 다니엘 부르주아Daniel Bourgeois는 다음과 같이 설명한 바 있다.

이 일은 적십자의 원칙에 대한 위반〔이고〕 중립이라는 개념에 대한 위반〔이다〕 …… 외교적 주도권을 〔스위스〕 재계에서 쥐고 있었다고도 …… 볼 수 있을 것이다.[28]

마지막으로 중요한 나라는 전쟁 기간 내내 공식적으로는 중립 입장을 취했던 스웨덴이다. 스칸디나비아반도 국가의 재계에서도 독일 나치스가 전쟁을 수행하는 걸 도왔다―그렇게 하는 것이 이득이 되었기 때문이다. 스웨덴 기업이 히틀러의 제3제국과 수익성 높은 사업을 진행한 네 가지 사례를 살펴보도록 하자. 전자제품 생산업체 일렉트로룩스Electrolux, 무기와 탄약 업종의 거대 기업 보포르스Bofors, 크루프와 연계된 볼베어링 설계 및 제작업체 에스코에프SKF(Svenska Kullager-Fabriken), 친나치 성향의 마르쿠스 발렌베리와 야콥 발렌베리 형제가 운영한 엔스킬다 은행Enskilda Bank이 그 사례이다. 발렌베리 형제는 "나치스와 협력했고, 그들이 희생자들에게서 강탈한 수백만 달러 상당의 자산을 처리하는 데, 즉 훔친 금을 스웨덴 화폐로 교환하는 데 도움을 주었다". 그런데 히틀러 정권과 연계된 수익성 좋은 사업을 벌이던 다른 많은 국제적인 사업가들처럼, 발렌베리 가문도 연합국과, 특히 미국과 경제적·정치적 관계를 구축하는 데 신중한 노력을 기울였다. 스탈린그라드 전투 이후 나치 독일의 패전이 확실해지면서부터는 연합국과의 관계 구축에 더욱 공을 들였다. 그래서 전쟁이 끝나갈 때쯤에는 독일과 연합국 모두와 우호적인 관계를 유지한 것으로 알려져 있다. 또한 발렌베리 형제의 조카 라울 발렌베리는 외교적인 임무를 지닌 채 부다페스트를 방문해 헝가리계 유대인들에게 스웨덴 특별 여권을 지급해 수천 명의 목숨을 구한 적이 있는데, 이는 발렌베리 가문의 "가문의 악업을 숨기고 미래의 유럽 지배 세력의 눈에 들고자 했던" 성공적인 노력의 일환이었다. 라울이 미국의 전략정보국OSS과 연계되어 있었다는 확실한 정황증거들이 있다. 결국 그 때문에 그는 부다페스트가 해방된 뒤 소련군에 체포되어 1947년에 모스크바 감옥에서 사망했다. 이후 서구 정부와 언론에서 그의 죽음을 신화화했는데, 이는 발렌베리 가문이 전후에도 스웨덴 제일의 명문가로 남을 수 있던 이유 중 하나였다. 여담이지만 발렌베리 가문의 미국 내 투자는 존 포스터 덜레스John Foster Dulles가 관리했다.[29]

결론적으로 1930년대와 1940년대에 유럽 대륙 모든 나라의 대자본가들은 파시즘에 매혹되어, 파시스트들의 집권을 돕고, 파시스트 정권이 추진한 퇴행적인 사회경제 정책, 범죄, 전쟁에서 이익을 얻기 위해 달려들었다. 예외적으로 파시즘에 끌리지 않았던 유일한 유럽 국가는 소련이었다. 그리고 소련은 대자본가가 없는 유일한 국가이기도 했다. 나머지 유럽 국가에서 파시스트 정치 지도자와 필로파시스트 경제 지도층―즉 대자본가들―이 함께 소련 붕괴를 목적으로 십자군을 결성한 것이 그저 우연이었을까?

멕시코의 화가 디에고 리베라가 히틀러를 그린 벽화. 배경에 히틀러를 권좌에 올려놓은 독일의 기업가와 은행가가 있다. 이 작품은 뉴욕 록펠러센터의 내부를 장식하기 위해 그려졌지만, 록펠러 가문에서 불쾌해해서 파괴되었다. (뉴욕 공공 도서관)

1932년 1월 27일 뒤셀도르프. 히틀러가 프리츠 티센이 마련한 루르 지역 기업가 모임에 참석하고 있다.

Und damit, meine Herrschaften, ist die Revolution beendet!"

"여러분, 그리고 이것이 혁명의 끝입니다!" 독일의 많은 하층계급 국민들은 히틀러가
그 실현을 약속했던 '사회주의적' 변화로 혜택을 받을 수 있을 거라 기대했다. 하지만 독
일 노동운동이 파괴된 이후, 히틀러는 독일의 기업가와 은행가를 비롯한 상층계급에게
만 큰 만족감을 안겨주고 '혁명'을 마무리했다. (H. G. 트라프가 그린 캐리커처, 망명지
인 체코슬로바키아에서 1933년에 발행된 독일 사민당 당보 《노이어 포어베르츠Neuer
Vorwärts》에 수록)

1930년대에 제너럴모터스 회장이었던 앨프리드 P. 슬론은 히틀러를 찬양한 미국의 많은 거물 가운데 한 사람이다. 제너럴모터스의 독일 지사 공장인 아담 오펠 아게Adam Opel AG(오펠)는 나치 군대가 사용할 트럭, 비행기, 기타 전쟁 물자를 생산해 막대한 수익을 올렸다.

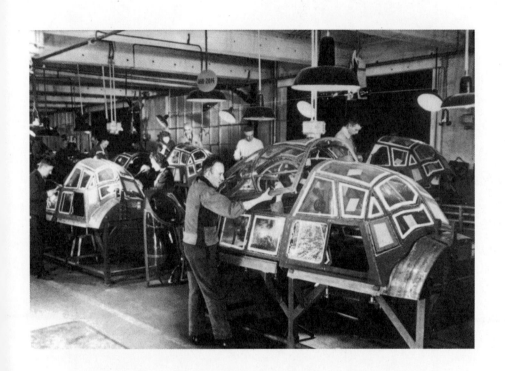

제너럴모터스의 독일 내 자회사 오펠은 두 곳의 대형 공장을 운용했다. 베를린에서 가까운 브란덴부르크 공장에서는 독일 국방군이 사용할 트럭을 생산했고, 프랑크푸르트와 마인츠 사이에 있는 뤼셀스하임 공장에서는 이 사진에서 볼 수 있듯 독일 공군이 사용할 JU-88 폭격기를 조립했다. (뤼셀스하임 시립 문서보관소)

1930년대에 쾰른에 있던, 포드의 독일 내 자회사 포드-베르케의 이익금은 히틀러가 노동 조합을 해산하고 재무장화를 추진한 덕분에 크게 증가했다. 1936년에 열린 베를린 자동 차 전시회에 히틀러가 직접 참석해 포드의 최신 모델을 살펴보고 있다. (나치스 박해 피해 자들을 위한 정보와 조언 제공 모임, 쾰른)

1938년, 디트로이트에서 독일 영사가 히틀러의 훈장을 헨리 포드(가운데)에게 대신 수여하고 있다. 포드는 나치 정권의 전쟁 수행 준비에 큰 편의를 제공했다. (디트로이트 프리 프레스)

헨리 포드의 저서 《국제유대인》은 출간되자마자 독일어로 번역되었고, 히틀러에게 반유
대주의적인 영감을 주었다. 이 사진은 독일어판 표지다.

석유는 제2차 세계대전에서 매우 중요한 역할을 했다. 스탠더드 오일 앤드 텍사코 같은 미국 회사는 미국 공군에 연료를 공급하는 공적을 세웠다고 주장하지만, 히틀러에게도 중립국을 통해 상당량의 석유를 제공했다. 석유는 히틀러가 폴란드, 프랑스, 소련 등 많은 국가를 상대로 전격전을 수행하는 데 반드시 필요한 것이었다. (워싱턴 국립 문서보관소)

전쟁 기간 동안 제너럴모터스의 독일 내 자회사 오펠은 전형적인 미국식 대량생산 방식을 통해 트럭과 비행기 생산량을 늘릴 수 있었다. 나치 정권이 정해준 생산 할당량을 종종 초과할 정도였다. 그에 따라 1943년 봄에 히틀러는 오펠에 '모범 전쟁기업'이라는 명예로운 칭호를 부여했다. 이 소식이 사보인《데어 오펠 카메라트》1면에 자랑스럽게 실려 있다. (뤼셀스하임 시립 문서보관소)

제 2 부

미국 재계와
나치 독일

American Big Business and Nazi Germany

11장

달러의 독일 공세

유럽의 파시즘은 유럽의 전통적인 지배층이 제1차 세계대전과 러시아혁명, 그리고 특히 세계적인 경제 위기, 즉 대공황의 여파로 직면하게 된 문제들을 과격하게 해결하려는 방식이었다고 설명할 수 있다. 중부와 서부 유럽의 산업화된 나라에서는 재계가 가장 핵심적인 권력층이었다. 반면 동부와 남부 유럽에서는 여전히 대지주 귀족, 고위 성직자, 군 장성 등이 상당 부분 지배력을 행사하고 있었다. 하지만 재계에 초점을 맞춰보자. 그들의 관점에서 '파시스트 옵션'은 그 자체로 매우 매력적이었다. 그 이유 가운데 하나는 '민주주의 옵션'과는 달리, 기업가와 은행가에게—일반적으로 재무장과 공격적인 외교 정책을 실행하고, 마침내 전쟁을 일으키는—파시즘식 해결책은 값싼 노동력과 함께 새로운 시장과 원료 공급처를 확보할 가능성을 열어주었기 때문이다. 그러나 이

것 말고도 다른 여러 이유가 있었다.

각국의 재계에서는 러시아혁명의 성공 이후 유럽과 전 세계를 떠돌던 혁명이라는 유령을 어떻게 쫓아버릴 수 있었을까? 기업과 은행의 장기 수익을 마침내 어떻게 보장받을 수 있었을까? 노동비용과 사회복지 프로그램에 들어가는 비용을 어떻게 최소화할 수 있었을까? 노동조합이 기업 경영에 개입하는 것을 어떻게 막을 수 있었을까? 전략적 원료를 어떻게 최대한 저렴한 가격에 손에 넣을 수 있었을까? 산업계의 완성품—그리고 은행의 투자 자본—을 다루는 전통적인 시장을 어떻게 보호하고, 새로운 시장을 어떻게 획득할 수 있었을까? 이런 질문들에 대한 답은 한 나라의 재계에서 '파시스트 옵션'을 택했는지 여부, 그리고 한 나라에서 파시스트 정권을 세우는 데 성공했는지 여부 등 다양한 요인에 따라 달라진다. 1922년의 이탈리아와 1933년의 독일처럼 파시즘체제가 세워진 곳과 프랑스와 벨기에처럼 나치 독일이 점령한 곳에서 이 체제는 전통적인 지배층과 재계의 거물들, 즉 상층계급 '귀족'들의 이익을 위해서, 특히 노동자들을 비롯한 하층계급 '서민'들과 파시즘을 원했던 소부르주아는 희생시키는 방식으로 기능했다. 파시즘은 지배층이 계급 전쟁을 수행하는 방식이었고, 더 정확히 말하면 진행 중이던 계급 전쟁에서 취했던 주요 공격 방식이었다. 파시즘은 1789년의 프랑스혁명과 1917년의 러시아혁명—그리고 그사이에 있었던 1830년과 1848년의 혁명, 1871년의 파리코뮌, 1905년의 러시아혁명 등의 혁명들—이후, 지배층이 단단히 거머쥐고 있던 권력과 특권의 닫힌 문을 점점 더 세게 두드리던 민중과 노동운동 세력에 대한 잔혹한 반격이었다고 할 수 있다.

미국에서는 양차 세계대전 사이에 이미 민주주의가 단단히 뿌리를 내려, 파시즘이 발흥할 기회가 없었을 거라고 너무 쉽게 추정하고들 한다. 이것은 잘못된 생각이다. 1920년대와 1930년대에 미국 기득권층도 제1차 세계대전과 러시아혁명이 촉발하고 대공황이 악화시킨 예의 문제들에 대해 심히 우려하고 있었다. 파시즘의 싹은 미국 땅에도 퍼지고 있었고, 미국 권력층 일부는 실제로 자국의 파시스트 조직을 지원하고 해외의 파시스트와 교분을 나누며 '파시스트 옵션'을 고민하기도 했다. 그런데 파시즘을 선호하던 미국의 핵심 권력층은 파시스트 정권을 세우지 않고도 그 문제들을 해결할 수 있는 만병통치약을 찾게 되었다, 아니 우연히 발견했다. 그 만병통치약은 바로 전쟁, 즉 세계대전이었다. 역설적이게도 파시즘의 본거지인 독일과 이탈리아―무시해왔던 극동의 경쟁국 일본과 함께―가 적국이었다.

미국의 공화정은 프랑스처럼 18세기 말 혁명으로 탄생했다. 그러나 미국의 혁명은 순전히 정치적인 격변이었다. 주요한 사회적인 변화도 경제적인 변화도 이끌어내지 못했다. 모국인 영국과 그 군주제의 속박에서는 확실히 벗어났지만, 미국의 권력층―본질적으로 보스턴과 뉴욕 같은 항구에서 활동하는 북부의 부유한 상인과 귀족 행세하던 남부의 대지주 사이의 '공생관계'로 이뤄져 있었다―은 자신의 권력과 부, 특권을 공고히 지킨 반면, 가난한 사람은 여전히 가난했고, 노예는 계속 노예로 남았다―그리고 '인디언'들은 '좋은 인디언은 죽은 인디언뿐이다'라는 말에 따라 계속해서 살해되었다. 미국에서 사회적 평등에 대한 문제 제기는 전혀 없었다. 이 점이 비록 급진 노선의 자코뱅파가 주도했을 때뿐이긴 하지만 평등을 추구했던 프랑스혁명과 극명하게 다른 차이다. 미국의 혁명 지도자들은 자유라는 이상에 동의했지만, 평등은 거부했다. 초기 단계에는 보통선거를 포함한 민주적인 제도가 백인 시민의 이익을 위해 도입되었다. 흑인과 원주민은 배제되었기 때문에, 이 체제는 '지배 민족만을 위한 민주주의Herrenvolk democracy'라고 적절히 명명되어왔다. 즉 '주인'(독일어로 헤렌Herren)인 백인만 고려하는 민주주의라는 의미다. (헤렌폴크Herrenvolk란 용어는 나치스가 유대인이나 슬라브인 같은 '열등 인종'을 지배하는 아리아계 독일인을 위해서 만든 말이다.)

민주주의가 불러온 위험에 대한 일종의 대비책으로 지배층은 심지어 오늘날에도 개정하기가 매우 어려운 보수적인 헌법을 만들었다. 그에 더해 대중의 개입을 막고, 자신들에게 유리한 결과를 도출할 수 있도록 복잡한 선거제도를 도입했다. 또한 대통령 선거를 간접선거로 만들어 사실상 부와 권력을 지닌 유명한 사람들, 전국에 인지도가 있는 사람들만이 선거에 출마할 수 있도록 했다. 상원의원 등 다른 많은 선출직 정치인도 마찬가지였다. 명목상으로는 누구나 선출될 수 있지만, 실제로는 매우 제한된 수의 사람들, 즉 부유하고 유명한 사람들만이 출마할 수 있었다. 결국 미국의 정치제도는 아주 민주적인 것처럼 보이지만, 대통령 선거를 포함한 모든 주요 선거에 지배층의 관점에서 완전히 신뢰할 수 있는 인물, 일반적으로 아주 부유한 인물만 출마할 수 있도록 보장하는 체계를 갖추었던 것이다. 이 체계를 보면 수억 명의 시민들로 구성된 공화국에서 어째서 옛날 군주제와 별반 다르지 않은, 루스벨트가※, 케네디가, 부시가, 클린턴가 등의 정치 '왕가'가 생겼는지 이해할 수 있다. 결론적으로 미국은 민주주의를 가장한 과두제 국가에 지나지 않는다. 존슨 행정부에서 법무장관을 지낸 램지 클라크를 비롯해 프린스턴 대학 같은 유수 대학 출신의 사회학자들 등 많은 이는 미국의 정치를 가리켜 사실상 엄청난 부자들이 지배한다는 의미에서 '금권정치plutocracy'라고 부르기도 했다.[1]

양차 세계대전 사이에도 미국은 여전히 사실상 또는 법률상으로도 백인만을 위한, 즉 '지배 민족만을 위한 민주주의'를 고수했다. 노예제도가 폐지된 후에도, 흑인은 원주민처럼 열등 인종 취급을 받으며 근 백 년간 정치 영역에서 제대로 된 목소리를 내지 못했다. 노예제도는 1861년에서 1865년 사이에 있었던 남북전쟁 시기에 폐지되었다. 고도로 산업화된 지역인 북부와 대농장이 많고, 귀족 행세를 하던 대지주들이 지배하던 농업 지대 남부 간의 전쟁은 북부의 승리로 끝났다. 남부의 참담한 패배로 미국의 핵심 권력층은 북부의 기업가와 은행가로만 채워졌다. 그리고 급속한 경제 성장의 결과로 대규모 공장을 소유한 기업가들은 독일의 기업가들처럼 대형 은행과 협조하에 카르텔을 결성했고, 엄청난 부를―그리고 막대한 권력을―갖게 되었다. 그들은 시어도어 루스벨트 같은 대통령들을 배출했고, 미국을 당시 여느 강대국처럼 만들고자 했다. 예를 들어 중요한 원료, 비옥한 토지, 값싼 노동력이 풍부하고, 미국 기업의 완성품을 판매할 수 있는 시장을 제공하며, 미국 은행 금고에 쌓여 있는 자본을 투자할 수 있는 '무한한 기회의 땅'이 될 수 있는 나라를 직간접적으로 통제하고자 하는 의도에서 제국주의적인 외교 정책을 추진했다. 미국은 쿠바, 푸에르토리코, 필리핀, 하와이를 손에 넣었다. 하지만 과거 식민지였던 나라로서 자신들이 해외에서 점령한 나라들을 지칭할 때 '식민지'라는 용어를 쓰지 않는 분별력을 보였다. 푸에르토리코 경우에는 '연방국'이라는 완곡한 지위를 부여해 자치령이라는 허상을 유지하는 것이 바람직하다고 판단했다. 하와이라는 새롭게 확보한 땅은 미국의 '영토'로 편입시켜 나중에 새로운 주로 만들었다. 또한 라틴아메리카에서는 직접 정치적인 통제에 나서는 대신, 매판 정권을 세워 간접적으로 정치 통제를 하면서 경제적인 침투에 열을 올렸다. 이는 많은 라틴아메리카 국가를 불행에 빠뜨렸다. 이렇게 이전에 식민 세력이었던 다른 많은 강대국들도 모방할 정도로 매우 효율적인 착취 체계가 탄생했던 것이다. 이 체계가 오늘날까지도 여전히 건재한 신식민주의neo-colonialism다.

　　미국은 카리브해와 태평양 지역의 영토를 개척시대에 서부의 광대한 토지를 정복할 때와 동일한 방식, 즉 기만과 폭력을 활용하는 방식으로 무단 점유했다. 미국을 비롯한 여러 나라의 일부 역사학자들이 집단학살 전쟁이라고까지 할 만큼 극도로 잔혹한 방식이었다.[2] 전쟁이 원료 등 갖가지 떡고물이 풍부한 새로운 영토를 제공할 뿐 아니라 전쟁 자체가 기업과 은행에 상당한 이익을 주기 때문에 미국은 점점 더 전쟁을 선호하게 되었다. 이미 남북

전쟁으로 수년간 무기 및 온갖 종류의 물품이 군에 계속 공급되면서 미국 내에 엄청난 부가 축적되는 경험을 한 바 있었다. 전쟁이 자본가들의 돈줄이 될 수 있다는 사실은 미국 국무장관 존 헤이 John Hay가 '근사한 소전小戰'이라고 평가했던 1898년 미국-스페인 전쟁에서도 확인된다. 그런데 제1차 세계대전은 그보다 훨씬 더 수익성이 높았다. 당시 미국의 기업과 은행은 상당한 액수의 돈을 '벌었다'─우선 은행은 연합국, 특히 영국에 돈을 빌려주었다. (그러나 이 빛나는 면 뒤에는 어두운 부분이 있었다. 미국의 민중들은 대부분이 전쟁을 싫어했고, 기업과 은행이 '전쟁으로 수익을 올린다'고 맹렬히 비난했다.) 어쨌든 제1차 세계대전 이후 미국은 지구상에서 가장 부유한 국가가 되었다. 이는 그 이후부터 미국에서 가장 잘사는 사람─오늘날 '1퍼센트'라는 말로 상징되는 기업가와 은행가 등 소수의 지배층─들이 그 이전까지 최강대국이었던 영국 등 다른 나라의 부자들에 비해 더 부유해졌다는 것을 의미한다. 뉴욕이 런던을 대신해 세계 금융의 중심이 되었고, 달러가 파운드를 대신해 전 세계 화폐 중에서 가장 중요한 자리를 차지하게 되었다.

1919년 베르사유조약은 독일이 제1차 세계대전 기간 동안 프랑스와 벨기에에 입힌 막대한 피해에 대한 이른바 배상금을 지불하도록 강제했다. 영국과 마찬가지로 프랑스와 벨기에는 미국에서 빌린 막대한 채무를 갚기 위해 그 돈이 급히 필요했다. 미국 은행들은 제1차 세계대전 기간 동안 은행과 기업 금고에 산더미처럼 쌓인 자본을 투자할 기회를 찾고 있었다. 이런 상황의 조합으로 독일을 상대로 한 미국의 투자가 쓰나미처럼 일어났다. 미국 자본은 독일에서 새로운 회사를 설립하거나, 기존 회사 지분을 인수하거나, 독일 회사와 협력관계를 맺는 형태로 투자를 진행했다. 미국의 많은 기업가와 은행가는 독일로의 '투자 공세investment offensive'를 전체 유럽 시장 정복의 서막으로 보았다.[3]

독일 기업과 은행은 대서양을 건너온 이 투자를 쌍수 들어 반겼다. 독일은 부담스러운 배상금의 상당 부분을 부담하지 않을 작정이었다. 미국 은행이나 기업에 주식 지분을 넘기면, 독일 자본을 미국 자본으로 탈바꿈시키거나 익명의 미국 트러스트나 지주회사 안에 숨길 수 있었다. 배상금을 마련하는 데 독일의 기업가와 은행가가 큰 역할을 해줄 거란 기대가 있었지만, 그들은 그에 필요한 자금이 없는 척할 수 있었다. 결국 평범한 시민들이 배상금 대부분을 부담해야 했다. 독일이 배상금 문제를 놓고 프랑스와 벌이는 힘겨운 협상이 장기화되는 듯하자, 미국은 독일을 지지하고 동정하는 태도를 취했다. 독일이 배상금을 적게 지불하는 게 미국인들, 최소한 독일에 투자한 미국인들—기업가와 은행가, 그리고 정치계와 언론계에 몸담고 있는 그들의 친구들—에게 더 유리했다. 언론인들은 다수의 미국인을 상대로 베르사유조약에 대한 히틀러의 비난은 정당하다는 식으로 독일 친화적인 관점에서 보도했다—히틀러도 합리적인 인물로 묘사했다.[4]

독일 기업과 은행은 독일에서 자산 일부를 미국 기업과 은행에 매각했고, 반대로 미국에서는 미국 협력사들의 자산을 상당 부분 매입했다. 국제적 기업 간의 이러한 자산 혼용을 극적으로 잘 드러내는 건 바로 이게파르벤의 사례다. 이 회사는 미국의 재정적·기술적인 도움 없이 바이엘, 바스프, 회흐스트, 아그파 등 주요 기업의 합병으로 1925년에 설립되었다. 1928년에 이게파르벤은 자사의 미국 내 자산을 관리하려는 목적으로 스탠더드 오일 등의 미국 기업들과 협력해서 공식적으로는 스위스 계열의 기업 연합인 아메리칸 이게 케미컬 코퍼레이션을 설립했다. 이후 이 기업 연합은 제너럴 애니라인 앤드 필름이란 사명社名으로 알려졌다. 미국에서 이게파르벤은 내셔널 시티 뱅크 등의 은행과 포드 등의 기업과 긴밀한 관계를 맺고 있었다. 헨리 포드의 아들로서 기업의 '후계자'인 에드절 포드Edsel Ford는 이게파르벤 미국 지사의 이사였다.[5] 이게파르벤은 유명한 듀폰 트러스트와도 서로 상대방의 주식을 상당량 매입하는, 비슷한 성격의 계약을 맺었다. 듀폰도 이게파르벤처럼 데구사라는 독일 회사의 주식을 보유하고 있었는데, 데구사는 앞서 살펴본 대로 나치스가 훔친 금으로 안전한 금괴를 만들어 큰돈을 번 회사였다.[6] 점화플러그를 생산하는 로베르트 보슈는 미국 내에 자회사를 설립한 또 다른 독일 기업으로, 그 자회사의 이름은 아메리칸 보시 코포레이션이었다. 이 자회사 설립은 앞서 언급한 스웨덴의 은행가 발렌베리 가문의 도움을 받아 스웨덴 지사를 통해 조심스럽게 진행되었다.[7]

독일과 미국 자본의 상호 진출 규모는 방대했다. 그중 더욱 눈에 띄는 건 미국 기업의 독일 내 직접 투자였다. 독일에 투자한 주요 미국 기업 중 하나는 제너럴모터스GM였다. 제너럴모터스는 미국의 자동차 도시 디트로이트에 본사가 있는 기업으로, 듀폰 가문이 대주주로 있었다. 1929년에 이 회사는 아담 오펠 아게라는 독일의 주요한 자동차 제조업체를 인수했다. 줄여서 오펠이라고 부르는 이 업체는 프랑크푸르트암마인과 마인츠 사이에 있는 뤼셀스하임에 대규모 공장을 보유하고 있었다(지금도 있다). 같은 해 제너럴모터스의 주요 경쟁업체인 포드는 쾰른 지역 라인강변에 공장을 설립했다. 이 공장은 나중에 포드-베르케라고 불리게 된다. (실제 회사명은 포드 모터 컴퍼니 아게였다.) 이를 계기로 독일에서 가장 큰 자동차 제조업체 두 곳이 미국 자본의 통제를 받게 되었다. 독일 자동차산업이 미국 기업 두 곳에 의해 "사실상 양분"된 셈이었다.[8] 실제로 오펠과 포드-베르케와 비교하면 베엠베나 다임러-벤츠 등의 순수 독일 제조업체는 소형 업체에 지나지 않았다.[9]

기존 회사를 인수하고 신규 회사를 설립하는 것 외에 미국 자본은 독일에서 또 다른 형태의 해외 자본 투자를 진행했는데, 그것은 독일 기업과 전략적 제휴관계를 맺는 것이었다. 주식을 상호 보유한 상태에서, 희귀한 원료를 공유하고 완성품 가격을 함께 정하기도 하는 관계였다는 의미다. 앞서 언급했던 대로, 1920년대에 스탠더드 오일 오브 뉴저지—줄여서 소SO라고 불렸고, 나중에 에소Esso가 되었다가, 현재는 엑손Exxon이 된 석유화학 기업[10]—는 독일의 트러스트인 이게파르벤과 협력했다. 그런데 이게파르벤은 이미 앨코아Alcoa, 다우 케미컬Dow Chemical, 몬샌토, 듀폰을 비롯해 대략 50곳 정도의 미국 기업과 협력관계를 맺고 있었다.[11] 제너럴 일렉트릭GE은 전구 분야에서 오스람과—그리고 동시에 네덜란드 회사인 필립스와—유사한 계약을 체결했다.[12] 웨스팅하우스는 지멘스에 접근했고,[13] 엔진 제조업체인 프랫 앤드 휘트니는 베엠베의 협력사가 되었는데, 이는 독일 측이 비행기용 엔진과 관련해서 최첨단 기술에 접근하는 게 가능해졌다는 것을 의미한다.[14]

1930년대 초반 즈음엔 대략 20곳 정도의 미국 기업이 독일 기업과 모종의 관계를 형성해 이익을 챙기고 있었다. 포드, 제너럴모터스, 스탠더드 오일, 아이비엠, 제너럴일렉트릭, 앨코아, 다우 케미컬, 프랫 앤드 휘트니뿐만 아니라 듀폰, 유니언 카바이드, 웨스팅하우스, 질레트, 굿리치, 싱어, 이스트먼 코닥, 코카콜라, 유에스 스틸, 아이티티 등의 미국 기업이 독일 진출의 교두보를 확보한 상태였다. 미국 재계의 '유력자'들이 독일에 도착해 그곳에 머물렀다. 그리고 그곳에서 돈을 벌었다.

독일에 공격적으로 투자한 미국 대형 은행은 상대적으로 적은 편이었다. 예를 들면 제이피모건J.P. Morgan, 딜런, 리드 앤드 코 Dillon, Read & Co., 그리고 W. 애버렐 해리먼W. Averell Harriman이 경영하던 해리먼 브러더스 앤드 컴퍼니Harriman Brothers & Company 등이 있었다. 이 은행들은 상호 이익을 위해 긴밀한 관계를 맺은 독일 협력사를 확보하고 있었다. 딜런, 리드 앤드 코와 제이피모건은 주로 드레스드너 방크와 협력했다. 이 은행들과 거래했던 고객 중 한 사람이 바로 앞서 언급했던 연합철강의 프리츠 티센으로, 그는 "미국에서 몰려오는 막대한 투자의 핵심 조력자이자 수혜자"였던 것으로 알려져 있다. 1925년에 그는 개인적으로 딜런, 리드 앤드 코에서 1100만 달러 이상의 대출을 받았다. 뉴욕에서 성장한 독일인 은행가 할마르 샤흐트는 티센의 막역한 벗이었다. 모건과도 개인적인 친분이 있던 샤흐트는 여러 가지 면에서 당시 미국과 독일의 금융가에 형성된 긴밀한 협력관계를 상징하는 인물이었다.[15] 앤서니 서턴Anthony Sutton에 따르면, 샤흐트 일가는 뉴욕을 고향처럼 생각했고, 모건 그룹에 소속된 유명한 월스트리트 기관인 에퀴터블 트러스트에서 일했으며, 샤흐트는 평생 동안 월스트리트와 관계를 유지했다.[16]

해리먼 브러더스 앤드 컴퍼니도 티센과 함께 수익성 좋은 사업을 펼치고 있었다. 해리먼과 그의 동업자인 조지 허버트 워커 George Herbert Walker는 1924년에 뉴욕에서 유니언 뱅킹 코퍼레이션 Union Banking Corporation을 설립했다. 이 '소형' 은행의 이사—그리고 대주주—로 프레스콧 부시Prescott Bush라는 인물이 있었다. 워커의 사위였던 그는 조지 H. W. 부시 대통령의 부친이자, 중간 이름이 역시 워커인 조지 W. 부시 대통령의 조부였다. 유니언 뱅킹 코퍼레이션의 주고객이자 "실질적으로 유일한 수입원"은 티센이 소유한 네덜란드 로테르담의 방크 포어 한델 엔 스헵바르트(상업과 운송업을 위한 은행)이었다. 이 은행의 회장으로 유니언 뱅킹 코퍼레이션의 막후 실력자로 알려진 인물은 미국 시민권을 가진 네덜란드인 코르넬리스 리벤서Cornelis Lievense였다.[17]

1920년대에 독일과 미국의 은행들은 이렇게 상호 이익을 위해 긴밀히 협력하기 시작했다. 1929년에 미국의 정치인이자 금융인인 오언 D. 영Owen D. Young은 독일제국은행 총재였던 샤흐트 등의 독일인 동료들과 함께 그 유명한 영 플랜Young Plan을 만들었다. 영 플랜은 독일이 배상금을 지급하는 방식과 기간을 결정하는 계획이었다. 변호사 출신인 영은 1919년에 라디오 코퍼레이션 오브 아메리카RCA를 설립하고, 1922년에는 제너럴일렉트릭의 수장이 된 기업가로, 당시 미국 재계에서 떠오르는 별 가운데 한 사람이었다. 또한 영은 스탠더드 오일의 소유주인 록펠러 가문과 친분이 두터운 사이여서 영향력이 큰 록펠러 재단의 회원이기도 했다. 영 플랜과 관련이 있는 미국 기업과 은행, 그리고 인사들은 예외 없이 모두 독일에 상당한 투자를 해놓고 있었다. 영국과 프랑스를 비롯해 여러 나라에 있는 국제적인 은행에선 영의 이름을 딴 이 계획이 그들의 조국이 아닌 그들 자신에게 이익이 된다는 것을 간파했다. 그리고 당연히 영국과 프랑스의 정치인들은 이 계획을 승인했다.

영 플랜의 틀 안에서 이뤄진 미국과 독일의 협력은 공동 프로젝트 형태로 결실을 맺었다. 그 프로젝트란 바로 국제결제은행Bank for International Settlements이었다. 국제결제은행은 1930년 스위스에—독일과 접경하는 국경도시 바젤에—설립되었다. 국제결제은행은 당시에도 현재도 민간은행으로, 독일, 영국, 프랑스, 벨기에 등 여러 국가의 중앙은행을 협력사로 두고 있으며, 금융기관 및 미국의 일부 대형 은행을 소유하고 있다. 그런데 국제결제은행은 설립 당시부터 미국인 은행가들이 샤흐트 등의 독일 동료들과 협력하여 장악하고 있었다. 이 '중앙은행들의 중앙은행'의 초대 총재는 록펠러 제국 산하 은행 및 기업과 인연이 깊었던 미국인 은행가 게이츠 맥개러Gates McGarrah였다. 국제결제은행을 설립한 배경에는 주요 국가의 은행가들이 중립국인 스위스의 차분한 분위기 속에서—즉 시끄럽게 간섭하는 고국의 정치인과 언론인들에게서 벗어나—독일의 배상금 지급 문제에 집중하고자 하는 속셈이 있었다. 그들 관점에서 이 문제는 수익성이 매우 높은 사업이었던 것이다.[18]

기업과 은행뿐 아니라, 몇몇 미국 법률 회사도 독일 내 투자에 깊이 연루되어 있었다. 독일 투자와 관련해서 법률 관련 업무를 주로 했던 곳은 뉴욕 월스트리트에 있는 명망 있는 대형 법률 회사 설리번 앤드 크롬웰Sullivan & Cromwell이었다. 나중에 이 두 사람에 대해 좀 더 언급하겠지만, 존 포스터 덜레스와 앨런 덜레스 형제는 이 회사의 선임 파트너 변호사들이었다. 그들의 고객 중에는 스탠더드 오일을 소유하고 있으며, 독일에 자회사와 협력사를 둔 수많은 사업체를 소유하거나 경영하고 있는 록펠러 가문이 있었다. 따라서 그들은 미국에 투자한 독일인 사업가나 기업과 함께 일할 기회가 많았다. 그중에는 쾰른에 기반을 두고 활동하며, 뉴욕에도 지점을 보유하고 있는 은행가 쿠르트 폰 슈뢰더도 있었다. 이미 살펴본 바와 같이 슈뢰더는 히틀러를 지지해 1933년 그를 권좌에 올려놓는 데 중요한 역할을 수행했던 인물이다. 덜레스 형제는 스위스에 지주회사 몇 곳을 설립했는데, 미국인과 독일인 고객들에게 더 나은 서비스를 제공하기 위해서였던 게 명백해 보인다. 미국의 역사학자 제이슨 웨이셀바움Jason Weixelbaum에 따르면, 그 지주회사들은 공교롭게도 "교묘하게 위장"되어 있었다.[19]

12장

미국 내 히틀러의 지지자와 동업자

많은 미국인은, 아니 아마도 대다수의 미국인은 히틀러와 무솔리니, 그리고 독일과 이탈리아의 파시즘을 혐오했다. 반면, 미국 재계의 주요 인사들은 파시즘에 대해 긍정적인 태도를 보였다. 예를 들어 무솔리니는 집권한 순간부터 미국 산업계와 금융계 인사들에게 찬사를 받았다. 이른바 로마 진군이라 불리는 쿠데타는 실제로는 이탈리아 기득권층이 지휘한 사기극이었다. 하지만 재계에서는 이 쿠데타를 '새롭고 또 훌륭한 혁명'이라고 추켜세웠다.[1] 제이피모건의 경영자였던 토머스 W. 러몬트는 사무실 벽에 무솔리니의 사진을 걸어두고, '이탈리아 파시즘 선교사'를 자칭했다. 1926년에는 무솔리니에게 1억 달러 대출을 승인해주기도 했다.[2] 미국의 또 다른 무솔리니 추종자는 《타임》과 《라이프》의 창업주

이자 발행인이었던 헨리 루스Henry Luce였다. 1928년에 그는 무솔리니가 "세계에서 가장 중요한 정치 지도자"가 될 것이라고 단언했다.[3] 러몬트와 루스는 예외적인 사례가 아니었다. 미국 기업가 절대다수는 이 '행동가'가 앞장서서 공산주의 진영에 맞서는 자본주의 진영 최고의 투사라는 이유로 무솔리니를 높이 평가했다.[4] 처칠이 무솔리니를 칭찬한 것도 같은 이유에서였다. 프랭클린 D. 루스벨트 또한 적어도 1930년대에는 무솔리니의 팬이었다.[5]

히틀러에 대한 미국 재계의 여론은 처음엔 그다지 긍정적이지 않았고, 다소 복합적이었다. 독일에서와 마찬가지로 미국의 기업가와 은행가도 이 벼락출세한 천박한 인간의 의도와 방식에 다소간 의심을 품고 있었다. 그의 이념이 '국가사회주의'인 것도, 그의 정당이 노동자의 정당을 표방하는 것도, 그의 연설이 '혁명적'인 변화를 부르짖는 것도 마음에 들지 않았던 것이다.[6] 그럼에도 미국 재계에는 히틀러가 정치 경력을 시작한 초기부터 이미 그의 팬임을 자처하는 몇몇 인사가 있었다.[7] 그중에는 자동차 제조업자 헨리 포드, 언론계의 거물 윌리엄 랜돌프 허스트, 스탠더드 오일 책임자였던 월터 C. 티글Walter C. Teagle, 본인과 이름이 같은 트러스트의 창업자인 이레네 듀폰Irénée du Pont 등 산업계의 거물도 포함되어 있었다. 작가 찰스 하이엄Charles Higham에 따르면 이레네 듀폰은 "1920년대에 이미 히틀러의 움직임을 빈틈없이 확인하고 있었다".[8]

독일과 사업을 하고 있는 미국의 기업가나 은행가가 국제적인 사안뿐만 아니라 독일 국내 문제까지 독일 측 파트너의 관점에서 보게 된 것은 아마도 불가피한 일이었을 것이다. 앞서 살펴본 것처럼, 독일 대기업과 대형 은행 인사들은 바이마르공화국의 민주체제를 경멸했다. 그들은 강력한 지도자를 갈구했다. 그 역할을 맡을 수많은 후보자 가운데 히틀러가 우연히 그들의 선택을 받았던 것이다. 미국 기업가와 은행가는 독일 측 파트너로부터 히틀러라는 독일 정치계의 떠오르는 인사에 대해 좋은 이야기만 들었다. 예를 들어 독일제국은행 전 총재로서 미국의 일류 기업과 금융기관에 화려한 인맥을 지닌 샤흐트의 사례를 살펴보자. 두터운 신망과 정치적으로 치우치지 않고 객관적이라는 평판을 받던 그는 1930년 가을에 미국 곳곳을 방문했다. 사적인 자리에서는 물론이고, 일련의 강연에서도 샤흐트는 히틀러를 존경하고, 국가사회주의독일노동당의 재정적·사회경제적인 기반을 지원하고 있다고 분명하게 밝혔다. 《타임》은 1932년 12월 5일 자 기사를 통해 독일 금융계의 '철인'으로 인정받는 샤흐트가 히틀러를 지지하고 있다고 미국 전역에 공포하기도 했다.[9] 1931년 10월에 뉴욕을 방문했던 독일의 저명한 기업가 카를 프리드리히 폰 지멘스는 히틀러가 독일에 절실히 필요한 지도자라며 추켜세웠다. 지멘스는 동료와 지인에게 일부 미국인이 빈약한 정보를 바탕으로 히틀러에 대해 잘못된 믿음을 가지고 있지만, 문제될 것이 전혀 없다고 설명했다. 그러면서 오히려 독일이 직면하고 있는 가장 심각한 문제들을 해결하고 '볼셰비키에 위협'을 줄 수 있는 인물이라고 강조했다.[10] 지멘스는 제너럴일렉트릭 사무실에서도 이런 내용의 강연을 했다. 그러므로 제너럴일렉트릭의 유명한 최고 경영자이자 영 플랜을 만든 오언 영을 포함한 임원들이 미국에서도 무솔리니식이나 히틀러식의 '강한 정부'가 필요하다는 선전을 쏟아낸 것은 전혀 놀랄 만한 일이 아니었다.[11]

히틀러는 헨리 포드, 듀폰 가문, 록펠러 가문 등 수많은 미국 기업가에게 심정적 지지뿐 아니라 재정적 지원까지 받았다. 《뉴욕타임스》는 1922년 12월 20일 자 기사에서 포드가 뮌헨에 있는 아돌프 히틀러라는 자의 민족주의 및 반유대주의 조직을 재정적으로 지원하고 있다고 밝힌 바 있다. 물론 꽤 큰 규모의 미국 자본이 미국 기업의 독일 지사(또는 협력사)를 통해 히틀러에게로 흘러들어갔다. 예를 들어 제너럴일렉트릭은 오스람과 아에게 AEG(Allgemeine Elektrizitats-Gesellschaft)(제너럴 일렉트릭이 상당한 주식 지분을 소유하고 있던 독일의 전자 회사)를 통해 히틀러를 지원했다.[12] 또한 국가사회주의독일노동당은 뤼셀스하임에 소재한 자동자 제조업체인 오펠의 전 소유주인 빌헬름 폰 오펠Wilhelm von Opel에게서 '넉넉한' 재정 지원을 받았던 것으로 알려져 있다.[13] 오펠은 제너럴모터스에 가족 기업을 매각한 뒤, 이사로 남아 있었다. 오펠이 미국의 제너럴모터스 경영진의 공식 또는 비공식 승인 없이 나치스를 지원했을 거라고는 생각하기 어렵다.

히틀러를 지지했던 영향력 있는 독일인 중 일부는 대서양 건너에 있는 지인과 파트너에게 히틀러에 대한 재정 지원을 부탁하기까지 했다. 1929년에 후겐베르크는 미국인 백만장자 3,000명에게 공산주의와 싸우는 히틀러에게 재정 지원을 해줄 것을 요청하는 편지를 보냈다. 후원은 때로 대출 형식으로, 또는 벨기에와 네덜란드를 통해 비밀리에 독일로 운송된 레밍턴 권총과 톰슨 기관총 구입비 대납의 형태로 이뤄졌다. 하지만 아무런 조건 없이 엄청난 후원금이 히틀러에게 전달되는 경우도 많았다. 록펠러를 비롯한 많은 미국 자본가가 히틀러에게 수천만 달러를 보낸 것으로 추정되는데, 쿤, 러브 앤드 코 은행이 이 돈을 모았다. 이 은행 대표가 독일에서 히틀러, 괴링 등 나치스 주요 인사와 회의를 가진 이후에는, 암스테르담과 로마의 은행들을 통해 히틀러에게 송금되었다.[14]

프리츠 티센은 미국 내 후원금 모금 활동과 관련된 또 한 명의 독일 산업계 인사였다. 그는 해리먼과 부시의 유니언 뱅킹 코퍼레이션을 통해 후원금을 모았다—그 액수는 수백만 달러 정도로 추정된다. 히틀러가 독일에서 집권에 성공하자, 유니언 뱅킹 코퍼레이션은 독일 정부 채권을 미국 금융시장에 판매하기 시작했다. 프레스콧 부시는 이런 종류의 사업이 큰 수익을 냈기 때문에 열정적으로 나섰던 것으로 알려져 있다. 여기서 얻은 수익 중 일부는 그의 아들이자 미래의 미국 대통령인 조지 H. W 부시가 텍사스에서 석유 사업을 시작하는 데 쓰였다.[15]

여전히 히틀러 후원자의 신원과 그들이 낸 후원금 규모에 대해서는 정보가 충분치 않다. 하지만 미국의 기업가와 은행가가 실제로 상당한 금액의 돈으로 히틀러를 후원했다는 것은 의심할 여지없이 확실한 사실이다. 1930년 9월 베를린 주재 미국 대사관은 "미국 재계 또한 이러한 범주의 활동[예를 들면 히틀러에 대한 재정 지원]을 활발히 하고 있다"고 보고한 바 있다.[16]

히틀러는 미국에서 다른 형태의 지원도 받고 있었다. 기업이나 은행 또는 개별 기업가 등 부유하고 힘 있는 인사 들이 소유하고 있던 많은 신문과 잡지에서 히틀러를 긍정적으로 묘사했던 것이다. 이를 보여주는 좋은 사례가 1935년 당시 호당 100만 부라는 엄청난 발행 부수를 자랑하던 월간지 《리더스 다이제스트Reader's Digest》이다. 히틀러를 직접 만난 언론계의 거물 윌리엄 랜돌프 허스트가 소유한 통신사와 신문사의 기사, 출판사의 출판물 등에서 히틀러는 지속적으로 우상화되었고 결코 비판받지 않았다. 허스트의 활동은 오손 웰스Orson Welles의 유명한 영화 〈시민 케인Citizen Kane〉에 영감을 주기도 했다. 그는 미국에서 히틀러와 나치당을 응원하는 치어리더 역할을 맡고 있었다.[17] 게다가 1930년에 허스트는 히틀러에게 기고문을 청탁했고, 실제로 히틀러의 글 두 편은 같은 해 9월 28일과 10월 5일에 게재되었다. 히틀러는 원고료로 기고문 한 편당 무려 1,000라이히스마르크를 받아, 베를린의 호화 호텔인 카이저호프의 객실료를 지불하는 데 사용했다.[18]

또한 히틀러는 무솔리니와 마찬가지로 본 영화 전에 상영되던 뉴스영화 〈폭스 무비톤 뉴스〉에 항상 등장해 미국 대중이 호감을 갖도록 그려졌다. 이 짧은 뉴스영화의 제작은 폭스 필름 코퍼레이션에서 맡았다. 폭스 필름 코퍼레이션은 1935년에 20세기 픽처스와 합병해 20세기 폭스가 되었다. 20세기 폭스는 오늘날 언론계 거물 루퍼트 머독Rupert Murdoch의 미디어 제국에 속한 폭스 뉴스 채널의 전신이라 할 수 있다. 폭스는 독일에서도 1932년에 자회사인 폭스 퇴넨데 보헨샤우Fox Tönende Wochenschau를 통해 히틀러

선전 영화를 제작했다. 〈총통·Der Führer〉과 〈독일을 위한 히틀러의 싸움Hitlers Kampf um Deutschland〉이란 제목의 '유성영화'였다. 이 영화들을 통해 히틀러의 모습과 목소리를 처음 접한 수많은 독일인은 그가 뛰어난 웅변가이자 활동가라는 사실을 받아들이게 되었다. 폭스는 이 영화들의 제작을 보조했고, 선거운동 기간 동안 필름을 운송·배급할 차량을 제공했다. 이는 1932년 7월 선거에서 국가사회주의독일노동당의 대승을 위해 '작업'하는 것을 도운 매우 중요한 형태의 지원이었다.[19]

히틀러는 독일에서 집권하게 된 1933년에 이미 미국 상층사회에 많은 지지자를 보유하고 있었다. 그런데 히틀러가 권좌에 안착하자 미국의 더 많은 기업가와 은행가가 그를 따르게 되었다. 히틀러에게 매혹된 것이 심리적인 요인 때문이라는 주장이 제기되기도 한다. 즉 미국 기업가의 대다수가 권위적인 성격의 인물이었기 때문에, 지도자에 대한 복종을 강조하는 '지도자 원리Fuhrerprinzip'를 내세워, 초기엔 자신의 정당에서 나중에는 독일 전역에서 자신이 주장한 바를 실천했던 히틀러에게 빠져들 수밖에 없었다는 것이다. 《아이비엠과 홀로코스트IBM and the Holocaust》라는 중요하고 뛰어난 책을 쓴 에드윈 블랙Edwin Black은 다른 요인이 있었다는 것을 인정하면서도, 아이비엠의 회장이었던 토머스 J. 왓슨Thomas J. Watson이 1930년대 여러 행사에서 콧수염을 기른 독재자를 만나 매료된 사례에 대해선 본질적으로 '심리학적—또는 심리역사학적—인 요인'으로 설명한 바 있다. 그런데 곧 살펴보겠지만, 기업가와 은행가가 히틀러에게 열광했던 건 개인의 성격이 아닌 매출과 수익의 문제였고, 심리학이 아닌 사회학과 경제학의 문제였다. 미국의 기업과 은행의 소유주와 경영진 중에―아이비엠의 왓슨을 포함한―압도적인 다수가 어떻게 히틀러를 인정하는 것을 넘어 숭배까지 하게 되었는지를 이해하기 위해서는 심리학이 아니라 정치경제학의 도움을 받아야 한다.

1930년대 초반 독일에 대한 미국의 투자는 원활하게 이뤄지지 않았다. 미국인들이 대공황이라고 불렀던 심각한 경제 위기가 특히 독일을 강타한 탓이었다. 기업의 생산과 수익이 무너지고, 정치 상황은 극도로 불안해졌으며, 베를린 등 대도시의 거리에선 나치당원과 공산주의자 간의 맹렬한 싸움이 목격되기도 했다. 볼셰비키가 권력을 잡게 된 1917년의 러시아혁명―그리고 1919년 초에 독일에서 일어나 성공 직전까지 갔던 혁명―같은 '붉은 혁명'이 곧 터질 거라는 공포가 널리 퍼져 있었다.[20] 하지만 갑자기 기적이 일어났다. 히틀러가 티센, 샤흐트, 이게파르벤의 경영진을 비롯한 독일의 기업가와 은행가에게서 넉넉한 후원금과 함께 여러 가지 지원을 받은 덕분에 1933년 1월 집권에 성공하면서, 정치적·사회경제적 상황이 극적으로 바뀌었던 것이다. 미국 기업의 독일 지사는 곧 수익성을 회복했다. 무엇이 이런 변화를 가능하게 했을까? 히틀러를 권좌에 올려놓은 건 독일에서 가장 힘이 센 기업가와 은행가였다. 히틀러는 그들의 기대에 부응하기 위해 열심히 그들의 이익을 살폈다. 히틀러가 가장 먼저 한 조치는 공산주의자와 호전적인 사회주의자 들을 감옥에 보내는 것이었다. 그러고는 넘쳐나는 좌익 정치사범을 수용하기 위해 첫 번째 강제수용소를 만들었다. 그렇게 함으로써 독일의 새 지도자는 공산주의 혁명이 일어날 실재의 또는 가상의 위협 요소를 제거했다. 또한 그는 노동조합을 해산해 독일 노동운동을 무력화하고, 공장 노동자를 비롯한 모든 임금 생활자를 나치 용어로 '추종자 집단'이라고 불리는 무력한 양떼로 변모시켰다. 그리고 티센과 이게파르벤을 비롯한 기업과 은행의 고용주들을 자신들이 무조건 원하는 대로 할 수 있도록 해주었다. 자신의 집권을 도운 이들이었기 때문이다. 히틀러가 통치하는 독일에서 "노동자들은 허락 없이 파업하거나 전직할 수 없는 농노나 마찬가지인 존재"였다. 그들은 "더 고되게 더 빠르게 일하"도록 강요받았지만, 그들의 임금은 "최저 수준으로 유지되게끔 조직적으로 관리"되었다.[21]

이러한 상황에서 독일 기업과 은행은 한 곳도 예외 없이 큰 수익을 올릴 수 있었다. 노동비용이 급격히 줄었기 때문이다. 미국 기업의 독일 지사 또한 같은 입장이었다. 예를 들면 쾰른의 포드-베르케에서는 임금 비용이 1933년—히틀러가 정권을 잡은 해—엔 거래액의 15퍼센트였는데, 1938년에는 11퍼센트로 줄어들었다.[22]

이와 비슷하게, 루르 공업지대의 중심인 에센에 본사가 있는 코카콜라 유한회사Coca-Cola GmbH[23]—코카콜라의 독일 내 자회사—에서도 나치의 저임금 체제 덕분에 수익이 증가했다. 독일 코카콜라의 총책임자는 막스 카이트Max Keith라는 사람이었다. 영어 이름 같지만 그는 미국인이 아니라 독일인이었으며, 히틀러에 대한 존경심에서 작은 콧수염을 기르고 다녔다. 그는 1930년대에 자신의 회사가 성공한 이유를 얼음처럼 시원하고 다량의 카페인을 함유한 코카콜라 한 모금이 '더 고되게 더 빨리 일해야 하는' 독일 노동자들의 갈증을 달래는 데 전통적으로 선호되었던 맥주 한 잔보다 더 효과적이었기 때문이라고 설명하기도 했다.[24]

나치 독일에서 기업의 수익이 증가한 반면 임금은 급격히 감소했다. 그러나 아무런 소요도 있을 수 없었다. 시위나 파업이 벌어질 조짐만 있어도 즉각 무장한 게슈타포가 개입하고, 뒤이어 노동자들을 해고하고 심지어 체포까지 하는 조치가 이뤄졌기 때문이다. 1939년 6월에 뤼셀스하임에 있는 제너럴모터스 오펠 공장에서 실제로 벌어졌던 일이다.[25]

독일에 투자한 미국 기업의 소유주와 경영진은 천상의 행복을 만끽했다. 그들의 관점에서 히틀러라는 총통이 독일 내 사회문제를 해결한 방식은 더할 나위 없이 만족스러운 것이었다. 미국 재계의 여러 거물이 공개적으로 히틀러를 칭찬했다. 예를 들어 아이티티ITT(International Telephone & Telegraph)의 회장인 소스신스 벤Sosthenes Behn[26]이나 1933년 10월 이미 나치 독일을 "20세기의 기적"이라며 칭송했던 제너럴모터스 이사회 회장 윌리엄 크누센William Knudsen 등이 그런 인물들이었다.[27] 설리번 앤드 크롬웰의 임원으로 있던 존 포스터 덜레스는 "나치 독일과 미국 사이의 금융 거래라는 거미줄에 완전히 엮여" 있었다. 그는 히틀러의 지휘하에서 독일이 보여준 '활기'에 대해 주저 없이 소리 높여 칭찬했고, 독일의 고객들과 인사할 때마다 열정적으로 '하일 히틀러'라고 외치는 습관을 가지고 있었다.[28]

히틀러가 미국 기업가와 은행가의 공감을 얻었던 또 다른 이유는 독일 기업가와 은행가가 꿈꿔왔던 대로 국가 경제를 부흥했기 때문이다. 히틀러의 재무장 프로그램은 이게파르벤과 크루프 같은 기업에 엄청난 주문 물량과 그에 따른 막대한 수익을 줌으로써 그들이 가장 바랐던 꿈을 실현해주었다. 미국 기업의 독일 내 자회사는 그 노다지를 완전히 공유할 수 있었다.

포드의 사례를 살펴보자. 1930년대 초반에 포드-베르케는 큰 손실로 곤란을 겪었다. 하지만 "[나치 당국으로부터] 독일 기업체로 공식 인정"받는 데 성공함으로써 히틀러의 재무장 프로그램과 관련된 수익성 높은 국가사업에 참여할 자격을 얻게 되었다. 재무장 프로그램의 주요 특징은 트럭과 탱크 등 엔진 동력으로 움직이는 운송 수단을 대량 생산하는, 이른바 '차량화motorization'였다. 조립 라인 설치 등으로 기업의 생산성을 끌어올리는 포디즘을 개발한 헨리 포드의 공장보다 그 일을 잘해낼 곳이 어디 있었겠는가? 실제로 나치스는 포디즘에 매료되었다. 따라서 포드-베르케가 재무장 프로그램과 관련해서 상당량의 주문을 확보했던 건 결코 놀랄 만한 일이 아니다. 그렇게 포드 독일 지사의 연간 이익은 눈부시게 증가했다. 1935년에 6만 3000라이히스마르크에서 1936년에는 36만 8900라이히스마르크로 늘어났고, 1937년에는 100만 라이히스마르크를 넘겼으며, 1938년에는 120만 라이히스마르크, 1939년에는 약 130만 라이히스마르크를 기록했다.[29]

마찬가지로 뤼셀스하임에 있던 제너럴모터스의 오펠 공장도 1930년대 초반에는 손실을 입었지만, 나치 정권의 주문으로 높은 수익을 올렸다. 1938년에만 3500만 라이히스마르크—약 1400만 달러—의 수익을 기록했다.[30] 1999년에 제너럴모터스로부터 '제3제국과의 사업 내역 문서화 작업'을 검토해달라는 요청을 받고 이 주제에 관한 책을 저술한 미국의 역사학자 헨리 애슈비 터너는 "불과 몇 년 전만 해도 미운 오리 새끼 같았던 미국 기업의 독일 지사가 결국에는 황금알을 낳는 거위였던 걸로 드러났다"고 기록했다.[31] 1939년 제2차 세계대전 발발 전야에 제너럴모터스 회장 앨프리드 P. 슬론Alfred P. Sloan은 히틀러의 독일에서 제너럴모터스의 사업이 높은 수익을 올리고 있다고 자랑스럽게 언급하며 그곳에서 기업 활동을 벌이는 것을 공개적으로 정당화했다.[32]

히틀러 정권이 전쟁을 준비하는 데 가장 중요한 사업이었던 '차량화' 프로그램은 오펠과 포드-베르케의 경쟁사였던 베엠베나 다임러-벤츠 등의 순수 독일 기업에도 '황금알을 낳는 거위'가 되었다. 비행기용 엔진의 주요 제조업체였던 베엠베의 거래액은 1933년에 3250만 라이히스마르크에서 1939년에는 2억 8000만 라이히스마르크로, 1944년에는 7억 5000만 라이히스마르크로 증가했다. 이런 엄청난 생산 증가와 더불어, 베엠베는 1938년에 아리아화의 맥락에서 경쟁사였던 유대계 기업 아르구스 모토렌 게젤샤프트Argus Motoren Gesellschaft를 매우 유리한 조건에 매입하고, 다하우 강제수용소 수감자들을 포함한 강제 노동자들을 활용함으로써 수익성도 대폭 향상시킬 수 있었다. 한편 다임러-벤츠는 당시 독일 내 자동차 제조업체 중 3위였고, 1932년에는 심각한 손실로 곤란을 겪었지만, 히틀러가 집권한 이후 다시 수익성이 높아졌다. 1937년에서 1940년 사이 다임러-벤츠는 주주들에게 법정 최대 허용치인 7.5퍼센트에 달하는 배당금을 지급했다. 그 기간 동안 다임러-벤츠는 히틀러가 타던 자동차 등 대형 리무진의 생산을 사실상 중단하고, 탱크, 트럭, 비행기용 엔진을 생산하는 데 집중했다. 베엠베의 사례처럼, 전쟁 기간 동안 이 기업의 수익성은 전쟁 포로와 강제수용소 수감자 등 강제 노동자들을 고용함으로써 더욱 높아졌다.[33]

히틀러의 제3제국에서 호황을 누린 또 다른 미국 기업은 아이비엠이었다. 아이비엠의 독일 지사 공장인 데호마그 Dehomag(Deutsche Hollerith Maschinen Gesellschaft)는 제1차 세계대전 이전에 이미 설립되어 있었는데, 나치스에 펀치 카드 기술을 공급했다. 펀치 카드는 컴퓨터의 선조 격으로, 공업 생산 자동화를 가능케 하는 기술이었다. 그 기술 공급으로 아이비엠은 큰돈을 벌었다. 히틀러가 정권을 잡은 첫 해인 1933년에 데호마그는 100만 달러의 수익을 기록했고, 그다음 해에는 배당금으로 미국 본사에 약 450만 달러를 송금했다. 에드윈 블랙에 따르면 1938년에 데호마그의 수익은 약 240만 라이히스마르크였으며, 1939년에는 거의 400만 라이히스마르크에 육박하는 수준에 이르렀다.[34]

아이티티 역시 히틀러의 제3제국에서 활발히 사업을 펼치며 높은 수익을 올렸다. 1929년에 아이티티는 독일 내 전화 및 라디오 장비 제조업체 몇 곳의 주식을 과반 이상 확보했다. 그중 가장 대표적인 업체가 지멘스의 경쟁사였던 C. 로렌츠 아게 C. Lorenz AG였다. 아이티티의 회장 소스신스 벤은 1933년 8월에 베르히테스가덴의 알프스 휴양지에서 히틀러를 만났다. 그는 히틀러에 대한 경의를 드러낸 최초의 미국 기업가 가운데 한 사람이 되었다. 이후 그는 국가사회주의독일노동당에 넉넉한 후원금을 보냈고, 당시 나치 독일의 경제 분야 실권자였던 괴링과 개인적인 친구가 되었다. 또한 그는 나치 은행가 쿠르트 폰 슈뢰더─아이티티의 또 다른 독일 투자처인 에스에게SEG(Standard Elektrizitats-Gesellschaft AG)의 이사가 되었다─를 비롯해 케플러 모임 회원들, 그리고 심지어는 발터 셸렌베르크Walter Schellenberg 같은 게슈타포의 주요 인사와도 긴밀한 관계를 맺었다. 벤이 나치 주요 인사들과 인맥을 쌓은 건 매우 수익성이 높은 일이기도 했다. 그의 독일 지사가 '나치 정권에 전쟁 물자를 공급하는 특혜'를 누릴 수 있었기 때문이다. 로렌츠를 포함한 아이티티의 독일 내 자회사들은 중요한 군사적 가치를 지닌 전화와 라디오를 비롯한 통신장비를 나치스에 공급했다. 특히 루프트바페Luftwaffe(나치 시대 독일 공군─옮긴이)에서 '중요한 계약과 보조금'이 계속해서 나왔다. 확인된 것은 아니지만, 나치스에서 아이티티가 제공한 고급 기술을 활용해 전시에 베른과 모스크바 등 여러 도시에 있는 미국 대사관 및 영사관과 워싱턴의 국무부 사이의 전화 통화를 도청했을 가능성도 있다.[35] (벤은 스페인의 프랑코 장군과도 좋은 관계를 유지했다. 아이티티의 파시스트 선호 성향은 이후 칠레의 피노체트 정권과 긴밀한 협력관계를 맺은 데서도 다시 한번 드러난다. 벤이 미국 재계에서 히틀러와 프랑코를 지원한 유일한 인사는 아니었다. 공식적으로 금수조치가 취해졌음에도 포드, 제너럴모터스, 스튜드베이커 등 미국 기업에서 보내준 1만 2,000대의 군용 트럭이 없었다면 프랑코는 1936년에서 1939년 사이 민주적으로 선출된 공화정부와 벌인 스페인내전에서 아마도 이길 수 없었을 것이다.[36]

　독일에 지사가 없던 미국 기업들도 히틀러의 재무장 프로그램 덕분에 큰 수익을 내기도 했다. 히틀러는 전쟁을 준비하기 위해서 막대한 양의 석유를 비축해야 했고, 그중 상당량을 미국의 석유 트러스트에서 공급받았다. (1933년부터 미국은 점점 더 많은 양의 석유를 독일로 수출했다. 독일의 미국 제품 수입액 전체에서 석유가 차지하는 비중은 1933년 7.2퍼센트에서 1939년 28.8퍼센트로 네 배 증가했다.[37]) 텍사스 오일 컴퍼니(1959년에 회사명을 텍사코로 변경했다)를 예로 들면, 나치 독일로 수출한 덕분에 뜻밖의 높은 수익을 얻을 수 있었다. 이 회사의 회장인 토킬드 리버Torkild Rieber는 히틀러를 숭배했던 수많은 미국 산업계 인사 중 한 사람이었다. 미국에서 활동했던 독일의 한 정보기관원은 리버에 대해서 "친독 인사인 게 확실"하고, "총통을 진심으로 존경"한다고 베를린에 보고했다. 리버는 괴링과도 개인적인 친분을 맺었다.[38]

　포드는 나치를 위한 생산을 독일에서뿐만 아니라 미국에서도 진행했다. 예를 들어 트럭 부품은 미국에서 생산되어 독일로 운송된 다음, 쾰른의 포드-베르케에서 조립했다. 이 차량들은 1939년 봄 독일 국방군이 프라하를 포함한 체코슬로바키아의 나머지 영토를 점령할 때 사용할 수 있게끔 제때 생산되었다. 바로 전해 체결된 뮌헨협정에 따라 점령하지 못하고 남겨둔 영토였다.[39] 1930년대 말 포드는 나치 독일에 전략적으로 중요한 다양한 원료도 공급했다. 때론 제3국에 있는 지사를 통해 보내기도 했다.

1937년 한 해에만 고무 900톤, 구리 60톤 정도가 독일로 운송되었다. 독일에선 차량화를 위해 고무가 대량으로 필요했다. 스탠더드 오일은 1939년에 합성고무를 독일로 보내 고무 수급에 도움을 주었다.[40] 미국의 공급업체에서도 석유, 고무, 구리 같은 원료가 평화적 목적으로 사용되지 않는다는 것을 잘 알고 있었지만, 그 사실이 그들에겐 전혀 문제되지 않았다.

미국 기업들은 전략적 원료뿐 아니라 히틀러가 전쟁 수행에 매우 유용하게 활용할 것이 분명한 최신식 완성품도 공급했다. 이미 1934년 4월에 베를린 주재 미국 대사관 상무관은 프랫 앤드 휘트니, 보잉, 스페리 자이로스코프(이후 스페리 랜드로, 1986년 이후로는 유니시스로 회사명을 변경했다) 등의 미국 기업이 독일의 "군에서 사용할 가능성이 높은 온갖 종류의 항공 장비를 상당량" 판매하고 있다고 보고했다. 여기에는 "엔진 부품, 크랭크축, 자동조종장치, 자이로스코프 나침반, 대공 방어용 기술" 등의 장비가 포함되어 있었다. 그 상무관은 한 달에 비행기 약 100대씩, 당시까지 총 약 2,000대를 조립하기에 충분한 분량의 장비가 공급된 걸로 추정하면서, 1935년 말까지는 독일에서 약 2,500대의 비행기를 배치하게 될 것이라 예측했다.[41]

독일에서 큰돈을 번 기업 중에 금전등록기 등을 제조하는 내셔널 캐시 레지스터도 있었다. 이 기업의 수장인 커널 에드워드 A. 디즈Colonel Edward A. Deeds는 내셔널 시티 뱅크와도 관련이 있던 인물인데, 당시 베를린에 주재하던 미국 대사에게 독일에서 크루프에 계산기를 공급하는 등 수익성 좋은 사업을 벌이고 있다고 자랑하기도 했다. 당시 미국 대사였던 윌리엄 E. 도드William E. Dodd는 디즈에 대해 "유럽 산업계의 중심부를 돌아다니며 …… 전쟁 물자를 판매해 높은 수익을 차지하려는 부자 가운데 한 사람"이라고 보고했다.[42]

상품이 아닌 서비스를 제공하는 미국 사업가들도 나치 독일에서 큰 수익을 올릴 수 있었다. 현대적인 홍보(다르게 표현하자면, 대기업 및 소기업의 대중적 이미지를 개선하는 선전 활동)의 '선구자' 아이비 레드베터 리Ivy Ledbetter Lee가 그중 한 명이다. 리는 이미 홍보 분야에서 록펠러 가문을 위해 필요한 작업을 수행하고 있었다. 록펠러 가문의 스탠더드 오일이 이게파르벤의 협력사였기 때문에, 리는 그 인연으로 이게파르벤의 이미지 개선을 위해 고용되었다. 그는 나치 독일에 오래 머물렀고, 히틀러와도 개인적인 친분을 맺었으며, 독일 주재 미국 대사의 보고서에 쓰인 대로 이게파르벤뿐만 아니라 파시즘 전체의 "대변인"—즉 "홍보 담당자"—이 되었다. 대사에 따르면 리는 미국인 대중에게 나치 정권을 "선전해준" 대가로 적어도 3만 3,000달러 이상을 받았다.[43]

독일의 대기업과 대형 은행이 1933년에 히틀러에게 권력을 준 이유 중 하나는 그가 자신들에게 전례 없이 높은 수익을 안겨줄 대규모 재무장 프로그램을 실시할 거라 기대했기 때문이다—그 프로그램은 실제로 실시되었다. 독일에 자회사를 둔 미국 기업들의 소유주와 경영진은 히틀러가 집권할 수 있도록 재정을 지원했다. 그들 또한 적어도 부분적으로는 재무장 프로그램으로 생길 수익성 높은 사업에 참여하고자 히틀러를 지원했을 것이다. 이 관점에서 보면 바젤에 있는 국제결제은행의 미국인 총재 리언 프레이저Leon Fraser의 태도도 이해할 수 있다. 1933년 말에 이미 그는 샤흐트가 배상금 지급을 거절하고 히틀러의 재무장화 프로그램에 재정을 투입하기 시작했다는 사실을 알면서도 눈감아주었다. 프레이저는 샤흐트를 신뢰했고, 미국을 비롯한 여러 나라의 은행가들을 상대로 히틀러가 전쟁을 준비할 수 있도록 재정적인 뒷받침을 해달라고 설득했다. 그 후 국제결제은행은 샤흐트와 우호적인 관계를 맺고 협력해나갔다. 이는 결국 히틀러와 협력관계를 유지했다는 의미였다.[44]

미국 기업과 은행은 히틀러의 독일에서 큰돈을 벌어들였다. 이것이 바로 이 사업체의 소유주와 관리자 들이 히틀러를 찬양한 진짜 이유였다. 나치 독재자의 카리스마 때문이 아니었던 것이다. 히틀러를 비롯한 나치 주요 인사들은 전쟁에 집중된 경제라는 틀에서 미국 자본이 활발히 독일에 투자되는 데 매우 만족해했다. 미국 기업의 독일 지사 공장에서 공급되는 전쟁 물자는 질적·양적인 측면에서 나치 거물들의 기대를 넘어설 정도로 우수했다. 히틀러는 헨리 포드, 아이비엠의 토머스 왓슨, 제너럴모터스의 수출 관리자 및 해외 투자 책임자였던 제임스 D. 무니James D. Mooney 등 미국 산업계의 실력자들에게 권위 있는 상을 수여함으로써 개인적인 감사를 표시하기도 했다.[45] 포드는 자신의 75번째 생일인 1938년 7월 30일에 훈장을 받았다. 그리고 그로부터 1년도 채 지나지 않은 1939년 4월 20일, 즉 히틀러의 생일에 답례로 3만 5,000 라이히스마르크를 후원해 총통을 기쁘게 했다.[46]

나치 정권은 적어도 원칙적으로는 독일 내의 외국 기업이 벌어들인 이익금을 미국이나 다른 나라에 있는 본사로 보내는 걸 허용하지 않았다. 하지만 실제로는 이러한 조치를 피해 이익금을 보낼 방법이 있었다. 예를 들어 아이비엠 뉴욕 본사에서는 정기적으로 독일 내 자회사에 로열티와 대출금 이자, 그리고 여러 가지 잡다한 '비용'을 청구했다.[47] 미국 본사와 자회사 사이에서 이러저러한 복잡한 형태의 현금 거래가 이뤄짐으로써 독일 내 자회사는 이익금 신고 시 금액을 최소화할 수 있었다. 이는 나치에 세금을 덜 내는 전략으로도 활용되었다. 아이비엠 이외에도 여러 미국 기업이 나치의 이익금 송금 금지 조치를 피하기 위해 이런 전략을 짜냈던 건 당연한 일이었다. (마기 등의 스위스 기업도 "[독일 지사에서 벌어들인] 이익금[의] …… 송금을 위장"하기 위해서 이와 같은 "회계상의 꼼수"를 활용했다.[48]) 그럼에도 이익금 송금 금지 조치는 독일 내 자회사가 벌어들인 이익금의 상당 부분을 다시 독일에 투자하게끔 만들었다. 하지만 재투자가 이뤄진 더 중요한 이유는, 미국을 포함한 대부분의 국가가 아직 대공황의 늪에 빠져 있던 반면, 독일은 경제 호황—'재무장으로 인한 호황'—으로 투자하기 좋은 '무한한 기회의 땅'이었다는 점이다. 독일 내 재투자는 자회사의 기존 시설 현대화, 새 공장의 설립 또는 인수, 국채 또는 부동산의 매입 등을 통해 이뤄졌다.

아이비엠은 베를린 교외의 리히터펠데에 새 공장 건립, 슈투트가르트 근처의 진델핑겐에 있던 공장 확장, 베를린의 부동산 매입 등에 막대한 이익금의 대부분을 재투자했다. 이런 상황에서 아이비엠의 독일 내 투자물 가치는 상당히 높아졌다. 데호마그의 순가치는 1934년에 약 770만 라이히스마르크였던 게, 1938년에는 그 두 배인 약 1400만 라이히스마르크로 증가했다. 마찬가지로 1930년대에 포드-베르케의 총가치도 급등했다. 1933년에 2580만 라이히스마르크였던 게 1939년에는 6040만 라이히스마르크로 증가했던 것이다. 제너럴모터스는 오펠에서 나온 이익금으로 오펠 공장 현대화와 국채에 투자했다. 1939년 말에 오펠의 가치는 약 8670만 달러로, 제너럴모터스의 독일 내 투자 원금인 3330만 달러의 2.6배가 되었다.[49] 히틀러 정권하에서 미국 기업들이 독일에 투자한 금액 전체는 1939년 제2차 세계대전 발발 시점에 4억 5000만 달러에서, 일본이 진주만을 공격한 며칠 뒤인 1941년 12월 11일, 즉 독일이 미국에 선전포고했던 시점에는 4억 7500만 달러로 늘어 있었다. 그해에 독일에는 미국 기업들의 크고 작은 자회사가 553개나 산재해 있었다.[50]

13장

'로젠펠트'보다 히틀러

막대한 부를 지닌 기업가와 은행가로 구성된 미국의 핵심 권력층은 제1차 세계대전 발발 전까지만 해도 미국의 정치체제 작동 방식에 비교적 만족하는 편이었다. 민주주의를 가장하고 있지만 본질적으로는 과두제인 미국의 정치체제에서 그들은 워싱턴을 대체로 통제할 수 있었다. 이는 원주민을 집단 학살에 가까운 방식으로 살해함으로써 '서부의 황무지'를 정복하고, 노예제가 폐지된 뒤에도 아프리카계 미국인들의 노동력을 헐값에 착취하고, 잔인한 제국주의 정책으로 필리핀 같은 식민지와 보호국을 획득하는 걸 가능케 했다. 하지만 제1차 세계대전 기간에 미국 기업가와 은행가가 막대한 돈을 벌어들이는 동안 심각한 문제들이 나타나기 시작했다.

미국 국민 사이에서 이 전쟁에 대한 반대 여론이 조성되었고,

'산업계의 지도자'로 널리 존경받던 자본가들에게 '전쟁으로 폭리를 취한 자'들이라는 비난이 쏟아졌다. 더욱 중요하고 걱정스러운 문제는 제1차 세계대전으로 혁명이라는 유령이 일시에 모두 쫓겨날 것 같았지만, 결국 러시아와 독일 등지에서 혁명이 발생했으며, 이제는 대서양 건너로까지 그 충격이 미치고 있다는 사실이었다. 러시아혁명의 성공은 미국의 하층계급과 서민층 전반에 반향을 불러일으키고 있었다. 물론 반대로 상층계급과 정재계 지배층에게는 반혁명적(즉 '반동적')인 과민 반응을 일으켰다. 미국 정부 당국—윌슨 대통령도 마찬가지였다—은 실재의 또는 가상의 '붉은 위협'을 잔인하게 탄압하는 것으로 대응했다. 이로 인해 미국사에 '적색공포'로 알려진 매우 끔찍한 사건이 기록되었다. 하지만 이런 탄압도 자유기업체제의 심장부인 미국에서 공산주의 정당과 사회주의 정당이 존재하는 걸 막을 수는 없었다. 이들 정당은 지지자들이 원래 많았던 데다, 대공황이 시작된 뒤에는 더욱 늘었다. 게다가 노동조합에 가입하는 노동자 수도 증가세였고, 노동조합에선 활발한 활동을 펼치며 연속적으로 대규모 파업을 조직하고 있었다.

미국의 지배층은 '붉은' 혁명에 대한 두려움을 떨칠 수가 없었다. 또한 비록 '과두제 민주주의'이지만, 보통선거제 같은 민주주의적인 특징으로 인해 언젠가 바람직하지 않은 결과—과두제적인 성격이 약화되고 민주주의적인 경향이 강화될 수도, 그리고 심지어 사회주의적인 방식이 도입될 수도 있었다—가 빚어질까 봐 무서워했다. 이런 상황에서 은행가와 산업계 지도자 중에서 독재자가 통치하는 권위주의 국가체제, 바꿔 말하면 파시즘체제가 자신들의 이익을 위해서는 더 낫다고 생각하는 이들이 늘어나게 되었다. 이언 커쇼는 "미국[그리고 영국]에서는 지배층이 자신들의 이익에 부합한다는 이유로 이미 오래전에 확립되어 헌법에 깊이 아로새겨진 현재의 민주주의체제를 지지"했지만, 반대로 독일에서는 "핵심 권력층 가운데 상당수가 민주주의를 혐오했기 때문에 그것을 폐기할 기회만 기다렸다"고 평가한 바 있는데, 이는 잘못된 것이다.¹ 대공황이 시작되면서 미국의 기업가와 은행가는 권위주의체제가 '붉은 위협'을 제거하고 노동자들에게 규율을 부여함으로써 경제를 되살리고 자신들 사업체의 수익성을 회복할 방안을 마련할 수 있을 거라고 믿기 시작했다. 경제의 관리 측면에서도 민주주의로 가장한 과두제체제는 더 이상 지배층이 원하는 바를 실현해줄 수 없는 것처럼 보였다.

1934년 6월 외교관, 사업가, 대학교수 들로 구성된 미국 대표단이 독일을 방문했을 때 베를린 주재 미국 대사 윌리엄 E. 도드는 그들에게서 뻔한 이야기를 들었다. (즉 미국 기득권층의 전형적인 의견으로, 무솔리니와 히틀러 같은 독재자를 선호하고 자국에도 권위주의 정치체제가 들어서길 바란다는 내용이었다.) 참석자 중 한 명이 대사에게 "10퍼센트의 사람이 돈을 벌고, 인생의 모든 면에서 앞서나가는 만큼 공공 문제에 대해 전적인 통제권을 가져야 한다"고 말했다. 미국 지배층을 대표하는 이들이 민주주의를 신봉했다면, 혹은 민주주의로 겉치장을 한 전통적인 미국식 과두제라도 신봉했다면, 위와 같은 이야기들은 나오지 않았을 것이다. 결국 그들은 노골적으로 권위주의 정치체제를 열망했던 것이다. 같은 해 뉴욕주에 많은 신문사를 소유한 언론계의 거물 프랭크 개닛Frank Gannett이 독일을 방문해 도드를 만났다. 그는 도드에게 미국의 수많은 부자는 민주주의를 "히틀러가 이끄는 것과 비슷한" 파시즘체제로 전환할 때에만 행복해할 수 있을 거라고 말했다.[2] 1937년에 도드 대사는 《뉴욕타임스》와의 인터뷰에서 미국 산업계와 금융계의 지배층이 지닌 친히틀러 성향에 대해 다음과 같이 언급했다.

> 미국의 기업가 집단은 우리의 민주 정부를 몰아내고 파시즘 체제를 들여올 작정으로 독일과 이탈리아의 파시스트 정권과 긴밀히 협력하고 있습니다. 베를린에 머무는 동안 우리 미국의 몇몇 유력 가문이 나치 정권과 얼마나 가깝게 교류하는지 목격할 수 있는 기회가 많았습니다. ……[3]

심각한 경제 위기가 발생했던 핵심 원인은 공급에 비해서 수요가 부족했기 때문이다. 루스벨트 대통령은 케인스식 접근법으로 수요를 진작하고자 했다. '수요 측면'에 초점을 두고, 흔히 쓰이는 비유대로 '펌프에 마중물을 붓는' 정책을 추진했던 것이다. 펌프에 마중물을 붓는다는 건 얼마간의 자금 투입으로 정체된 국가 경제에 재시동을 건다는 것을 의미한다. 결국 테네시 계곡에 댐을 건설하는 등 대형 국책사업을 추진함으로써 소기의 목적을 달성할 수 있었다. 경제생활에 정부가 대규모로 개입하는 특징을 지닌—그리고 최저임금과 노동시간 제한 도입 같은 사회개혁을 동반하는—이 정책을 뉴딜이라고 불렀다. 당시 미국에서 압도적 다수의 기업가와 은행가를 포함한 자유기업체제의 전통적인 옹호자들은 뉴딜을 '사회주의' 정책이라고 매도했지만, 후대의 수많은 역사학자는 대공황을 극복하려던 합리적이고 과감하며 효율적인 방법이었다고 평가했다. 실제로 루스벨트의 뉴딜은 사회주의와 거의, 아니 아무런 관계가 없었으며, 경제 문제들에 대한 해결책이 되지도 못했다. 이제부터 미국의 대공황을 끝낸 건 바로 전쟁이었다는 걸 확인하게 될 것이다.

수백만 명의 미국 시민이 '더러운 30년대'(대공황과 함께, 거대한 흙모래 폭풍이 미국 중서부를 강타한 더스트 볼 사건까지 겹쳤던 미국의 1930년대를 일컫는 말—옮긴이)에 실업과 빈곤에 시달리는 동안, 헨리 포드 같은 대기업가들은 자기 기업의 수익성이 줄어드는 문제에 집중했다. 또한 미국 재계에선 투쟁적인 노조원 및 온갖 사회주의자, 공산주의자, 무정부주의자, 그 밖의 급진주의자 들—미국의 역사학자 중에는 그 시기에 이들의 수가 많았다는 이유로 '붉은 30년대'라는 표현을 쓰는 이들도 있다—에게 자신들이 포위 공격을 당하고 있다고 생각했다. 미국의 기업가와 은행가는 루스벨트가 이 위험한 '빨갱이'들에게 너무 많은 것을 내준다고 판단했다.

제너럴모터스와 포드 같은 기업에서 독일에 있는 자회사가 히틀러의 보호하에 벌어들이는 수익을 미국에서도 올리는 건 불가능한 일이었다. 그래서 그들은 독일의 히틀러처럼 '빨갱이'로부터 자신을 구해줄 '강력한' 정치 지도자를 꿈꿨다. 미국 지배층이 볼 때는 히틀러가 루스벨트보다 더 뛰어난 국가 경제 관리자였을 뿐 아니라, 훨씬 더 세심하게 재계 지도자들의 필요와 욕구를 챙겨주는 정치인이었다. 예를 들어 제너럴모터스의 회장 앨프리드 P. 슬론은 민주주의와 루스벨트의 뉴딜에 대한 경멸감을 숨기지 않았다. 그런 것들은 엄격한 규제, 사회복지, 노동조합에 대한 온건 노선 등과 관련이 있다는 것이었다. 반면 히틀러에 대해서는 찬사를 늘어놓았다. 1934년 봄에 다음과 같은 히틀러 찬가가 제너럴모터스가 발행하던 정기간행물 《제너럴모터스 월드Genreal Motors World》에 실렸다. 참고로 당시는 히틀러가 집권한 뒤 1년 남짓 지난 시기로, 독일에선 이미 노동자들의 정당과 조합이 와해된 상태였다.

> 히틀러는 독일 국민을 경제 침체에서 구원하는 데 적합한 강력한 지도자였다. …… 그는 무력이나 공포가 아니라, 정부의 치밀한 원칙을 바탕으로 한 적절한 정책 수립과 집행을 통해 국민을 이끌었다.[4]

그런데 미국 재계의 주요 인사들은 히틀러 개인과 그의 정권이 보인 불편한 측면—당시에도 매우 잘 알려져 있었다—에 대해선 어떻게 생각했을까? 히틀러의 반유대주의와 인종주의를 보고 혼란을 느끼지 않았을까? 불행히도 이 질문에 대한 답은 '아니다'였다. 미국 산업계와 금융계의 주요 인사들은 거의 예외 없이 백인으로, 젊은 시절 19세기 후반에 유행했던 사회진화론 같은 사상을 받아들이고, 히틀러처럼 '북방' 인종의 우수함과 중국인, 흑인, 인도인 같은 '유색인종'의 열등함을 굳게 믿는 이들이었다. 그래서 히틀러의 인종 혐오와 반유대주의는 대서양 건너 미국의 상층 사회에 아무런 불쾌감도 주지 않았다. 기업계와 금융계 최고위 인사들의 회원제 사교 모임에 유대인은 아예 출입이 불가능했고, 흑인은 주방 직원, 종업원, 운전사 자격으로만 드나들 수 있었다. 홀로코스트 역사를 다룬 책을 함께 쓴 데버라 드워크Deborah Dwork는 1930년대의 반유대주의에 대해 다음과 같이 묘사한 바 있다.

> …… 독일보다 오히려 미국에서 훨씬 더 눈에 띄었고 노골적이었다. 유대인 출입을 금하는 호텔, 컨트리클럽, 식당이 독일보다 미국에 더 많았다. 1930년에 뉴욕주 북부를 지나가면 '유대인, 흑인, 개 출입 금지'라는 표지를 흔히 볼 수 있었지만, 독일에서는 그런 표지를 찾을 수 없었다.[5]

미국 주요 기업가 상당수가 반유대주의 성향을 숨기지 않았다. 헨리 포드는 1920년에 《국제유대인The International Jew》이라는 제목의 지독히 반유대주의적인 책을 다양한 언어로 출판했다. 독일어판은 1921년에 나왔는데, 히틀러가 이 책을 탐독하기도 했다. 그는 포드의 책이 자신에게 영감과 용기를 주었으며, 뮌헨의 나치당 당사, 즉 브라운 하우스 내 자신의 집무실에 포드의 초상화를 걸어두기도 했다고 밝힌 바 있다. 반유대주의자로 악명 높은 또 다른 미국 재계의 거물은 이레네 듀폰이었다. 그의 조상 중에 유

대인이 많았지만 그는 아랑곳하지 않았다.[6]

미국의 역사학자 아노 J. 메이어Arno J. Mayer는 자신의 저서 《왜 천국은 어두워지지 않았을까?Why Did the Heavens Not Darken?》에서 포드나 듀폰으로 대표되는 미국인들과 히틀러의 반유대주의가 매우 유사한 성격을 띠고 있다는 주장을 설득력 있게 펼친 바 있다. 그들이 유대교와 마르크스주의를 바라보는 시각은 나눌 수 없을 만큼 연결되어 있었다. 독일의 저명한 역사학자 프리츠 피셔도 히틀러 현상이 역사에서 괴이한 사건이 아니라는 통찰을 보여주는 역작 《히틀러는 사고가 아니었다Hitler war kein Betriebsunfall》에서 같은 점을 강조한다.[7] 히틀러는 사회주의자 행세를 했지만, 그의 사회주의는 '국가'사회주의였다. 즉 '순수한' 독일인, 다시 말해 유대인을 비롯한 열등 인종의 피가 섞이지 않은 아리아인 게르만족을 위한 사회주의였던 것이다. 《나의 투쟁》에 나오는 사회주의는 "민족과 조국을 위한 가장 고귀한 형태의 사랑"이나 마찬가지이다.[8] 히틀러는 사회주의를 말하지만, 그의 마음속에 있던 것은 사회주의가 아니라 민족주의였다. 히틀러의 파시스트 조직이 사회주의의 깃발을 내세웠던 건, 그가 평등과 연대라는 사회주의적인 이상이 독일 국민들 사이에서 큰 호소력을 지니고 있으며, 따라서 지지자와 표를 확보하는 데 유용하다는 것을 간파하고 있었기 때문이다.

카를 마르크스의 저작에서 영감을 받아 전 세계 모든 노동자의 연대를 설파한 진짜 사회주의에 대해 히틀러는 독일인, 그리고 아리아인을 노예로 삼고 심지어 절멸하고자 하는 목적의 유대식 이데올로기라며 혐오했다. 나치스는 마르크스주의적 사회주의,

즉 '국제'사회주의를 아리아 혈통의 독일인만을 위해 준비된 사회주의인 자신들의 '국가'사회주의와는 정반대되는 악으로, 심지어 범죄로 간주했다. 그들이 볼 때 마르크스주의적 국제사회주의는 '국제인민' 또는 헨리 포드의 책 제목대로 '국제유대인'이 날조한 허상에 지나지 않았다.

프리츠 피셔는 히틀러의 마음속에서는 "반유대주의와 반마르크스주의가 한데 섞여" 부글부글 끓고 있었다고 썼다.[9] 히틀러는 모든 형태의 마르크스주의를 '유대식'이라며 경멸했지만, 그중에서도 당시 일반적으로 볼셰비즘이라고 불리던 공산주의를 가장 증오했다. 그 증오의 이유는 분명했다. 볼셰비키는 사회주의혁명을 논의하는 데 그치지 않고, 1917년에 실제로 혁명을 일으켰고, 그 혁명을 성공시켜 최초의 사회주의 국가인 소비에트연방을 탄생시켰기 때문이다. (이론의 여지는 있지만, 1871년 파리코뮌도 일종의 초기적인 사회주의 국가였다.) 1918년에서 1919년 사이에 독일에서도 혁명이 발발했으나 프리드리히 에베르트 등 사회민주당 지도부의 찬성하에 군대에 의해 유혈 진압되었다. 피셔에 따르면 히틀러는 "유대주의와 볼셰비즘은 하나이자 같은 것"이고, 볼셰비키는 모두 유대인이며, 그들의 소비에트연방—그가 《나의 투쟁》에서 쓴 표현대로라면 "유대인 지배하의 러시아"—은 "유대식" 국제사회주의의 본진에 지나지 않는다고 생각했다. 히틀러를 비롯한 나치 지도자들은 볼셰비키를 말살하려면 유대인을 말살해야 하고, 유대인을 말살하려면 볼셰비키를 붕괴시켜야 하며, 유대인과 볼셰비키 둘 다 말살하려면 소련을 말살해야 한다고 생각했다.[10]

1939년 5월에 악명 높은 국가사회주의독일노동당의 주간지《데어 슈튀르머Der Stürmer》('돌격대'라는 의미의 제호―옮긴이)에는 다음과 같은 글이 실렸다.

러시아에 있는 유대인들을 처벌하기 위한 원정을 준비하는 게 절대적으로 필요하다. 원정을 떠나 모든 암살자와 범죄자에게 받아 마땅한 처벌, 즉 사형을 선고해야 한다! 러시아계 유대인을 죽여야 한다. 그들의 씨를 말려야 한다. 그러면 전 세계는 유대인의 종말이 볼셰비즘의 종말을 의미한다는 걸 알게 될 것이다.[11]

반유대주의는 히틀러가 태어나기 이전에도 최소한 1,000년 동안 존재해왔고, 제1차 세계대전 직전쯤에는 독일뿐 아니라 프랑스(드레퓌스 사건) 등 여러 나라에 꽤 퍼져 있었다. 그런데 제1차 세계대전과 러시아혁명이 일어나고 1918년이 되자 반유대주의는 피터 헤이스가 지적한 대로 "좌파 혁명에 대한 공포가 덧붙여지면서 새로운 전기를 맞이하"게 되었다.[12] 그 공포가 유럽과 미국 양쪽 서방 세계의 중산계급과 지배계급에 퍼져나갔던 것이다. 유럽과 미국에서 반유대주의자는 반마르크스주의자가 되었고, 반마르크스주의자는 반유대주의자가 되었다. 따라서 포드를 비롯한 미국의 많은 주요 기업가가 히틀러처럼 '볼셰비키 유대인' 또는 '유대교-볼셰비즘'이라는 신화를 열렬히 믿게 된 건 당연한 일이었다.[13] 사실 히틀러는 헨리 포드가 러시아혁명에 대해서 했던 말, 즉 러시아혁명의 원인은 "정치적인 것이 아니라 인종적인 것"이며 유대인들의 음모라는 이야기를 그저 되풀이했을 뿐이다. 친위대장 하인리히 힘러에 따르면, 포드의 이런 생각들은 히틀러에게 "결정적인" 영향을 주었다.[14] 히틀러 다음가는 나치 이데올로기 이론가인 아르투어 로젠베르크Arthur Rosenberg와 히틀러유겐트(1926년 국가사회주의독일노동당이 설립한 청소년 조직—옮긴이)의 책임자였던 발두어 폰 시라흐Baldur von Schirach도 포드의 책에 크게 영향받은 나치의 주요 인사였다.

포드가 나치스에 영감을 준 유일한 미국인은 아니다. '과학적 인종주의자' 로스럽 스토더드Lothrop Stoddard(1883~1950)는 제1차 세계대전 이후 수년간 미국에서뿐 아니라 독일에서도 상당한 영향력을 지닌 인물이었다. 1920년에 출판됐고, 곧이어 독일어판도 나왔던 《백인 세계 우월성에 대항하는 유색 인종의 발흥The Rising Tide of Color Against White World-Supremacy》이라는 책에서, 그는 자연스러운—즉 "신이 주신"—"북방 인종"의 우월성이 인간 이하의 또는 "열등 인종"인 "유색" 인종 집단에 의해 위협받고 있다는 이론을 주장했다. 히틀러와 로젠베르크 등은 이 이론뿐 아니라 책에 쓰인 용어도 적극 수용했는데, 여기서 그 악명 높은 '열등 인종Untermensch(en)'이라는 독일어 용어가 만들어졌다. 하지만 히틀러에게 크게 영향을 미친 건 백인종의 우월성에 대한 미국의 인종주의 **이론**이 아니라 미국의 **실천**이었다. 그는 이른바 북방 인종 또는 아리아인 출신의 미국인들이 원주민인 '붉은 피부redskin'(아메리칸 원주민을 경멸하는 차별적 단어—옮긴이)를 무자비하게 몰아내고 대륙 전체를 장악한 데 대해, 심지어 노예제 폐지 이후에도 체계적인 차별로 흑인들을 종속시킨 데 대해, 인종 간 결혼을 (많은 주에서) 금지한 데 대해, "다른 미국인들에게 짐이 될 수 있는" 다양한 종류의 사람들에게 불임 시술을 강제하는 등의 많은 '우생학적' 조치 시행에 대해, '유색 인종'의 이민을 금지하는 등의 이민 정책에 대해, 그리고 백인 미국인들이 중국인과 유대인을 상대로 보여주는 온갖 모욕에 대해 감탄을 금치 못했다. 즉 지배 민족이 열등 인종을 어떻게 다뤄야 하는지, 지배 민족의 '순혈성'과 그에 따른 우월성, 지배성을 어떻게 유지해야 하는지를 미국의 사례에서 배웠던 것이다. 히틀러의 관점에서 미국은 '아리아계' 독일인들이 배워야 하는 뛰어난 본보기였다. 그리고 실제로 그의 지휘하에 독일에서 모방이 이뤄졌던 것이다. 물론 이는 포드나 스토더드 같은 미국의 '백인 우월주의' 신봉자들을 기쁘게 했다. 동시에 그들은 쉽게 공감할 수 있는 인종주의적 발상과 계획을 가진 이 영악한 독일인에게 자연스레 끌리게 되었다.[15]

1930년대에 미국 재계의 반유대주의는 반사회주의 및 반마르크스주의와 동전의 양면을 이루며 이른바 '빨갱이 사냥'이라고 불리던, '붉은' 것에 대한 무조건적인 증오로 표출되었다. 재계 내 대다수 거물들은 루스벨트의 뉴딜이 '사회주의적' 정책으로, 경제생활에 대한 정부의 불법적인 개입이며, 유대인이 영감을 주고 지휘한 미국 볼셰비키화의 서곡이라며 반감을 표출했다. 산업계와 금융계 지배층에 속한 반유대주의자들은 루스벨트 자신이 유대인이거나, 그게 아니라면 비밀 공산주의자로 유대인들의 꼭두

각시일 거라고 생각했다. 그들은 루스벨트가 유대인일 거라는 의미에서 습관적으로 그를 '로젠펠트'(루스벨트를 독일어로 옮기면 '로젠펠트Rosenfeld'인데, 이는 매우 유대계 성처럼 들린다—옮긴이)라고 불렀고, 뉴딜을 '주딜Jew Deal'(유대인 정책)이라며 조롱했다.[16] 1934년 6월에 독일을 방문한 미국인 은행가 세 명은 베를린 주재 미국 대사 윌리엄 E. 도드에게 루스벨트 행정부에는 "유대인이 너무 많다"고 불만을 토로하기도 했다.[17]

미국 산업계와 금융계 인사들은 히틀러의 반유대주의에 전혀 개의치 않았다. 오히려 그들은 반유대주의 기치 아래 모든 형태의 마르크스주의적 사회주의와 치열하게 싸울 수 있는 의지와 능력을 지닌 파시스트 구세주가 오기를 바랐다. 이 구세주가 나타나면 그 기원이 유대계에 있을 것 같은 '빨갱이'들의 나라와 그 태생부터가 '붉을' 것만 같은 유대인들을 없애버리고, 모든 사회적·경제적 문제를 해결할 수 있을 터였다. 제너럴모터스 회장 슬론은 미국자유연맹American Liberty League과 큐클럭스클랜을 포함한 온갖 파시스트 및 유사 파시스트 단체에 거액을 후원했다.[18] 듀폰도 악명 높은 블랙 리전Black Legion을 포함해 '미국에서 형성된' 파시스트 조직에 재정 지원을 해주었다. 블랙 리전은 큐클럭스클랜의 준군사조직 지부로, 주로 오하이오주와 미시간주에서 활동하며 사회주의자와 공산주의자를 살해했다. 심지어 1933년에는 듀폰을 비롯한 몇몇 기업가가 워싱턴에서 루스벨트 정권을 군사독재 정권으로 교체하려는 쿠데타 계획에 연루되기도 했다. 하지만 계획이 누설되어 결국 취소해야만 했다. 이후 이 사건은 당사자인 루스벨트의 협조로 조용히 넘어가게 되었다. 너무나 많은 산업계와 금융계 고위층—그리고 주요 정치인과 군 고위 간부—가 연루되었던 탓에 취해진 조치였다.[19] 어쨌든 미국의 수많은 기업가와 은행가는 반유대주의에도 불구하고가 아니라 바로 그 반유대주의 때문에 히틀러를 좋아하고 높이 평가했다.

    따라서 미국 기업의 독일 내 자회사가 아무런 어려움 없이 히틀러의 반유대주의 정책에 전적으로 따랐다는 것은 결코 놀라운 일이 아니다. 물론 그 회사의 소유주와 경영진이 그렇게 한 이유가 반유대주의에 대한 신념 때문은 아니었다—그들이 포드만큼 열렬한 반유대주의자가 아니었던 건 분명하다. 그저 수익 최대화라는 자본주의의 철칙을 따랐던 것뿐이다. 실제로 나치 독일에서 해외 기업의 지사가 수익을 내려면 히틀러의 재무장 프로그램에 반드시 필요한 물자를 공급할 수 있어야만 했다. 나치 정부에 납품하려면 외국인 소유 회사도 독일 회사로 인정받아야 했다. 나치 당국으로부터 독일 회사로 인정받으려면, 유대인을 한 사람도 고용하지 않았다는 걸 확인받아야 했다. 그래서 미국 기업의 독일 내 자회사는 유대인 사원을 사직시키거나 해고해야만 했다. 예를 들어 포드-베르케 경영진은 1936년에 '아리안-게르만족 인력만' 고용하기로 결정했다.[20] 제너럴모터스의 독일 지사는 유대인 직원을 해고한 것뿐만 아니라, 유대인 판매업자와의 거래도 중단했다.[21]

    아리아화를 제대로 활용했던 인사 가운데 빌헬름 케플러가 있었다. 히틀러를 권좌에 올려놓기 위해 노력했던 기업가와 은행가의 모임인 케플러 모임에 대해서는 이미 언급한 바 있다. 그는 에버바흐(바덴)에 위치한 사진용 젤라틴 생산업체인 오딘 유한회사의 이사였다. 이스트먼 코닥이 그 회사 주식의 절반을 보유하고 있었기 때문에, 케플러는 미군 정보기관에 '코닥 사람'으로 알려지게 되었다. 그런데 케플러는 수많은 다른 미국 기업의 독일 내 자회사에서 유대인 직원들을 몰아내는 데 도움을 주었다.[22] 케플러가 아이티티에도 그런 도움을 주었는지는 확실치 않다. 하지만 아이티티 자회사에서 유대인은 모두 주요 직책에서 물러나야 했다. 심지어 그 자회사들을 직접 설립했던 이들도 마찬가지였다. 아이티티의 독일 내 자회사에 대해 연구한 미국의 저술가 로버트 소벨Robert Sobel은 아이티티의 사례가 특별한 게 아니었다고 설명한다. 그저 독일에 자회사를 보유한 다른 미국인 사업가들이 했던 수준 그 이상도 그 이하도 아니었다는 것이다.[23] 수익 극대화가 나치 독일에서 어떤 결과를 낳았는지 잘 보여주는 슬픈 일화가 있다. 아리아계 경쟁사에서 코카콜라 유한회사의 소유주가 유대인이라는 소문을 퍼뜨리자, 이에 코카콜라에서는 나치스의 악명 높은 반유대주의 성향의 잡지인 《데어 슈튀르머》에 광고를 내서 그런 소문은 헛소문이며, 자신들은 '결백'하다고 주장했다.[24]

미국 기업과 은행의 소유주와 경영진이 히틀러 정권에 대해 반감을 가진 부분도 있었다. 예를 들어 자유기업체제의 신봉자인 이 사업가들은 독일에 있는 자신들의 자회사에서 발생한 이익금을 미국 본사로 송금하는 것을 엄격히 규제하는 나치 당국에 반발했다. 또한 순수 독일 기업과 비교해서 주문량 또는 고무 등의 희소한 원료 분배량 등과 관련해 때로 불이익을 받는다는 점도 문제였다.[25] 게다가 종종 나치 지역당 지도부—역사학자 헨리 애슈비 터너는 이들을 가리켜 '작은 히틀러들'이라고 불렀다—때문에 골치를 썩는 경우가 있었다. 그들이 독일 지사의 사업에 간섭하고 싶어 했던 것이다. 하지만 그들의 그러한 시도는 대개 실패로 끝났는데, 오펠이나 포드-베르케 같은 미국 기업 자회사는 괴링을 비롯한 베를린의 나치 주요 인사와 좋은 관계를 맺고 있었기 때문이다.[26] 독일에서 활동하는 미국 기업의 소유주와 경영진은 독일의 동료들처럼 자신들의 수익을 최대한 높여주기 위해 모든 것을 해주는—예를 들어 노동운동을 탄압하고, 대규모 재무장 프로그램을 실행해준—나치 정권에 고마움을 느끼고 있었다. 하지만 그들은 자신들의 사업과 관련되어 규제를 비롯해 여러 가지 형태의 정부 개입이 늘어나는 것에 대해 불만을 가졌다. 당시 사업가들에게—오늘날의 사업가들과 수많은 역사학자에게도 마찬가지지만—도를 넘는 '국가통제주의dirigisme'는 '자유기업체제'라는 신성불가침의 원칙에 대한 모독으로, 심지어 '사회주의'의 한 형태로 인식되고 있었다. (비슷한 경우로 미국의 기업가와 은행가가 루스벨트 대통령의 뉴딜을 이른바 사회주의라며 한탄했던 사실은 이미 살펴본 바 있다.) 또한 그들은 나치 정권의 경제 정책에서 드러난 온갖 형태의 모순, 무능, 경쟁, 부패, 족벌주의, 편파 등을 달가워하지 않았다. 이런 점들 때문에 영국의 역사학자 리처드 J. 에번스Richard J. Evans는 제3제국 경제체제는 "완전한 부조리" 속에 있었으며, 자본주의도 사회주의도 아니었기 때문에 "쉽게 특징을 설명할 수 없는" 체제였다고 설명한다. 이언 커쇼가 쓴 히틀러 전기에도 이와 매우 비슷한 내용이 나온다.[27] 에번스와 커쇼는 객관적인 견지에서 나치즘과 자본주의를 분리하고, 히틀러 정권에 긴밀히 협력한 (그리고 그로부터 많은 이익을 얻은) 독일 및 전 세계 자본가들에게 면죄부를 줄 수 있는 방법을 모색했던 것이다. 하지만 나치의 경제체제는 1933년 정권 출범부터 1945년 몰락까지 재계(그리고 다른 분야의 독일 지배층)의 이익을 위해 노동자들과 그 밖의 '힘없는' 독일인 모두를 희생시키는 방향으로 **체계적으로** 기능했다—물론 완벽하지만은 않아서 종종 기업가와 은행가를 화나게 하는 경우도 있기는 했다. 이러한 맥락에서 보면 이 경제체제는 '합리적'이었던 게 확실하다.

독일제국을 맹렬한 기세로 무장시키는 히틀러가 조만간 대규모 전쟁을 일으킬 것은 누가 봐도 뻔한 사실이었다. 미국 산업계와 금융계 지배층 중에서 몇몇 인사는 일찍부터 이 점에 대해 우려했을 수도 있지만, 이 작은 먹구름은 곧 낙관주의와 높은 기대라는 푸른 하늘에서 흔적도 없이 사라졌다. 1930년대를 지나며 사업계와 외교계의 전문가들은 히틀러가 서유럽 국가들을 버려둔 채 소련으로 진군해 그곳을 붕괴시킬 거라고 점점 더 확신하게 되었다. 그는 이미 《나의 투쟁》을 통해 독일이 유럽 동부에 '생존공간'을 확보해야 한다고 강조하며 야망을 드러낸 바 있었다.[28] 미국의—그리고 서유럽 국가 전체의—산업계와 금융계 지배층은 소련을 증오했다. 그들 입장에서 공산주의 국가 소련은 국제 자본주의체제에 대한 대표적인 대안 체제였기 때문에 탐탁지 않았다. 또한 미국을 비롯해서 세계 각국의 '빨갱이'들에게 영감을 주고

본보기가 되고 있는 것도 마음에 들지 않았다. 그런 상황에서 히틀러가 독일에서 공산주의를 어떻게 없애는지를 보여줬던 것이다. 히틀러가 지긋지긋한 유대인과 '빨갱이'의 온상인 소련을 쓸어버려 공산주의라는 재앙을 한번에 모조리 없애버린다면 더할 나위 없이 좋은 일 아닌가? 이런 식으로 상황을 바라보는 수많은 미국 기업가와 은행가의 눈에 히틀러가 소련을 상대로 전쟁을 벌이겠다고 결심한 것은 당연히 걱정거리가 아니라 그를 칭찬하고 지지해야 하는 또 다른 이유였다. 그리고 그들이 그 전쟁을 고대했던 다른 이유도 있었다. 싱어를 비롯한 몇몇 미국 기업은 러시아제국 시절 많은 투자를 했는데, 러시아혁명으로 그걸 잃은 적이 있었다. 그래서 히틀러의 전쟁으로 소련이 붕괴되면 손실액의 일부라도 복원이 가능할 거라고 기대했던 것이다.[29]

　히틀러는 볼셰비즘이라는 용을 잡기 위해 기꺼이 나설 수 있는 강력한 지그프리트처럼 보였다. 그를 고무하고, 그가 이렇게 나서는 걸 좀 더 쉽게 해준 것은 런던과 파리에서 추진하고, 워싱턴에서 조심스럽게 지지한, 이른바 유화 정책이었다. 앨빈 핑클Alvin Finkel과 클레멘트 리버비츠Clement Leibovitz가 《체임벌린과 히틀러의 공모The Chamberlain-Hitler Collusion》에서 자세히 묘사한 대로 유화 정책은 드러나지는 않았지만 매우 실질적인 효과를 냈다. 그런데 유화 정책은 그 진정한 동기를 영국과 프랑스 대중에게 들키면 안 되었기 때문에 은밀하고 복잡한 전략이었다. 영국과 프랑스에서도 미국과 마찬가지로 국민 대다수는 히틀러에 대해 반감을 가지고 있었고, 소수이긴 했지만 소련에 공감하고 있는 국민도 제법 있었던 것이다.

유화 정책은 처참한 실패로 끝이 났다. 정책이 일관되지 않아 결국 히틀러가 런던과 파리에 있는 정치인들의 의도를 의심하게 되었던 것이다. 그래서 히틀러는 스탈린과 독·소불가침조약을 맺었다. 스탈린도 서구의 강대국들에 나치 독일에 대항해 공동 전선을 구축하자고 제안했다가 긍정적인 반응을 얻지 못하자 점점 더 그들을 불신하던 참이었다.

히틀러와 스탈린이 서명한 불가침조약은 잘 모르는 역사학자들의 설명[30]과는 달리 맹약이 아니었으며, 양측에 일시적이지만 상당한 이익을 주는 임시 합의에 불과했다. 먼저 히틀러는 이 조약으로 폴란드를 침공하면서 프랑스와 영국뿐만 아니라 소련과 맞서야 하는 걱정을 접을 수 있었다. 또한 나중에 서구의 강대국 쪽으로 병력을 움직일 때, 제1차 세계대전 당시 독일의 난제였던 동쪽으로부터의 공격을 걱정할 필요가 없었다. 소련 입장에서도 이 조약으로 귀중한 시간과 폴란드 동부라는 공간을 확보할 수 있었다. 모스크바에서는 나치스가 조만간 공격해올 거라고 판단하고 있었는데, 그 공격을 막는 데 매우 유용한 시간과 공간을 확보할 수 있었던 것이다. 독일의 한 군사사학자는 최근 연구에서, 악명 높은 불가침조약으로 독일이 1941년 6월 소련 침공을 서쪽으로 약 300킬로미터나 더 떨어진 곳에서 시작할 수밖에 없는 결과가 빚어졌기 때문에 이는 결국 히틀러의 "전략적 패배"였다고 결론 내린 바 있다.[31] 만약 이 조약을 맺지 않았다면, 독일은 1941년 12월 초에 모스크바를 불과 50킬로미터 앞두고 전력을 소진하는 대신 점령에 성공했을 수도 있다.

그리하여 1939년에는 오랫동안 기다리고 바라왔던 독일과 소련 사이의 전쟁이 발발하지 않았다. 그 대신 독일은 단치히(그단스크)를 두고 갈등을 겪던 폴란드는 물론, 프랑스와 영국을 상대로 전쟁을 벌이게 되었다. 하지만 이것으로 나치 독일이 서구의 자본가들을 위해 소련의 공산주의자들을 물리칠 십자군 원정의 꿈이 무산된 것은 아니었다. 런던과 파리에서 권력을 유지하던 유화론자들은 히틀러가 귀찮은 폴란드 문제를 빨리 처리하고 나서 소련에 집중할 수 있기를 바라면서 '전쟁하는 시늉'만 하고 있었다.

1940년 5월 제너럴모터스의 수출 관리자였던 제임스 D. 무니에게 준공식 임무를 맡겨 런던과 베를린으로 보낸 것도 같은 맥락에서였다. 런던 주재 미국 대사인 조지프 케네디—존 F. 케네디의 부친으로, 독일에 대규모로 투자한 기업 알시에이RCA와 관련이 있었다[32]—처럼 무니도 독일과 영국 지도자들을 설득해 양국 사이의 불편한 관계를 가능한 한 빨리 해소하고자 할 수 있는 모든 일을 다 했다. 히틀러가 더 중요한 일, 즉 소련 괴멸에 더욱 집중할수 있게 해줘야 했던 것이다.[33]

독일에 자회사를 둔 미국 기업의 소유주와 경영진은 당연히 히틀러가 1939년에 유럽에서 일으킨 전쟁 상대가 폴란드와 서구의 강대국이었다는 점을 안타까워했다. 하지만 결국 이것이 그렇게 중요한 것은 아니었다. 중요한 건 히틀러의 전쟁 준비를 돕는 것도 충분히 훌륭한 사업이었지만, 이제 시작된 전쟁은 훨씬 더 어마어마한 수익을 낼 수 있는 모든 가능성을 열어줄 거란 사실이었다.

마침내 1939년 9월 1일, 독일 기계화부대가 폴란드 국경을 넘었을 때, 뉴욕 증권거래소의 반응은 열정적이었고, 주가는 2년 사이 가장 큰 상승폭을 기록했다. 제이피모건 은행에 대한 연구서를 집필한 론 셔노Ron Chernow는 이에 대해 "미국 투자자들은 전쟁에서 누가 이익을 얻을지 이미 파악하고 있었으며, 경제 호황을 예견했다"고 설명한 바 있다.[34]

14장

'미국산' 전격전

1939년과 1940년의 독일군 승리는 그 유명한 전격전 덕분에 가능했다. 전격전이란 기동성을 높인 새로운 전투 형태로, 육상과 공중에서 완벽히 보조를 맞춰 매우 빠른 속도로 공격하는 게 주요한 특징이었다. 그러한 '전격전'을 수행하기 위해서 히틀러는 엔진, 탱크, 트럭, 비행기, 연료, 엔진 오일, 고무, 그리고 슈투커(제2차 세계대전 당시 사용된 독일 공군의 단발 급강하폭격기—옮긴이)가 기계화 부대와 동시에 공격할 수 있도록 해줄 첨단 통신체계가 필요했다. 이런 유형의 장비 가운데 상당 부분은 미국 기업에서 공급했다. 미국의 그러한 도움이 없었다면 결과적으로 대승리의 시기가 된 1939년과 1940년에 히틀러는 '전격전'과 그에 따른 '전격적인 승리'를 꿈으로만 간직했을 것이다.

많은 차량과 비행기가 제너럴모터스와 포드의 독일 내 자회사에서 생산되었다. 1930년대 말 이 자회사들은 비군사 물자 생산을 포기하고, 군대에서 사용할 전쟁 물자만 생산했다. 미국 기업을 비호하는 사람들이 주장하듯이 나치 당국에서 그러한 전환을 강요했던 건 사실이다. 하지만 그 기업들 본사에서 그러한 생산 전환을 바라고 있었고, 나치 당국에서 그 계획을 제안하자마자 빠르게 받아들인 것 또한 사실이다.

쾰른의 포드-베르케는 트럭과 여러 종류의 엔진, 그리고 독일 국방군의 긴 구매 희망 목록에 나와 있는 부품으로 생산을 전환했다. 1939년 가을과 1945년 초 사이, 쾰른에 소재한 포드 자회사에선 독일군과 친위대가 쓸 트럭 및 기타 차량을 약 9만 대 생산했다. 1930년대 말이 되면서 제너럴모터스의 독일 지사도 전쟁 물자만 생산하게 되었다. 1935년 제너럴모터스가 베를린 근교 브란덴부르크에 새로 지은 오펠 공장에서는 국방군, 공군, 친위대가 사용할 블리츠(번개)라는 이름의 3톤 트럭만 제조했다. 이 트럭은 제2차 세계대전 동안 독일군의 탁월한 운송 수단이었던 것으로 알려져 있다. 1938년 한 해에만 트럭 6,000대가 전 세계에서 가장 현대적인 트럭 공장이란 명성을 누리고 있던 브란덴부르크 공장에서 조립되었다. 1945년에 전쟁이 끝날 때까지 오펠은 그 공장에서 총 13만 대의 트럭을 생산했다. 그에 반해 뤼셀스하임에 있는 제너럴모터스의 오펠 공장에서는 대부분 독일 공군을 위한 물자를 생산했다. 독일 공군의 주력 폭격기였던 JU-88 등의 비행기를 주로 조립했고, 그 외에도 연합군 선박을 침몰시켰던 독일 해군의 잠수함 유보트에 필요한 어뢰 부품 등의 군사 장비를 생산했다.[1] 뤼셀스하임의 오펠 공장은 어떠한 장비라도 대량으로 생산할 수 있는 시설을 갖추고 있었다. 조립 라인이 최소 96개 이상으로, 모두 연결하면 12킬로미터에 달할 정도였다. 하지만 1930년대 후반부터는 전쟁 물자만 생산했다.[2] 오펠이 이렇게 군사 장비만 생산하게 된 건 독일의 오펠과 미국의 제너럴모터스 경영진이 열심히 유치한 결과였다. 그들은 모두 이러한 생산 전환을 바라고 있었다. 생산 전환으로 더 큰 수익이 기대되었던 것이다. 수익은 실제로 늘어났는데, 일반 장비를 생산할 때보다 적어도 40퍼센트 이상 높은 수익을 냈던 것으로 알려져 있다.[3] 오펠과 포드-베르케는 독일군이 폴란드, 저지대 국가들, 프랑스, 소련 등을 상대로 전격전을 치르는 데 필요했던 소형 트럭의 90퍼센트, 대형 트럭의 70퍼센트를 독일군에 공급했다.[4]

독일 기업과 마찬가지로, 미국 기업의 자회사들은 재무장 사업에 뛰어들도록 강요받은 적이 없었다. 역사학자 요나스 셰르너 Jonas Scherner가 강조했던 대로, 나치 독일의 민간 영역에도 투자할 기회는 남아 있었다. 하지만 심각한 경제 위기 상황에서 민간 영역 투자는 매력이 떨어졌다. 자본주의체제의 논리를 따르면 수익이 가장 크게 나는 곳에 투자하게 되어 있다. 수익을 극대화하기 위해서는 히틀러가 전쟁을 치르는 데 필요한 무기와 장비를 생산하는 것만큼 좋은 사업은 없었다. (1930년대에 독일의 투자자본 수출이 상대적으로 적었던 이유도 이와 같았던 것으로 보인다. 독일의 재무장 사업에 투자하는 것이 훨씬 더 매력적이었기 때문이다.[5])

아이티티 또한 히틀러가 전격전을 수행하는 데 도움을 주었다. 아이티티 독일 지사 중 하나인 로렌츠는 1938년에 브레멘 소재 항공기 제조업체 포케-불프에 투자해 지분 25퍼센트를 사들였다. 로렌츠는 또한 독일 공군에 무전기와 레이더를 공급하는 베를린의 후트 유한회사 지분 50퍼센트도 보유하고 있었다. 아이티티는 이렇게 수많은 연합군의 폭격기와 항공기를 격추한 FW 190 같은 고성능 전투기 생산에 기여했다.[6] 제너럴모터스가 상당 부분 지분을 가지고 있던 벤딕스 에이비에이션도 전격전을 도운 미국 기업 중 하나였다. 벤딕스는 아스카니아, 지멘스 운트 할스케 아게, 로베르트 보슈 등의 독일 협력사를 통해, 나치스에 자동항법장치를 포함한 첨단 항공기술을 이전해 많은 돈을 받았다.[7] 포케-불프, 슈투카 등 비행기를 조립하려면 많은 양의 알루미늄이 필요했다. 나치스가 알루미늄이라는 전략적 원료를 '무한정 비축'할 수 있었던 건 대체로 앨코아라는 또 다른 미국 기업 덕분이었다. 앨코아는 독일에 자회사를 여럿 두고 있었으며, 이게파르벤과 밀접한 관계를 맺고 있었다.[8] (앞서 살펴본 것과 같이, 스위스 기업 알루미늄 인더스트리 또한 나치 독일에 이 전략 원료를 대량으로 공급했다.)

물론 미국 기업의 독일 지사는 이런 식으로 나치 정권에 협력하는 것 외에 다른 선택의 여지가 없었다고 주장할 수 있다. 일례로 사이먼 라이시Simon Reich가 그런 주장을 했다. 라이시는 포드에 '고용된', 즉 포드에서 돈을 받은 역사학자로, 포드가 제3제국에서 수행한 역할에 대해 조사하고, 그 조사 결과를 바탕으로 해석을 내놓았다—물론 포드에 유리한 해석이었다. 재계에 호의적인 역사학자로 알려진 헨리 애슈비 터너는 제너럴모터스를 위해 같은 연구를 진행했다. 그들의 주장—"우리 고객에겐 다른 선택지가 없었다!"—에도 물론 설득력은 있다. 하지만 그 주장에 집중하게 되면 그들이 애써 언급을 피했던 문제를 놓치게 된다. 즉 독일 내 자회사의 경영진은 물론이고 미국 본사의 소유주나 경영진도 전혀 강요받은 적이 없으며, 반대로 그들은 끔찍한 전쟁을 벌이는 데 집중했던 정권에 기꺼이 협력했다는 점이다. 이 미국인 기업가 대다수에게 가학적인 성향이 있는 건 당연히 아니었다. 그들은 아내와 자식을 사랑하고 법을 존중하며 심지어 일요일마다 교회에 나가는 사람들이었다. 그들이 나치 정권에 기꺼이, 심지어 원해서 협력한 것은 심리학 용어로는 설명할 수 없다. 그 모든 것은 자본주의체제의 논리와 관련이 있다. 헨리 애슈비 터너가 자신의 책에서 오펠의 사례를 다루며 인정했듯이, 독일군에 무기를 공급하는 것이 일반 물자를 생산하는 것보다 훨씬 더 수익성이 높았던 것이다.[9]

미국의 조력이 없었다면 나치 독일은 히틀러가—그리고 독일 자본가들이—원했던 전쟁을 수행하는 데 필요한 탱크, 비행기, 트럭을 생산할 수 없었을 것이다. 하지만 기동성과 속도를 특징으로 하는 '전격전'을 수행하려면 특정한 원료, 무엇보다 고무와 석유가 필수였다. 이러한 전략물자는 독일에서 구할 수 없었다. 또한 독일에는 그 물자들을 구할 수 있는 식민지도 없었다. 이런 상황에서 미국 기업이 히틀러의 고민을 해결해주러 달려갔던 것이다. 이런 점에서 미국 기업이 강요받아서 협력했던 거라고 주장할 수는 없다. 예를 들어 독일 해군은 텍사스의 석유왕 윌리엄 로즈 데이비스William Rhodes Davis로부터 필요한 석유를 공급받았다. 1939년 10월 데이비스가 베를린을 방문했을 때 괴링은 직접 감사를 표시했다.[10] 텍사코도 도움의 손길을 내밀었다. 텍사코는 전쟁 전에 독일이 막대한 연료를 비축하도록 지원했다. 전쟁 시작 이후인 1939년 9월에도 텍사코뿐만 아니라 스탠더드 오일은 막대한 양의 석유와 엔진오일을 비롯하여 각종 석유화학 제품을 독일로 운송했다. 이는 주로 중립국이었던 스페인의 항구를 통해 진행되었다. 1930년대에 스탠더드 오일은 엄청난 양을 수입해야 하는 석유의 대안으로 이게파르벤이 합성연료를 만드는 데 도움을 주었다.[11] 히틀러의 건축가였다가 나중에 군수장관이 된 알베르트 슈페어는 전후에 "미국 기업 덕분에 얻게 된 합성연료가 없었다면 히틀러는 폴란드 공격을 꿈도 꾸지 못했을 것"이라고 말한 바 있다.[12] 그리고 연료에 합성 테트라에틸이라는 성분이 없었다면, 아이티티가 조립한 포케-불프를 비롯한 독일 전투기들이 고속으로 비행하는 건 불가능했을 것이다. 이 마법의 성분은 스탠더드 오일, 이게파르벤, 제너럴모터스 트리오 등 세 회사의 합작 자회사인 에틸 유한회사Ethyl GmbH에서 생산했다. 전후에 복원된 독일 문서에서, 미군 조사관들은 "테트라에틸이 없었다면, [전격전] 형태의 전투는 상상할 수 없었을 것이다"라는 기록을 발견하기도 했다.[13]

앞서 독일 기업들이 나치 정부의 재무장 프로그램 관련 주문을 선점하기 위해 벌였던 치열한 경쟁에 대해 살펴본 바 있다. 그와 유사하게 미국 기업들도 나치 정권에 군사 물자 등을 공급하는 특권을 놓고 인정사정없는 경쟁을 벌였다. 윌리엄 로즈 데이비스가 멕시코에서 독일로 석유를 운송한 게 좋은 사례이다. 스탠더드 오일에선 자신들의 경쟁자가 벌이고 있던 이 사업을 망치려고 애 썼다. 멕시코가 석유산업을 국유화해 특정 미국 기업에 손해를 끼 치고 있다는 이유로 미국 정부를 설득해 멕시코 석유에 대해 통 상 금지령을 내리도록 만들었던 것이다. 데이비스가 독일에 수출 하고 있던 게 바로 이 '국유화'된 석유였다. 그런데 이 통상 금지령 때문에 멕시코 석유에 대한 국제적인 수요가 줄었고, 가격 또한 하락했다. 그 결과 나치 독일은 데이비스에게 더 많은 석유를 매 우 저렴한 가격에 구입할 수 있었다. 스탠더드 오일엔 유감스러운 상황이었지만, 데이비스는 나치스와 이 수익성 좋은 사업을 이어 나갈 수 있었다. 더구나 멕시코에서 원유를 수출했기 때문에, 함 부르크에 있는 본인 소유의 자회사 유로탱크 한델스게젤샤프트 Eurotank Handelsgesellschaft에서 원유를 정제해 더욱 많은 돈을 벌 수 있 었다. 유로탱크는 독일 공군 전투기와 폭격기에 쓰이는 고옥탄 연 료 생산이 전문인 회사였다. 코흐 인더스트리스의 창립자인 프레 드 코흐Fred Koch—유명한 우익 기업가이자 대부호인 찰스 코흐와 데이비드 코흐의 아버지이다—가 이 회사 시설을 짓는 데 데이비 스와 협력한 것으로 알려져 있다.[14]

　'전격전'의 특징은 육상과 공중에서 완벽히 보조를 맞춰 공 격하는 것이었는데, 이를 위해서는 첨단 통신체계가 필요했다. 아 이티티의 독일 내 자회사는 관련 장비를 대량으로 공급했다. 또한 아이비엠도 자회사인 데호마그를 통해 전격전에서 유용하게 활 용된 또 다른 최첨단 기술을 제공했다. 에드윈 블랙에 따르면, 아이비엠에서 알려준 노하우 덕분에 나치의 군수 장비들은 매우 효율적으로 작동할 수 있었다.[15] 또한 독일 국방군과 공군에서 사용했던 기관총 다수는, 폭력과는 무관한 재봉틀을 만드는 것으로 더 잘 알려진 미국 기업 싱어가 독일 비텐베르크에 설립한 자회사에서 생산되었다.[16]

히틀러와 사업을 한 것을 쉽게 정당화할 수 있었다. 혹자는 미국은 중립국이었고, 다른 중립국들―예를 들어 스웨덴, 스위스, 포르투갈―도 나치 독일에서 수익성 좋은 사업에 참여했다고 주장할 것이다. 또한 경영학을 전공하는 학생이라면 모두 해외 지사는 '기업시민corporate citizens'으로서 현지국에 사회적으로 기여해야 한다고 배웠을 것이다. 만약 현지국이 전쟁을 벌이면, 지사에선 그 나라가 승전할 수 있도록 돕는 게 당연하다는 것이다. 또 사업가는 상품을 생산해서 판매만 할 뿐이지, 고객이 상품을 어떻게 사용했는지까지는 책임질 수 없다는 주장도 자주 제기된다. 다우케미컬의 대표는 나치 독일에서 자회사가 벌였던 활동에 대한 질문에 "우리는 우리가 만든 상품에 무슨 일이 일어나는지 묻지 않는다. 우리의 유일한 관심은 그것을 파는 것이다"라고 대답했다.[17]

1939년과 1940년에 나치스는 미국 기업의 독일 내 자회사가 생산한 군사 장비를 사실상 전 유럽을 장악하는 데 활용했다. 미국 산업계의 지배층은 이에 대해 조금도 신경 쓰지 않았다. 그들은 독일에서의 경험을 바탕으로 히틀러와 수익성 좋은 사업을 벌일 수 있다는 걸 알고 있었다. 따라서 미래에 나치스가 점령한 유럽에서도 그들의 보호하에서 수익성 좋은 사업을 펼칠 수 있을 것으로 기대했던 건 합리적인 판단일 수 있었다. 실제로 텍사코의 최고 경영자인 토킬드 리버는 1940년 봄에 독일이 전쟁에서 이기면 [미국] 기업에 더 좋은 사업 기회가 생길 걸로 예상했다.[18] 에드윈 블랙은 아이비엠 회장 토머스 왓슨의 사례를 언급하며, 미국 기업들 본사 사무실에는 전쟁이 시작되자 낙관론─그리고 독일의 승전에 대한 전망─이 팽배해 있었다고 설명한다. 블랙에 따르면, "다른 많은 미국 기업가들처럼, 그[왓슨]는 독일이 전 유럽을 짓밟아 새로운 경제질서를 만들면, 그 안에서 아이비엠이 데이터 영역을 지배하게 될 것을 기대하고 있었다".[19] 또한 텍사스의 석유왕 윌리엄 로즈 데이비스의 전기를 쓴 작가는 그가 나치스의 승리로 자신이 세계 석유 무역을 완전히 지배하는 단꿈에 도취되어 있었다고 쓴 바 있다.[20] 그러한 낙관론이 그들에게는 당연했던 것이다. 일부 미국 기업의 독일 내 자회사는 패배를 모르는 듯한 독일 국방군에 편승해서 돈벌이가 되는 사업을 위해 점령국으로 이전했다. 에센에 있던 코카콜라의 병입 공장과 쾰른에 있던 포드-베르케가 그런 사례에 해당한다.

1939년과 1940년에 독일 국방군의 승전이 이어지자, 코카콜라의 독일 내 자회사였던 코카콜라 유한회사의 총책임자였던 막스 카이트는 나치 당국의 (그리고 미국 본사의) 승인을 받아 프랑스, 저지대 국가들, 노르웨이의 자매 회사를 인수하고, 그 나라들의 청량음료 시장을 접수했다.[21] 포드-베르케의 경영자 로베르트 슈미트Robert Schmidt는 1940년 6월 13일 벨기에와 네덜란드 내 포드 자회사를 장악하고, 나중에는 프랑스에 있는 포드의 경영권까지 손에 넣었다. 이런 식으로 벨기에, 네덜란드, 프랑스에 있던 지사들은 나치 경제에 흡수되었고, 그곳에서도 독일군이 쓸 차량을 생산하게 되었다. 그런데 저지대 국가들과 프랑스에 있던 포드 지사의 생산은 포드-베르케의 지시에 따라 이뤄졌다. 포드-베르케는 언제나 우선시되었다. 포드-프랑스는 쾰른에서 파견된 직원들에게 높은 임금을 지급하고, 반대로 부품 공급은 매우 낮은 가격으로 할 수밖에 없었기 때문에, 결과적으로 포드-베르케의 수익을 높여주는 역할을 했다. (하지만 포드의 프랑스 지사 공장이 독일인들을 위해 생산했다고 해서 '상당한 수익'을 올리지 못한 건 아니었다. 그리고 이건 프랑스 자동차 제조업체에 전반적으로 해당되는 내용이었다.) 게다가 벨기에와 네덜란드의 포드 공장에 있던 상당량의 기계가 분해되어 쾰른으로 옮겨졌다. 그리고 그때까지 포드-벨기에 산하에 있던 포드-스위스는 포드-베르케에 '예속'되었다. 결국 스위스 내 자회사도 독일 군대가 사용할 트럭을 생산 및 수리하는 곳으로 바뀌었다.[22]

나치 독일에 지사를 둔 미국 기업의 소유자와 경영진은 히틀러의 승전에 기여한 사실에 대해 죄책감을 조금도 느끼지 않았다. 오히려 일정 부분 자랑스러워했는데, 히틀러의 승리가 곧 그들 자신의 승리였기 때문이다. 그래서 나치가 승전을 자축할 때, 제너럴모터스, 포드, 아이비엠 등의 기업이 그들과 함께했다. 1940년 6월 26일에는 뉴욕의 월도프 아스토리아 호텔에서 게르하르트 베스트리크Gerhard Westrick—독일에 있던 포드, 제너럴모터스, 제너럴일렉트릭, 아이티티, 스탠더드 오일 등의 미국 기업을 대리한 변호사—가 이끌던 독일 기업 대표단이 서유럽에서 거둔 독일군 승전을 축하하는 행사를 개최했는데, 당시 미국의 수많은 주요 기업가가 참석해 자리를 빛냈다. 그중 한 사람이 제너럴모터스의 해외투자 책임자였던 제임스 D. 무니였다. 닷새 뒤 또다시 승전 축하 행사가 열렸는데, 이번에는 독일 등 여러 나라 파시스트들의 훌륭한 벗이었던 텍사코의 최고 경영자 리버가 주최한 자리였다. 초대된 손님 중에는 헨리 포드의 아들 에드절 포드와 이스트먼 코닥 운영진 등 미국 산업계의 거물들이 포함되어 있었다.[23]

미국의 기업가(그리고 은행가)들은 모두 민주주의를 선호해왔는데, 여기 언급된 기업가들만 예외였던 것일까? 전혀 그렇지 않다. 대다수의 미국 자본가는 파시즘에 진심으로 매혹되었고, 따라서 이탈리아와 독일뿐 아니라 스페인에서 파시즘이 승리한 것을 환영했다. 그들은 프랑스 같은 민주주의 국가의 패전에 대해서는 조금도 불편하게 생각지 않았다. 1940년 6월에 제너럴모터스의 앨프리드 P. 슬론은 "전 세계의 민주주의는 어리석고 편협하며 이기적인 지도력 때문에 저주받았다"고 단언한 바 있는데, 이 발언이 파시즘의 승리에 대한 만족감이 은연중에 드러난 전형적인 태도였다고 할 수 있다. 또한 슬론은 더 강하고 영리하며 진취적이면서 사람들이 더 오래 열심히 일하도록 만들 수 있는 지도자가 이끄는 대안 체제가 등장하면, 민주주의체제는 '망하는 것'이 당연하다고 결론 내렸다. 그는 민주주의체제가 실제로 이미 경쟁에서 뒤처졌다고 보고 있었다.[24]

흔히 자본주의 사회경제체제를 민주주의체제와 짝지어 생각하는 경우가 많다. 또한 자연스레 그렇게 둘을 연관짓게끔 유도하기도 한다. 그런데 이로 인해 역사적 사실이 왜곡될 때가 많은데, 그중 하나가 미국 기업가들이 나치즘 등 다양한 형태의 파시즘을 선호했다는 사실이다.

미국 기업들은 1940년에 전에 없던 호황을 맞았다. 미국 기업의 독일 내 자회사들은 히틀러의 승전으로 그야말로 부귀와 영화를 누릴 수 있었다. 유럽 내 전쟁은 수익 극대화의 새로운 기회를 열어주었다. 미국도 전쟁 준비에 속도를 내면서 기업들이 정부로부터 트럭, 탱크, 항공기를 비롯한 여러 물자에 대한 엄청난 양의 주문을 받게 되었던 것이다. 경제적 수요 측면에서 뉴딜보다 '펌프에 더 많은 마중물'을 부은 셈으로, 이는 강력한 케인스식 경제 부양으로 작용했다. 이로써 미국의 대공황은 마침내 끝났다. 더군다나 루스벨트 대통령이 '무기대여법Lend-Lease'을 도입하여 군수사업과 관련된 기업의 생산량과 수익은 더욱 늘어났다. 무기대여법이란 영국이 미국에 온갖 종류의 전쟁 물자를 주문할 때 신용거래를 할 수 있게끔 허용하는 법률로, 기업에 매우 유리하게 작용했다. 이 법률로 미국 산업계는 영국에 온갖 종류의 전쟁 물자를 제공하게 되었고, 영국은 동맹인 프랑스가 패전한 뒤에도 히틀러에 대항해서 전쟁을 계속해나갈 수 있었다.

영국에 전쟁 물자를 공급했던 건 미국의 기업과 은행엔 노다지나 다름없었다. 아주 높은 가격을 요구하고, 일부 납품에 대해 중복으로 대금을 청구하는 경우도 많았다. 영국은 이 막대한 빚을 2006년 12월 29일에서야 완전히 갚을 수 있었다.[25] 무기대여법과 관련된 조건이 하나 있었는데, 영국인들은 미국에 원조를 요청하는 것 외에 다른 방법이 없다는 걸 증명하기 위해 미국 내 자산을 처분해야만 했다. 불과 며칠 안에 영국의 섬유 트러스트 브리티시 코톨드British Courtauld의 미국 내 자회사인 아메리칸 비스코스 컴퍼니American Viscose Company가 5400만 달러에 미국인 인수자에게 팔렸는데, 그 회사의 실제 가치는 대략 1억 2800만 달러에 달했다. (이 '미국화Americanization'는 앞서 언급된 나치스의 아리아화와 확실히 유사하다.) 이 거래를 중개한 곳은 제이피모건과 딜런, 리드 앤드 코 등의 은행이 합작해서 만든 회사로, 6200만 달러를 받아 800만 달러의 수수료를 챙겼다. 합법의 탈을 쓴 이 강탈 때문에 코톨드 트러스트는 전후에 부분적으로 배상을 받았지만, 배상 주체는 미국 정부도, 이 음모에 연루된 미국 은행이나 투자자도 아니었다. 착한 사마리아인의 역할은 영국 정부, 다시 말해 영국의 납세자들이 떠맡았다. 이것이야말로 '부자들을 위한 사회주의'의 좋은 사례이다.[26]

　1940년 말에는 사실상 (미국을 포함한) '무장' 중립국뿐 아니라 모든 교전국이 미국과 영국(영국에도 포드나 제너럴모터스 등 미국 기업의 자회사가 있었다), 또는 독일에 있는 미국 기업 소유의 공장에서 생산한 무기와 물자를 공급받았다. 미국 기업 입장에서는 전쟁이 오래갈수록 더 좋은 상황이었다. 히틀러는 그렇지 않아도 미국 기업에 이로운 인물이었는데, 그가 일으킨 전쟁은 그들의 수익 극대화에 더 좋은 기회를 제공했다. 전쟁 전까지만 해도 미국의 대기업가와 은행가는 히틀러를 숭배했지만, 그때부터는 돈이 되는 전쟁 자체를 숭배하기 시작했다. 그들은 히틀러가 전쟁에서 이기는 것을 원하진 않았지만, 지는 것을 원하지도 않았다. 그들이 진정으로 원한 것은 이 전쟁이 가능한 한 오래 지속되는 것이었다.

이러한 측면에서 헨리 포드가 보였던 태도를 짚고 넘어갈 필요가 있다. 처음 포드는 히틀러에 대한 지지 때문에 영국이 사용할 무기 생산을 거부했다. 하지만 나중에 마음을 바꾸는데, 포드가 갑자기 영국 편이 되었던 것은 아니다. 영국을 지원함으로써 전쟁을 무한정 연장할 수 있다는 것을 깨달았기 때문이다. 헨리 포드의 전기를 쓴 데이비드 러니어 루이스David Lanier Lewis에 따르면, 포드는 연합군이나 추축군 어느 쪽도 전쟁에서 이기지 않길 바랐으며, 그들이 싸우다 지쳐 무너질 때까지 전쟁을 이어가는 데 필요한 무기를 미국에서 양측 모두에 공급해야 한다고 말했다. 미국 재계의 거물인 포드는 자신이 말한 것을 실천으로 옮겼고, 독일과 영국 양국에 온갖 전쟁 물자를 공급하기 위해 미국과 해외에 있는 공장을 정비했다.[27] 모건 투자은행의 최고 경영자인 톰 러몬트Tom Lamont는 무기대여법의 틀에서 영국 정부에 대출을 연장해주고 많은 수익을 챙겼다. 그가 당시 상황을 바라보던 관점은 포드와 정확히 일치했다. 그는 영국에 무기대여법을 적용하는 것에는 백 퍼센트 찬성했지만, 영국 편에 서서 전쟁에 개입하는 것에는 강력히 반대했다.[28]

이렇게 포드를 비롯한 미국 산업계의 많은 주요 인사가 1940년 9월에 미국의 전쟁 개입을 막는 것을 목표로 설립된 로비 단체 미국우선위원회America First Committee의 재정 등을 지원한 것은 결코 우연이 아니다. 이 단체 회원 중 상당수는 진정한 평화주의자였지만, 공개적으로 나치 독일을 지지했던 회원도 있었다. 예를 들어 헨리 포드의 가까운 친구로 비행사로 유명한 찰스 린드버그Charles Lindbergh와 미국 시민권을 가진 독일인 베르너 C. 폰 클렘Werner C. von Clemm 등이 나치 독일을 지지했던 회원이었다. 클렘은 히틀러 정권의 외무장관인 리벤트로프의 사촌으로, 독일군 정보기관(아프베어Abwehr) 요원이었다. 그는 앞서 언급한 대로 나치 해군에 연료를 공급해 큰돈을 벌었던 석유왕 윌리엄 로즈 데이비스의 동업자이기도 했다.[29]

전쟁과 관련해 미국의 기업가와 은행가가 아쉽게 생각한 것은 단 한 가지였는데, 그것은 바로 독일의 상대가 소련이 아니라는 점이었다. 하지만 그들은 베를린과 모스크바가 맺은 악명 높은 조약이 히틀러나 스탈린에게 이익이 되는 동안만 지속될 임시 합의에 지나지 않는다는 걸 잘 알고 있었다. 그러므로 히틀러가 조만간 그 혐오스러운 공산주의의 본거지를 파괴해버릴 거라는 희망은 여전히 유효한 상태였다. 1941년 6월 22일 포드와 제너럴모터스가 만든 엔진을 돌려서, 미국의 자본과 노하우로 독일에서 제작된 온갖 무기와 전쟁 물자로 무장한 채, 텍사코를 비롯한 미국의 몇몇 석유 트러스트가 공급한 석유를 연료 탱크에 가득 채운 독일군이 소련 국경을 넘을 때엔 그 희망이 금방이라도 실현될 것만 같았다.

히틀러가 소련을 10년, 5년 아니면 딱 1년이라도 더 빨리 공격했다면, 미국 재계의 주요 인사들은 틀림없이 만장일치로 갈채를 보냈을 것이다. 그러나 1941년에는 상황이 좀 복잡해져 있었다. 영국에 전쟁 물자를 공급하는 사업은 무한한 수익원이 되어 있었고, 미국 경제를 회복시키는 데 결정적인 역할을 하고 있었다. 전쟁이 길어질수록, 미국 산업계(그리고 금융계) 전반에, 그중에서도 특히 영국과 거래하는 기업(그리고 은행)에 더 많은 이익을 가져다줄 터였다. 그런데 영국이 살아남을 가능성이 극적으로 높아지고 있었다. 나치스가 새로운 적인 소련을 상대로 고전을 면치 못했기 때문이다. 소련이 몇 개월 버티지 못할 거라던 워싱턴과 런던, 특히 베를린의 전문가들의 예상과는 다른 상황 전개였다.[30] 워싱턴의 미국 육군 사령부는 전쟁이 시작되면 소련의 붉은 군대가 승승장구하던 독일 국방군에 "달걀처럼" 짓밟힐 거라고 예견한 바 있었다.[31]

나치 정권의 경제 정책도 히틀러와 소련에 맞선 그의 군대에 대한 미국인들의 열광을 식게 만드는 데 중요한 이유가 되었다. 미국의 정치 및 경제 지도자 거의 모두가 해외 무역—당연히 미국에 유리한 조건의 해외 무역—이야말로 국가의 번영과 회사의 수익성을 위한 전제조건이라는 데 동의하고 있었다.[32] 그래서 그들은 전 세계의 문을 열어 자신들의 생산품을 수출하고 자본을 투자할 수 있기를 희망했다. 하지만 나치스—그리고 독일 재계—는 내수 시장이 최대한 자국 산업계의 생산품이 소비되는 시장으로 보존되길 원했다. 또한 재무장화와 전쟁 수행에 반드시 필요한 석유와 고무 등 주요 원료를 수입하는 데 쓸 외화를 모으기 위해 완성품 수입을 크게 줄였다. 나치 독일은 자립 경제, 즉 경제적 독립을 열망했다. 따라서 대서양 건너 미국의 기업가와 은행가의 눈에 제3제국은 점점 더 자신들이 비난하는 '폐쇄 경제체제'로 변하는 것처럼 보였다.

1930년대 말로 접어들면서 미국의 대독일 수출량은 나치의 정책 때문에 상당히 줄어들었다. 이 문제는 1939년과 1940년 두 해에 걸쳐 더욱 심해졌는데, 이때는 독일이 전 유럽에 걸친 패권을 사실상 장악한 시기였다. 따라서 미국의 수출업자 입장에선 독일뿐만 아니라, 독일이 '대경제권Grossraumwirtschaft'이라고 불렀던 점령 지역으로 수출할 길까지 막힌 셈이었다.[33] 미국의 기업가와 은행가, 정치인 들은 불과 얼마 전까지만 해도 자신들이 칭찬과 지지를 퍼붓던 나치 정권에 뺨을 맞은 것이나 다름없었다.[34]

따라서 나치 독일이 소련을 공격했을 때 미국 기업가와 은행가 중에 어느 쪽이 이기는 게 좋은지 갈피를 못 잡던 이들이 많았던 것은 당연한 일이었다. 그들은 나치스와 소련 양측 모두가 전력이 소진될 때까지 가능한 한 오래 전쟁을 하길 바랐다.[35] 그럼에도 미국 사업가들 중 강경파는 여전히 친파시즘, 반소비에트의 입장을 고수했으며, 히틀러가 동부 전선에서 볼셰비즘의 요람을 파괴하는 것으로 전쟁이 마무리되길 바랐다. 이는 또한 독일에 자회사를 둔 미국 기업의 소유주와 경영진 대다수의 바람이기도 했다. 그 자회사들은 나치스가 1941년 여름에 소련을 침략할 때 사용한 전쟁 물자를 생산하던 곳이었다. 하지만 독일의 십자군들은 공산주의자들의 예루살렘인 모스크바에 결코 발을 들여놓지 못했다.

'전격전'이 성공하는 것은 군사적으로뿐만 아니라, 제2차 세계대전에서 독일을 승리로 이끌 경제적 전제조건이기도 했다. 전격전으로 소련을 이기는 것은 독일의 궁극적인 승리를 위한 모든 전제조건 중의 전제조건이었다. 동부 전선에서 빠르게 승리해야 나치 독일에 석유 등 원료를 무한히 공급할 수 있었다. 제1차 세계대전 당시 독일의 주요 패인이 바로 원료 부족 문제였던 것이다. 동부 전선의 승리가 가져다줄 또 다른 중요한 전리품은 우크라이나 같은 소련의 비옥한 농업 지대였다. 그곳에서 생산된 값싼 농산물을 독일 본국으로 보내면 마찬가지로 제1차 세계대전 당시 패인이었던 국내 전선의 식량 부족 문제를 해결할 수 있을 터였다. 독일이 "세계 패권을 장악하기 위해 무너뜨려야 할 첫 관문"은 사실 소련을 쓰러뜨리는 것이었다. 히틀러는 소련을 상대로 하는 것이 "결정적인 전쟁" 또는 "결정적인 전투"라고 판단했고, 거기서 빠르게 이기는 것이 필요하다고 보고 있었다.[36] 하지만 1941년 12월 5일 모스크바 바로 앞에서 붉은 군대는 뜻밖에도 강력한 반격을 시작했다. 알프레트 요들Alfred Jodl을 비롯한 독일군 사령부 장성들과 히틀러는 동부 전선에서 '전격전'이 자신들이 고대하던 '전격적인 승리'를 이끌어내지 못한다는 것을, 따라서 결국엔 독일이 패전하게 되리라는 것을 깨닫게 되었다. 1941년 12월 5일은 제2차 세계대전의 진정한 전환점이었다. 모스크바를 눈앞에 두고 전격전이 큰 실패로 마무리되면서 나치 독일 종말의 시작을 알렸던 것이다. 하지만 그렇게 예정되어 있던 나치 독일의 패전이 현실로 확정되기 전까지 이후 몇 년 동안, 비극적이게도 참혹한 전투가 지속되었고 수백만 명의 희생자가 더 생겨야 했다.[37]

물론 당시엔 히틀러와 군 사령부의 몇몇 장성을 제외하면 누구도 독일이 패전할 운명에 처해 있다는 걸 알지 못했다. 그리고 히틀러와 그의 측근들은 독일 국민에게 비극적인 소식을 알릴 준비가 되어 있지 않았다. 동부 전선에서 들려오는 안 좋은 소식은 예상 밖으로 일찍 다가온 겨울과 일부 지휘관들의 비겁함과 무능함 때문에 일시적으로 밀린 것뿐이라는 식으로 전달되었다. 그로부터 한참이 지난 1942년에서 1943년으로 넘어가던 겨울에 스탈린그라드 전투에서 처참하게 패배한 뒤에야, 독일 국민과 전 세계는 독일이 패할 운명에 처했다는 걸 알게 되었다. 심지어 오늘날까지도 스탈린그라드 전투로 상황이 역전되었다고 믿는 역사학자도 많다.

하지만 이미 1941년의 여름과 가을에 독일 등 유럽 여러 지역에는 히틀러가 소련에서 승전을 향해 나아가고 있지 않다는 것을 파악하고, 확실치는 않지만 패전하게 될 것 같다고 짐작한 예리한 관찰자들이 있었다. 1941년 7월에 프랑스 페탱 원수의 비시 괴뢰정권 내 군사 전문가들은 "독소전쟁"이 계획대로 진행되고 있지 않다는 사실에 대해 논의한 끝에, "독일은 전쟁에서 이길 수 없고, 이미 사실상 패전한 것과 다름없다"고 결론 내렸다.[38] 언제나 정보가 빠른 바티칸은 초기엔 '신을 믿지 않는' 볼셰비즘의 본거지를 상대로 히틀러가 치르는 성전을 열렬히 지지했지만, 1941년 늦여름부터는 독일의 패전을 우려해 대비하기 시작했다.[39] 같은 해 10월에는 스위스 정보기관도 "독일이 더는 전쟁에서 승리하지 못할 것"이라고 동부 전선의 전황에 대해 보고했다.[40] 11월이 끝나갈 때쯤엔 독일군과 나치당의 고위 인사들도 상황이 비관적이란 사

실을 인정하고, 협상을 통해 전쟁을 마무리하는 것이 더 나을 수도 있다는 의견을 밝혔다.[41]

대서양 건너 미국의 기업가와 은행가는 소련에서 전격전이 실패한 게 얼마나 중요한 의미를 지니는지 알지 못했다. 그런데 전격전이 실패하면서 독일군이 예상보다 훨씬 더 오랫동안 동부전선에 묶이게 되었고, 그로 인해 영국은 전쟁을 계속할 수 있었다. 이는 곧 무기대여법과 관련된 수익성 높은 사업도 무기한 계속할 수 있다는 의미였다. 바꿔 말하자면, 붉은 군대의 성공적인 방어는 사업에 유리한 것이었다. 1941년 가을에 히틀러의 '전격전'이 예상과 달리 실패로 끝날 것이 확실해지면서, 뉴욕 증권거래소 주가는 점점 큰 폭으로 상승했다.[42] 소련과의 사업이 가능하다는 게 밝혀지면서, 이 상황을 긍정적으로 보는 시선이 늘어났다. 실제로 소련이 붕괴하지 않을 게 분명해지자, 1941년 11월에 워싱턴에선 소련과의 신용 거래를 확대할 준비를 하고 있고, 이미 모스크바와 무기 대여 협정을 체결했다고 발표했다. 그렇게 미국 기업들은 이 전쟁 덕분에 자신들의 생산품을 판매할 수 있는 또 다른 시장을 확보하게 되었다.

전쟁이 끝나고, 서방세계에선 소련이 나치 독일에 맞서 예상치 못한 승리를 거둔 것은 미국의 대규모 원조 덕분이며, 그 원조가 없었다면 독일의 맹공으로부터 버티지 못했을 거라는 주장이 걸핏하면 제기되고 있다. 하지만 이러한 주장은 몇 가지 이유에서 받아들이기가 매우 어렵다. 첫째, 특히 위기 상황에서는 약간의 차이가 큰 차이를 만들기도 하지만, 미국의 원조는 소련의 전쟁 물자 총생산량의 4 내지 5퍼센트에 지나지 않았다. 둘째, 더 중요한 것은 미국이 소련에 제공한 전쟁 물자 원조는 전쟁 후반기인 1942년 또는 1943년에서야 영향을 미치기 시작했다. 즉 소련군이 도저히 맞설 수 없을 것 같던 독일 국방군의 강력한 공격을 혼자 힘으로 모스크바 앞에서 막아낸 뒤의 일이었다. 애덤 투즈에 따르면, "소련의 기적은 서구의 도움 덕분이 아니었다. [그리고] 무기 대여법은 1943년 전까지 동부 전선의 균형에 영향을 미치지 못했다".[43] 셋째, 소련은 고성능의 각종 경화기와 중화기를 비롯해 제 2차 세계대전에 투입된 최고의 탱크로 알려진 T-34 등까지 자체 생산했고, 이런 무기들 덕분에 나치스에 맞서 승리를 거둘 수 있었다.[44] 스위스 군 정보기관에선 바르바로사 작전(제2차 세계대전 당시 나치 독일이 소련을 침공한 작전 명칭—옮긴이)이 시작되고 불과 몇 주 지나지 않은 1941년 7월에 이미 소련은 막대한 희생을 치러야 했지만 예상과는 다르게 방어에 성공한 이유로 "뛰어난 무기가 많았"기 때문이라고 설명한 바 있다. 미국의 원조가 도착하기도 전이었다.[45]

마지막에 언급하지만 앞의 세 가지 이유와 마찬가지로 중요한 건 미국의 무기 대여 원조가 소련에 그다지 유리하게 작용하지 않았다는 점이다. 소련에 대한 원조가 발표될 때, 미국 기업의 독일에 대한 원조도 비공식적인 방식으로 조심스럽게 대폭 확대되었던 것이다. 1940년과 1941년에 미국 석유 트러스트는 나치 독일에 대한 수출량을 늘렸다. 스페인 등의 중립국을 통해 막대한 양의 석유가 나치스에 공급되었다. 독일의 엔진 오일 수입량에서 미국 기업 생산품이 차지하는 비중을 살펴보면 1941년 7월에 44퍼센트에서 같은 해 9월에는 94퍼센트로 크게 증가했다. 미국에서 석유 및 관련 제품을 받아올 수 없었다면, 나치스는 애초에 소련을 공격할 수도 없었을 것이다. 바로 이것이 '총통의 연료' 분야 권위자인 독일의 역사학자 토비아스 예르자크Tobias Jersak가 도달한 결론이다.[46]

15장
진주만 공격 이후: '평시와 다름없이'

히틀러는 1941년 12월 7일 일본이 진주만을 기습 공격했다는 소식을 들었을 때 모스크바를 앞에 두고 파국으로 치닫는 전세 때문에 여전히 고심하고 있었다. 일부 역사학자의 주장과 달리 당시 일본과 맺고 있던 협정 때문에 독일이 미국과의 전쟁에 반드시 참전해야 하는 것은 아니었다. 하지만 1941년 12월 11일 히틀러는 미국에 선전포고를 했다. 그는 도쿄에서도 소련에 선전포고를 해서 호응해줄 거라 믿어 의심치 않았다. 그렇게 되면 소련을 꺾고 전쟁을 승리로 이끌겠다는 꺼져가던 희망의 불씨를 되살릴 수 있을 터였다. 하지만 일본은 히틀러의 미끼를 물지 않았다. 소련에 선전포고를 하지 않았던 것이다. 히틀러의 불필요한 선전포고에 뒤이어 이탈리아도 경솔하게 미국에 선전포고를 했다. 그 결과 미국이 유럽의 전쟁에 직접 참전하게 되었다. 히틀러가 선전포고를 하는 바람에 미국이 히틀러의 적인 연합국의 일원이 되었던 것이다. 이로 인해 미국 기업들의 독일 내 투자는 어떻게 되었을까?[1]

미국 기업들은 이 문제가 언급되는 걸 달가워하지 않는다. 그래도 문제가 제기될 때마다, 미국 기업들은 진주만 공격 이후 독일 내 자회사가 가차 없이 몰수되었기 때문에 전쟁이 끝날 때까지 해당 회사에 대한 모든 통제권을 잃었다는 주장을 직간접적으로 펴고 있다. 나치스의 몰수와 그에 따른 미국 기업의 '통제력 상실'(독일어로는 Kontrollverlust)이라는 이 주장은 수많은 역사학자들이 기꺼이 확산시키며 일종의 신화로 발전해왔다.[2] 하지만 실제로는 나치스가 미국 기업의 지사 공장을 몰수한 적도, 미국 본사가 통제권을 완전히 잃은 적도 없었다. 게다가 통제권을 부분적으로 잃었다고 해도, 그로 인해 이익금 축적을 못하게 되었던 적은 없었다. 자회사의 가치는 계속 높아져서 기업 소유주와 주주에게 이익으로 돌아갔다.

예를 들어 독일의 권위자인 한스 헬름스Hans Helms는 자신의 책에서 포드나 제너럴모터스의 독일 투자에 대해 "나치스는 그 폭압적 집권기 내내 포드[즉 포드-베르케]나 오펠의 소유권에 변화를 주려는 시도조차 한 적이 없다"고 설명한다.[3] 진주만 공격 이후에도 포드는 쾰른 소재 포드-베르케 주식의 52퍼센트를 그대로 보유했으며, 제너럴모터스도 오펠의 유일한 소유주로 남아 있었다.[4] 또한 '통제력 상실'과 관련한 주장도 허술한 부분이 있다. 대개의 경우, 미국 내 '모회사'에선 독일 내 '자회사'와 그럭저럭 연락을 유지하고 있었다. 연락은 일반적으로 스위스, 스페인, 포르투갈 같은 중립국 내 자회사를 통해 간접적으로 이뤄졌다. 코닥 등의 기업이 이런 방식을 택했는데, 뉴욕주 로체스터에 있는 코닥 본사에서 직접 통제하는 이베리아반도와 스위스 내 자회사는 전쟁 중에도 독일과 독일의 점령국에 있는 자매회사와 거래를 유지했다.[5] 그리고 미국 본사 직원들과 독일 내 자회사 경영진이 포르투갈, 스페인, 스위스 등의 중립국에서 종종 회의를 하곤 했다는 사실도 알려져 있다. 예를 들면, 1942년에 소스신스 벤은 아이티티의 독일 내 투자를 '관장'하는 게르하르트 베스트리크를 마드리드에서 만났다. (게르하르트 큄멜Gerhard Kümmel 같은 저자들은 아이티티를 포함한 미국 기업들의 독일 지사가 전쟁 시작 단계부터 이미 모기업의 통제에서 벗어났다고 주장하면서 이런 만남을 정당화하려고 한다.[6]) 미국 기업과 순수 독일 기업의 대리인들이 중립국에서 만나는 경우도 있었다. 예를 들면, 진주만 공격이 있고 나서 몇 달 뒤인 1942년 3월에 듀폰의 대리인들은 라이히스베르케 헤르만 괴링Reichswerke Hermann Goring —아마도 제3제국에서 가장 유명한 국영기업—의 임원들과 스위스에서 만났다. 그들은 몽트뢰에서 처음 만났고, 이후 생모리츠의 높은 곳에 있는(폐쇄적인) 외부와 차단된 곳에서 다시 만났다.[7]

사례가 얼마나 많은지 알려지진 않았지만, 심지어 미국에 있는 본사가 전 세계로 연결된 현대적인 무선통신 체계를 통해 독일 내 자회사에 직접 연락을 취했던 경우도 있었다. 이 기술은 아이티티가 트랜스라디오라는 회사와 협력해서 제공했다. 트랜스라디오는 아이티티, 알시에이, 그리고 독일 기업인 지멘스와 텔레푼켄Telefunken 등이 합작해서 설립한 회사였다. 또한 텔레푼켄은 제너럴일렉트릭의 독일 내 협력사인 아에게의 계열사였다. 트랜스라디오의 사장은 미국 적십자사의 뉴욕지부장이었던 로버트 C. 데이비스Robert C. Davis 장군이었는데, 나치 정보기관이 그의 동의하에 미국 적십자사 뉴욕지부를 조종했다는 주장도 있다. 트랜스라디오의 정식 회사명은 '무선 해외 통신을 위한 트랜스라디오Transradio Aktiengesellschaft [AG] für drahtlosen Übersee-Verkehr'였다. 트랜스라디오는 실트 섬과 베일리츠를 비롯한 독일 내 여러 지역에 있는 시설에서부터 아르헨티나, 브라질, 칠레, 멕시코, 이집트, 태국, 일본, 그리고 협력사인 알시에이가 있는 미국으로까지 전파를 송신했다.[8]

포드는 나치 독일에서 벌인 활동에 대한 자세한 보고서에서 진주만 공격 이후 디어본에 있는 본사와 독일에 있는 지사 사이에 모든 직접적인 연락이 끊겼다고 주장했다. 중립국 내 자회사를 경유한 간접적인 연락의 가능성에 대해서는 "자회사를 통한 상호 연락이 있었다는 증거는 없다"라고 간결하게 언급되어 있다.[9] 이것으로 끝인가? 사실은 그렇지 않다. 증거가 부족하다는 것은 이 보고서의 작성자가 기업 내 문서 기록을 확보하기 전에 이미 우연히 분실되었거나 누군가가 고의로 파쇄했을 수도 있다는 걸 의미한다. 보고서 작성이 당시로부터 50년도 넘게 지난 시점에서 이뤄졌기 때문이다. 실제로 헨리 포드가 직접 많은 문서와 자료를 폐기하라고 지시한 것으로 알려져 있다.[10] 게다가 이 보고서는 1943년에 포드-베르케의 한 임원이 중립국인 포르투갈의 수도 리스본에 있던 포드 지사를 방문했다는 사실을 인정하고 있다. 포드 본사에서는 이 사실을 알고 있었을 것이다. 또한 이 보고서는 트랜스라디오를 활용해 문서 기록을 남기지 않은 채 연락을 주고받았을 가능성에 대해서 아무런 언급도 하지 않는다.[11] 따라서 더 많은 연구가 이뤄져야 한다. 제3제국에서 포드가 벌인 활동을 밝히려면 포드에 고용되어 연구비를 받은 역사학자들만 참여해서 진행한 연구만으로는 충분치 않은 것이다. 연구의 대상인 기업에서 연구비를 지급하면 객관성이 결여될 가능성은 있을 수밖에 없다.[12] 기업 내 문서 기록에 접근할 수 있는 권한을 이 기업이 신중하게 선택한 (그리고 연구비를 지급한) 역사학자 대신 독립 연구자에게 준다면 연구의 진실성과 객관성이 좀 더 확보될 것이다. 그렇게 되기 전에는 포드 보고서에 담긴 주장을 최종적인 결론으로 받아들이기 어렵다.

에드윈 블랙에 따르면, 아이비엠의 유럽 책임자였던 네덜란드인 유리안 W. 스호터Jurriaan W. Schotte는 전쟁 중에 뉴욕 본사에서 근무하며 "나치에 점령된 네덜란드와 벨기에의 아이비엠 자회사들과 정기적으로 연락을 계속 주고받았다". 아이비엠은 중립국인 스위스의 제네바에 사무소를 설치하고, 스위스 국적의 관리자를 고용해 "독일, 독일의 점령국, 중립국을 자유롭게 드나들"게 했는데, 이는 매우 유용한 방식이었다. 또한 수많은 독일 점령국과 중립국에 진출한 미국 기업들처럼, 아이비엠은 미국 외교관들의 도움을 받을 수 있었다. 외교관들이 외교행낭을 통해 미국으로 정보를 전달해주는 편의를 기꺼이 제공했던 것이다. 블랙은 "뉴욕의 아이비엠이 [독일을 비롯한 유럽 전역의] 자회사에 관여하지 않았다는 것은 잘못된 환상이며, 일상적인 운영에서 계속해서 중요한 역할을 수행했다. …… 전쟁 기간 내내 사업은 평시와 다름없이 진행되었다"고 결론지었다.[13]

　　포드와 마찬가지로 제너럴모터스도 제3제국에서 독일 지사가 벌인 활동에 대해, 최소한 원칙적으로는, 객관적으로 연구할 역사학자를 직접 선발했다. 그가 바로 만만찮은 학자인 헨리 애슈비 터너였다. 터너는 히틀러가 급부상하는 데 독일의 기업과 은행의 책임이 있다는 증거가 산처럼 쌓여 있었음에도 그들에겐 아무런 잘못이 없다는 내용의 역작을 남긴 역사학자였다. 바로 그 책 때문에 제너럴모터스가 그를 선택했던 게 확실하다. 당시 "[전쟁 기간 동안 독일 내 지사 공장에서 이뤄진] 강제노동 피해자들이 낸 집단소송으로 열린 재판이 계류 중이었는데, 그에 대항할 논리"가 필요해서 터너에게 부탁했던 것이다.[14] 제너럴모터스가 터너에게 원한 것은 역사적 진실이 아니라, 터너가 독일 기업을 비호하기 위해 만들어냈던 것과 비슷한 왜곡된 속임수였다. 제너럴모터스 경영진은 한결같이 진주만 공격 훨씬 이전부터 본사에선 자회사인 오펠과 연락할 수단을 모두 잃었고, 따라서 당연히 통제는 불가능했다고 주장해왔다. 터너가 이 주장이 사실로 확인됐다고 결론지은 것은 당연한 일이었다. 하지만 훌륭한 연구자로 알려져 있는 터너가 진주만 공격 한참 뒤인 1943년에도 제너럴모터스가 스위스 사무소를 통해 독일 내 자회사와 연락을 유지하고 있었다는 내용의 국무부 보고서를 발견하지 못했던 이유는 뭘까? 심지어 이 보고서들을 언급한 토머스 디바지오Thomas De Baggio의 글은 터너의 참고문헌 목록에 포함되어 있었다.[15] 터너는 아마 이 글을 부주의하게 읽었던 듯하다. 심지어 저자 이름을 토머스가 아닌 조지프라고 잘못 적어놓기까지 했다. 그렇다고 해도 터너가 제너럴 모터스의 독일 투자 기간 동안 '통제권 상실'이 있었다는 날조된 신화에 대해 진실을 밝히지 않았던 것은 실수라기보다 의도였다고 보는 게 더 합당하다.

나치스는 미국인 소유주들이 독일 지사 공장을 그대로 소유하도록 내버려두었고, 미국의 본사가 독일 내 자산에 대해 어느 정도 통제권을 행사하던 사실을 모른 척해주었다. 게다가 오펠과 포드-베르케의 운영에 대한 나치스의 간섭은 최소 수준으로 유지되었다. 독일이 미국에 선전포고를 한 뒤에, 물론 미국인 관리자들은 독일을 떠나야 했지만 미국 본사 경영진의 전폭적인 신뢰를 받던 독일인 관리자들은 그대로 자리에 남았다. 그들이 자회사를 계속해서 운영했던 덕분에 대서양 건너 미국에 있는 기업 본사의 이익을 지킬 수 있었다. 또한 미국 기업들은 전운을 감지하고 독일 국적의 신뢰할 만한 책임자를 선임해 미리 대비했다. 예를 들어 아이티티와 코닥의 자회사를 맡고 있던 게르하르트 베스트리크 같은 인물을 책임자로 앉혔던 것이다.

독일의 연구자 아니타 쿠글러Anita Kugler에 따르면, 나치스는 미국에 선전포고를 한 뒤 처음에는 오펠 문제에 전혀 개입하지 않았다. 나치스는 그로부터 거의 1년이 지난 1942년 11월 25일에야 '적국 자산 관리인Feindvermögensverwalter'을 임명했다. 그런데 그

마저도 그저 상징적인 조치에 지나지 않았다. 나치스는 겉으로만
'독일인이 경영하는 회사'처럼 보이도록 만들고 싶어 했을 뿐, 실
제로 오펠은 여전히 제네럴모터스가 백 퍼센트 소유한 기업이었
다.[16] 포드-베르케에는 앞서 언급한 로베르트 슈미트가 전쟁이 끝
날 때까지 총책임자로 있었다. 열렬한 나치당원으로 알려진 그
는 베를린의 정부 당국은 물론이고, 미국의 포드 경영진까지 두
루 만족시켰다. 진주만 공격 이전까지, 포드-베르케 경영진은 주
기적으로 디어본에 있는 본사로부터 에드젤 포드가 직접 서명
한 격려 메시지를 받았다. 나치스 또한 슈미트의 활동에 매우 만
족해했다. 진주만 공격이 있고 나서 몇 달이 지난 뒤에 쾰른에 있
던 포드 공장에는 외국 자산 관리인이 임명되었지만, 슈미트는
계속해서 자리를 지키고 자신의 뜻대로 포드-베르케를 운영할
수 있었다. 심지어 그 시기에 나치 당국은 그를 '전시경제 선도자
Wehrwirtschaftsfuhrer'로 임명했다. 과장스러운 면이 있지만, 영예로운
칭호였다.[17]

 독일뿐만 아니라 점령국에서도 나치스가 외국 자산 관리인
을 임명했지만, 미국 기업들의 지사에서 활동을 벌이는 데에는 별
다른 충격을 주지 않았다. 미국 기업의 소유주와 경영진은 자신들
의 독일 내 투자 자산이 제1차 세계대전 시기에 독일에서 적국 자
산이 다뤄졌던 방식대로—그리고 제2차 세계대전 기간 동안 미
국에서 독일 기업의 투자 자산이 다뤄지는 방식대로—별 문제 없
이 다뤄질 거라고 믿을 수 있었다. 미국과 유럽의 투자자들은 적
국 영토에 위치한 자신의 자산이 "안전하게 보호되고, 관리자의

적절한 관리를 받으며, 전쟁이 끝나면 온전하게 반환될 것"임을 잘 알고 있었다. 그러고 나면 전쟁 기간 중에 동결되었던 이익금은 기업 소유주에게 돌아갈 터였다. 나치스도 미국인들처럼 국제 자본주의체제의 성문율과 불문율 모두를 존중했다.[18] 제3제국 시기 유니레버의 역사를 다룬 책을 쓴 벤 뷔브스Ben Wubs는 나치 독일이 서구 연합국의 자산을 처리할 때 대부분 국제법을 지켰다는 점을 강조한 바 있다.[19]

블랙에 따르면, 아이비엠의 자회사에서 "추축국[나치 독일 등]에서 임명된 관리인들은 …… 자산을 열심히 보호하고 생산성을 높여서 수익을 증대했다". 게다가 아이비엠의 기존 관리자들도 계속해서 업무를 수행했고, 어떤 경우에는 기존 관리자 중 일부가 적국 자산 관리인으로 임명되기도 했다. 블랙은 데호마그의 적국 자산 관리인 헤르만 B. 펠링거Hermann B. Fellinger에 대해 "왓슨 회장이 직접 고른 회사 중역처럼 이윤에 대한 열정을 바탕으로 아이비엠에 헌신하는 자세로 업무를 수행했다"고 설명했다. 그런 만큼 1945년에 독일이 항복한 뒤, 펠링거가 데호마그 경영진으로 남을 수 있게 인사 조치된 건 당연한 일이었다.[20] 에드윈 블랙은 자회사를 나치 관리인의 통제하에 둔 것이 미국 기업의 소유주와 경영진에게 또 하나의 중요한 혜택—즉 '발뺌할 수 있는 여지'—을 주었다는 점을 지적한 바 있다. 적국 자산 관리인이 존재했기 때문에 그들은 적과 협력해 많은 돈을 벌고도 반역이나 범죄로 간주될 수 있는 행위에 대해서 어떤 책임도 없다고 주장할 수 있었던 것이다.[21]

소련에서 전격전 전술이 실패하면서 비행기와 트럭 수요가 계속 늘어났기 때문에, 나치스는 소유주의 국적이나 관리자의 신분보다는 생산 그 자체에 더 많은 관심을 가지고 있었다. 헨리 포드가 조립 라인을 비롯한 포디즘 기법을 먼저 도입한 이래, 미국 기업들은 산업계 대량 생산 분야에서 경쟁자 없는 선두주자였고, 제너럴모터스의 오펠을 포함한 미국 기업들의 독일 지사 공장도 마찬가지로 대량 생산에 능했다. 괴링과 슈페어 같은 나치의 설계자들은 오펠 경영진을 갑자기 바꾸면 브란덴부르크와 뤼셀스하임 공장의 생산에 문제가 생길 수 있다는 것을 아주 잘 이해하고 있었다. 공장을 책임지고 있던 관리자들은 매우 효율적인 미국식 생산 방식을 잘 이해하고 있었기 때문에 계속 업무를 수행할 수 있었다. 그것만이 오펠의 생산성을 계속 높은 수준으로 유지하는 유일한 방법이었다. 심지어 나치스의 주문량이 생산 능력을 초과하는 경우가 주기적으로 발생했다. 나치 당국은 제너럴모터스의 자회사에 '모범 전쟁기업'이라는 명예로운 칭호를 부여했고, 이 소식은 사보인《데어 오펠 카메라트Der Opel Kamerad》 1면에 자랑스럽게 실렸다.[22] 제너럴모터스의 독일 내 자회사인 오펠은 독일에서 나치스를 위해 전쟁 물자를 대량으로 만들었지만, 또한 소련 내 점령지로 팀을 보내 독일 국방군의 정비소인 카-베르케에서 탱크, 트럭을 비롯한 여러 차량을 수리하는 작업을 맡기도 했다. 아니타 쿠글러는 제너럴모터스의 독일 지사 공장은 "생산과 연구 결과 전부를 나치스가 이용할 수 있게 제공해서 (객관적으로 말해) 그들이 장기전을 수행할 수 있는 능력을 갖추는 데 기여했다"는

결론에 도달했다.[23]

다른 많은 미국 기업도 독일 지사를 통해 히틀러가 승전의 희망을 모두 잃은 뒤에도 전쟁을 이어나갈 수 있도록 도왔고, 이는 파괴적인 결과로 이어졌다. 나치스에 고성능 무기를 포함한 막대한 물량의 전쟁 물자를 공급함으로써 도왔던 것이다. 나치스는 전쟁의 시작부터 끝까지—심지어는 진주만 공격 이후에도—자신들에게 최신 무기류를 공급해주는 미국 기업들의 역량을 믿을 수 있었다. 예를 들면, 코닥 독일은 전쟁 기간 동안 방아쇠 장치, 격발 장치 등 필수적인 고성능 군사 장비를 생산했다.[24] 뤼셀스하임에서 제너럴모터스는 동부 전선의 진창과 북아프리카의 사막에서 싸우는 독일군에 매우 유용하다는 게 입증된 전륜구동 트럭과 최신식 비행기용 착륙장치를 생산했고, 전쟁이 끝나갈 무렵에는 최초의 제트 전투기인 메서슈미트 Me 262의 엔진도 만들었다.[25] 이와 유사하게 포드-베르케도 '마울티어Maultier'(노새)라고 불린 하프트랙 트럭을 생산했다. 포드-베르케는 차량을 제외한 전쟁 장비, 특히 비행기용 부품을 생산하기 위해 아렌트 유한회사Arendt GmbH라는 '유령 회사'를 설립했는데, 이 과정에서 미국 본사의 인지나 승인은 없었던 것으로 추정된다. 전쟁이 끝나갈 때쯤 이 회사는 런던과 안트베르펜을 황폐화한 악명 높은 V-2 로켓용 터빈을 개발하는 일급비밀 프로젝트에도 참여했다.[26]

전쟁의 마지막 날까지, 독일과 독일의 점령국들, 그리고 스웨덴, 스위스, 스페인 같은 중립국에 있던 아이티티의 자회사들에선 독일 육해공군에 교환대, 전화, 경보기, 부표, 공습 경보장치,

레이더 장비, 포탄의 신관을 포함한 각종 최신 무기를 공급했다. 게다가 찰스 하이엄Charles Higham과 앤서니 샘슨Anthony Sampson에 따르면 아이티티는 통신체계를 제공해 독일이 미국의 외교 암호문을 좀 더 쉽게 해독할 수 있게 해줬고, 또 남미의 자회사에서 보유한 통신 라인을 통해 잠수함에 지시를 전달하는 데 이용할 수 있게 해주었다.[27] 따라서 당시 경제부 등 전쟁 수행 관련 기관에 소속된 나치 당국자들이 미국 기업의 독일 지사를 "기술 개발의 선구자들"이라고 치켜세운 것은 당연한 일이었다. 나치스에서 적국 자산을 관리하던 조직의 수장이었던 요하네스 크론Johannes Krohn이 1942년 11월에 독일 내 미국 자회사들은 독일의 승리를 위해 "최선을 다하고 있다"고 한 것은 명백히 진심이었다.[28]

미국의 최신 기술은 나치의 전쟁뿐 아니라 대량학살 계획과 여러 전쟁범죄에도 활용되었다. 에드윈 블랙은 아이비엠이 홀러리스 계산기 등 여러 장비를 제공했기 때문에 나치스에서 "강제 이송 대상이었던 유대인 등의 희생자 명단을 만들 수 있었"고, "[강제수용소] 수감자를 등록하고 노예노동을 관리할 수 있었"던 사실을 입증한 바 있다. 아우슈비츠를 포함한 모든 강제수용소와 절멸수용소에는 홀러리스 부서Hollerith Abteilung라고 불렸던 아이비엠 사무소가 있었다.[29] 에드윈 블랙의 연구를 비판하는 사람들의 주장대로 나치스는 아이비엠의 기술이 없었어도 충분히 효율적인 방식으로 이런 만행을 저질렀을 것이다. 하지만 아이비엠의 사례는 미국 대기업이 최신 기술을 나치스에 제공하면서도 히틀러와 그의 측근들이 그 기술을 어떻게 활용할지에 대해 거의 아무런 관심이 없었다는 사실을 잘 보여준다.

진주만 공격 이후에도 미국 기업들은 독일 내 자회사에서 트럭, 비행기, 기타 전쟁 물자를 생산해 나치 독일에 대한 협력을 지속했을 뿐만 아니라, 비록 일부이긴 하지만 그 모든 바퀴와 날개를 움직이는 데 반드시 필요한 연료까지 공급했다. 스탠더드 오일은 이러한 일에 깊이 연루되어 있었다. 그 회사는 석유 제품뿐만 아니라, 텅스텐, 면화, 황산암모늄 등 전쟁 수행에 필수적인 다른 원료까지 카리브해 지역과 스페인에 있는 항구에서 독일로 실어 날랐다.[30]

트럭과 연료에 비하면 코카콜라가 독일에서 생산한 청량음료는 물론 그 중요성이 덜하다. 그렇다 하더라도 전쟁 기간 동안 코카콜라가 독일에서 어떻게 사업을 성장시켰고, 나치의 전쟁 수행에 어떻게 기여했는지에 대해 살펴볼 필요는 있다. 에센에 있던 독일 내 자회사의 총책임자인 막스 카이트는 나치 당국과 좋은 관계를 유지해 코카콜라 유한회사가 독일 회사로 인정받아 전쟁 물자 공식 공급업체가 될 수 있게끔 만들었다. 코카콜라는 많은 양의 청량음료를 독일 국방군에 공급했고, 독일 병사들은 코카콜라 병을 손에 쥔 채 전장을 향해 행군했다. (하지만 코카콜라는 미군에도 청량음료를 공급했고, 미군 병사들도 코카콜라를 손에 쥔 채 서유럽 전역을 해방시켰을 것이다.) 코카콜라의 독일 지사는 군 공급업체였기 때문에 설탕 배급 제한을 받지 않았고, 트럭과 기타 차량의 징발도 피할 수 있었다.[31]

막스 카이트의 코카콜라 유한회사가 어려움을 겪기도 했다.

독일이 미국에 선전포고를 한 1941년 12월부터는 미국에서 시럽을 수입할 수 없었다. 그런데 이로 인해 1942년에 노란색 청량음료 신제품이 성공적으로 개발되었다. 사과주스와 치즈를 생산할 때 남는 유청乳淸 같은 부산물로 만든 것이었다. 그 음료의 맛은 색깔처럼 오렌지 같았다. 카이트가 직원들에게 상상력을 발휘해 이 음료의 이름을 지어보라고 하자, 한 영업사원이 '환타'라는 이름을 제안했다. 1943년 한 해에만 환타는 무려 300만 병이 판매되었다. (벨기에와 프랑스에서는 '카피Cappy'라는 이름으로 판매되었다. 코카콜라는 현재 터키에서 판매되는 체리맛 청량음료 이름으로 '카피'를 사용하고 있다.) 마크 펜더그래스트Mark Pendergrast는 코카콜라가 전시에 적국인 나치 독일에서 벌인 사업 활동은 미국인들이 그 음료에 대해 가지고 있는 이미지와 전혀 어울리지 않는 것이었다고 지적한다. 미국인들에게 애틀랜타에서 탄생한 이 음료는 "미군 병사들이 수호하고자 싸우는 …… 미국인의 자유를 비롯한 모든 좋은 것을 …… 상징"하는 이미지를 가지고 있다는 것이다.[32] 코카콜라와 나치스의 관계는 한 미국 기업이 나치 정권과의 관계를 통해, 또 그 정권이 촉발한 전쟁을 통해 어떻게 이익을 얻었는지 잘 보여주는 사례다. 하지만 이는 다른 미국 기업들이 전시에 나치 독일에서 벌인 사업 활동에 비하면 무해한 편에 속한다. 최소한 아이비엠, 아이티티, 포드, 제너럴모터스가 벌인 사업과 비교하면 그러하다.

16장

전쟁=수익

진주만 공격 이전에 미국 기업 본사의 소유주와 경영진은 독일 내 자회사에서 무슨 일이 벌어지고 있는지 아주 잘 파악하고 있었다. 진주만 공격 이후 몇 년 동안에는 독일 내 자회사 상황을 잘 파악하는 기업도 있었고, 그렇지 않은 기업도 있었다고 얘기하는 게 정확할 것이다. 하지만 헌신적이고 신뢰할 만한 독일인 관리자들이 계속해서 자신들의 자회사를 효율적인 방식으로 경영할 거란 사실과, 나치 당국에서도 적국 자산을 처리하는 데 국제관례를 존중할 거란 사실은 확실히 알고 있었다. 이는 그들에게 매우 중요한 사실이었다. 그에 비해, 독일 내 자회사 조립 라인에서 무엇이 생산되고 나치스가 그 생산품을 어떤 목적으로 사용하는지 아는 것은 중요하지 않았다―차라리 모르는 게 훨씬 나았다. 소유주, 주주, 그리고 경영진에게 정말로 중요한 것은 수익이었다. 이 맥락에서 두 가지 사실을 지적할 필요가 있다. 첫째는 미국 기업들의 독일 지사는 전쟁 중에 엄청난 수익을 실현했으며, 둘째는 이 수익이 나치의 주머니로 들어간 것이 아니라, 미국에 있는 소유주와 주주 들의 지갑을 더욱 두둑하게 불려주었다는 점이다.

　순수 독일 기업과 마찬가지로 미국 기업의 독일 자회사들은 1930년대에 히틀러의 퇴행적인 사회 정책과 재무장 프로그램으로 벌어들이기 시작한 막대한 수익을 전쟁 기간 동안에도 계속해서 챙길 수 있었다. 포드-베르케가 벌어들인 수익과 관련해선 정확한 수치를 우연히 확보할 수 있었다. 포드의 독일 내 자회사의 수입은 1939년에 120만 라이히스마르크에서 1940년에는 170만 라이히스마르크, 1941년에는 180만 라이히스마르크, 1942년에는 200만 라이히스마르크, 1943년에는 210만 라이히스마르크로 증가했다.[1] 독일이 점령한 프랑스, 네덜란드, 벨기에에 있는 포드의 자회사에서도 나치스가 사용할 물자를 생산했고, 독일인들의 무조건적인 협력에 힘입어 매우 높은 수익을 올렸다. 예를 들면 전쟁 전까지만 해도 경영 상태가 좋지 않던 포드-프랑스는 1940년부터 독일인들과 부지런히 협력하여 상당히 높은 수익을 실현할 수 있었다. 1941년에만 5800만 프랑의 이익금을 벌어들여 에드절 포드에게 직접 축하를 받기도 했다.[2]

　에드윈 블랙은 아이비엠의 독일 내 자회사가 전쟁 기간 동안 "호황을 누렸다"고 쓴 바 있다. 데마호그는 이미 1939년에 기록적인 수익 증가를 이뤘는데, 전쟁이 진행되면서 회사의 이익금은 "빠르게 늘어났고, …… 특히 나치스가 벨기에, 폴란드, 프랑스를 점령하면서 수직 상승했다". 그 결과 아이비엠의 독일 내 자회사는 "하루가 다르게 성장했다". 포드의 경우와 마찬가지로 독일이 점령한 프랑스에서 아이비엠의 수익은 급격히 늘어났다. 독일 점령 당국과 의욕적으로 협력해 사업을 추진한 결과, 곧 공장을 새로 지어야 할 정도로 사업이 번창했던 것이다. 그런데 블랙의 주장에 따르면, 아이비엠이 독일과 독일의 점령국에서 성장할 수 있던 가장 큰 이유는 유럽에 살던 유대인 수백만 명을 대상으로 식별, 강제 이송, 강제 수용, 노예화, 그리고 최종적으로 절멸 등의 절차를 진행하는 데, 바꿔 말하면 홀로코스트를 체계화하는 데 필요한 기술 장비를 나치스에 판매했기 때문이다.[3]

마찬가지로 오펠도 높은 수익을 냈다. 헨리 애슈비 터너도 오펠의 수익이 전쟁 물자 주문이 계속되면서 오르락내리락했다는 것을 강조하면서도, 점점 늘어난 자본 보유액이 1942년 말에 이르렀을 땐 2억 5000만 라이히스마르크를 상회했다는 사실은 인정한 바 있다.[4] 다른 출처에 따르면, 오펠의 수익은 지나치게 많아서 나치 경제부에서 공개를 금지할 정도였다. 경제부의 이러한 조치는 점점 더 허리띠를 졸라매라고 요구받던 독일 국민이 충격을 받지 않고, 결국 미국 지사에서 획득한 수익이 자신들에게 돌아오지 않는다는 것을 깨닫지 못하게 하려는 의도를 지니고 있었다.[5] 이밖에도 성공한 기업은 또 있었다. 비텐베르크에 있던 싱어 공장은 1940년 3월에 재봉틀 생산을 완전히 포기하고 기관총과 탱크용 포탄 생산에만 집중했다. 이러한 생산 전환으로 싱어의 이익금은 1942년에만 170만 라이히스마르크로 치솟았다.[6]

다른 미국 기업의 독일 내 자회사들도 전쟁 기간 동안 높은 수익을 기록했다. 1943년에 나치 당국은, 전쟁이 시작된 이래 포드-베르케, 오펠, 싱어뿐만 아니라 코닥, 홀러리스(아이비엠) 같은 많은 다른 미국 기업도 "많은 돈을 벌었으며", 미국 기업 자회사들의 이익금이 "천문학적인 수치에 도달했다"고 발표했다. 제1부에서 살펴본 독일 기업의 전시 수익과 마찬가지로, 미국을 비롯한 외국 기업의 독일 지사는 전쟁이 끝날 때까지 엄청난 수익을 올린 것으로 보인다. 스탈린그라드 패전이 있던 1943년에도 미국과 영국 기업 독일 지사의 수익성은 '매우 좋은 상태'를 유지했다. 여기서 말한 수익이란 세후 이익금을 말하는 것이다. 사실 나치 당국은 이러한 이익금에 대해 더 많은 세금을 부과하는 안을 두고 오랫동안 고민했지만, 1945년 초에 절차상의 이유로 결국 포기했다.[7]

나치스는 전쟁 시작 때부터 노동자들의 임금을 가능한 한 낮게 유지하기 위해 열심히 노력한 반면, 전쟁이 끝날 때까지 기업의 수익성을 높이기 위해 힘썼다. 그 노력에는 높은 수준의 세금을 부과하지 않는 것도 포함되어 있었다. 정리하자면, 나치스는 독일 재계에서 그들에게 해주길 기대했기 때문에 1933년부터 이미 수행해왔던 일, 즉 사회적 생산물 중에서 자본가의 몫을 늘리고 노동자의 몫을 줄이는 일을 전쟁이 시작될 때부터 끝날 때까지 했던 것이다.

미국 기업의 독일 내 자회사가 전쟁 기간 동안 많은 돈을 번 것은 나치 당국이 전쟁 물자를 점점 더 많이 주문하고, 엄청난 금액의 대금을 유대인 희생자들에게서 훔친 돈으로, 벨기에를 비롯한 점령국들의 중앙은행에서 약탈한 금으로, 그리고 잔혹한 정복 전쟁과 극악무도한 범죄를 통해 획득한 전리품으로 치렀기 때문만은 아니었다. 나치 정권의 퇴행적인 사회 정책과 강제 노동력의 광범위한 활용이 이렇게 높은 수익률을 기록할 수 있었던 또 다른 이유였다는 사실이 간과되어서는 안 된다. 나치스는 권력을 손에 넣자마자 노동조합과 노동자들의 정당을 해산했고, 그로써 과거 투쟁적이었던 독일의 노동계급을 무력하고 온건한 양 떼, 즉 추종자 집단으로 바꿔놓았다. 그 결과 1933년과 1939년 사이에 독일의 실질임금은 하락했고, 그에 따라 이익금은 증가했다. 노동자 수백만 명이 징집되면서 전시 노동력이 부족해졌던 상황이어서 일반적인 경우라면 임금은 상승했을 것이다. 그게 아니더라도 최소한 물가상승률을 따라가긴 했을 것이다. 실제로 당시 미국에선 임금이 크게 올랐다. 다른 모든 시장처럼 '노동시장'에서도 가격은 공급과 수요의 상호작용으로 결정되기 마련이다. 노동의 공급이 감소하면 노동 가격, 즉 임금은 증가한다. 하지만 그런 일은 벌어지지 않았다. 나치스가 고용주에게 유리하도록, 또 노동자와 기타 임금 생활자에게 불리하도록 개입했기 때문이다. 전쟁이 시작되고 불과 며칠 지난 1939년 9월 4일에 히틀러 정권은 임금과 물가를 공식적으로 동결했다—누구라도 전쟁을 통해 수익을 얻는 것을 막겠다는 취지였던 것으로 보인다. 하지만 현실에서 물가는 계속 오른 반면, 임금 쪽 상황은 좀 더 복잡했다. 임금은 같은 수준에 머무를 때도 있었고, 때로 하락하기도 했으며, 노동력 부족 문제가 계속 악화되자 약간 상승하기도 했다.[8] 하지만 전쟁 기간 내내 노동시간은 단계적으로 늘어났는데, 이는 베를린에서 독일 기업들의 소유주와 경영진이 노동시간은 "가능한 한 유연"해야 한다고 주장했기 때문이다.[9]

전쟁 중에 독일의 노동자들에게 부과된 일은 더 많이 하고 임금은 더 적게 받아야 한다는 통칙은 미국 기업의 독일 내 자회사에도 예외 없이 적용되었다. 예를 들면 1940년 5월부터 오펠과 싱어의 직원들은 주당 최소 60시간을 일해야 했다. 동시에 임금은 삭감되었고, 그로 인해 뤼셀스하임의 오펠 공장 노동자들은 이 조치를 '임금 도둑질'이라고 부르며 시위를 벌이기도 했다. 그럼에도 주당 노동시간은 더욱 연장되었으며, 1942년이 끝나갈 때쯤에 노동자들은 주당 66시간 동안 노예처럼 혹사당했다.[10]

그에 따라 전쟁 기간 동안 미국 기업의 독일 내 투자에 따른 수익성은 더욱 높아졌다. 저임금과 장시간 노동이라는 나치체제를 이용할 수 있었기 때문이다. 하지만 전쟁 중에는 많은 노동자가 전장에서 총알받이 역할을 해야 했기 때문에, 고용주들이 노동자들을 채용하는 게 점점 더 힘들어졌다. 공장에서 그들의 빈자리는 강제 노동자들로 채워졌다. 강제 노동자들은 독일인들만큼 능률적으로 일하지는 못했지만, 임금을 아주 적게 주거나 아예 지불하지 않아도 약간의 음식만 제공하면 훨씬 더 오랜 시간 동안 노동을 시킬 수 있었다. 이런 유의 노동을 대규모로 활용한 덕분에 더욱더 많은 돈을 벌 수 있었다. 독일 기업들은 이 기회를 십분 활용했고, 미국 기업들의 독일 지사 역시 이 기회를 놓치지 않았다.

소련에서 전격전이 실패로 끝난 1941년부터 독일의 노동력 부족은 상시적인 문제가 되었다. 징집된 독일인 노동자들은 제2차 세계대전의 전환점이 된 스탈린그라드 전투로 인해 공장으로 돌아가지 못했다. 이미 예견되던 상황이었다. 사실 그들 중 수백만 명은 영영 돌아가지 못했다. 그 결과 나치스는 점점 더 외국인 노동자들에게 의존할 수밖에 없었다. 그들 중 대다수는 끔찍한 노동조건하에서 일을 시키기 위해 강제로 독일로 이송된 사람들이었다. 그 외국인 노동자들은 소련과 프랑스 같은 나라 출신의 전쟁 포로 수백만 명과 강제수용소에 있던 수많은 수감자들과 함께 노동자가 필요한 고용주라면 누구나 활용할 수 있는 거대한 인력 풀을 이루었다. 그들을 노동에 동원하는 대가로 고용주는 친위대에 비교적 소액이지만 돈을 지불해야 했다. 친위대가 그 노예들의 규율을 잡아줬기 때문이다. 따라서 이 체계는 실제로 노예제 형태를 띠고 있었다.

사실상 거의 모든 독일 기업과 마찬가지로, 미국 기업들의 자회사에서도 나치스가 제공하는 노예노동을 간절히 이용하고 싶어 했다. 라인란트의 펠베르트에 본사가 있는 예일 앤드 타운 매뉴팩처링 컴퍼니Yale & Towne Manufacturing Company는 '동유럽에서 온 노동자들의 원조'를 이용해 '막대한 수익'을 창출했고, 코카콜라는 전쟁포로와 외국인 노동자들을 에센에 있던 본사를 비롯해 많은 병입 공장에 채용해 수익을 냈다. 코닥도 슈투트가르트와 베를린-쾨페니크의 공장에서 강제노동을 마음껏 이용했다.[11]

포드-베르케는 1941년—독일 노동자들이 멀고 먼 '동쪽에 있는 약속의 땅'을 정복하러 떠난 해—부터 "열정적으로, 공격적으로, 그리고 성공적으로" 전쟁 포로와 외국인 노동자를 모집했다고 알려져 있다. 1943년 여름 당시 쾰른 공장 노동자 약 5,000명 중 절반은 강제 노동자들이었는데, 여기에는 수많은 여성이 포함되어 있었다.[12] 포드-베르케의 전시 활동을 꼼꼼히 조사한 독일의 연구자 카롤라 핑스Karola Fings는 포드의 독일 지사는 나치스의 저임금 정책에서 상당한 이익을 취하기는 했지만, 무엇보다 수익을 극대화할 수 있었던 건 폴란드와 소련 등의 동유럽 국가에서 온 강제 노동자들을 활용했기 때문이라고 설명한다. 그 불행했던 노동자들은 (일요일을 제외하고) 하루 최소 12시간을 노예처럼 일해야 했고, 임금은 전혀 받지 못했다. 그들 중 다수는 열악한 막사에서 지냈고, 매우 적은 양의 식사만 할 수 있었다. 1944년 여름에는 상대적으로 적은 인원이지만 악명 높은 부헨발트 강제수용소 수감자들이 포드-베르케로 끌려와 강제노동을 해야 했는데, 그들에 대한 처우는 그보다도 좋지 않았을 것이다.[13]

오펠은 적어도 뤼셀스하임과 브란덴부르크에 있던 주요 공장에서는 강제수용소 수감자를 동원하지는 않았다. 하지만 이 제너럴모터스의 독일 내 자회사는 전쟁포로 등 다른 유형의 강제노동은 탐욕스럽게 활용했다. 독일의 연구자 아니타 쿠글러는 대부분 소련의 일반 시민이었던 이들을 데려와 노예처럼 부렸던 오펠 공장의 상황에 대해 다음과 같이 묘사한 바 있다. "가장 심한 착취였다. 처우도 더 나빠질 수 없을 만큼 최악이었다. …… 심지어 사소한 규칙을 위반해도 극형에 처했다."[14]

포드-베르케와 오펠을 비롯한 미국 기업들의 독일 내 자회사는 나치스의 강요로 강제노동을 활용했던 것일까? 활용할 수 있었던 대안적인 형태의 노동은 없었을까? 이들 자회사에서 일했던 강제 노동자들의 근무조건은 얼마나 열악했던 것일까? 이런 질문들은 뜨거운 논쟁의 대상이 되어왔다. 앞서 살펴본 바와 같이 주로 사이먼 라이시와 헨리 애슈비 터너—기억하겠지만, 두 사람은 용역의 대가로 각각 포드와 제너럴모터스에서 보수를 받았다—가 만들어낸 해명의 논리는 카롤라 핑스, 아니타 쿠글러, 한스 G. 헬름스, 맥스 월리스Max Wallace 등의 역사학자가 제기하던 비판에 맞서왔다.[15] 포드-베르케 공장에서 일했던 부헨발트 수감자 수가 매우 적었다는 사실을 인정하더라도, 강제수용소 수감자의 노동은 기업의 특별한 요청이 있을 때만 제공되었다는 점을 기억해야 할 필요가 있다. 이는 전후에 아우슈비츠의 악명 높은 소장이었던 루돌프 회스Rudolf Höss가 증언한 내용이다.[16] 이와 반대로 강제수용소 수감자를 활용하라는 나치스의 제안을 거절한 기업들도 있었다. 이는 역사학자인 마르크 스푀러의 주장이지만, 안타깝게도 그는 단 하나의 사례도 언급하지 않았다.[17] 대신 스푀러는 대부분의 기업이 강요받지도 않았는데, 강제노동을 이용하게 된 주요한 이유를 밝혔다. 첫째, 전쟁 물자 생산은 수익성이 매우 높은 사업이었다. 하지만 전시에는 노동력이 부족했기 때문에 외국인 노동자에 의존하지 않고서는 생산이 거의 불가능했다. 외국인 노동자의 압도적 다수가 강제 노동자였다. 둘째, 강제 노동자들을 활용하지 않으면 생산 분야에서 강제노동을 이용하는 경쟁사에 비해 뒤처질(따라서 수익성이 낮아질) 위험이 있었다. 그리고 나치 당국에서 노동력 부족으로 전쟁 물자를 생산하지 않는 기업의 유휴 기계를 몰수해 협조적인 경쟁사에 대여하거나 판매할 가능성이 있었다. 이런 이유로 대다수의 기업은 강제노동 활용 거부를 고려조차 하지 않고, 오히려 필수적이면서도 희소한 원료를 가능한 한 많이 얻기 위해 치열하게 경쟁했다.

강제노동 활용 여부에 대한 결정은, 독일의 역사학자 베르너 플룸페Werner Plumpe의 설득력 있는 주장대로, 개별 기업의 소유주나 경영인 개인의 도덕이나 '사업 윤리'에 관한 문제였다. 그는 강제노동 활용 여부는 각 기업 또는 기업가가 자유롭게 선택한 결과라고 주장한다. 잘못된 결정, 즉 노예를 활용했던 것은 '악한' 개인과 '악한' 기업의 선택이며, 반대로 옳은 결정, 즉 노예 활용 제안을 거부했던 것은 '선한' 개인과 기업의 선택이었다는 것이다.[18] 또 다른 역사학자인 S. 조너선 위슨S. Jonathan Wiesen도 고용주가 강제노동 활용 여부를 결정했던 건 매우 개인적인 판단이었으며 따라서 그것은 심리의 문제였다고, 유사한 주장을 펼친 바 있다. 위슨에 따르면, '일부' 독일 기업가들의 '기회주의'가 문제였다. 그들이 "수익을 간절히 바랐기 때문에 ……" 노예노동을 시키는 등의 "수많은 악랄한 행위에 관여하게 되었다"는 것이다. 그는 개인의 부도덕, 즉 "기회주의와 탐욕 때문에 '정치에 무관심한 사업가' 다수가 끔찍한 행위에 가담하게 되었던 것"이라고 결론짓는다.[19] 그런데 미국 기업의 독일 내 자회사를 포함해서 거의 모든 독일의 주요 회사는 결국 강제노동 활용을 선택했다. 그 회사들의 소유주나 경영진이 모두 예외 없이 '기회주의자'이고 '탐욕스러운 자'일까? 그들은 모두 '악한'일까? 실제로는 그들이 개인적으로 악한지 선한지 여부가 중요한 것은 아니었다. 아무리 선한 경영자라 해도 이른바 자유시장에서 다른 생산업체와 치열한 경쟁을 벌이는 가운데, 계속해서 생산하고 수익을 실현해야만 살아남고 또 성공할 수 있는 자본주의체제의 논리에 따라 강제노동을 활용할 수밖에 없었던 것이다. 마르크 스푀러는 이 점에 대해 다음과 같이 설명한다.

> 민간기업이 나치 정권의 범죄에 연루되었던 건 …… 끊임없이 수익을 극대화하려는 욕구에서 비롯되었으며, 그러한 욕구는 심지어 전시에도 기업의 경영진을 자극했다. …… 만약 이것이 사실이라면, 제3제국의 산업사를 통해 배울 수 있는 교훈은 비관적일 수밖에 없다. 즉 사유재산에 기반을 두고, 경쟁의 원칙에 따라 추동되는 체제 안에서 운영되는 기업은 범죄를 저지를 경향을 보일 거란 점이다. 최소한 국가에서 그러한 범죄를 저지르는 데 필요한 법적 체계를 제공하는 경우엔 말이다. ……[20]

스푀러는 사유재산과 경쟁이 알파요 오메가인 자본주의체제가 문제라고 분명하게 지적하고 있다. 마찬가지로 위슨이 말한 '기회주의'와 '탐욕'도 개인의 악덕에서가 아니라 체제에서 기인했다고 보는 게 맞지 않을까? 결론은 다음과 같다. 미국 기업들의 독일 지사를 포함해서 히틀러 시대 독일에서 활동한 거의 모든 회사가 강제 노동자를 착취하고 나치 정권의 많은 범죄에 스스로 '얽혀 들어갔다'면, 이는 경영자나 소유주 개인의 악덕 때문이 아니라 아무리 선한 사업가라도 수익에 대해 '탐욕적'이고, 수익을 낼 기회가 있다면 덮어놓고 달려드는 '기회주의적'인 면모를 드러낼 수밖에 없도록 만드는 자본주의체제 때문이었다고 봐야 한다.

이미 19세기부터 자본주의는 자유주의, 즉 자유를 미화하는 이데올로기로 포장되어왔다. 자유에 반하는 건 거의 불가능하기 때문에, 이는 매우 강력한 이데올로기다. 하지만 자유는 단지 이론으로만 존재하는 추상적인 개념이다. 현실에는 매우 다양한 형태의 자유가 있다. 자유주의 이데올로기에서 중요하게 다뤄지는 자유는 특정한 형태의 자유다. 즉 기업의 자유와 기업가, 자본가, 자본을 소유하고 통제하는 사람들의 자유다. 자유주의 이데올로기가 노동의 자유, 노동자와 임금을 받는 서민들의 자유를 중요하게 다루지 않는 건 분명한 사실이다. 이 관점에서 보면 나치즘하에서 자본이 강제노동, 바꿔 말하면 자유 없는 노동 덕분에, 또 노동에서 자유를 박탈한 덕분에 번창했다는 것은 전혀 모순적이지 않다. 사실 자본은 나치즘하에서, 또 나치즘 덕분에 노동의 자유가 제한되는 만큼 더 많은 자유를 누릴 수 있었다. 나치즘은 노동의 자유를 억압해서, 즉 독일 노동자와 외국인 노동자 들의 부자유를 극대화해서 자본의 자유를 극대화한 술책이었다고도 할 수 있을 것이다.[21]

17장
은행가와 정보요원의 역할

나치스는 미국의 투자자본이 심지어 전쟁 기간 동안에도 독일에서 막대한 수익을 실현했다는 사실을 불쾌하게 받아들이지 않았다. 나치스가 국제자본주의를 포함해 자본주의 게임의 규칙을 존중하고 있었던 만큼 놀라운 일이라고 할 수는 없다. 그 존중 덕분에 나치스를 비롯한 파시스트들이 전쟁 전부터 미국과 독일 재계에서 지지와 후원을 받았던 것이다. 나치스가 자본주의 게임의 규칙을 존중했다는 건 그들의 모토가 '제뎀 다스 자이네jedem das seine'라는 데서 재확인된다. 이 모토는 흔히 '모든 사람은 자신에게 합당한 몫을 받는다'로 번역되는데, 문자 그대로 번역하면 실제 의미는 '각자에게 각자의 것을'이라는 뜻이다. 이 문구는 공산주의자들이 이송되었던 강제수용소 중 하나인 부헨발트 정문 위에 크게 쓰여 있었다. 이 수용소는 '재교육'이라는 취지를 앞세웠지만,

이곳에 수용된 공산주의자들은 대부분 희생되었다. 히틀러와 나치스는 정권이 붕괴하는 바로 그 순간까지도 사유재산 수호라는 절대 명령을 따랐다. 미국 언론에선 자국 회사가 제3제국에서 벌어들인 이익금이 국고로 유입되었다는 식으로 보도하곤 했지만, 실제로는 소유주와 주주의 지갑에 들어가고 있었다. 미국 기업들의 독일 내 자회사 경우에도 그 이익금이 미국 본사로 즉시 '송금'될 수는 없었지만 결과는 마찬가지였다. 그렇다면 미국 기업들이 전쟁 기간 동안 적국인 독일에서 그토록 열심히 모은 돈은 어떻게 되었을까?

나치스는 국제자본주의 게임의 규칙을 존중했고, 적국 기업의 자회사가 벌어들이는 이익금을 매년 모기업 명의 계좌에 입금할 수 있도록 허용했다. 결국 해당 기업은 전쟁이 끝난 뒤 그 돈을 찾을 수 있었다. 오펠의 실제 사례를 살펴보자. 나치스의 정직성 덕분에—이런 부분만큼은 속이지 않았으므로—제2차 세계대전이 끝날 때 오펠에는 2240만 라이히스마르크 상당의 이익금이 쌓여 있었다. 전후 화폐 개혁으로 인해 '고작' 26만 1,061달러로 줄긴 했지만, 제너럴모터스는 1951년에 이 금액을 모두 되찾을 수 있었다. 헨리 애슈비 터너마저도 금액은 비교적 적지만 이 돈만으로도 제너럴모터스가 강제노동을 이용해 히틀러의 제3제국을 위해 전쟁 물자를 생산하면서 이익금을 축적한 잘못을 저질렀다는 것을 충분히 증명할 수 있다고 지적한 바 있다.[1] 게다가 이 돈이 제너럴모터스가 전쟁 기간 동안 독일에서 벌어들인 수익의 전부일 거라 생각하면 큰 오산일 것이다. 사실 독일에 조심스레 은닉한 이 돈은 물속에 거대한 덩어리는 숨긴 채 물 밖으로 드러난 빙산의 일각에 지나지 않는다.

전쟁 기간 동안 미국 기업들의 지사에서 독일에 이익금을 재투자하는 것은 표면상으로 금지되어 있었지만, 1939년 이후에도 계속되었다. 그 결과 미국 기업들의 독일 내 투자 총액은 지속적으로 증가했다. 예를 들어 오펠은 1942년에 에드문트 베커Edmund Becker의 명의로 라이프치히에 있는 한 주조 공장을 인수했다. 1920년대부터 제너럴모터스의 독일 지사에 주철 엔진블록을 공급해오던 공장이었는데, 이 엔진블록은 뤼셀스하임의 조립 라인에서 비행기를 생산하는 데 활용되었다.[2] 또한 많은 순수 독일 기업에서 했던 대로, 이익금을 공장 시설을 현대화하는 데 투자하는 것도 여전히 가능했다. 물론 이는 미국 모기업의 독일 내 자산 총 가치를 늘리는 데 일조했다. 이런 식으로 포드-베르케의 가치는 1939년에서 1945년 사이에 6040만 라이히스마르크에서 6880만 라이히스마르크로 증가했다. 그런데 이는 공식적인 수치일 뿐이다. 전쟁 기간 동안 포드-베르케의 실제 가치가 두 배 이상 늘어났다고 믿을 만한 타당한 이유가 있다.[3]

또한 유럽 내 점령국과 심지어 이들 국가의 일부 식민지에도 사업 확장의 기회가 있었다. 1941년 포드의 프랑스 지사에선 이익금을 활용해 알제리 오랑에 탱크 공장을 설립했다. 그 공장에서 롬멜의 아프리카 군단이 이집트의 엘 알라메인으로 진격해 알렉산드리아를 위협하는 데 필요했던 트럭, 탱크, 기타 전쟁 물자의 일부를 공급했다. 쾰른의 포드-베르케는 포드-프랑스를 상대로 긴밀한(그리고 지배적인) 관계를 맺고 있었기 때문에, 독일에서 포드가 벌어들인 돈의 적어도 일부가 알제리 프로젝트에 투입됐을 가능성도 있다.[4] 1943년 포드-베르케는 리에주—국경 너머 벨기에에 있는 도시였지만, 쾰른과 가까웠다—에 주조 공장을 세워 예비 부품을 생산했다.[5]

이 기업들이 이익금을 미국으로 송금할 수 없었다는 주장도 확실치 않다. 사실 미국 기업들은 개런티 트러스트Guaranty Trust나 체이스 맨해튼Chase Manhattan, 제이피모건의 은행인 모건 앤드 컴퍼니Morgan & Company 같은 미국 은행들의 파리 지점에서 제공하는 노련한 서비스를 활용할 수 있었다. 원래 이름이 체이스 내셔널 은행이었던 체이스 맨해튼은 진주만 공격 당시에 미국에서 가장 부유한 유력 금융기관 중 하나였다. 이게파르벤의 미국 내 협력사인 스탠더드 오일과 마찬가지로 록펠러 가문이 소유하던 이 은행은 나치 독일의 산업계, 금융계, 정치계 지배층 구성원들과 좋은 관계를 유지하고 있었다. 이는 독일 점령하의 파리에 있던 미국 자회사들이 전쟁이 끝날 때까지 사업을 계속할 수 있었고, "서유럽 내 점령국에서 영국인과 미국인의 동산 및 부동산 자산이 보존"될 수 있었던 이유를 적어도 부분적으로는 설명해준다. 체이스의 파리 지점은 독일 점령 당국과 긴밀히 협력한 덕분에 사업을 확장할 수 있었고, 그 사실은 뉴욕의 본사에서도 잘 알고 있었다. 프랑스 주재 나치 독일 대사였던 오토 아베츠Otto Abetz는 체이스 맨해튼에 개인 계좌를 보유하고 있었다.[6] 미국이 참전하기 전까지 체이스는 미국에서 나치 독일과 거래해서 큰돈을 벌었다. 미국으로 이

민해 있던 독일인 가운데 히틀러의 지휘하에서 부유하고 영광스러운 미래로 나아가고 있던 조국—많은 이민자들 눈에는 그렇게 보였다—으로 돌아가길 바라는 이들에게 달러를 라이히스마르크로 환전해주었던 것이다. 이런 종류의 거래는 석유 등의 전략 원료 구입에 필요한 외환 보유고를 늘릴 수 있었기 때문에 나치 독일에도 매우 유용했다.[7] 전쟁 기간 동안, 심지어 미국이 참전한 이후에도, 체이스 이외에 파리에서 영업을 계속한 미국 은행이 있었다. 모건 앤드 컴퍼니의 파리 지점도 영업을 이어가며, '얼마간의 수익'을 냈던 것으로 알려져 있다. 페탱 원수도 이 은행의 고객이었다.[8] 독일 역사학자 디트리히 아이히홀츠는 독일이 점령한 프랑스에서 활동한 이 은행들과 다른 미국 기업들에 대해 "그들과 독일인 사이의 신중한 협력관계는 프랑스가 해방되는 그 순간까지 더할 나위 없이 좋게 유지되었다"고 설명한 바 있다.[9]

미국 회사가 제3제국에서 축적한 부의 일부가 스위스를 통해 미국으로 송금되었을 가능성도 있다. 에드윈 블랙에 따르면, 이 중립국은 "나치 시대에 은밀한 상업 활동을 연결하는 일종의 교환기 역할을 했다". 실제로 미국 기업 상당수가 미국 본사와 독일이나 그 점령국의 자회사[또는 협력사]를 매개하는 사무소를 스위스에 두고 있었다. 블랙은 아이비엠의 스위스 지사 사례를 언급하면서 이 지사의 활동 중에 "이익금 모아 보내기"가 있었다고 설명한다.[10]

바젤에 있던 국제결제은행을 통해서도 나치 독일과 온갖 종류의 금융 거래를 하는 게 가능했다.[11] 심지어 진주만 공격 이후에도 국제결제은행 내에서 미국과 독일의 긴밀한 협력관계는 지속되었다. 전쟁 기간 동안 국제결제은행 사무총장직은 국가사회주의독일노동당 당원인 독일인 파울 헤흘러Paul Hechler가 맡고 있었는데, 당시 총재는 1940년에 취임한 미국인 토머스 H. 매키트릭Thomas H. McKittrick이었다. (전임 총재는 네덜란드인 요한 빌럼 베이언Johan Willem Beyen이었다. 아인트호벤에서 필립스와 여러 은행의 중역을 맡았던 인물로, "나치스에 동조한 것으로 잘 알려져 있다". 그는 네덜란드에서 유니레버 최고경영자로 취임하기 위해 총재직을 사임했다.[12]) 게다가 국제결제은행의 임원들은 정기적으로 사소한 업무 처리를 위해 중립국 스위스를 방문하는 독일과 미국 기업의 대리인들에게 적극 협력했다. 매키트릭은 1942년부터 스위스에서 비밀리에 활동해온 미국의 정보요원 앨런 덜레스Allen Dulles의 친구였다. 전쟁 이전에 덜레스는 친형인 존 포스터 덜레스와 함께 설리번 앤드 크롬웰이라는 뉴욕 법률 회사의 파트너 변호사로 일했다. 이 법률 회사는 독일 내 미국 투자와 미국 내 독일 투자를 전문으로 다뤘다. 덜레스 형제는 나치 독일의 은행가, 사업가, 변호사, 고위 관료와 화려한 인맥을 형성해두고 있었는데, 그중에는 '유력자'도 다수 포함되어 있었다. 그리고 그들은 1930년대 스위스에 유령회사를 몇 곳설립해두었다. 전쟁이 시작된 뒤, 존 포스터 덜레스는 뉴욕에서 국제결제은행의 변호사가 되었다. 동생인 앨런 덜레스는 당시 새로 설립된 미국 정보기관인 전략첩보국OSS(중앙정보국CIA의 전신)에 합류했다. 전략첩보국의 초대 국장은 윌리엄 조지프 도너번William Joseph Donovan(별명은 '와일드 빌Wild Bill'이었다)이었다. 그는 월스트리트 변호사 출신이었으며, 포드와 스탠더드 오일의 독일 내 변호사이자 덜레스 형제의 독일 측 상대인 베스트리크Westrick와 가까운 사이였다.[13] 전쟁 기간 동안 베스트리크는 아이티티와 코닥의 독일 내 자회사의 관리자를 맡았다.[14] 앨런 덜레스가 변호사라는 돈 많이 버는 직업을 포기하고 스파이로 변신한 건 그의 열렬한 애국심 때문이었다는 설명이 많기는 하지만, 그가 베른으로 향했던 건 우연일 리 없었다. 피에르 아브라모비치Pierre Abramovici가 말한 대로, 그는 "한 발은 첩보 활동에, 다른 한 발은 사업에 두고"[15] 베른에서 수많은 독일 측 사업 인맥과 쉽게 연락을 유지할 수 있었다. 그들은 심지어 그를 만나러 직접 베른으로 올 수도 있었다.

국제결제은행은 미국의 은행가, 기업가, 변호사, 그리고 그들의 독일 측 파트너로 이뤄진 거미줄 같은 연결망의 중심이었다. 독일 측 파트너 중에는 나치당 내 핵심 세력인 친위대 고위층 등 나치스의 주요 인사들도 있었다. 친위대는 독일 기업들과 경쟁하지 않고 긴밀히 협력하는 경제 제국을 건설했는데, 그러한 협력의 대표적인 사례는 친위대가 관리하는 강제수용소와 절멸수용소 근처에 이게파르벤을 비롯한 여러 기업에서 공장을 지은 데서 찾을 수 있다. 이 공장에서 활용(악용)할 수 있는 노예노동을 공급한 곳이 바로 친위대였다. 국제결제은행 내 인사 및 덜레스를 포함한 미국인 파트너들과 화려한 인맥을 유지했던 친위대 고위층 중에는 발터 셸렌베르크Walter Schellenberg도 있었다. 셸렌베르크는 보안국Sicherheitsdienst(국가사회주의독일노동당에서 '정보 업무'를 담당했던 조직) 수장으로, 힘러의 측근이었다. 나치 친위대의 업무는 주로 홀로코스트 희생자들의 자산을 거래하고 수용소 수감자들의 강제노동을 조직하는 것이었다. 그 일을 하려면 수많은 기업가나 은행가와 긴밀한 관계를 유지해야 했다. 그들은 독일뿐만 아니라 스위스와 미국의 은행가와도 인맥을 쌓았다. 이런 방식으로 축적한 자본으로 나치스는 가능한 한 오래 전쟁을 지속하는 데 필요한 온갖 종류의 물자를 해외에서 구입할 수 있었다. 예를 들어 스웨덴에서는 철광석과 볼베어링을, 포르투갈에서는 텅스텐을 수입했다. 전쟁이 끝을 향해갈 때쯤 이 자본의 상당 부분은 해외에 은닉되었다. 아르헨티나 등의 국가에 도피처를 마련할 수 있었던 나치 고위 인사들이 일종의 은퇴 자금으로 묻어뒀던 것이다. 국제결제은행, 앨런 덜레스를 비롯한 여러 미국인들, 미국의 은행과 기업에서 이 작업을 적극적으로 도왔다.[16]

이렇게 국제결제은행은 전쟁 기간 동안 미국과 독일의 기업가, 그들의 일류 변호사들과 그들이 선호하는 은행가들이 모여 편하게 서로의 이익을 도모하는 일종의 사교 모임으로 기능했다. 그들의 조국이 상대국을 상대로 전쟁을 치르고 있다는 사실은 중요하지 않았다. 독일 주간지 《슈피겔Der Spiegel》의 한 기자는 1997년에 "자국의 병사들이 전선에서 서로를 무자비하게 학살하는 동안, 은행가들은 멀리 떨어진 목가적인 풍경의 중립국에서 많은 돈을 받으며 더할 나위 없이 잘 지내고 있었다"는 내용의 기사를 쓴 바 있다.[17] 프랑스의 작가 폴 발레리Paul Valéry가 제1차 세계대전이 끝나갈 무렵에 언급한 대로, "전쟁은 서로 잘 알면서 서로를 죽이지 않는 사람들의 이익을 위해 서로 알지 못하는 사람들이 서로를 살육하는 사건"이었던 것이다.

국제결제은행이 미국인 고객들에게 제공한 서비스에는 독일에서 벌어들인 이익금의 본국 송금도 포함되어 있었다. 이 서비스는 앞서 언급한 석유왕 윌리엄 로즈 데이비스가 카리브 지역과 남미의 항구에서 독일 해군 잠수함에 쓸 연료를 비밀리에 공급한 노다지 사업에도 제공되었다. 국제결제은행은 리스본과 부에노스아이레스를 경유해 윌리엄 로즈 데이비스가 함부르크에 있는 자회사 유로탱크 한델스게젤샤프트에서 벌어들인 이익금 일부를 송금해주었다.[18] 또한 국제결제은행은 전쟁 중 나치스가 약탈한 엄청난 양의 금과 은을 대신해서 관리해준 것으로 알려져 있다. 이 금과 은은 독일에 "엄청난 양의 철광석"을 공급한 스웨덴 업체에 대금을 치르는 데 사용되었다. 독일에서 그 철광석은 "탱크와 무기를 제조하는 데 필요한 철강"으로 가공되었다. 스웨덴 재계 또한 나치 독일이 전쟁을 이어가도록 도움을 줘서 수익을 올렸던 것이다.[19]

전쟁이 끝날 때 국제결제은행—그리고 매키트릭—은 '행복한 결말'을 맞이했다는 이야기로 이 장을 마무리하고자 한다. 아니 '행복한 결말'이 아니라 '행복의 지속'이라고 해야 더 정확한 표현일 것이다. 국제결제은행이 나치스와 협력했다는 이유로 겪은 어려움은 전혀 없었고, 매키트릭도 총재직을 계속 수행할 수 있었다.[20] 그는 1946년에 국제결제은행 총재직을 그만두고 뉴욕의 체이스 내셔널 은행으로 복귀했으며, 1954년이 되어서야 은퇴했다. 1970년 그가 사망했을 때, 《뉴욕타임스》는 〈T. H. 매키트릭, 세계를 누빈 금융가〉라는 제목으로 찬사 어린 부고 기사를 실었다.[21]

18장

폭격, 피해와 보상

전쟁 기간 동안 미국의 기업과 은행은 자국 내에서 엄청난 수익을 기록했다.[1] 그 수익의 대부분은 정부 주문이라는 돈줄에 접근할 수 있는 특권을 지닌 기업에서 '벌어들인' 것이었고, 그런 특권을 지닌 기업의 수는 얼마 되지 않았다. 그런데 그 기업들은 대부분 독일에 자회사를 두고 있었다. 예를 들어 아이비엠은 나치 독일에서 큰돈을 벌었을 뿐만 아니라 미국 내에서도 새로 생긴 좋은 사업 기회를 잡아 높은 수익을 창출했다.[2] 에드윈 블랙은 정부에서 각종 전쟁 물자 주문이라는 혜택을 받은 아이비엠의 거래액이 1940년에서 1945년 사이에 세 배 늘어났다고 설명한다.[3] 제너럴모터스도 전쟁 기간 동안 정부 주문으로만 134억 달러의 매출과 6억 7300만 달러의 수익을 기록했다.[4] 코카콜라에도 전시는 곧 황금기였다. 애틀랜타에 본사를 둔 이 회사는 미군에 청량음료를 공급하는 특혜를 누렸다. 미군 병사들은 코카콜라에 빠져들었고, 코카콜라는 미국과 자유의 상징이 되어 미군이 해방시킨 나라에서도 큰 인기를 누렸다. 그렇게 코카콜라는 장기적으로 중요한 새로운 시장을 획득하게 되었다. 하지만 전쟁 기간 동안에만 코카콜라의 수익이 1939년에 약 4000만 달러에서 1945년에는 8200만 달러로 늘어났다는 사실을 간과해서는 안 된다.[5]

독일에 지사를 둔 기업의 본사에선 그들이 적국인 나치 독일에서 벌이는 사업 활동이 미국 내에서 주목을 끌지 않도록 신중하게 처신했다. 코카콜라는 미국 국민에게 자신들의 애국심을 드러내기 위해 많은 노력을 기울였다. 독일 반대 포스터 제작 비용을 지원한 제너럴모터스가 멀리 라인강변에서는 반역에 해당하는 활동을 벌이고 있을 거라고 짐작하는 미국 국민은 단 한 사람도 없었다.[6] 미국 정부는 독일에서 벌어지고 있는 상황에 대해 완벽히 파악하고 있었지만, 미국 기업들이 적국에 자회사를 세워 사업 활동을 벌여서 또는 적국과 직접 거래해서 벌어들인 돈으로 정부 재정을 늘려주었기 때문에 눈감아주었다. 정부의 이런 관대한 태도는 전쟁 기간 동안 재계가 워싱턴에 미친 영향력이 예전보다 커졌다는 사실과 깊은 관련이 있다. 1921년에 설립된 외교협회Council on Foreign Relations는 미국이 참전하기 전인 1939년부터 록펠러 가문과 연계되기 시작해 이후 전적으로 록펠러 재단의 기금으로 운영되었다. 이 협회는 루스벨트 행정부 전반, 그중에서도 특히 국무부에 점점 더 큰 영향력을 행사했다. 거의 대부분의 구성원이 저명한 사업가와 은행가 들인 이 민간 싱크탱크는 소속 '전문가'를 낙하산 인사로 수많은 정부 요직에 앉히는 데 성공했다. 이를 두고 이탈리아의 한 역사학자는 "사실상 재계의 의제가 미국 정부의 공식 정책이 되었으며, [미국] 정부는 재계 이익을 담보하는 인질 노릇을 하게 되었다"고 설명한 바 있다.[7]

그 이전에도 그랬지만 특히 진주만 공격 이후, 재계의 대리인들이 정부 내 요직을 차지하기 위해 워싱턴으로 몰려들었던 건 사실이다. 그들이 정부에서 일하려던 이유는 순수한 애국심의 발로로 보였다. 고맙게도 연봉으로 단돈 1달러를 받고 공직을 수행해서 그들에게는 '연봉 1달러 사람들'이라는 별명까지 붙었다. 하지만 그들 지원자 가운데 압도적인 다수는 자신이 속한 회사의 이익을 실현하려는 속셈을 가지고 있었다. 그들은 자신의 회사에 돈이 될 만한 발주를 했고, 독일과 독일이 점령한 유럽에 있는 투자를 보호하고자 했다. 예를 들면 앨프리드 P. 슬론의 후임으로 1938년에 제너럴모터스 회장에 취임한 윌리엄 S. 크누드선William S. Knudsen은 1940년에 자리에서 물러난 뒤, 생산관리국 국장이 되었다. 생산관리국은 모든 종류의 전쟁 물자 생산과 구입을 책임지는 일종의 정부 부처였다. 우연일 수도 있지만, 그 전쟁 물자 중에는 제너럴모터스에서 양산하는 종류의 차량도 포함되어 있었다. 크누드선이 1930년대에 진심으로 히틀러를 존경했다고 알려져 있고 괴링의 친구이기도 했지만, 그러한 사실은 전혀 중요하지 않았다. 또한 제너럴모터스 임원과 유에스 스틸 회장을 지낸 에드워드 스테티니어스 주니어Edward Stettinius Jr.도 외교협회 회원이었는데, 우연히 영국 등 연합국에 무기대여법에 따라 전쟁 물자를 보내는 일을 책임지게 되었다. 앞서 살펴봤듯이 이 사업은 제너럴모터스, 포드 등의 기업엔 금맥이나 다름없었다. 1943년에 스테티니어스는 국무부로 자리를 옮겼고, 1944년 11월에는 국무장관이 되었다. 정부 관료로 무리 없이 변신한 또 다른 기업가로 제너럴일렉트릭의 회장이었던 찰스 E. 윌슨Charles E. Wilson도 있다. 그는 전쟁 물자와 연료의 생산 및 분배를 총괄하는 전시생산위원회War Production Board에서 가장 영향력이 큰 인물이었다. 미국의 역사학자 게이브리얼 콜코는 1942년 1월에 재계의 주도로 전시생산위원회가 창설되었는데, "위원회의 핵심 인력 1,000여 명은 기업 임원들로 구성되었고 정부가 아닌 소속 기업에서 급여를 받았다"면서, "위원회는 본질적으로 대기업이 확장된 조직이었다"고 설명한 바 있다.[8]

재계의 대리인들 또한 워싱턴과 그 밖의 지역에 있는 정보기관 사무실에서 근무하게 되었다. 앞서 살펴본 대로 사업계 및 금융계와 깊은 관계를 맺고 있던 월스트리트 변호사 윌리엄 도너번은 전략첩보국의 수장이 되었다. 마찬가지로 월스트리트 출신으로 독일에 투자한 미국 기업들과 직접 관련된 앨런 덜레스는 도너번의 최측근 가운데 한 사람이 되었다. 그는 스위스의 베른에 자리를 잡았다.[9] 독일의 역사학자 위르겐 브룬Jürgen Bruhn에 따르면 전략첩보국은 "사회구조적인 관점에서 보면 기업 내 주요 인사, 브로커, 월스트리트 변호사(등)의 조직"이었다.[10]

코카콜라 임원인 에드 포리오Ed Forio가 워싱턴으로 가 전시생산위원회에서 요직을 차지했던 일도 중요도는 좀 떨어지지만 전형적인 사례라 주목할 만하다. 포리오 덕분에 코카콜라는 '전시 공급업체'라는 자격을 따낼 수 있었다. 그 자격으로 코카콜라는 전시 설탕 배급제의 적용을 받지 않았고, 그에 따라 군대에 청량 음료를 공급해 막대한 수익을 실현할 수 있었다.[11] 앞서 코카콜라의 독일 내 자회사인 코카콜라 유한회사의 총책임자였던 막스 카이트가 대서양 건너 독일에서 벌인 활동에 대해 언급한 바 있는데, 그와 비슷한 상황이었던 것이다.

이런 환경에서 미국 정부가 자국 기업들이 적국인 나치 독일에서 엄청난 수익을 축적하는 것을 모른 체했던 건 당연한 일이었다. 워싱턴에서는 한술 더 떠 이러한 반역 행위를 공식적으로 치하하기도 했다. 1941년 12월 13일, 즉 일본이 진주만 공격을 감행한 지 일주일 만이자, 독일이 미국에 선전포고를 한 지 이틀 만에, 루스벨트 대통령은 특별 허가를 받으면 적국이나 적국과 좋은 관계를 유지하고 있는 중립국에서 사업 활동을 벌이는 것을 허용하는 대통령령을 발령했다.[12] 이 대통령령은 적국과 어떠한 형태의 거래도 할 수 없도록 금지했던 당시 현행법의 정신에 명백히 위배되는 것이었다.

미국 정부는 전반적으로 자국 기업들이 적국과 직간접적으로, 즉 독일 및 다른 해외 국가에 있는 지사를 통해 사업 활동을 벌이는 것을 허용했다. 하지만 이런 일반론에도 예외는 있었다. 1942년 10월에 적국에 도움을 줬다는 이유로 프레스콧 부시의 유니온 뱅킹 코퍼레이션 자산과 앞서 살펴본 바와 같이 W. 애버렐 해리먼이 독일 기업을 대신해 운용하던 자산이 전쟁 기간 동안 몰수되었다. 하지만 신뢰할 만한 출처에 따르면, 부시와 해리먼은 독일 협력사와 계속 협력했다. 유니언 뱅킹 코퍼레이션의 자산은 전쟁이 끝난 후에 소유주에게 반환되었지만, 그 은행은 1951년에 해산되었다. 그 과정에서 부시는 주식 지분을 팔아 큰돈을 번 것으로 알려져 있다. 마찬가지로 해리먼도 이 시련을 딛고 불사조처럼 부활했다. 해리먼은 트루먼 행정부에서 1946년부터 1948년까지 상무장관으로 일했고, 이후 파리로 가서 마셜플랜 집행 책임자를 맡기도 했다.[13]

여론을 무마하기 위해 적국과의 교역을 금지한 법률을 위반한 걸로 가장 악명 높은 회사였던 스탠더드 오일을 상대로 소송이 제기되었다. 그런데 그 회사의 대변인은 "미 육해공군 연료 공급에 상당한 비중을 스탠더드 오일이 맡았으며, [그로 인해] 미국이 승전할 수 있었던 것"이라며 항변했다. 록펠러 가문 소유의 스탠더드 오일은 결국 "미국을 배신했다는 이유로" 터무니없이 적은 벌금을 납부하는 데 동의했다. 그 대가로 스탠더드 오일이 적국과 수익성 높은 사업을 지속하는 게 허용되었다.[14] 아이비엠도 나치 독일의 땅에서 벌인 행위와 관련해 반역 혐의로 조사를 받아야 했다. 그나마도 성의 없이 진행되던 조사마저 나치 독일만큼이나 미국에서도 아이비엠의 기술이 절실히 필요하다는 단순한 이유로 중단되었다. 이에 대해 에드윈 블랙은 "아이비엠은 여러 가지 면에서 전쟁보다 중요했다. 양측은 그 회사의 주요 기술 없이는 전쟁을 수행할 수 없었다. 히틀러에게는 아이비엠이 필요했다. 그리고 연합군에게도 마찬가지였다"고 지적한 바 있다.[15]

미국 정부는 스탠더드 오일과 아이비엠을 비난했지만, 히틀러와 사업을 벌인 대다수의 기업과 은행은 전혀 개의치 않았다. 예를 들어 아이티티 회장 소스신스 벤과 나치 독일의 관계는 워싱턴에서 공공연한 비밀이었지만, 벤은 그로 인해 어떤 어려움도 겪지 않았다. 오히려 벤은 1946년에 트루먼 대통령에게서 전쟁 기간 동안 조국에 바친 공헌을 인정받아 미국 일반 시민이 받을 수 있는 최고의 영예인 공로훈장을 수훈했다. 벤은 알링턴 국립묘지에 묻혔다. 그의 자리는 존 F. 케네디 무덤에서 그리 멀지 않으며, 그의 친구인 나치스와 싸우다 전사한 수천 명의 미군 병사가 안장된 곳과도 가까이에 있다.[16]

전쟁 기간 동안 미국 재계, 기업과 은행은 전례가 없을 정도로 정부를 제대로 장악했다. 정부를 자신들의 주된 목표인 수익 극대화를 달성하기 위한 도구로 바꿔놓았다 해도 과언이 아니었다. 이것이 바로 미국 기업들이 아무런 처벌도 받지 않고 적국과 사업을 벌일 수 있던 이유이고, 그 기업들의 독일 내 자회사가 나치스의 전쟁 수행에 매우 중요한 물자를 생산했는데도 연합군의 체계적인 폭격의 대상이 되지 않았던 이유다. 월스트리트 재정가로 루스벨트 대통령의 고문이었던 버나드 바루크Bernard Baruch가 독일에 있는 미국 기업들의 자회사를 포함한 특정 공장들은 폭격하지 말거나 하더라도 아주 약하게 하라고 주문한 것으로 전해진다. 이 전언이 사실이라면 역사 도시 쾰른의 시내 중심부는 폭격으로 완파되었는데도, 도시 외곽 라인강변에 있던 포드-베르케의 대규모 공장은 폭격당하지 않았던 이유가 설명된다. 포드-베르케 공장은 공중에서 뚜렷이 식별되었지만, 공습 기간 동안 가장 안전한 장소로 알려져 있었다. 이따금 몇몇 폭탄이 주변의 넓은 공터에 떨어졌을 뿐이다.

쾰른시가 폭격기 1,000대가 동원된 1942년 5월의 공습을 포함해 70회 이상의 공습을 당했을 때, 포드-베르케 공장은 1944년 10월 2일에 미군 폭격기 B-17 단 한 대에 의해 처음으로 폭격을 당했고, 10월 18일에 있던 두 번째 공습 때는 단 두 대의 폭격기만 나타났다.

이 두 번의 공습으로 강제 노동자들의 막사가 있는 인근 수용소를 제외하고는 별다른 피해를 입지 않았다. (공중에서 볼 때 이 수용소도 확실히 구별할 수 있었다. 공장과는 전혀 다르게 보여서 헷갈릴 상황은 아니었다.) 그 후로 포드-베르케는 다시는 연합군 공습의 타깃이 되지 않았다.[17] 1945년 봄 미군이 쾰른에 들어갔을 때 포드-베르케는 사실상 온전한 상태로 남아 있었다. 하지만 미군이 쾰른을 점령한 뒤, 라인강 건너편에 있던 독일군이 쾰른을 포격했고 그때 포드-베르케의 시설이 약간 파손되었다. 그 직후 찍은 사진은 포드-베르케 공장이 연합군의 공습 타깃이었다는 걸 보여주는 자료로 활용되기도 했다. (티에리 그로부아Thierry Grosbois는 벨기에 안트베르펜에 있던 포드 공장도 이와 유사하게 "이상할 정도로 연합군의 폭격 대상이 아니었다"고 설명한 바 있다.) 레버쿠젠을 기반으로 하는 바이엘도 연합군 공습의 피해를 입지 않았다. 바이엘은 이게파르벤을 통해 스탠더드 오일과 연계되어 있던 기업이었다. 스웨덴의 한 기업가가 독일에 가서 확인하여 보고했던 대로, 바이엘뿐만 아니라 프랑크푸르트에 있던 이게파르벤 본사도 스탠더드 오일과 연계되어 있었기 때문에 1942년 말까지 공습 피해를 당하지 않았다. 레버쿠젠에 있던 바이엘 공장도 태평양전쟁 무대에서 미군이 사용했던 열대병 약품을 다량으로 생산했기 때문에 폭격 피해를 입지 않았던 것으로 보인다. 이곳에서 생산된 약품은 중립국인 스위스와 포르투갈을 통해 운송되었다. 뉘른베르크를 비롯해 여러 지역에 있던 아에게 공장 시설도 폭격당하지 않았다. 제너럴일렉트릭에서 이 전자 회사의 주식을 다량 보유하고 있었다.[18]

아이비엠의 독일 내 자회사들도 마찬가지로 전쟁 동안 거의 피해를 입지 않았다. 에드윈 블랙에 따르면, 진델핑겐에 있던 데호마그 공장에 처음으로 도착한 미군 중에는 전직 아이비엠 직원들이 있었다. 그들은 공장의 "모든 공구, 모든 기계가 잘 보존되었으며 당장이라도 가동할 수 있는 상태"라는 걸 확인했다. 그들은 이에 고무되어 회장 토머스 왓슨에게 "공장 전체가 온전히 보존되었고, 알 수 없는 이유로 우리 공군의 폭격으로부터 파손을 면할 수 있었다"고 보고했다. 백악관은 물론이고 워싱턴 내 권력의 중심부에 화려한 인맥을 유지하고 있던 왓슨은 당연히 그 이유를 알았을 것이다. 반면 베를린에 있던 아이비엠 공장은 독일 수도를 상대로 연합군의 공습이 수도 없이 이뤄지는 사이 파괴되었다. 하지만 블랙은 "대부분의 부서가 독일 남부의 여러 지역으로 이전한 뒤에", 바꿔 말하면 나치스가 생산 시설들을 안전한 장소로 이전시키는 작전Auslagerung을 지시한 뒤에 파괴되었다고 설명한다.[19] 뤼셀스하임의 대규모 오펠 공장도 이와 유사한 경우였다. 오펠 공장도 이전 작전 이후에 폭격을 당했고, 생산 시설의 약 10퍼센트 정도만 파손되었다. 1945년 3월 25일에 미군 병사들이 뤼셀스하임에 도착했을 때, 오펠 공장의 생산은 여전히 풀가동되고 있었다.[20] 프랑스, 벨기에, 네덜란드에 있던 미국 기업들의 지사 공장도 마찬가지로 대부분 연합군의 폭격 피해를 거의 입지 않았다. 로버트 소벨이 아이티티의 자회사들에 관해 언급했던 대로, 그 결과 일주일 전까지만 해도 독일군이 사용할 전쟁 물자를 생산하던 공장들이 갑자기 연합군을 위해 같은 물자를 생산하는 경우가 드물지 않았다.[21]

전쟁이 끝난 뒤, 나치스와 협력해 또는 나치 독일에서 사업을 벌였던 제너럴모터스 등의 미국 기업들은 처벌받지 않았을 뿐만 아니라, 영미 연합군의 폭격으로 자회사가 입은 손해까지 보상받았다. 제너럴모터스와 아이티티는 미국 정부에서 각각 3300만 달러와 2700만 달러를 세액 공제 등의 형식으로 지급받았다. 아이티티의 경우는 대부분의 피해가 자사 공장에서 생산한 포케-불프 전투기의 폭격으로 발생했는데도 보상금을 받았다. 포드-베르케는 비교적 피해가 적었는데도, 이미 전쟁 중에 나치 정권에게서 10만 달러 이상의 보상금을 수령했다. 프랑스에 있던 포드의 자회사는 1942년에 비시 정권에서 무려 3800만 프랑의 보상금을 받아냈다. 그런데도 포드는 워싱턴에 700만 달러의 보상금을 요청한 뒤, 긴 협상 끝에 78만 5,321달러를 받았다. 이는 2017년 가치로 환산했을 때 1060만 달러에 해당하는 금액이다.[22]

이러한 보상금 지급은 그 액수가 크건 적건 간에 미국 재무부가 재계에 얼마나 관대한지를 보여주는 놀라운 예라고 할 수 있다. 더구나 관련 기업들은 전쟁 기간 동안 독일 내 자산에 손해가 추정된다는 이유로 이미 세금 혜택을 받은 바 있었다. 예를 들어 제너럴모터스는 1941년 세금 신고 시 독일 자산인 오펠을 손실로 처리했고 이에 대해 약 2300만 달러의 절세 혜택을 받았다. 이론 상으로 이런 경우는 종전 후에 미국 정부가 오펠을 몰수할 수 있다는 것을 의미한다. 하지만 미국 정부는 1948년에 제너럴모터스가 180만 달러를 내고 독일 내 자산을 회수하는 것을 기꺼이 허가했다. 이로써 제너럴모터스가 받은 세금 감면액은 대략 2100만 달러에 달했다—이는 2017년 가치로 환산했을 때 약 2억 1300만 달러에 해당한다. 포드도 이와 비슷한 묘술을 부렸다. 1943년에 포드-베르케로 대략 800만 달러의 손실을 입었다고 신고했지만, 1954년에 55만 7000달러를 지불하고 다시 자산을 회수했다. 끝으로 이 기업들의 미국 본사에 있는 소유주와 경영진이 거짓으로 독일 내 자산을 손실했다고 신고함으로써 독일 내 자회사에서 벌어진 매우 수상한 활동에 대해 전혀 책임을 지지 않았다는 사실을 잊어서는 안 된다.[23]

19장
모겐소와 모스크바 사이

전쟁이 끝났을 때 미국 기업의 독일 내 자회사들의 가치는 1939년에 비해 훨씬 더 높아져 있었다. 전쟁 기간 동안 높은 수익을 올렸고, 그 수익을 독일에 재투자했으며, 전쟁 피해를 거의 입지 않았기 때문이다. 유럽에서 전쟁이 끝나갈 무렵, 미국 기업들의 소유주와 경영진은 당연히 그 귀중한 자산을 회수하길 열망했다. 이 맥락에서 미국의 정치와 행정, 심지어 군사 조직 최고위층 인사들이 그들의 이익을 대변한다는 점이 그들에겐 매우 유리하게 작용했다. 최고위층 인사들은 파괴된 독일을 어떻게 처리할지 결정할 위치에 있었으므로, 미국 기업들의 소유주와 경영진이 자신들의 독일 내 자산 처리 문제에 개입할 수 있었던 것이다.

1945년 봄, 미군이 독일 심장부 깊숙이 침투하고 있을 때, 아이티티 회장 소스신스 벤은 미군 장교 군복을 입고 지프를 몰고 다니며 자회사들의 상황을 직접 확인했다―물론 이 회사들에 대한 통제권을 되찾기 위해서였다. 하지만 이러한 개별적인 행위보다 훨씬 더 중요한 건 독일 주둔 미국 점령군 당국에 제너럴모터스나 아이티티 등의 기업의 대리인들이 다수 포함되어 있었다는 사실이다. 이에 대해 캐럴린 우즈 아이젠버그Carolyn Woods Eisenberg는 다음과 같이 설명한 바 있다.

> 이들 중 다수는 전쟁 전에 독일 기업과 관련한 경험이 있거나 이미 자신의 회사가 독일에서 사업을 했기 때문에 〔지명되었다〕. 예를 들면 …… 제너럴모터스 출신 인물들이 가담했다. 책임자〔아이비엠의 토머스 왓슨의 친구인 윌리엄 드레이퍼William Draper〕는 이미 1920년대에 독일에 상당히 많은 투자를 했던 대형 금융기관인 딜런, 리드 앤드 컴퍼니 소속이었다. …… 이들 중 다수는 독일 대기업이나 다른 회사와 개인적인 관계를 맺고 있었다. ……[1]

이들 미국 기업과 은행의 대리인들은 전쟁이 끝난 뒤 미국 재계가 패전국이자 피점령국인 독일에서 계속해서 투자 수익이라는 열매를 거둘 수 있도록 하기 위해 대서양을 건넜다. 그들은 또한 이러한 투자를 발판으로 유럽 전체 시장에 진출하고자 했는데, 이런 계획은 1920년대에 미국 재계가 독일에 공격적으로 투자하면서 이미 시작되었다고 할 수 있다.

그런데 미국 재계가 독일 내 자회사에 대해 우려하는 데에는 그럴 만한 이유가 있었다. 모겐소 계획 때문이었다. 루스벨트 행정부의 재무장관이었던 헨리 모겐소Henry Morgenthau는 독일 산업을 해체해서 독일을 가난하고 무력한 낙후 지역으로 변모시키자고 제안했다. 독일에 자산을 가지고 있던 기업들의 소유주와 경영진은 모겐소 계획이 자신들의 독일 투자를 완전히 끝장낼 거라는 사실을 잘 알고 있었고, 따라서 그 계획의 실행을 막기 위해 총력을 기울였다. 모겐소 계획을 가장 격렬하게 반대한 사람 가운데 한 사람이 1930년대에 유명한 필로파시스트이자 히틀러 숭배자였던 앨프리드 P. 슬론 제너럴모터스 회장이었다. 독일 주둔 미국 점령군 당국의 경제분과 책임자였던 윌리엄 드레이퍼는 군 장교이면서 동시에 딜런, 리드 앤드 컴퍼니의 부사장이었는데, 그도 마찬가지로 모겐소 계획에 단호히 반대했다. 그는 "전 나치당원 일부를 산업계 원래 있던 자리에 유임"하더라도 "독일 경제를 회복할 조치를 빠르게 실행할 것을 강력히 지지"했다.[2]

슬론과 드레이퍼를 비롯한 미국 재계의 유력 인사들과 워싱턴과 독일 주둔 미국 점령군 당국에 있던 그들의 대리인과 친구들은 모겐소 계획의 대안을 제시했다. 자본주의 원칙에 기초해 독일 경제를 재건하는 것이었다. 그렇게 하면 나치즘하에서 그랬던 것처럼 독일에서 계속해서 사업을 벌이고 돈을 벌 수 있을 터였다. 결국 그들이 승리했다. 1945년 4월 루스벨트가 사망한 뒤 모겐소 계획은 조용히 폐기되었다. 모겐소 자신도 트루먼 대통령에 의해 1945년 7월 5일 해임되었다. 독일—최소한 서독—은 실제로 경제적인 면에서 자본주의 노선을 따라 재건되었다. 미국 기업들은 나치스에 긴밀히 협력했던 과거에도 불구하고 그 과정에서 가장 큰 수혜를 누릴 수 있었다. 또 다른 수혜자는 독일 재계였다. 앞서 살펴본 바와 같이 독일 재계는 스탈린그라드 참패 이후 미국 재계와의 전후 협력관계 구축 준비를 이미 시작해둔 터였다. 그럼에도 많은 독일인은 미국이 독일 산업을 정말로 망치려 했다는 모겐소 신화를 여전히 믿고 있다. 이런 근거 없는 이야기가 퍼졌던 건 독일인들로 하여금 스스로를 가해자가 아닌 피해자로 인식하도록 해줬기 때문일 것이다.

자본주의 모델에 따른 독일 경제 재건이라는 게 단지 미국 기업의 독일 지사가 히틀러 정권 때 그랬던 것처럼 계속해서 잘 운영되고 미국에 있는 주주들을 위해 돈을 버는 것만을 의미하는 건 아니었다. 그것은 독일 전체가 미국의 투자 자본이 누빌 '무한한 기회의 땅'이자 온갖 종류의 미국산 공산품을 소비하는 거대한 시장으로 발전한다는 의미이기도 했다. 수많은 도시가 폭격으로 파괴된 나라를 재건하는 과정에서 수익을 극대화할 수 있는 엄청난 기회가 주어질 터였다.[3] 1945년 당시 미국의 사업가 가운데 전후 독일에서 사업할 수 있는 기회를 열망하지 않는 이는 한 사람도 없었다. '새로운' 독일이 미국의 점령하에서 자유기업과 자유무역이라는 원칙을 수용해 미국의 제품과 투자에 문호를 활짝 개방할 것이라는 기대감이 커져가고 있었던 것이다. 하지만 대자본, 즉 독일에 자회사(또는 협력사)를 둔 기업과 은행이 라인강과 오데르강 사이의 '골드러시'에서 가장 많은 수익을 차지하게 될 게 뻔했다. 대기업의 독일 내 자회사들은 거의 피해를 입지 않고 살아남왔고, 전쟁이 끝나자 즉시 생산을 재개할 수 있었다.[4] 전쟁이 막을 내렸을 때, 미국 기업은 독일 내에 그 어느 때보다 많은 자산을 보유하게 되었다. 그리고 적어도 이론상으로는 그 자산에서 더 높은 수익이 발생할 터였다. 그러한 기대는 실제로 현실이 되었다. 예를 들어 전후 첫 해인 1946년에 아이비엠의 독일 투자는 750만 라이히스마르크라는 놀라운 수익을 기록했다.[5]

그런데 전후 독일에서 엄청난 이익금을 긁어모으길 고대하던 미국 기업가와 은행가에게 골칫거리가 하나 있었다. 그 골칫거리는 바로 전쟁 중에 루스벨트 대통령이 처칠, 스탈린과 함께 회담(1945년 2월에 열린 얄타회담을 가리킨다—옮긴이)을 갖고 패전국 독일에서 나치스가 막대한 피해를 입힌 국가에 거액의 배상금을 지급하도록 강제한 합의였다. 이 합의대로라면 배상금 대부분은 소련에 지급되어야 했다. 배상금을 지급하면 독일에서 창출된 부는 무기한 소련의 이익으로 사라지고, 독일인들의 구매력은 낮아질 수밖에 없었다. 그렇게 되면 미국산 제품을 판매할 시장이자 미국 자본이 투자될 기회의 장으로서 독일이 지닌 잠재력은 줄어들거나 아예 사라질 수 있었다. 간단히 말해 독일에서 사업을 벌이고 수익을 내겠다는 기대가 완전히는 아니라도 거의 무너지게 될 상황이었다.

독일이 소련에 지급해야 할 배상금과 관련해 미국 사업가들을 가장 괴롭힌 것은 독일 기업들이 미래에 실현할 모든 수익이 기업 소유주들을 부유하게 만드는 데 쓰이지 않고, 소련을 재건하는 데 활용될 거라는 사실이었다. 전쟁 이전과 전쟁 기간 동안에 미국 기업의 독일 지사는 독일 회사로 행세했고, 나치 당국한테서도 독일 회사로 다뤄졌으며, 순수 독일 회사처럼 나치 정권에 협력해 많은 혜택을 받았다. 그런 만큼 이 지사들은 독일 회사로 취급되어 관련된 대가를 치러야만 하는가? 다시 말해 독일이 소련에 배상금을 지급하는 데 이익금을 내놔야 하는가? 이는 미국의 주주들에게 '독일에서 나오는' 배당금을 받을 수 없는 건 물론이고, 국제공산주의의 본산에서 사회주의체제—자본주의의 혐오스러운 '대항 체제'—를 재건하는 데 간접적으로 기여해야 한다는 걸 의미했다.

실제로 뤼셀스하임의 오펠 경영진은 독일 항복 뒤 배상금 지급에 참여하라는 요구를 받게 될까봐 오랫동안 걱정했다.[6] 나치 통치하에서 데마호그가 독일 회사라는 허위 사실로 막대한 수익을 낸 아이비엠은 전쟁이 끝나자 데마호그가 적산으로 간주돼 배상 목적에 이용될까봐 극도로 우려했다. 에드윈 블랙에 따르면, "아이비엠은 [배상금 지급에서] 제외되기를 간절히 원했고", 그래서 그 지사가 "배상금 지급 후보"가 되는 대신 "책임을 면하도록" 하는 작업에 착수했다.[7] 미국 기업의 로비스트들은 워싱턴에서 독일 지사가 배상 계획에 포함되지 않도록 하는 작업을 시작했다. 이런 공격적인 로비의 속사정을 제대로 모르고 보면, 그들의 노력이 성공을 거뒀다고 말할 수 있을 것이다. 하지만 독일 주둔 미국 점령군 당국뿐만 아니라 미국 정부 내 고위층이 기업과 은행의 입장을 대변하는 인사로 구성되어 있었기 때문에, 성공적인 결과가 나온 것은 전혀 놀랄 만한 일이 아니었다. 1945년 여름에 열린 포츠

담회담에서 트루먼이 스탈린에게 미군이 점령한 독일 지역에서는 배상금을 받을 수 없을 거라는 점을 분명히 한 것은 우연이 아니었던 것이다. 심지어 트루먼의 발언은 전임자인 루스벨트가 3대 연합국 수뇌 회담에서 도출했던 합의 사항에 명백히 위배되는 것이었다. 그로부터 1년도 채 지나지 않은 1946년 5월 3일, 독일 주둔 미국 점령군 사령관으로 모겐소 계획 반대자 중 한 사람이었던 루시어스 클레이Lucius Clay 장군은 소련에는 전쟁 기간 동안 독일 전체의 이름으로 가해진 파괴에 대한 배상금을 서쪽 점령지에서 요구할 권리가 없다고 일방적으로 단호히 선언했다. 결국 소련이 배상을 받으려면 자신들이 점령하던 지역, 즉 나중에 독일민주공화국, '동독'이 되는 지역에서 알아서 해결하는 수밖에 없었다.

미국이 독일의 배상금과 관련해서 소련과 했던 약속을 지키지 않았던 게 서방과 소련 사이에 기나긴 냉전이 시작된 한 원인이었던 건 명백하다. 이후 이 냉전으로 숱한 위험과 고통이 야기되었다. 미국의 약속 파기로 더 작고 더 가난한 동독에서 소련에 상당한 액수의 배상금을 지급해야 했다. 반면 더 크고 더 부유한 서독은 소련에 거의 아무런 배상을 하지 않았다. (서독은 소련에 6억 달러 상당의 배상을 했다. 주로 산업 장비를 해체해 지급하는 형식이었다. 반면 인구가 서독의 3분의 1 정도밖에 되지 않는 동독은 45억 달러를 배상해야 했다. 이는 서독이 지급한 배상금의 7배에 달한다.[8]) 이렇게 명백히 불공평한 상황 때문에 동독은 엄청난 고통과 분노를 감내해야 했다. 하지만 미국에서, 특히 미국 기업의 본사에서 그런 사소한 걸 걱정하는 이는 아무도 없었다. 그들 관점에서 중요한 단한 가지는 배상금 지급을 피해야 독일에서 계속 막대한 수익을 긁어모을 수 있다는 점뿐이었다.

독일은 탈나치화되어 '새로운' 민주주의체제로 탈바꿈했지만, 여전히 자본주의 국가이기도 했다. 독일에 있는 지사가 소련—그리고 히틀러의 공격에 희생된 또 다른 여러 나라—에 지급해야 할 배상의 대상이 되는 걸 막고 계속해서 부를 축적하겠다는 목표를 미국 재계와 정부만 가진 것은 아니었다. 스위스의 재계와 정부도 마찬가지로 그러한 목표를 가지고 있었다. 연합군이 스위스 국경에서 매우 가까운 독일의 소도시 징겐에 도착하기 직전, 그곳에 있던 마기의 공장에서 휘날리던 나치 깃발은 스위스 국기로 교체되었다. 마기의 경영진은 이 교체로 독일 회사에 주어질 운명, 즉 "전쟁 배상금 차원에서 공장의 기계[그리고 다른 물자와 지식 재산]를 몰수당할 처지"에서 벗어날 수 있기를 바랐다. 그들의 바람대로 마기와 게오르크 피셔 같은 스위스 기업의 독일 내 자회사들은 몰수라는 가혹한 운명을 피할 수 있었다. 하지만 깃발 교체라는 상징적인 조치 때문은 아니었다. 자국 기업의 자회사들을 '대변'하는 역할을 한 미국 정부처럼, 스위스 정부에서 적극 개입한 결과였다. 또한 독일 주둔 미국 점령군 당국의 관대한 태도 덕분이기도 했다.[9]

20장

나치의 과거, 미국의 미래

독일 주둔 미국 점령군 당국은, 그중에서도 특히 독일에 지사가 있는 미국 기업들의 대리인은 또 다른 문제에 봉착했다. 나치즘과 유럽의 파시즘이 무너진 뒤, 유럽 내 여론은 반파시즘 쪽으로 단호히 돌아섰으며 동시에 반자본주의적인 성향도 다소 드러냈다. 사실 당시 유럽에서는 파시즘이 자본주의적인 현상이라는 인식이 널리 퍼져 있었다. 에드윈 블랙이 제3제국에서의 아이비엠에 대한 연구에서 밝혔듯이, 당시 "세상 사람들은 기업들이 공모한 게 히틀러라는 끔찍한 존재가 탄생한 주된 이유라고 보고 있었다".[1]

유럽의 거의 모든 곳에서 독일의 반파시즘 조직이나 '반파쇼 Antifas' 같은 자생적인 급진 단체가 동시다발적으로 등장해 그 영향력을 키웠다. 노조와 좌파 정당은 성공적으로 재기했다. 그들은 나치스를 지지하고 히틀러 정권에 협력한 독일 은행가와 기업가들을 고발하고, 특정 회사와 산업 분야를 사회화 내지는 국유화하자는 등의 다소 급진적이면서 반자본주의적인 개혁을 제안하면서 대중의 광범위한 지지를 받았다. 하지만 그러한 계획들은 사유재산과 자유기업이라는 미국의 신성불가침한 원칙에 위배되는 것이었고, 따라서 독일에 자산을 보유한 미국의 기업가들뿐만 아니라 미국 재계 전체를 불안하게 했다.

이 기업가들은 노동자 평의회의 출현에도 불만을 가졌다. 노동자 평의회는 민주적으로 선출되어 공장 경영에 대한 참여를 요구했다. 설상가상으로 노동자들이 평의회 대표로 공산주의자를 선출하는 경우가 잦았다. 포드-베르케와 오펠 등 가장 중요한 지사 공장 일부에서도 이런 상황이 실제로 벌어졌다. 이 공산주의자들은 전쟁이 끝난 직후부터 수년간 노동자 평의회에서 중요한 역할을 맡아왔지만, 제너럴모터스는 1948년 오펠에 대한 경영권을 정식으로 되찾은 뒤 즉각 노동자 평의회를 해산했다. 노동자 평의회는 의심할 여지없이 산업민주주의의 한 형태였다. 미국 기업의 소유주나 경영진—그리고 미국 점령군 당국—은 산업민주주의에 대해 별다른 열의를 보이지 않았다. 그들은 나치스식 산업 모델을 훨씬 선호했다. 나치당이나 나치 정부에서처럼 '총통' 역할을 하는 지도자를 정한 뒤, 그가 '지도자에 대한 복종 원리'에 따라 '추종자 집단Gefolgschaft', 즉 노동자들을 상대로 도전받지 않는 권한을 무제한 행사하는 그런 기업을 바랐던 것이다.

미국인들은 계획된 민주주의적 '상향식' 개혁의 실천을 허용하는 대신, 자신들의 힘이 미치는 모든 곳에서 권위주의적 '하향식' 구조를 복원하기 시작했다. 미국인들은 단계적으로 반파시즘 성향을 지닌 인사들을 몰아내고, 기존의 권력관계를 유지하는 데 도움을 줄 수 있는 보수적이면서 권위주의적인 우익 인사들로 대체했다. 심지어 그중 상당수는 나치스 출신 인사들이었다. 예를 들어 뤼셀스하임의 오펠 공장에 새로 부임한 미국인 경영진은 반파시즘 흐름에 어쩔 수 없이 협력하는 척하면서, 노동자 평의회가 회사 경영에 제대로 참여하지 못하게 막고 노조의 부활을 방해하는 데 수단과 방법을 가리지 않았다. 1948년에 제너럴모터스가 오펠의 소유권과 경영권을 정식으로 회수하면서, 노동자 평의회의 민주적인 방식의 실험은 막을 내렸다. 같은 해, 전쟁 기간 동안 쾰른에 있는 포드-베르케의 경영자를 지낸 로베르트 슈미트도 원래 자리로 복귀했다. 열성 나치당원으로 알려져 있던 그는 전쟁이 끝나자마자 파시즘 반대자들의 압력으로 사퇴를 종용받고 물러나 있었다. 그의 복귀는 디어본에 있는 포드 본사와 미국 점령군 당국 덕분에 가능했다. 슈미트는 새 포드 공장을 열기 위해 벨기에 헹크를 다녀오던 길에 교통사고로 사망한 1962년까지 독일 내 포드 자회사의 대표를 지냈다.[2] 막스 카이트도 마찬가지로 에센의 코카콜라 최고 경영자로 복귀할 수 있었다. 오늘날까지도 코카콜라의 독일 내 자회사는 제3제국 때와 같은 위치에 있으며, 거리 이름만 전임 최고 경영자에 대한 존경의 표시로 막스 카이트 거리 Max-Keith-Strasse로 바뀌어 있다.[3]

제2차 세계대전으로 미국 기업들은 국내외에서 그야말로 막대한 수익을 올릴 수 있었다. 이 기업들의 독일 내 자산 가치는 높아졌으며, 독일 지사는 상대적으로 적은 피해를 입고서도 보상금까지 받았다. 이 밖에도 결코 과소평가되어서는 안 되는 부분이 독일의 기술력과 고도로 숙련된 노동력이라는 중요한 전리품을 챙겼다는 점이다. 1945년에 독일 깊숙이 진출한 미국인들은 특허, 도면, 청사진을 비롯해 온갖 노하우를 챙겼고, 각종 장비—기계류, 풍동, 디젤 엔진, 고성능 현미경 등—를 몰수했다. 이러한 행위가 그들이 점령하고 있던 서부 지역에서만 벌어진 게 아니었다. 전쟁 막바지 몇 주간 미군이 이후 소련군이 점령하게 될—나중에는 동독이 될—지역에 주둔하고 있었기 때문에 동부 지역에서도 이러한 행위가 벌어졌다. 연합국 간의 협정에 따라 1945년 7월 1일 소련이 동부 지역을 점령하기 전까지 미국인들은 예나에 있던 유명한 회사 카를 차이스의 자원 대부분을 손에 넣을 수 있었다. 또한 독일 동부 지역의 튀링겐과 작센에 있는 다른 주요 회사, 즉 지멘스, 텔레푼켄, 베엠베, 크루프, 융커, 이게파르벤 등에서 온갖 장비, 특허, 청사진과 기타 물자 역시 약탈했다.

또한 미국인들은 최고 수준의 과학자를 포함해 관리자, 기술자 등 각 분야 전문가—독일 동부의 브레인들—수천 명을 그들의 공장, 대학, 집을 떠나 서부 지역으로 이주하도록 강제했다. 수많은 독일인 전문가들—미국의 연구자 린다 헌트Linda Hunt에 따르면 최소 1,600명—을 미국으로 이주하게 해 국방부 등의 정부 기관이나 대학, 또는 제너럴일렉트릭, W. R. 그레이스 앤드 코W. R. Grace & Co., 다우 케미컬 같은 기업에서 일하도록 배치했다. 이러한 조치는 '오버캐스트Overcast'와 '페이퍼클립Paperclip'이라는 작전명하에 이뤄졌다. 이 조치로 자의로든 아니든 미국으로 이주한 사람들 중에는 독가스, 화학무기와 세균무기 전문가들뿐만 아니라 나치 친위대원이었던 로켓 기술 전문가 베르너 폰 브라운Wernher von Braun 도 포함되어 있었다. 또한 강제수용소에서 인간을 대상으로 한 생체 실험에 참여했던 의사를 비롯해 상당수의 전범도 섞여 있었다. 그들의 추악한 과거는 감춰졌다. 중요한 것은 미국에서 이 사람들에게 새로운 생활과 새로운 직업을 제공해주는 게 '사업에 유리하다'는 사실이었다. 이는 미국 재계, 그중에서도 특히 나중에 '군산복합체'라고 불리게 되는 기업들에 이롭다는 의미였다. 결국 끔찍한 범죄를 저지른 수많은 나치당원—과거를 뉘우치지 않는 나치당원이 많았다—이 대서양을 건너와 '무한한 기회의 땅'에서 오랫동안 행복한 삶을 영위할 수 있게 되었다.[4] 미국이 소련과는 다르게 독일로부터 어떠한 배상도 받지 못했다는 생각은 잘못된 믿음일 뿐이다. 미국 상무부 기술부서에서 일했던 존 C. 그린John C. Green은 이런 형태로 독일에서 미국으로 부가 이전된 것을 두고 미국은 각종 '지적 배상'을 받았다기보다는 강탈한 것이라고 표현한 바 있다.[5] 이 분야의 전문가인 역사학자 존 짐벨John Gimbel은 미국에선 "패전국 독일의 가장 귀중한 [지적] 자원"을 손에 넣었으며, 그것의 총 가치는 소련이 차지할 수 있었던 이미 한물간 기계 전부를 합한 것보다 훨씬 더 컸다고 결론지었다.[6] 그런데 독일에서 받은 또는 강탈한 배상 가운데 상당히 큰 몫이 기업들의 차지가 되었다—바꿔 말하면 사유화되었다. 그럼에도 이 부분에 대한 논의는 공론장에서 제대로 다뤄지지 않았다. 이는 독일이 소련에 지급한 배상금이 지나치게 과대평가되고 공론화된 것과 극명한 대조를 이룬다.

전쟁 기간 동안 미국 기업들의 독일 내 자회사는 나치스에 물자를 공급하고 강제노동을 활용해 엄청난 수익을 냈으며, 체계적인 재투자에 힘입어 회사의 가치도 크게 높였다. 전쟁이 끝났을 때 이 자회사들은 회사 시설에 비교적 경미한 피해만 입었는데도 넉넉한 보상을 받았다. 또한 소련에 지급해야 할 막대한 배상금을 내는 데에도 면제되었고, 독일의 선진 기술과 고도로 숙련된 기술자라는 귀중한 전리품까지 챙길 수 있었다. 그들의 공장에 노동자 평의회와 여러 가지 다른 형태의 산업민주주의를 도입하려던 시도는 무참히 짓밟혔다. 동반자였던 나치스는 1945년에 최후를 맞았지만, 재계는 아랑곳하지 않고 원래의 자기 생리대로 돌아가고 있었던 것이다. 그런데 나치 시대에 좋은 관계를 맺었던 독일의 거래처, 부품 공급업체, 협력업체 등 회사와 은행가, 변호사 등 개인에게 도움을 줘야 한다고 판단했다. 그래야 앞으로도 서로에게 이익이 되는 사업을 계속할 수 있을 터였다. 절대다수까지는 아니더라도, 이들 가운데는 처음부터 나치스를 지지하고, 그들이 집권하도록 도왔으며, 1933년 이후에는 히틀러의 퇴행적인 사회 정책, 범죄, 재무장 프로그램, 그리고 전쟁으로부터 큰 혜택을 본 개인과 회사가 많았다. 나치 정권이 무너진 뒤, 시대정신이 단호히 반파시즘으로 돌아서면서 당장이라도 급진적·정치적·반자본주의적인 사회경제 개혁이 실시될 듯 보였다. 그러자 미국 재계의 벗이자 동료인 독일인들은 자신들이 몹시 어려운 상황에 빠졌다는 것을 알게 되었다. 그들에게 미국 정부의 도움은 절실했다. 그리고 결국 원하던 도움을 받을 수 있었다.

전쟁이 끝나기도 전부터 독일의 사업가들은 관계를 맺어온 미국 기업에 조심스레 연락을 취해, 이제 곧 파시스트 독재에서 어떤 형태로든 민주주의체제로 이행될 텐데 그 전환기에 자신들을 도와달라고 간청했다. 독일의 기업가와 은행가가—나치 당국의 주도로—스트라스부르의 호텔 메종 루주에서 모임을 갖고, 이에 대한 전략을 논의하고 채택한 데 대해선 이미 살펴본 바 있다. 그 만남에서 논의된 내용을 세부적으로 알 수는 없지만, 그 결과는 이미 알고 있다. 나치스에 협력한 과거 때문에 종전 후 어려움을 겪던 독일 기업과 은행은 미국의 부유하고 힘 있는 유력 인사 친구들 덕분에 독일 주둔 미국 점령군 당국과 워싱턴의 정부에서 가장 호의적인 대접을 받을 수 있었다. 뉘른베르크 재판정에서 교수형 등의 중형을 선고받은 건 최고위급 나치 전범들뿐이었다. 히틀러의 집권을 돕고 최후까지 그에게 충성을 다하며 그 과정에서 큰돈을 벌어들인 기업가와 은행가는 별다른 어려움을 겪지 않았다.

샤흐트가 무죄를 선고받은 건 미국의 개입 때문이었다—이는 소련 측 재판관들을 매우 불쾌하게 했다. 그렇지만 샤흐트가 히틀러를 재정적으로나 정치적으로 지원했으며, 1933년 이후에는 은행가로서뿐만 아니라 '경제 분야 독재자'로서, 특히 '전쟁 준비를 위한 경제 분야의 전권자'로서 히틀러를 위해 헌신적으로 일했던 것은 명백한 사실이었다.[7] 나치스와 음험한 거래를 했던 독일 기업가와 은행가에 대한 재판은 뉘른베르크 이후에도 계속되었는데, 이는 미국이 단독으로 맡아서 진행했다. 소련에서는 이런 과거를 가진 독일 재계 인사들에게 관대함을 베풀지 않을 것으로 예상되었기 때문이다.

　나중에 미국 측 검사들은 이 재판을 가리켜 순수하게 "상징적인 조치"였을 뿐이라고 설명한 바 있다. 나치 전력이 있는 독일인 기업가와 은행가는 특별 대접을 받았고, 대부분 무죄 선고를 받았다. 유죄가 인정된 이들도 대개 가벼운 형을 받았고, 독일 주둔 미국 점령군 당국은 자비롭게도 3년 이내에 이들을 사면해주었다. 당시 미국 점령군 당국 고등판무관이었던 존 J. 매클로이John J. McCloy의 주도하에 "프리드리히 플리크Friedrich Flick[와] 알프레트 크루프Alfred Krupp [같은] 저명한 기업가를 포함한 나치 전범에 대한 사면과 감형"을 요구하는 대규모 캠페인이 펼쳐지기도 했다. 1930년대에 매클로이는 스탠더드 오일을 포함한 미국의 대형 석유 트러스트에서 법률 자문이자 은행가로 근무했고, 스탠더드 오일의 독일 내 주요 협력사인 이게파르벤의 미국 측 변호사를 맡기도 했다. 1952년에 매클로이는 독일에서 임무를 마치고 스타가 되어 화려한 미국 재계로 정식 복귀했다. 이후 그는 체이스 맨해튼 은행과 포드의 최고 경영자를 역임했는데, 두 회사가 많은 투자로 독일과 관련이 깊은 곳이었던 건 결코 우연이 아닐 것이다. 또한 그는 1954년부터 1970년까지 록펠러 재단의 싱크탱크인 외교협회 임원으로 활동하기도 했다.[8]

　히틀러와 그의 범죄 정권을 후원하고 지지했던 독일 산업계와 금융계 지배층은 미국의 역사학자 크리스토퍼 심프슨Christopher Simpson이 지적한 대로 미국 정부로부터 "사실상의 사면"을 받았다.[9] 이탈리아에서도 상황은 비슷했다. 미국 당국은 대중적으로 인기가 높았던 반파시즘 활동가들이 정국을 주도하려는 걸 방해하고, 예전에 파시스트였던 금융계와 산업계 인사들을 보호했다. '대자본가들의 경제 권력은 온전히 유지되어야 한다'는 그들의 신조였다.[10] 일본에서도 마찬가지로 미국 점령군 당국은 대중의 정치적·사회경제적 급진 개혁 요구를 억눌렀다. 이에 따라 1945년에 무너진 군국주의·유사파시즘 정권을 지지하고 그로부터 혜택을 받은 기업과 은행은 안심할 수 있었다.[11]

나치스에 가담한 독일의 기업가와 은행가 개인들은 미국의 기업과 금융기관에서 배후 조종하는 대리인으로 구성된 미국 점령군 당국에서 거의 아무런 제재도 받지 않았다. 게다가 그들의 기업과 은행도 특별 취급을 받았다. 스탠더드 오일의 독일 내 협력사인 이게파르벤의 사례는 특히 주목할 만하다. 당시 모든 사람은 이 기업이 히틀러와 특별한 관계를 유지했으며, 아우슈비츠에 석탄을 합성고무로 변형하는 대형 공장을 건설한 사실을 알고 있었다. 그 공장에서 악명 높은 절멸수용소의 수감자들은 말 그대로 죽도록 일했다. 게다가 이게파르벤은 데게슈Degesch(Deutsche Gesellschaft für Schädlingsbekämpfung)라는 지사를 통해 아우슈비츠와 트레블링카 등의 절멸수용소 가스실에서 사용한 독가스 치클론 베 Zyklon-B를 공급했다. 소련이 점령한 지역에서는 이게파르벤의 모든 재산이 가차 없이 (하지만 정당하게) 몰수되어 배상금 지급에 쓰이거나 사회로 환원된 반면, 서부 지역에선 상황이 매우 달랐다. 미국 당국에 의해 법정에 서기는 했지만, 이게파르벤의 수뇌부는 다른 많은 독일의 기업가와 은행가처럼 미국 측 검사 조사이어 두보이스Josiah DuBois의 표현대로 "닭 도둑도 만족할 정도로 가벼운" 처벌을 받는 데 그쳤다. 그 후 이게파르벤은 여러 회사로 분리되었지만 형식적인 조치일 뿐이었고, 대대적인 개혁을 요구하는 대중의 목소리에도 불구하고 재산 관계와 기업의 힘은 그대로 유지되었다. 이게파르벤의 경영진은 일찍이 나치 정권에 유용한 작업을 수행했던 요제프 압스와 루트비히 에르하르트 같은 은행가와 경제학자의 도움을 받아 순수하게 사업상의 문제로 치부된 '카르텔 해체de-cartelization' 작업에 참여할 수 있었다. 이 작업으로 '새로 탄생한' 회사 중 가장 중요한 곳들—바이엘, 회흐스트, 바스프—은 오늘날까지도 이게파르벤의 배당금을 받아 챙기던 익명의 주주들을 위해 돈을 벌고 있다.[12] 이탈리아의 역사학자 필리포 가자Filippo Gaja에 따르면, 나치스에 협력했던 수많은 기업이 이와 유사한 '해체' 과정을 통해 추악한 과거를 감추고자 했다. 이게 가능했던 것은 이 기업들의 모기업이나 협력사였던 제너럴일렉트릭, 스탠더드 오일, 제너럴모터스, 아이티티 같은 기업이 미국 점령군 당국에 신중하지만 적극적인 자세로 로비를 벌였기 때문이다. 이 기업들은 독일의 기존 자본주의 사회경제체제에서 기득권을 유지해왔고, 제3제국에서 이른바 '새로운' 독일로 전환되는 시기도 순조롭게 통과하고 있었다.[13] 그런데 나치스에, 그중에서도 특히 친위대에 열렬히 협력했던 독일 기업 중 대다수는 굳이 해체할 이유조차 없었다. 이 기업들은 마치 아무 일도 없었던 것처럼 독일에서 사업을 지속하고 번창하도록 허용되었다. 이러한 행운을 누릴 수 있던 곳은 아에게, 지멘스, 다임러-벤츠, 베엠베 등으로 오늘날까지도 독일 산업계를 대표하는 기업들이다. 이 기업들은 미국 기업의 벗이자 동료였기 때문에 미국인들은 결코 그들을 괴롭히지 않았다. 미국 점령군 당국에서 은행과 기업에 대한 국유화 안을 거부한 것도 당연한 일이었다.[14]

이렇게 독일 재계는 미국 재계 덕분에 나치 독재 정권에서 독일연방공화국(서독)으로 순조롭게 넘어갈 수 있었다. 그 정도가 아니라 미국인들의 도움 덕분에 독일의 대자본가들은 새로운 독일의 계급체계에서도 최상단에 위치하는 특권적 지위를 누릴 수 있었다. 수없이 많은 사업가와 은행가가 히틀러의 범죄 정권에 긴밀히 협력하고 그의 범죄와 전쟁에서 큰 이익을 누렸음에도, 독일연방공화국에서 정치, 행정, 심지어 군사—그리고 정보기관—분야의 고위직에 편안히 자리 잡을 수 있었다. 대표적인 사례로 제3제국 시절에 도이체 방크 이사를 지낸 요제프 압스를 들 수 있다. 그의 나치 전력은 쉽게 용서되었다. 도이체 방크의 미국 내 협력사 대리인들, 예를 들어 모건그룹 관계자들이 미국 점령군 당국에 관여하고 있었기 때문이다. 이후 압스는 아데나워 총리의 조언자가 되었고, 서독 경제의 막후 실력자로 수십 년간 경제 정책을 좌지우지했다.[15]

나치스의 전쟁범죄와 관련 있는 독일 동료를 보호하는 게 불가능한 경우에는 가짜 신분과 여권, 배표를 지급하고 아르헨티나 등의 남미 국가나 때로는 미국이나 캐나다에서의 새로운 생활을 마련해주었다. 이 작업은 미국 정부, 그중에서도 정보기관에서 맡아 진행했다. 앨런 덜레스가 중요한 역할을 수행했다. 그런데 애버렐 해리먼이나 프레스콧 부시 등 미국의 일부 기업가와 은행가가 나치 전범을 독일에서 빼내 스위스, 스페인, 아르헨티나 등의 중립국으로 밀입국시킨 작업에 직접 관여한 것으로 알려져 있다―꽤 큰돈이 필요한 경우도 있었다.[16]

미국 재계에서 독일 기업과 은행의 나치 관련 범죄가 용서받고 (결국) 잊히는 데 도움을 줬던 건 나치스의 비호 아래에서 수익성이 매우 좋은 사업을 함께 벌인 동료 혹은 (때로는) 친구에 대해 신의를 지키고 감사를 표하고 싶었기 때문일 것이다. 또 이 기업들과 사업가, 은행가, 변호사 들이 독일 경제 재건을 위해, 특히 독일 자본주의의 존립을 위해 반드시 필요한 존재라고 진심으로 믿었던 것도 또 하나의 이유였을 것이다. 그런데 그 외에도 또 다른 이유가 있었다. 이 독일인들이 피고인석에 서게 되면, 매우 흥미롭지만 불편한 온갖 사실이 드러났을 것이다. 미국의 대중이 자국 회사들이 독일 내 협력사를 통해서 또는 심지어는 직접 나치스와 긴밀히 협력했다는 사실과 포드나 제너럴모터스처럼 널리 존경받는 기업이 연합군뿐만 아니라 독일군에도 전쟁 물자를 공급하면서 조국을 배신했다는 사실을 알게 될 수도 있었다. 제2차 세계대전 끝 무렵에 독일과 관련해서 미국 정부가 펼쳤던 정책 역사에 대해 전문적으로 연구한 캐럴린 우즈 아이젠버그는 독일 내 미국 점령군 당국이 독일 대기업과 나치스의 관계를 철저하게 조사하지 않은 이유 중 하나로 "이 독일 카르텔의 행위를 특정 미국 기업의 수상쩍은 활동과 쉽게 분리할 수 없었기 때문"이라고 지적한 바 있다.[17] 구체적인 사례를 살펴보면, 쾰른에 소재한 쿠르트 폰 슈뢰더의 은행인 J. H. 슈타인은 소스신스 벤과 그의 기업인 아이티티를 위해 전쟁 기간 내내, 심지어 진주만 공격 이후에도 여러 가지 편의를 봐주었다. 이 금융기관의 활동에 대한 조사를 진행하면 아이티티에 큰 불편을 끼칠 수도 있기 때문에 미국 점령군 당국의 고위 관료인 노버트 A. 보그던Norbert A. Bogdan이 중지시켰다. 보그던은 폰 슈뢰더 가문이 뉴욕에 소유한 은행인 J. 헨리 슈뢰더 뱅킹 코퍼레이션J. Henry Schröder Banking Corporation의 부행장을 맡은 경력이 있던 인물이었다. 그는 제멋대로 J. H. 슈타인 같은 작은 은행의 행위는 조사할 가치가 없다고 결정했다.[18]

히틀러의 제3제국은 독일 재계라는 프랑켄슈타인 박사가 만든 괴물 같은 체제였다. 수백만 명의 평범한 사람에게 그 체제는 재앙이나 다름없었다. 하지만 독일 산업계와 금융계 지배층에게는 천국이었다. 독일의 기업과 은행, 미국 (그리고 다른 외국) 기업의 독일 내 자회사들은 히틀러 정권에서 엄청난 편의를 제공받아 수익을 올렸다. 예를 들어 노동자 정당과 노동조합의 해산, 저임금과 장시간 노동을 결합한 체계, 막대한 수익을 가져다준 재무장 프로그램 등을 누릴 수 있던 것이다. 에드윈 블랙은 히틀러가 만들어낸 자본주의 천국에서 열정적으로 사업 활동을 벌인 아이비엠의 사례가 독일에 지사를 둔 미국 기업의 행위로는 이례적이었다고 지적했는데, 이는 잘못된 것이다. 아이비엠의 행위는 전혀 이례적인 게 아니었다. 독일에 자회사를 둔 모든 미국 기업이 히틀러가 집권한 뒤에도 그대로 독일에 남아 나치 정권이 제공하는 수익 극대화의 기회를 최대한 활용했던 것이다. (역사학자 게르하르트 퀴멜Gerhard Kümmel은 나치 독일에서 철수한 것으로 보이는 단 하나의 미국 기업에 대해 언급한 바 있다. 현재 서노코Sunoco로 회사명이 바뀌어 있는 선오일Sun Oil Co.은 1934년 독일 회사 미네랄-욀-베르켄 알브레히트 운트 코Mineral-Öl-Werken Albrecht & Co.의 지분 50퍼센트를 매각한 것으로 추정된다. 퀴멜은 다른 미국 회사들도 다소간 손실을 감수하고 제3제국을 떠났다고 주장했지만, 다른 사례는 언급하지 않았다. 그 밖에도 일부 미국 회사가 독일에서 철수하는 것을 고려했다는 주장도 있기는 하다.[19])

결국 미국 기업들의 독일 내 자회사는 모두 예외 없이 각종 무기와 전쟁 물자를 대량으로 생산해 1939년과 1940년 히틀러가 승리하는 데 기여했던 셈이다. 심지어 진주만 공격 이후에도 자회사를 통해 이런 사업을 계속 유지함으로써 그 기업들은 조국을 배신했다. 게다가 그들은 나치가 추악한 전쟁범죄를 저지르는 데에도 도움을 주었다. 하지만 독일에 있던 관리자들이나 미국 본사에 있던 기업 소유주와 경영진은 그런 세부적인 사항에 개의치 않았다. 미국 본사에서도 대서양 건너 유럽에서 무슨 일이 벌어지는지 아주 잘 파악하고 있었지만 전혀 상관없었다. 그들이 중시했던 건 무조건 히틀러와 협력하면 전례가 없을 정도로 큰 수익을 긁어모을 수 있다는 사실뿐이었다. 나치의 모토였던 '독일이 최고Deutschland über Alles!'를 한 단어만 바꾸면 아마도 그들의 모토가 되었을 것이다. '수익이 최고Profits über Alles!'

결론

파시즘과 1945년 이후의 전쟁

제2차 세계대전으로 등장한 재계는 미국이라는 나라를 사실상 완전히 장악했다. 그러므로 1945년 이후 워싱턴이 대내외 정책을 통해 미국 재계의 최우선 목표인 수익, 즉 미국 기업과 은행의 수익 극대화 달성을 체계적으로 지원했다는 사실은 결코 놀랄 만한 일이 아니다. 이런 현실에 비춰봐야만, 평화와 민주주의의 본산이라 자부하는 미국의 역사에 존재하는 끔찍한 역설 두 가지를 설명할 수 있다. 첫째, 미국은 어째서 파시스트 정권과 기타 독재 정권에 놀라울 정도로 관대함을 보이는가? 둘째, 미국은 왜 끊임없이 전쟁에 관여하고, 그토록 자주 전쟁을 일으키는가?

　파시스트 독재 정권이 수익을 창출하는 데 있어, 바꿔 말하자면 자본을 축적하는 데 있어 매우 탁월한 도구라는 건 이미 제2차 세계대전 이전에 입증된 사실이었다. 이러한 관점에서 전후에도 파시즘은 여전히 유용한 수단이었다. 바로 이것이 미국 정부가 스페인, 포르투갈, 그리스, 터키, 이란, 대만, 인도네시아, 필리핀, 칠레, 아르헨티나, 대한민국, 남베트남, 도미니카공화국, 아이티, 남아프리카공화국 같은 국가의 파시스트 독재 정권이나 그와 유사한 권위주의 정권에 관대했을 뿐만 아니라 심지어 적극적으로 지원하기까지 한 이유다. 이러한 파시스트 선호 정책은 미국(그리고 국제적인) 기업에 사업을 벌여 수익을 올릴 수 있는 많은 기회를 제공했다. 노동조합을 탄압하고, 저임금과 장시간 노동 체계를 구축한 채, 전쟁 물자 등을 주문했던 나치 독일에서 그랬던 것처럼 말이다.

최근 수십 년 동안 미국의 정치·경제 지도자들은 최소한 공식적으로는 좀 더 민주적인 체제에 지지를 표시해왔다. 그렇다고 해서 기업인들이 전쟁 전에는 파시스트들이 제공해줘서 손쉽게 취할 수 있었던 값싼 노동력을 더 이상 찾지 않게 되었다고 생각하면 오산이다. 그 목표는 여전히 기업에 가장 중요한 것이다. 그들은 계속해서 값싼 노동력을 찾는 데 혈안이 되어 있고, 오늘날에는 주로 인원 감축, 외주화, 그리고 이른바 '전 지구화'라고 불리는 수단을 사용하고 있다. 그럼에도 파시즘이 지구상에서 영원히 사라졌다고 믿는 것은 잘못이다. 파시즘은 어떤 나라에서든 재계가 자신들의 목표를 달성하고자 할 때 언제든 다시 호명될 수 있는 수단이기 때문이다. 베르톨트 브레히트는 이러한 위험에 대해 다음과 같은 시적인 표현으로 경고한 바 있다.

So was hätt einmal fast die Welt regiert!

한번은 그 괴물이 전 세계를 거의 지배할 뻔했습니다!

Die Völker wurden seiner Herr, jedoch

각 국민들이 그를 제압했지요, 하지만

Dass keiner von uns zu früh da triumphiert.

아직 승리를 선언하기엔 너무 이릅니다.

Der Schoss is fruchtbar noch Aus dem das kroch.

그가 기어 나온 자궁은 아직도 임신이 가능합니다.

—베르톨트 브레히트, 《아르투로 우이의 출세The Resistible Rise of Arturo Ui》, 1941.

예를 들면, 대담한 선거 조작으로 탄생한 조지 W. 부시 정권은 파시스트 독재 정권과 몇 가지 두드러지는 유사점을 보인 바 있다. 혹자는 부시 행정부를 코카콜라 라이트를 빗대 '파시즘 라이트Fascism Light'라고 부를 수도 있을 것이다. 부시 행정부 하면 다음과 같은 것들이 연상되기 때문이다. 관타나모 등의 수용소에서 자행된 재판 없는 무기한 감금과 고문, 기업—특히 석유 트러스트와 무기 제조업체—들에 주문과 수익을 안겨준 대규모 재무장 프로그램, 엄청난 규모의 공적 부채를 낳은 형편없는 경제 정책, 퇴행적 사회 정책, 파렴치한 허위 프로파간다, 살인적인 제국주의 전쟁, (이 경우에는 유대인과 공산주의자 대신 아랍인과 무슬림 전체를) 희생양 삼기, 그리고 미국에서 시민권의 극단적인 제한(중요하지 않아서 마지막에 언급한 건 아니다) 등. 심지어 9·11 사건이 독일 제국의회 화재 사건과 유사한 위장 작전이었다고 믿는 이들도 있다. 버락 오바마의 당선으로 변화가 있을 거라는 기대가 컸지만, 파시즘 라이트는 오바마 집권 8년 동안에도 확고히 지속되었고, 파시즘에 경도된 경향을 도널드 트럼프가 되돌릴 것으로 보이지는 않는다. 민주주의로 가장한 과두제인 미국의 정치체제는 두 얼굴을 가진 야누스다. 사람들은 흔히 케네디와 클린턴, 오바마의 환한 미소로 상징되는 민주적인 면을 보지만, 과거 히틀러와 관련 있는 과두정치 가문의 자손인 부시의 억지웃음과 트럼프의 비웃음은 비민주적이고 유사파시즘적인 미국체제의 또 다른 면을 드러낸다.

전쟁에 대해서 논하자면, 1945년 이후 미국은 열전熱戰이든 냉전이든 결코 전쟁을 중단한 적이 없다. 전쟁이 수익을 극대화하는 데 파시즘보다 더 유용한 최고의 수단이라는 점을 기억한다면 그 이유를 짐작할 수 있을 것이다. 미국의 기업과 은행은 이미 제2차 세계대전으로 전례가 없을 만큼 높은 수익을 올린 바 있다. 정부에서 돈벌이가 되는 전쟁 물자 주문이 들어와 수익성을 높였고, 적국뿐만 아니라 연합국의 경쟁사를 위축시키거나 사라지게 했으며, 새로운 시장을 획득하고, 독일의 기술 같은 전리품을 손에 넣게 해주었던 것이다. 결국 미국 재계는 전쟁이라는 마약에 점점 더 중독될 수밖에 없었다.

1945년 독일과 일본을 상대로 한 전쟁이 승리로 마무리되면서, 이후 수익성 좋은 '전시체제'를 지속해줄 새로운 적이 절실히 필요해졌다. 그 적은 금방 찾을 수 있었다. 사실 항상 그 자리에 있었다. 다름 아닌 소련이었다. 사실 소련은 전쟁 기간 동안 매우 큰 도움이 되었던 동맹이었지만, 그 이전인 1930년대에는 미국 재계가 혐오하는 대상이었다. 그러다 보니 아주 자연스럽게 제2차 세계대전에서 냉전으로 넘어가게 되었다. 수익 극대화라는 게 본질적으로 그렇게 작동하는 법이었다. 그에 따라 미국 경제의 엔진은 다시 전면 가동하기 시작했다. 미사일을 비롯해 점점 과도해져가는 전쟁 장비를—말도 안 될 만큼 높은 가격으로—공급할 수 있게 된 기업들은 큰 기쁨과 만족감을 누릴 수 있었다.

냉전이 갑작스럽고 예기치 못하게 끝나면서, 미국 기업들은 높은 수익을 올릴 수 있는 전시 경제에서 훨씬 더 적은 수익만 가능한 평시 경제로의 전환이라는 최악의 시나리오를 다시 접하게 되었다. 이번에는 새로운 적을 찾는 것도, 따라서 미국의 '전시체제'나 '펜타곤체제' 유지를 정당화하는 것도 좀 더 어려워졌다. 하지만 적의 부재라는 문제에 대한 '최종 해결책'을 조지 W. 부시 대통령이 제안했다. 그는 2001년 9월 11일에 뉴욕과 워싱턴에서 벌어진 참혹한 사건을 '테러와의 전쟁'을 선포할 기회로 신속하게 적극 활용했다. 이 새로운 분쟁은 앞으로 전 세계 어느 곳에서든 미국의 지도자들이 '테러리스트'라고 간편히 낙인찍을 수 있는 모든 이를 상대로 항구적인 전쟁을 벌이겠다는 선전포고나 마찬가지였다. '테러'는 영원히 끝나지 않을 터였다. 이는 미국 경제가 무기한 전시체제를 유지할 수 있다는 것을 의미한다. 이 전시체제는 자신의 피와 세금으로 전쟁을 치러야 하는 평범한 미국인들의 이익을 위한 것이 아니다. 그들은 끊임없이 늘어나는 공적 부채에서

'자신들의' 몫을 떠안아야 한다. 반대로, 기업들―딕 체니 전 부통령과 관련된 회사인 할리버튼Halliburton으로 대표되는―은 이 전쟁에서 나오는 천문학적인 수익을 챙긴다. 부시, 오바마, 그리고 이제는 트럼프의 미국에서 전쟁은 히틀러의 제3제국에서 그랬던 것처럼 빈자의 부를 어처구니없이 부자에게 재분배하는 도구로 기능한다.

조지 W. 부시 정부는 미국이 21세기 초에도 여전히 민주주의의 외형을 지닌 과두제로 남아 있다는 사실을 분명히 보여주었다. 대자본가들은 미국 지배층의 핵심이라는 지위를 계속해서 유지해왔다. 그들은 계속해서 워싱턴의 대내외 정책을 결정해왔다. 또한 대외 정책에서는 전쟁을 선호한다는 게 드러났다. 2008년 버락 오바마가 부시의 뒤를 이어 대통령에 당선되었을 때, 그는 설득력 있는 말투로, 하지만 모호하게, 상황이 바뀔 것이라고 약속했다. 사람들은 이 백악관의 새 주인이 이라크와 아프가니스탄의 전쟁을 끝낼 거라고 기대했다. 그러한 기대감을 배경으로 그는 노벨평화상까지 수상했다. 하지만 오바마는 끝내 평화주의 노선을 택하지 못했다. 미군이 이라크에서 '공식적으로' 철수했음에도 전쟁은 아프가니스탄에서뿐만 아니라 파키스탄에서도 전혀 수그러들지 않고 계속되었다. 오바마 정권하에서 새로 도입된 드론 폭격이 이 지역들에서 주기적으로 (때로는) 진짜 테러리스트를, (가끔은) 가상의 테러리스트를 살상했다. 미국은 또한 리비아와 시리아에서 전쟁을 수행했고, 러시아와 중국 국경에서도 위협을 가했으며, 나토 국가들에 최신 무기―물론 미국 제조업체에서 만든 무기—를 더 많이 구입하라고 설득했다. 자의였건 타의였건 오바마는—그리고 이제 트럼프는—재계에서 그에게 기대했던 일을 수행했다. 전쟁 없이는 살아남을 수 없는, 또는 적어도 스스로 마땅하다고 느낄 만큼의 막대한 수익을 긁어모을 수 없는, 기업과 은행을 위해 전쟁을 지속했다. 실제로 그 많은 전쟁이 없었다면 미국 재계는 어떻게 하늘을 찌를 듯이 높은 수준의 수익을 올릴 수 있었을까?

Krieg wird sein, solange auch nur ein
전쟁은 계속해서 일어날 것이다
Mensch am Krieg verdient
전쟁으로 돈을 버는 사람이 단 한 사람만 있어도
—베르톨트 브레히트

후기

역사는 '허풍'인가?

헨리 포드는 언젠가 "역사는 허풍"이라고 주장했다. 자신은 굳이 역사책을 읽고 싶지 않고, 역사를 공부하거나 기록하는 건 시간 낭비인 걸 알게 되었다는 의미였다. 또한 그는 틀림없이 자신의 부와 같은 엄청난 부가 어떻게 축적되는지 대중이 알게 될까봐 역사학을 위험하다고 생각했을 것이다. 속임수, 사기, 범죄, 전쟁을 통해 축적되는 경우가 대부분이니까. 같은 이유로 포드는 자기 회사 문서를 대량으로 파기해 오웰이 《1984》에서 상상한 그 악명 높은 '기억통memory hole' 속으로 사라지게 만들었다.

포드는 분명히 이 책에서 다룬 종류의 역사를 좋아하지 않았을 것이다. 그리고 이 책에서 비판했던 미국과 독일의 기업과 은행의 소유주, 주주, 경영진 대다수도 이런 종류의 역사를 선호하지 않을 것이다. 그들은 사람들에게 역사를 공부하거나 많은 시간을 들여서 역사책을 읽으라고 권하지 않는다. 사람들이 이 책을 비롯한 비판적인 관점의 서적을 읽어서, 재계와 파시즘 사이의 유착관계를 다룬 연구가 빛을 보길 바라지 않기 때문이다. 동시에 그들은 독서 대중에게 다른 책들, 즉 히틀러의 부상과 파시즘의 역할을 완전히 다른 방식으로 설명한 책, 독일과 미국의 기업과 은행이 나치스에 협력한 사실을 전혀 언급하지 않은 책, 또는 어쩔 수 없이 협력관계에 대해 언급하더라도 호의적으로 해석하거나 본질적으로 왜곡하려는 책을 추천하려고 최선을 다한다. 이를 어떤 식으로 하고 있을까?

서방세계에는 표현의 자유가 있어 모든 사람에게 자신의 생각을 말할 권리가 있다. 하지만 이런 면에서 어떤 사람들은 남들보다 더 많은 자유를 누린다. 그들은 바로 자기 견해를 (스스로든, 남의 손을 빌려서든) 작성한 뒤 글이나 책의 형태로 발표해 널리 퍼지도록 만들 수 있는 충분한 돈을 가진 사람들이다. (페이스북은 돈을 쓴 만큼 당신의 견해가 더 많은 사용자에게 전달될 수 있게 해준다.) 대부분의 평범한 사람에겐 그런 일에 쓸 돈이 없지만, 재계의 신사 숙녀들에게는 큰돈이 있다. 부자들은 더 큰 목소리로 말하는 것이다. '돈이 말한다Money talks'라는 격언대로이다. 기업가와 은행가는 창업자의 삶, 회사의 성장, 전쟁 기간 동안 회사가 수행한 역할 등을 주제로 하는 책을 쓰게끔 하는 데 필요한 돈을 가지고 있다. 이러한 종류의 작업을 위해 기업과 은행은 신뢰할 만한 저자를 신중하게 고른다. 자신들 입장에 이해와 공감을 지닌 저자여야 한다. 그리고 이러한 작가들은 후한 사례를 받는 대가로 그들이 무엇을 원하는지 잘 알고 있다. 그렇게 쓰인 책에서 불편할 수 있는 주제들은 거의 다뤄지지 않는다. '살균' 처리된 듯 해로운 내용은 없어야 하는 것이다. 실제로 미국 기업과 관련한 공식적인—또는 '권위 있는'—역사 기록에서 1930년대와 제2차 세계대전 기간 동안 그들의 독일 내 자회사가 수행한 역할에 대한 언급은 거의 찾아보기 힘들다. 혹 어떤 식으로든 그러한 주제가 대중의 주목을 끌게 되면—예를 들어 노예노동에 동원됐던 피해자들이 1990년대에 몇몇 미국 기업을 상대로 소송을 제기했을 때처럼—전문적인 역사학자들이 기업 입장을 대변하도록 고용된다. 그들은 해당 기업의 독일 지사는 나치스의 강요로 전쟁 물자를 생산하고 노예노동을 활용했으며, 미국 본사에서는 적어도 진주만 공격 때부터 자회사에 대한 통제력을 상실했고 그곳에서 무슨 일이 벌어지는지 전혀 몰랐다고 설명한다. 일례로 사이먼 라이시와 헨리 애슈비 터너가 각각 포드와 제너럴모터스를 위해 만들어낸 살균 처리된 기록을 언급할 수 있다. 독일에서도 기업과 은행에서 보수를 두둑이 받은 역사학자들이 폭스바겐, 크루프, 알리안츠Allianz, 다임러-벤츠, 도이체 방크, 데구사, 드레스드너 방크, 플리크Flick, 베르텔스만Bertelsmann 등을 위해 비슷한 작업을 수행했다.[1] 미국의 한 역사학자는 이런 종류의 연구를 가리켜 대부분 '분칠'에 불과하다고 설명한다.[2]

그런 저자들의 원고가 크고 유명한 출판사에서 쉽게 채택되는 것은 결코 우연이 아니다. 미국과 독일 출판사의 압도적인 다수는 대형 회사로, 대기업의 계열사이거나 기업과 은행이 주식 대부분을 보유한 지주회사 소유인 경우가 많다. 따라서 이들 출판사에서 비판적인—즉 재계에 비판적인—연구서를 출판하는 건 사실상 불가능하다. 반대로 기업과 파시스트 사이의 공모 같은 민감한 주제를 조심스럽게 피하거나 오히려 호의적으로 설명한 책들에 대한 선호는 두드러지게 나타난다. 그러한 책들은 대개 대형 출판사나 해당 기업의 자회사 또는 협력사인 대형 서점의 창가에 몇 주 동안이나 눈에 잘 띄게 진열된다. 대형 서점에서 비판적인 연구서를 찾는 건, 불가능하지는 않지만, 일반적으로 쉽지 않다. 친절한 서점 직원이라면 '그 책은 들어본 적 없다'라고 부정적인 언급을 하며 '주문해줄 수 있다'는 말을 덧붙일 것이다. 미국의 대형 서점에서 신간을 독자의 눈에 잘 띄도록 창가나 매대에 진열하려면 출판사에서 서점 측에 돈을 지불해야 한다. 재계와 관계를 맺고 있으며 비판적인 내용이 없는 책을 수만 권씩 출판하는 주요 출판사에서는 그에 필요한 자금력을 지니고 있는 반면, 비판적인 연구서를 소량으로 출판하는 소규모 출판사에는 그러한 특권을 구입할 여력이 없다.

사이먼 라이시와 핸리 애슈비 터너의 책처럼 살균 처리된 연구서가 언론의 관심을 끌고 신문과 잡지에서 호의적인 서평을 받는 것 또한 결코 우연이 아니다. 미국뿐만 아니라 독일을 비롯한 거의 모든 서방세계 국가에서, 신문사와 잡지사 대부분은 몇몇 기업 또는 루퍼트 머독 같은 일부 언론 재벌의 소유다. 그렇지 않은 경우에도 재정적으로 광고 수익에 의존하는데, 광고비는 대부분 자동차 제조업체나 코카콜라 같은 대기업에서 나온다. 신문사나 잡지사는 어떤 책을 대상으로 서평을 썼는지, 또 그 서평 내용이 어떠한지에 따라 광고주를 유치할 수도 또 잃을 수도 있다. 일반적으로 살균 처리된 책들은 호평을, 더 나아가 찬양까지 받는 경우가 많은 데 반해, 비판적인 연구서는 가차 없이 혹평을 받는 경향이 있다는 게 놀라운가? (아무런 평가가 없는 것보다는 악평이 낫다는 말을 따르기라도 하는 듯이, 비판적인 연구서는 대부분 그냥 무시되는 경우가 많다.) 흔히 언론은 독립적이라고 간주된다. 실제로 일반 대중으로부터는 완전히 독립적인 게 분명하다. 하지만 재계에는 깊이 의존하고 있는 게 확실하고, 이러한 의존은 언론의 객관성을 위험에 빠뜨린다.

텔레비전의 경우도 마찬가지라고 할 수 있다. 대다수의 방송국은 기업 소유이거나, 기업이 지불하는 넉넉한 광고비로 운영된다. 즉 방송국의 유지는 기업의 의지에 달려 있는 것이다. 따라서 기업의 심기를 건드리는 건 엄격히 금지되어 있다. 텔레비전에서 자주 방영되는 전쟁 다큐멘터리에서 미국 기업이 나치 독일을 상대로 무기 공급업체 노릇을 했다는 사실은 전혀 언급되지 않는다. 불편한 역사적 사실을 밝힌 비판적인 연구서의 저자들은 방송에서 모습을 찾을 수 없다. 반면 살균 처리된 연구서의 저자들은 스튜디오에 나와 시청자들에게 연구한 내용을 소개해달라는 출연 요청을 받는다. 그들은 견해가 대부분 같은 전문가들과 함께 패널을 구성해 방송에 출연하여 명성을 얻고 베스트셀러 작가의 지위를 누린다. 게다가 오직 기업(그리고 일부 부유한 개인)만이 고가의 텔레비전 광고비를 지불할 여유가 있다. 그들은 자주 이 강점을 활용해 시청자들에게 특정한 역사 지식을 전달하고자 한다. 물론 그 역사 지식은 신중히 선택되어 자연스럽게 '마사지'된 것이다. 예를 들어 2004년은 연합군의 노르망디 상륙—흔히 제2차 대전의 대전환점으로 알려져 있지만, 이는 사실이 아니다—60주년이 었는데, 그 시기에 미국의 텔레비전 시청자들은 제너럴모터스가 집중적으로 쏟아부은 광고에 노출되었다. 그 회사가 연합군에 전쟁 물자를 공급하여 기여했다는 걸 강조하는 내용의 광고였다. 물론 동시에 나치스에도 온갖 장비를 공급했다는 사실은 전혀 언급되지 않았다. 그리하여 미국에서 제너럴모터스가 '민주주의의 무기 공장' 역할을 했다는 사실은 널리 알려져 있지만, '나치 독재의 무기 공장' 역할도 했다는 사실은 아무도 모른다. 실제로 돈이 말하고 있는 것이다.

학계도 사정이 다르지 않다. 다른 나라에서도 그렇지만 특히 미국의 대학에서, 기업의 기부금과 재계의 후원에 대한 재정 의존도는 점점 높아지고 있다.[3] 미국의 많은 명문 고등교육기관에서 도서관이나 축구 경기장 같은 시설을 짓는 비용은 전적으로, 또는 부분적으로, 기업의 돈에 의존한다. 저명한 역사학과 교수진을 포함해서 교수직 급여도 마찬가지다. 그런 대학들이 재계에 우호적이지 않은 사람이나 그들의 입장을 이해조차 못하는 사람을 교수로 채용할 수 있을까? 교수직을 차지하는 특혜를 누린 학자들이 훗날 펜대를 휘둘러서 제3제국에서 미국(또는 독일) 재계가 수행한 역할에 대해 제대로 비판하는 연구를 수행할 수 있을까? 특정 기업이 직접 재정을 지원하지 않는 자리에 있는 역사학 교수들도 소속 대학이 한 곳 이상의 대기업의 후원에 재정을 의존하는 경우가 아주 많기 때문에 객관성을 온전히 유지하지 못하고 자기 검열을 하고 있다고 보는 게 더 현실에 가깝다. 일례로 제3제국 역사를 전공한 미국의 유명 역사학자의 사례를 들 수 있다. 그는 몇 년 전에 무려 1,000페이지가 넘는 제2차 세계대전 관련 저서를 출판했는데, 제너럴모터스와 오펠, 포드와 그 자회사 포드-베르케에 대해선 아무런 언급도 하지 않았다. 그 교수가 미시간주의 명문대학에서 훌륭한 경력을 쌓아왔고, 그 대학이 전통적으로 디트로이트주의 디어본과 미시간주의 몇몇 도시를 기반으로 하는 자동차 제조업체의 기부금에 재정의 상당 부분을 의존해왔다는 사실을 감안한다면 이에 대해 완벽히 이해할 수 있다. 돈이 말하는 것도 맞지만, 침묵을 강요하기도 하는 것이다.

자본가, 즉 경제적 생산수단을 소유한 자가 지적 생산수단도 통제한다는, 마르크스의 유명한 경구는 사실이다. 실제로 미국 기업 및 국제적인 기업의 현 소유주와 경영진, 즉 나치 독일에 협력했던 이들의 뒤를 이은 자들은 그러한 사실을 은폐하거나 합리화하기 위해서, 또 그러한 협력의 역사를 비판적으로 연구하는 극소수의 역사학자들에게 대중의 관심이 쏠리거나 영향력이 생기는 걸 막기 위해서, 모든 수준의 지적 수단—신문 단신 기사에서부터 텔레비전 다큐멘터리를 비롯해 학술 연구에 이르기까지—을 제어하고 있다.

미국에서, 독일에서, 그리고 모든 곳에서 각 회사는 개별적으로 나치 정권과 결탁한 사실을 은폐하기 위해 힘닿는 대로 무슨 짓이든 해왔다. 그런데 모든 서방세계 국가에서 재계는 집단적으로도 기업과 은행이 파시스트 세력을 지원하고, 그들 정권—특히 히틀러 정권—의 재무장 프로그램, 범죄, 그리고 전쟁에서 막대한 수익을 올렸다는 사실을 숨길 방법을 모색해왔다. 나치즘을 비롯한 여러 가지 형태의 파시즘의 진정한 속성을 왜곡하고, 대중에게 파시즘이 자본주의적인 현상이며 언젠가 또다시 나타날 수도 있다는 사실을 숨기는 게 재계의 이익에 부합하는 일이었기 때문이다. 이러한 면에서 미리 비판적인 역사 연구가 자리 잡는 걸 막고 살균 처리된 역사를 기술해두는 것이 유용하다고 판단했던 것이다.

살균 처리된 나치즘 역사의 대표적인 유형을 완벽하지는 않지만 대충 요약해보면 다음과 같다.

첫 번째 유형은 나치즘과 파시즘 일반의 '갱스터 이론'이라고 불려온 것이다. 이 '이론'에 따르면 모든 파시스트, 그중에서도 히틀러는 갱스터이다. 즉 사회경제적 공백기에 역사의 무대에 갑자기 뛰어들어 불가사의한 방식으로 독일에서 권력을 잡았고, 이유도 없이 소름끼치는 온갖 범죄를 저질렀으며, 전 세계를 지배하기 위해 세계대전을 일으킨, 혐오스러운 인간들이라는 것이다. 그들은 '악'의 전형이었다. 다행히도 미국 정부—누가 또 있겠는가?—가 나서서 '선'의 힘을 합쳐 그들에 맞섰고, 결국 물리쳤다. 바꿔 말하자면 나치즘은 극도로 악한 개인, 즉 현대판 훈족의 아틸라인 히틀러가 마찬가지로 악랄한 개인이었던 괴벨스, 괴링, 힘러 등의 도움을 받아 저지른 악행이었다. 이 시나리오에서 다른 모든 독일인에겐 아무런 잘못이 없었다―실제로는 히틀러가 집권하는 데 기여했던 힘 있는 기업가와 은행가에게 아무 죄가 없다는 걸 강조하려는 것이다.

이런 관점에서 당시 상황을 설명한 첫 책은 앨런 불럭Alan Bullock이 쓴 히틀러 전기 《히틀러: 독재의 연구Hitler: A Study in Tyranny》이다. 이 책은 1952년 런던에서 처음 출판되었고, 이런 식의 설명 덕분에 큰 성공을 거두었다. 또한 파시즘을 확립했다고 알려진 정신병 환자, 편집증 환자, 그리고 그 외 정상이 아닌 개인으로 추정되는 이들을 대상으로 이뤄진 수많은 '정신분석적 전기'와 '역사심리학적' 연구에 영감을 주었다. 이러한 역사기술학적 접근법에 따르면, 파시즘은 사회문제나 경제체제와는 아무런 관련이 없는 것이었다. 1970년대는 나치즘과 파시즘을 대상으로 한 역사심리학의 황금기였다. 하지만 독일처럼 고도로 문명화된 나라에서 히틀러 같은 사이코패스 괴물이 집권하는 게 어떻게 가능했는가 하는 질문에, 이런 종류의 역사기술학은 결코 답할 수 없다.

또 다른 역사 유형은 이 질문에 대해 명쾌한 답을 제시하는 장점을 가지고 있다. 하지만 그 답의 내용은 역사적 사실에 부합하지 않고, 자신들―또는 그 윗대―과 히틀러를 비롯한 파시스트들 사이의 관계를 숨기고 싶어 하는 기업가나 은행가의 귀에 달콤한 음악처럼 들리는 것이다. 바로 '힘없고 평범한' 독일인들이, 마찬가지로 '힘없는' 독일인이자 '사회주의자'였던 히틀러의 정당에 입당하고 그에게 표를 던짐으로써 그를 권좌에 올려놓았다는 식의 설명이다. 그 설명에 따르면, 나치즘으로 인해 발생한 참상은 모두 대중의 잘못이었다. 평범한 독일인들은 어리석게도 '사회주의'를 신봉하고 있었던 데다, 히틀러를 '사회주의'를 실현할 타고난 지도자로, 심지어 민주주의의 지도자로 보고 있었다. 그 결과 보통선거제(그리고 비례대표제)를 통해 히틀러가 집권할 수 있었다는 것이다. 역사적 사실에 맞지 않은 이 잘못된 시나리오는 매우 널리 퍼졌고, 지금까지도 통용되고 있다. 지주 귀족, 기업가, 은행가 등 독일 권력층은 히틀러의 정당에 입당하지 **않았고**, 표를 주지도 **않았으며**, 설사 그랬다고 해도 그건 소수에 해당하는 일이라는 점을 시사하는 시나리오이기 때문이다. 이런 관점은 기사, 책, 텔레비전 프로그램뿐 아니라 할리우드 영화에도 그대로 반영되었는데, 1960년대에 전 세계적인 호평을 받으며 큰 성공을 거둔 블록버스터 〈사운드 오브 뮤직The Sound of Music〉이 대표적인 사례다. 이 영화에서 남자 주인공인 폰 트라프 남작과 그의 귀족 친구들은 천박한 나치스에 대한 경멸감을 숨기지 않는다. 그와 반대로 나치 독일에 막 합병된 오스트리아의 서민들은 나치즘에 매료된 것처럼 그려진다. 앞서 살펴본 대로, 역사적 사실은 이 대본과는 정반대였다.

심지어 오늘날에도 미국과 서방세계의 다른 국가의 많은 국민은 히틀러가 독일 국민 대다수의 투표로 집권하게 되었다고 믿고 있다. 이러한 잘못된 관점을 바탕으로 쓰여 최근에 나온 책 중에 독일 언론인 괴츠 알리의 《히틀러의 수혜자들: 약탈, 인종 전쟁, 나치 복지 국가Hitlers Volksstaat: Raub, Rassenkrieg und nationaler Sozialismus》(2005)가 있다. 이 책에서 알리는 제3제국은 '힘없는' 독일인들을 진정으로 위했다고 주장했다. 알리의 이 책이 독일 언론, 특히 독일 재계의 주력 잡지인 《슈피겔》로부터 많은 관심과 호평을 받은 것은 그다지 놀라운 일이 아니다. (또한 이 책의 영문판이 곧바로 뉴욕에서 출간된 것도 놀랍지 않다.)

평범한 독일 국민들이 히틀러를 권좌에 올려놓았고, 히틀러의 정책으로 이익을 얻었다는 학설의 뒷면에는 기업가와 은행가를 포함한 독일 지배층은 히틀러가 집권하도록 돕지 **않았고**, 히틀러 정권에 협력하지 **않았거나** 협력했다고 해도 강요 때문이었으며, 강요로 어떠한 협력을 했든 그로부터 아무런 이익을 취하지 **않았고**, 히틀러의 전쟁과 범죄에 반대했다는 주장이 숨어 있다. 이런 식으로 당시 상황을 조명한 책이나 다큐멘터리와 영화는 언론, 잡지사, 텔레비전 방송국에서 호의적인 반응을 얻는다. 헨리 애슈비 터너는 하버드대학 교수직 제안을 받았고, 산업과 파시즘 분야의 최고 권위자로 널리 인정받았다. 엄청난 양의 반대되는 증거에도 불구하고 독일 자본가들이 히틀러를 지원하고 집권하도록 도왔다는 혐의를 벗겨주었기 때문이다. 그리고 영화 〈쉰들러 리스트Schindler's List〉는 독일의 한 기업가가 친위대와 협력한 건 이례적인 현상—그렇지 않았다—이었으며, 그러한 협력은 수백 명의 목숨을 구한 긍정적인 결과—반대로 현실에서는 독일 기업가들이 나치스와 협력한 결과 수십만, 아니 수백만 명이 희생되었다—를 낳았다는 식의 묘사로 전 세계에서 호평을 받았다. 그 이후 할리우드에서 제작된 〈발키리Valkyrie〉 또한 큰 성공을 거둘 만한 영화였다. 독일 국방군 고급 장교—기업가나 은행가처럼 독일 기득권층의 한 축을 이루고 있었다—가 히틀러에게 반기를 드는 내용을 다뤘기 때문이다. 현실에서 그들이 히틀러에게 등을 돌린 건 스탈린그라드 패배 이후였다. 히틀러가 파멸하면서 자신들을 끌고 들어갈 게 분명해진 뒤였던 것이다. 그들은 히틀러를 제거함으로써 그가 독일을 위해 획득한 일부 이권, 특히 동유럽 영토를 지키기를 바랐고, 가능하면 서방 연합군과 반소비에트 군사 동맹을 구축하고자 했다.

언론에서 호의적인 반응을 기대할 수 있는 또 다른 역사적 접근법은 독일인들이 모두 히틀러처럼 구제 불능의 반유대주의자였기 때문에 그의 집권, 범죄, 전쟁을 지지했다는 이론이다. 이 이론은 1996년에 대니얼 골드하건Daniel Goldhagen이 《히틀러의 자발적인 학살자들Hitler's Willing Executioners》이라는 제목의 책에서 제시했는데, 본질적으로 인종주의적일 뿐만 아니라 설득력이 전혀 없었다. 데이비드 노스David North가 이 책에 대해 쓴 탁월한 서평에서 강조했던 대로, 이 책은 무엇보다 인종차별적이다. 또한 "나치가 유대인을 두고 독일인의 잔인한 적이라며 영원한 유대인der ewige Jude*이라는 유령을 지어냈듯이", 골드하건은 "유대인의 변함없이 잔인한 적으로서 영원한 독일인der ewige Deutsche이라는 유령을 만들어낸" 셈이다.⁴ 사회민주주의자와 공산주의자를 필두로 수많은 독일인

---

* 반유대주의 담론에서 만들어진 개념으로, 여기서 '영원한'은 '결코 개선될 수 없는'이라는 의미. 1937년 11월 8일에 독일 뮌헨에서는 괴벨스의 주도하에 나치스가 공식 후원하여 반유대주의와 반공산주의를 선동하는 '영원한 유대인'이란 제목의 전시회가 열리기도 했다.—옮긴이

이 초기부터 나치즘을 혐오해 그에 맞서 싸웠다는 사실은 이미 잘 알려져 있다. 심지어 히틀러를 지지했던 독일인 중에는, 예를 들어 샤흐트처럼 반유대주의자가 아닌 이들도 많았다. 홀로코스트 분야의 권위 있는 역사학자인 라울 힐베르크Raul Hilberg도 골드하건에 대해 "모든 게 완전히 틀렸고, 또 완전히 틀렸고, 유독 완전히 틀렸다"[5]고 결론 내린 바 있다. 하지만 적어도 재계의, 독일뿐 아니라 미국 재계의 관점에서 보면, 골드하건의 이론은 독일 기업가와 은행가가 히틀러가 부상하는 데 역할을 하고, 히틀러 정권과 협력했으며, 히틀러의 전쟁과 범죄에 기여한 사실에 대한 관심을 분산시키는 장점을 갖는다. 만약 정말로 모든 독일인에게 죄가 있다면, 독일 내 특정 집단—또는 특정 계급—이 다른 집단보다 더 잘못한 것은 아니라는 결론이 나온다. 즉 기업가와 은행가가 바이에른의 농부나 발트해의 어부보다 더 잘못한 게 없는 것이다. 이것이 실질적인 가치가 전혀 없고, 일부 권위 있는 학자들에 따르면 심지어 박사학위 논문으로도 인정받지 못했을 정도로 어설픈 골드하건의 책이 성공을 거둔 이유일 것이다. 그리고 하버드대학에서 골드하건을 역사학 교수로 임용해 나치즘에 대한 그의 오류투성이 견해를 전파하도록 한 이유이기도 할 것이다.

역사는 '허풍'이라는 헨리 포드의 주장이 완전히 틀린 것은 아닐지도 모른다. 앞서 살펴봤던 종류의 역사, 파시즘 일반, 특히 나치즘에 대한 역사적 진실을 은폐하는 유의 역사, 재계로부터 호의를 받기 때문에 언론에서 인정받는 유의 역사, 헨리 포드의 반유대주의와 그가 나치스와 긴밀히 협력해서 수익을 올린 데 대해

한마디도 하지 않아 그를 흡족하게 만들 만한 유의 역사. 이런 유의 역사는 실제로 '허풍'에 지나지 않는다.

옮긴이의 말

1938년에 불가리아의 공산당 지도자 게오르기 디미트로프Georgi Dimitrov는 파시즘을 가리켜 "가장 반동적이고 배외주의적이며 제국주의적인 금융자본 분파의 공공연한 테러 독재"라고 정의한 바 있다. 이는 마르크스-레닌주의 관점의 파시즘 정의 가운데 대표적인 것으로 잘 알려져 있다. 역사학자이자 정치학자인 자크 파월의 《자본은 전쟁을 원한다》는 이러한 디미트로프의 명제를 입증하는 책이다.

　파월은 이 책에서 미국 및 독일의 대자본과 히틀러 사이의 협력 관계에 대해 상세히 설명한다. 대자본가들이 파시스트 정권을 지지하고 후원했다는 사실은 그다지 놀랄 만한 일이 아닐 수도 있다. 하지만 히틀러가 퇴행적인 사회 정책을 집행하고, 유대인, 집시, 공산주의자, 사회주의자, 노동조합을 대상으로 끔찍한 만행을 저지르며, 급기야 수많은 희생자를 낳은 전쟁을 벌이는데도 여전히 그에게 협력하고, 더 나아가서는 그를 이용했던 재계의 추악한 과거를, 파월이 제시하는 다양한 근거와 풍성한 통계 자료를 통해 확인하는 건 충격적인 일이 아닐 수 없다.

문제는 그러한 행태가 제2차 세계대전 이후 오늘날까지도 계속된다는 데 있다. 저자가 결론에서 간략히 설명하고 있듯이, 제2차 세계대전으로 어마어마한 수익을 올린 미국 재계는 이후 정부를 장악해 미국을 전쟁지상주의 국가로 만들었다. 독일은 어땠을까. 독일에 대한 일반적인 인식은 과거사를 철저히 반성하는 나라다. 1970년 빌리 브란트 서독 총리가 폴란드 바르샤바 유대인 희생자 위령탑 앞에서 무릎 꿇는 모습은 '반성하는 독일'을 상징하는 장면으로 기억된다. 더구나 2000년대 들어서면서 노예노동과 강제노동 피해자들에게 배상하는 과정에서 반성하는 독일이라는 이미지는 더욱 강화되었다.

하지만 과거사를 아무리 철저히 반성한다 해도 독일이 평화주의 노선을 걷는 나라로 근본적으로 바뀌지는 않았다. 알려진 대로, 미국과 영국의 합의로 독일은 1952년에 또다시 재무장을 시작하고 1955년에는 나토NATO에 가입했다(이 과정에서 서독의 나토 가입에 반대하던 사민당 당론을 가입하는 방향으로 바꿔놓은 당사자가 바로 빌리 브란트다). 1990년대 이후에는 나토의 일원으로 유고슬라비아, 리비아 등지에서 전쟁을 수행하는 데 앞장섰다. 또한 독일은 최근 10년간(2008~2017년) 통계에서 미국과 러시아에 뒤이어 무기 수출 규모가 세 번째로 큰 나라이기도 하다.

이 책에 노예노동과 강제노동에 대한 상세한 언급이 나오는 만큼, 2000년대 초반에 활발히 이뤄졌던 그 피해 배상 과정도 짚어보자. 독일 정부는 1953년에 서방 승전국들과 서독이 맺었던 런던채무협정을 근거로 배상 문제를 유보하다가, 1990년대 후반에 들어서면서 나치 시대 독일 기업들의 도덕성 문제가 심각히 대두되고 그 기업들을 상대로 한 집단 소송이 제기되자 소송 당사자들에게 '재단'을 통한 일괄 해결을 제안하고 나섰다. 독일 정부와 기업에서 각각 50억 마르크씩 출연해 '기억, 책임 그리고 미래' 재단을 만들어 이 문제에 대처하고자 했던 것이다.

제2차 세계대전 기간 동안 노예노동과 강제노동으로 전례 없이 높은 수익을 올렸던 다임러-크라이슬러, 베엠베, 바이엘, 데구사-휠스, 티센-크루프, 도이체 방크, 드레스드너 방크 등 독일 기업과 은행은 보상을 완강히 거부하다 여론이 나빠지자 이미지 손상을 우려해 더 이상의 소송이 제기되지 못하게 하는 법적인 안전장치를 마련해준다는 조건하에 참여를 결정했다(여기서 흥미로운 점은 독일 기업들이 배상에 참여하게 된 결정적인 계기가 미국 내 여론 악화였는데, 당시 노예노동과 강제노동을 적극 활용했던 미국 기업들은 배상에 참여할 필요가 없었다는 사실이다). 그들은 법적인 책임 때문에 배상하는 것이 아니라 인도적인 차원에서의 조치라는 점을 강조하기도 했다. 우여곡절 끝에 결국 165만 명 정도의 피해자에게 배상이 이뤄졌지만, 피해자 한 사람당 배상액은 평균 3,372유로(환율과 물가상승률 등을 고려했을 때, 현재 기준으로 한화 600만 원 정도)에 불과했다. 요컨대 독일 재계는 노예노동과 강제노동을 악용해 어마어마한 수익을 올렸음에도 그에 따른 법적 책임은 외면한 채, 적절한 피해 배상마저 치르지 않았던 것이다.

이 책의 원제는 '빅 비즈니스 앤드 히틀러Big Business and Hitler' 이다. 처음부터 고민했던 부분이 바로 '빅 비즈니스'의 번역어였다. 여기서 빅 비즈니스란 대자본을 바탕으로 대규모 사업을 벌이는 사람들, 또는 그 집단을 지칭하는 말이어서 일반적인 표현인 '재계財界'라는 용어를 사용했다. 구체적인 행위의 주어인 경우에는 '대자본가들'이라고 번역하기도 했다. 하지만 처음 고려했던 번역어는 번역가 이희재 선생이 저서인 《번역전쟁》(궁리, 2017)에서 제시한 '금벌金閥'이라는 조어였다. 돈의 위력으로 세상을 주무르는 그 집단을 가리키는 데, 돈을 의미하는 '금'과, 세력을 뜻하는 말로 군벌, 족벌, 학벌 등에 쓰이는 '벌'을 합성한 이 조어가 적절해 보였기 때문이다. 이제껏 살펴봤듯이 전쟁과 범죄마저 수익의 도구로 이용하는 금벌의 질주는 지금도 여전히 계속되고 있다. 그들의 탐욕은 대체 어디까지인 것일까.

저자가 후기에서 말했듯이, 이 책 같은 비판적인 연구서는 활발히 소개되지 않는 게 현실이다. 그럼에도 많은 독자에게, 특히 이런 유의 역사를 접한 적이 거의 없는 독자들에게, 우연히라도 이 책이 가닿길 바란다. 금벌의 추악한 속성을 파악하는 것이 그들의 폭주를 막는 첫걸음이 될 것이기 때문이다.

주

서문

1 여기서는 자본이 원료나 노동과는 다르게 생산과정에서 독립적인 요소가 아니라, 과거에 행해진 노동의 결실이라는 사실을 고려하지 않았다. 자본은 노동의 생산성을 높이려는 목적으로 노동이 원료와 결합해 생산한 부의 한 형태이다. 예를 들면 쟁기는 노동의 한 형태이다. 또한 토지를 더욱 생산적으로 만들기 위해 이전에 행해진 노동의 결실이다.

2 이 책에서 왕가와 귀족이 일반적으로 범죄라고까지 할 수는 없어도 다분히 폭력적인 방식으로 토지를 소유하고, 또 그와 유사한 잔인한 방식으로 산업계에 많은 재산을 확보했다는 사실은 다루지 않을 것이다. 발자크의 문장대로, "모든 막대한 재산 뒤에는 범죄가 숨겨져 있다".

3 Bill Hayton의 글 "Inside the secretive Bilderberg Group"을 참조하라.

1장

1 Rosa Amelia Plumelle-Uribe의 책 *La férocité blanche*에 나오는 사례를 참조하라.

2 "Massacre des Héréros."

3 Fischer (1998), pp. 180-81.

4 Poulantzas, pp. 118-19.

5 Pauwels (2016)를 참조하라.

6 Losurdo (2006), pp. 118-19, 212, 221. 이러한 맥락에서 로수르도는 세실 로즈Cecil Rhodes, 시어도어 루스벨트Theodore Roosevelt, 알프레트 폰 티르피츠Alfred von Tirpitz, 하인리히 클라스Heinrich Class, 그리고 빌프레도 파레토의 이름을 언급한다. 사회주의라는 '질병'에 대한 치료제이자 민주주의와 혁명에 대한 해결책으로서의 제1차 세계대전에 대해 알고 싶다면 Pauwels (2016)를 참조하라.

7 Evans (2004), 114~17쪽에 나오는 사례를 참조하라.

8 Herbst, pp. 86-87.

9 '카프 반란'에 대한 탁월한 분석으로 Weißbecker, 23~32쪽을 참조하라.

2장

1 d'Almeida, p. 37.
2 d'Almeida, pp. 206, 236, 238, 249-51. 종전 후 히틀러의 재산은 바이에른 주정부에 몰수되었다.
3 Hörster-Philipps, 35쪽에서 인용.
4 Mommsen (1997), p. 146.
5 "Deutschland AG."
6 Pätzold and Weißbecker, p. 68. 나중에 티센은 히틀러와 결별하고 이주했다. 그는 1941년에 뉴욕에서 《나는 히틀러에게 돈을 주었다I Paid Hitler》라는 책을 출판했다.
7 "Julius Friedrich Lehmann"; d'Almeida, p. 49.
8 d'Almeida, pp. 35, 39, 40-42, 51, 55.
9 d'Almeida, p. 43; "The Nazi Party: Women of the Third Reich."
10 Gossweiler, p. 466 ff.; Kühnl (1985), p. 216. 예를 들어 1926년 2월 26일에 히틀러가 저명한 함부르크 민족클럽에서 했던 연설문을 참조하라. Hörster-Philipps, 60~61쪽에 수록되어 있고, Gossweiler, 466~73쪽에 분석되어 있다.
11 Sutton, p. 73. 서튼의 저서 《월스트리트와 히틀러의 부상Wall Street and Rise of Hitler》은 흥미로운 데이터로 가득 차 있지만, 그에 대한 해석은 진지하게 받아들일 수 없다. 서튼은 산업계의 일부 지도급 인사와 월스트리트의 은행가들이 소련과 나치 독일, 그리고 미국에 '국가사회주의'체제를 확립해서 단계적으로 '자유기업'체제를 무너뜨리려고 시도했다는 주장을 펼친다. 그런 시도가 미국에서는 루스벨트 대통령의 뉴딜정책의 형태로 나타났다는 것이다.
12 Zdral, pp. 111-12. 인용문은 100쪽에 나와 있다. 키르도르프가 히틀러에게 제공한 지원을 최대한 축소하고자 했던 미국의 역사학자 헨리 애슈비 터너에 대한 비판을 보려면 Gossweiler, 485~97쪽과 Weißbecker, 70~71쪽을 참조하라.
13 이론적으로는 금태환 화폐였던 라이히스마르크는 1924년의 인플레이션 위기 이후 독일의 통화가 되었고, 1948년까지 사용되었다.
14 Zdral, pp. 131-32, 138, 147-48; Sutton, p. 74.
15 Weißbecker, pp. 70-74.
16 Gossweiler, pp. 505-12.
17 Gossweiler, p. 511.
18 Czichon (1978), 16쪽과 Mommsen, 144~45쪽을 참조하라.
19 Gossweiler, p. 419.
20 Turner (1985).
21 Zdral, pp. 8-9, 11-13.
22 Canfora (2008), p. 212.

3장

1 이 주제는 Cope, 284쪽부터 논의되어 있다.

2 Poulantzas, p. 221, 독일의 역사학자 카를 디트리히 브라허의 연구서 *Die Deutsche Diktatur*를 언급하고 있다.

3 Falter, pp. 40–42, 43–45; Kühnl (1980), pp. 85–86; Gossweiler, pp. 328–31, 463–64; Poulantzas, pp. 220–22; 또한 Hörster-Philipps, 129쪽에 있는 통계자료를 참조하라.

4 Hörster-Philipps, pp. 19, 74. 그리고 자동차 분야에 대해선 80~81쪽을 참조하라.

5 Hörster-Philipps, p. 25. 히틀러와 서부에 대한 논평은 Losurdo (2006), 228쪽, 233~38쪽과 Cope, 279~80쪽에서 찾아볼 수 있다.

6 Hörster-Philipps, 75~80쪽 "Großindustrielle Hauptforderungen in der Krise" 장에 언급된 기록들을 참조하라.

7 d'Almeida, p. 74; "Hotel Kaiserhof (Berlin)."

8 Kershaw (2000), pp. 357–58. 707쪽에서는 터너가 총 22회나 언급된다.

9 보고서는 Lacroix-Riz (2006), 62쪽과 Hörster-Philipps, 102쪽에서 인용. 또한 Guérin, 39~40쪽; Seldes, 122~23쪽도 참조하라.

10 Lacroix-Riz (2006), p. 63.

11 Bonstein, Hawranek, and Wiegrefe의 글에서 인용.

12 Neebe, p. 119.

13 Pätzold and Weißbecker, pp. 180–81; Zdral, 140~42쪽에서 인용: 연설문은 Domarus, part 1, 68~90쪽에 수록되어 있다.

14 Mommsen, p. 145.

15 Neebe, p. 120.

16 Weißbecker, p. 39.

17 Hörster-Philipps, 112쪽부터 나오는 기록들을 참조하라.

4장

1 Lacroix-Riz (2006), p. 62.

2 폰 파펜에 대한 묘사는 Treue (1976), 315쪽에 나와 있다.

3 Mommsen, pp. 149–52; 또한 좌파 정당들이 1300만 표를 획득한 데 대해서는 Doares의 글도 참조하라.

4 Treue (1976), p. 329; Kühnl (1980), pp. 90–92; Hörster-Philipps, p. 150; Zdral, p. 11.

5 니커보커의 글은 Treue (1976), 325~26쪽에서 인용.

6 Burke, pp. 164–65.

7 벨러Wehler의 글은 Canfora (2006), 49쪽에서 인용; Mommsen, p. 133.

8 Czichon (1978), 13~14쪽에서 인용.

9 Gossweiler, p. 509.

10 Zdral, pp. 168-71; Pätzold and Weißbecker, pp. 196-200, 217; Hörster-Philipps, pp. 104, 137; Czichon (1978), p. 24 ff., 42-43, 49-56.

11 Canfora (2008), p. 213.

12 팩스턴의 표현은 Wiegel, 191쪽에서 인용; Gossweiler, p. 487.

13 Ferguson and Voth의 연구, 특히 38쪽을 참조하라.

5장

1 Evans (2004), p. 327.

2 제국의회 화재 사건에 대한 자세한 분석을 읽으려면 Bahar and Kugel의 연구서를 참조하라; 잘 정리된 내용을 읽으려면 Canfora (2006), 50~61쪽을 참조하라.

3 Evans (2004), pp. 342-47; Derbent, p. 27. 독일 공산주의자들의 비밀 조직에 대해서는 Derbent, 43~59쪽을 참조하라.

4 www.age-of-the-sage.org/quotations/niemoller_jews_communists_socialists.html.

5 Kühnl (1980), pp. 188-91.

6 Pool, pp. 56-58.

7 Hachtmann, 66쪽에 나오는 사례를 참조하라, 그는 "노동전선은 대개 고용주의 이익을 위해 행동했다"고 설명한다.

8 Pätzold and Weißbecker, p. 281.

9 국가사회주의독일노동당 내 '좌익'은 Reinhard Kühnl의 연구서 (1966)의 주제다.

10 d'Almeida, p. 21; 또한 Evans (2005), 418~19쪽을 참조하라.

11 역사학자 슈테판 말리노프스키Stephan Malinowski의 사용했던 용어다; Staas and Ullrich를 참조하라.

12 d'Almeida, p. 202.

13 "Hugo Boss."

14 1941년에 추방당한 베르톨트 브레히트는 조직폭력배—히틀러의 경력에 대한 암시—를 소재로 히틀러의 이러한 집권 과정을 풍자하는 연극을 제작했다. 연극의 제목은 《아르투로 우이의 출세》이다.

15 Evans (2004), pp. 339-40.

16 Fischer (1998), p. 200.

17 D. Ziegler, pp. 16-18, 52-53.

6장

1 '쿠이 보노Cui bono?'는 '누가 이익을 보았는가?'라는 뜻이다. 탐정들은 범죄를 저지른 사람을 밝혀내려고 할 때 이 질문을 떠올린다. 이 질문은 파시즘 전반, 그중에서도 나치즘의 역사적 문제를 해결하는 데에도 도움을 줄 수 있을 것이다.

2 제1제국은 공식적으로 '신성로마제국'이라고 알려진 중세 시대 제국이었고, 제2제국은 1871년 비스마르크에 의해 성립된, 호엔촐레른가의 제국이었다. 제2제국은 1918년에 불명예스럽게 무너졌다.

3 Weißbecker, p. 9.

4 Overesch, 64쪽에서 인용.

5 Gaul, 201쪽에 나오는 사례를 참조하라; Bähr, p. 67; Hachtmann, p. 66.

6 Evans (205), pp. 460-61; Eichholtz (1999c), pp. 131-34; Hachtmann, p. 66.

7 공급 중시 경제 정책은 이로부터 훨씬 뒤인 1980년대에 유행했다. 특히 로널드 레이건의 미국에서 추진되었는데, 소득세율을 낮춰서 수요와 소비보다는 공급과 생산을 장려하는 정책이었다.

8 Czichon (2001), 37쪽과 Harrison, 138쪽에 통계자료가 있다. Evans (2005), 360쪽에도 이와는 다르지만 마찬가지로 흥미로운 통계자료가 인용되어 있다.

9 Tooze (2006), p. 659.

10 Bettelheim, I, p. 59, and II, p. 91.

11 Tooze (2005), p. 7, and (2006), p. 114.

12 Spoerer (1996), p. 160.

13 Gaul, pp. 205-7; Spoerer (1996), pp. 150, 153.

14 Gaul, pp. 205-7; Spoerer (1996), passim.

15 Kühnl (1980)에서 통계자료 참고 및 인용; Hörster-Philipps, pp. 167, 206-12; Hallgarten and Radkau, p. 262. Evans (2005)의 374쪽과 376쪽을 보면, 크루프의 이익금은 1933년에서 1935년 사이에 이미 두 배 증가했다. 그사이 이게파르벤의 이익금은 1933년에서 1936년 사이에 91퍼센트, 1936년에서 1939년 사이에 71퍼센트 증가했다.

16 Eichholtz (2000), p. 118.

17 Eichholtz (1999b), p. 13, and (2000), pp. 117-19; Tooze (2006), pp. 115-20; Hörster-Philipps, pp. 247-48, 265; Hallgarten and Radkau, p. 261 ff.; Gnau, pp. 80-85.

18 Krammer, pp. 402-4, 408-9; Gaul, pp. 314-29. 제3제국의 연료 및 합성연료 비축량에 대해선 Stokes, 258쪽, 264~76쪽을 참조하라.

19 Gnau, p. 84.

20 Bettelheim, II, pp. 35-39.

21 Scherner (2008), pp. 280-83.

22 Sohn-Rethel, p. 82.

23 Buchheim and Scherner (2003), pp. 95-96; 또한 Buchheim (2006), 366~67

쪽을 참조하라; Bettelheim, II, pp. 35–39, 66.

24 Buchheim (2006), p. 358; Milward (2003), p. 225. According to Plumpe (2003), p. 265, it was actually "an economy based on private property [*Privatwirtschaft*], but with increasingly fewer possibilities for private decision making [*mit geringer werdenden privaten Entscheidungsspielraumen*]."

25 Kühnl (1980), 259쪽에 통계자료가 있다.

26 Abelshauser, p. 36.

27 Pool, p. 114 ff.

28 Losurdo (2007), pp. 157–58.

29 D. Ziegler, 23쪽에 나오는 사례를 참조하라. 유대계 은행들의 상황이 언급되어 있다.

30 Barkai의 연구를 참조하라.

31 Hayes (1998), 16쪽에 나오는 사례를 참조하라.

32 Hörster-Philipps, 327쪽에서 인용.

33 Pool, pp. 129–30; "Ullstein Verlag," http://de.wikipedia.org/wiki/Ullstein_Verlag.

34 Evans (2005), 395~96쪽에 나오는 사례를 참조하라.

35 Kershaw (2001), pp. 132–33. 또한 James, 30~31쪽; Evans (2005), 395~96쪽도 참조하라.

36 예를 들어 지멘스가 헬리오와트 유한회사Heliowatt GmbH, 포르젤란파브리크 뢰즐러 Porzellanfabrik Roesler를 인수하고, 오스람 유한회사Osram GmbH의 최대 지분을 소유하게 된 상황을 살펴보려면 Feldenkirchen, 161쪽을 참조하라; 또한 Evans (2005), 396쪽도 보라. 그는 "1938년쯤엔 아리아화가 대형 은행들의 일상 업무에서 필수적인 부분이 되었다"고 결론 내린 바 있다.

37 "Friedrich Minoux."

38 Czichon (2001), pp. 73–104.

39 Rocha, "The Great Rubber Robbery"에 나오는 알리에 대한 언급을 참조하라.

40 Zdral, pp. 173–75; Pool, pp. 31–32.

41 Harrison, pp. 139–41; Czichon (2001), pp. 53, 114, 128–29.

42 Evans (2005), pp. 358–61.

43 Czichon (2001), pp. 30–38, 177.

44 Czichon (2001), pp. 107–12.

45 Bettelheim, I, p. 122.

46 Bettelheim, II, p. 142 (note), pp. 148–49, 157–58.

47 Hayes (2002), p. 29.

48 Tooze (2006), pp. 99–101; Zdral, pp. 173–75; Pool, pp. 31–32; Evans (2004), p. 325.

49 Ferguson and Voth, p. 40.

50 Bonstein et al.; 또한 "Günther Quandt"도 참조하라.

51 Manchester, pp. 401-7.

52 Hallgarten and Radkau, p. 150.

53 Manchester, p. 412; Zdral, pp. 9-10; Czichon (2001), pp. 18, 23.

54 Evans (2004), 384~85쪽에 나오는 사례를 참조하라.

55 Pätzold and Weißbecker, p. 347; Hörster-Philipps, pp. 162-63; Czichon (2001), p. 107.

56 Jungbluth가 쓴 책을 참조하라; "VARTA."

7장

1 알리의 책 *Hitlers Volksstaat: Raub, Rassenkrieg und nationaler Sozialismus* 를 참고했다. 그에 대한 비판은 예를 들어 Wiegel and Tooze (2005)에 수록된 논평들을 참조하라.

2 Poulantzas, p. 224.

3 Niess, pp. 40-42. 업무상 사고와 질병에 대한 통계자료는 Focke and Reimer, 133~42쪽; Hörster-Philipps, 230쪽; Heartfield, 4쪽에 수록되어 있다.

4 Colla, pp. 312-22; Carsten, p. 86 ff.; Weißbecker, pp. 126-28; Evans (2005), p. 490; Hachtmann, pp. 76-77.

5 Steiner, p. 302; Kühnl (1980), p. 261; Bettelheim, II, p. 104.

6 Schweitzer, 392쪽과 Hörster-Philipps, 229쪽에 나오는 데이터를 근거로 계산한 것이다.

7 Kühnl (1980), p. 262; Gillingham, pp. 13-14; Hallgarten and Radkau, p. 241; Gaul, pp. 204-05.

8 Kühnl (1980), p. 261; Bettelheim, II, p. 104; Hachtmann, p. 75.

9 Gaul, p. 207; Schneider, p. 86.

10 Harrison, p. 147; Steiner, p. 283.

11 Tooze (2006), p. 142.

12 Steiner, p. 284-85.

13 Gossweiler, p. 140.

14 Gaul, p. 204.

15 Kershaw (2001), pp. 263-64, 271-72, 274.

16 Colla, pp. 312-25; Evans (2005), pp. 484-90; 겨울맞이 자선 모금에 대해선 de Witt, 184쪽부터 나오는 상세한 연구를 참조하라.

17 Steiner, pp. 287, 292-93.

18 Bracher, pp. 240-41.

19 Bettelheim, I, p. 97.

20 Bettelheim, I, p. 124.

21 Bettelheim, I, pp. 46, 52–55, 131; Bettelheim, II, p. 29; Hachtmann, p. 80. 제3제국 내 미텔슈탄트 계층의 문제, 환멸, 불만족에 대해선 Evans (2005), 437~41쪽도 참조하라.

22 Bettelheim, I, pp. 139–48; Guérin, pp. 256–58; Kühnl (1980), pp. 265–66; Hörster-Philipps, pp. 167, 231; Focke and Reimer, pp. 149–57.

23 Bähr, p. 78; Tooze (2006), p. 108; Erker, pp. 21–22; Bettelheim, I, p. 80 ff.

24 Harrison, 148~49쪽에 통계자료가 있다.

25 Losurdo (1993), p. 278. 또한 Pätzold, 115쪽도 참조하라.

26 Gillingham, p. 11.

27 Cope, pp. 291–93.

28 Hörster-Philipps, pp. 169, 240.46; Evans (2005), p. 338.

29 Weißbecker, p. 111.

8장

1 Gnau, 9~12쪽을 참조하라.

2 Kühnl (1980), p. 280.

3 Hörster-Philipps, p. 247.

4 Eichholtz (1999b), p. 11.

5 Gnau, 91~92쪽, 100~01쪽에 나오는 사례를 참조하라.

6 Homburg, pp. 183, 198.

7 데이터는 역사학자 카를 하인츠 로트Karl Heinz Roth (1999)의 글에서 인용, Uhl의 글을 참조하라; 또한 Tooze (2006), 517쪽 그리고 Eichholtz (1999c), 139쪽과《포브스Forbes》기사를 참조하라.

8 Puchert, p. 364; Eichholtz (1969), pp. 162–78, 248–347.

9 Kühnl (1980), 347~48쪽에서 인용.

10 Czichon (2001), pp. 143–46, 155, 166; Pool, p. 211.

11 Czichon (2001), pp. 210, 235–36.

12 Ritschl, pp. 62–63.

13 Czichon (2001), pp. 197–206.

14 할리우드의 유명한 영화인 〈쉰들러 리스트〉가 실제 사실에 근거하는 건 분명하다. 하지만 그럼에도 역사적 사실을 왜곡한 부분이 있다. 독일인 사업가가 친위대와 협력한 게—약간 괴짜인 한 개인이 저지른—예외적인 경우였으며, 생명을 구하는 데 도움이 되었다는 설정이 그러하다. 실제로 친위대는 수많은 독일인 사업가와 체계적인 협력관계를 맺기도 했지만, 그들의 주된 협력 대상은 개인이 아닌 기업이었고, 그 협력으로 수많은 사람이 노예나 생체실험 대상으로 전락하여 목숨을 잃었다. 할리우드가 친위대와 독일의 기업(그리고 은행) 사이의 협력이 만들어낸 끔찍한 역사적 현실을 강조하는 영화를 제작할 가능성은 극히 낮다. 곧 살펴보겠지만, 이 독일 기업 가운데

다수가 미국 기업의 협력사였다.

15 Hörster-Philipps, p. 339.

16 Czichon (2001), p. 194 ff.

17 Hayes (2006), pp. 33, 36; Evans (2008), pp. 344-45; 또한 Hersch Fischler의 글을 언급한 Roth (1999)도 참조하라.

18 Ralf Banken의 저서에 대한 Jochen Streb의 비평을 참조하라.

19 Tooze (2006), pp. 496, 561.

20 Tooze (2006), pp. 494-95.

21 Spoerer (1996), pp. 151-53, 169.

22 Mommsen and Grieger, p. 622; Eichholtz (1985), pp. 538-39, 561-62; Hayes (2001), p. 325.

23 Eichholtz (1985), pp. 563-64.

24 Spoerer (1996), pp. 165-66.

25 이 이론은 영국의 역사학자 티머시 메이슨Timothy Mason과 관련이 있다: "Timothy Mason"을 참조하라; Turner (1998), pp. 16-7; Aycoberry, pp. 207-9.

26 예를 들어 Eichholtz (1999b), 11쪽에 나오는 언급들을 참조하라.

27 Turner (1998), p. 20.

28 Hayes (1998), p. 4.

29 Eichholtz (1999b), p. 15.

30 "Bayer: a history"에서 인용.

31 Tooze (2005), 2~4쪽을 참조하라.

32 Ponting, p. 130; Ambrose, p. 72.

33 Focke and Reimer, pp. 168-69; Engelmann (1975); Recker; Gaul, p. 203; Diehl, pp. 82-85.

34 Kershaw (2001), p. 423; Focke and Reimer, pp. 179-89; Weißbecker, pp. 176-77; Carsten, p. 138 ff.

35 Pätzold, p. 51; d'Almeida, p. 367.

36 Kolko (1994), pp. 75-76, 그리고 156쪽에서 인용.

37 Mazower, 146~47쪽에 나오는 사례를 참조하라.

38 Tooze (2005), pp. 2-3.

39 Gillingham, p. 11.

9장

1 Staas and Ullrich의 글에 실린 독일 역사학자 슈테판 말리노프스키와의 인터뷰를 참조하라; Müller (2011a), p. 140.

2 Lacroix-Riz (1996), pp. 411-18; Lewy, pp. 230-32; Deschner (1996), pp. 643-47.

3 Müller (2011b), p. 236; Eichholtz (2001); Lacroix-Riz (2013), p. 204.

4 Müller (2011a), pp. 138–40.

5 Müller (1999), p. 82.

6 Müller (2011b), pp. 233–34; Evans (2008), pp. 340–41.

7 Gaja, pp. 275–76; Krammer, pp. 404, 410.

8 Pauwels, (2011a and 2011b).

9 Pauwels (2011a).

10 Müller (2011a), pp. 141–42.

11 Spoerer (2001), pp. 76–77.

12 Uhl; Roth and Abraham; "Reemtsma (Familie)."

13 Tooze (2006), pp. 437, 513 ff.; Diehl, pp. 145–49.

14 Reuss, p. 5.

15 Müller (2011a), p. 148; Eichholtz (2000), p. 121; Reuss, pp. 107–12; Tooze (2006), pp. 534–36.

16 Hayes (2001), p. 344.

17 Tooze (2006), p. 532.

18 Mayer, pp. 141–42, 163, 207–28; Eichholtz (2000), pp. 121–23; Feldenkirchen, pp. 168–69.

19 Mayer, pp. 207–28.

20 Kühnl, pp. 398–402; 또한 영화 〈발키리Valkyrie〉에 대한 논평을 보려면 Lacroix-Riz (2009)를 참조하라.

21 Tooze (2006), pp. 552–62; Hallgarten and Radkau, p. 248; Erker, pp. 16–26.

22 Spoerer (1996), pp. 150–51.

23 Tooze (2006), pp. 565–66, 646–47.

24 Hallgarten and Radkau, p. 279.

25 Pätzold, p. 15.

26 Gillingham, p. 11.

27 독일의 일부 역사학자들은 그러한 조짐을 증명하려고 매우 열심히 노력해왔는데, 예를 들면 Treue (1985)가 그런 경우다.

28 Gall and Pohl, p. 12.

29 Brodsky, passim; Reichhardt, p. 169; Derbent, pp. 7-1; 43–59, 93–102; North; Carsten, pp. 180–82.

30 Czichon (2001), pp. 206–8, 217–19; Kühnl (1980), 339~40쪽에 실린 문서들을 보라. "Gedenkstatte Deutscher Widerstand"도 참조하라.

31 Tooze (2006), pp. 635–36.

32 여기서는 이러한 각오에 관심을 기울인 몇몇 저자의 논의를 따를 것이다. Roth (1996) and (1999); Plumpe (1992); Tooze (2006), pp. 645–46; Spoerer (1996), pp. 162–63; Engelmann (1980), pp. 263–74; Erker, pp. 68–72; Volker, pp. 26–35; Kohler.

33 Engelmann (1980), p. 272.
34 J. Ziegler, p. 154 ff.; Hörster-Philipps, pp. 351-2; Yeadon and Hawkins, p. 250; Camarasa, pp. 27-32; 또한 "Octogon"이라는 글을 참조하라.
35 Gaja, pp. 258-71; Lacroix-Riz (2016), p. 298 ff.; 또한 Carl Ogtheby의 글을 참조하라.
36 Pinto-Duschinsky.
37 Engelmann (1980), 272~74쪽에 나오는 사례를 참조하라.

10장

1 Hoffmann, 71쪽부터 나오는 사례를 참조하라.

막간

1 Guérin, 27~33쪽에 나오는 사례를 참조하라.
2 Gillingham, p. 192; 또한 Feldbauer, 93~97쪽을 참조하라.
3 Eichholtz (2000); "Gesellschaft zum Studium des Faschismus."
4 Kühnl (1971), 157~58쪽에 수록된 논평을 참조하라.
5 Chernow, p. 398.
6 Newton, pp. 58-59; Engdahl, pp. 80-84; Warburg, p. xiii. 〈히틀러와의 은행 거래Banking with Hitler〉라는 다큐멘터리도 참조하라.
7 Neil Forbes의 연구를 참조하라.
8 Wubs, pp. 41-42, 51-53.
9 Bettelheim, I, p. 95.
10 Kershaw (2004), pp. 143-44; van der Pijl, p. 86.
11 Kümmel, p. 254. 뮌헨 협정문은 보려면 다음 링크를 참조하라. https://history. state.gov/historicaldocuments/frus 1939v01/d73.
12 Meyssan의 글을 참조하라.
13 Meyssan.
14 Lacroix-Riz (2013), p. 52.
15 Lacroix—Riz (2011a), (2011b), and (2014); Paxton, p. 376; Heartfield, pp. 3, 11; Liberman, p. 63.
16 Wubs, pp. 5, 41; Warburg, p. xiv; Hallgarten and Radkau, p. 322. 셸에 대해서는 John Donovan의 글도 참조하라.
17 Gillingham, p. 31.
18 Liberman, 36쪽부터 나오는 사례를 참조하라.
19 Luyten, 165쪽에서 인용.

20 Gillingham, pp. 12-14, 28-31, 114, 152, 182-84.

21 "Eidgenossische Soziale Arbeiterpartei."

22 Bourgeois, 130쪽에서 인용.

23 Bourgeois, pp. 38-45, 129-30; Kershaw (2000), p. 190.

24 Grieder; Buchheim (2006), p. 353.

25 Bourgeois, pp. 48-49, 그리고 Sophie Pavillon의 논문 세 편을 참조하라.

26 Kreis, pp. 79-80; May.

27 J. Ziegler, p. 67 ff.; Bourgeois, p. 79; Kreis, pp. 90-1; Gowland; Scally.

28 Bourgeois, pp. 64-65, 110, 120-24, 129.

29 MacDonald; Lacroix-Riz (1991), pp. 11-13; Lacroix-Riz (2013), p. 525; Gowland; Carlin.

11장

1 Parenti의 *Democracy for the Few*에 나오는 사례를 참조하라. Foster and Yates는 이렇게 설명한다: "이런 이유 때문에 미국의 체제가 민주주의와 유사한 형태라고조차 말할 수 없다. 이는 어떤 자본주의 국가에서도 모두 마찬가지 현상이다. 차라리 이제는 금권정치가 지배적인 형태다." Jensen, 7쪽에 클라크가 인용되어 있다. Krebs의 글에서 지미 카터 전 대통령의 관련 발언 또한 참조하라. 미국 의회에 대한 몇 가지 관련 통계자료를 소개한다: 2011년에 의원 가운데 50퍼센트 이상이 백만장자였다. 이 비율은 일반인의 50배를 넘는다. 2008년에 하원 의원으로 당선되는데 평균 110만 달러, 상원 의원으로 당선되는 데 평균 650만 달러의 비용이 들었다; "How Does a Congress of Millionaires Represent You?"를 참조하라.

2 데이비드 E. 스탠너드David E. Stannard의 저서 《미국의 홀로코스트: 콜럼버스와 신세계 정복American Holocaust: Columbus and the Conquest of the New World》 중에서 미국과 관련된 장에 실린 사례를 참조하라.

3 Gossweiler, pp. 95-96. 또한 Panitch and Gindin, 49~50쪽을 참조하라.

4 Gossweiler, pp. 89-99; Bettelheim, I, pp. 86-87.

5 Kümmel pp. 149-19; Kolko (1962), p. 718; Herbst, p. 100; von Hassell and MacRae, pp. 19-20; Sutton, p. 22; Baptista and Travis.

6 De Baggio, pp. 74, 76.

7 Wilkins, p. 117.

8 Kümmel, pp. 105-8, 119-21; Panitch and Gindin, p. 50.

9 Herbst, p. 91.

10 미국에서 에소Esso는 1973년 1월 1일에 엑손Exxon으로 회사명을 변경했다. 스탠더드 오일 오브 뉴저지, 에소, 엑손 등 회사명 변경의 역사를 확인하려면 "Exxon"이라는 글을 참조하라.

11 Kümmel, pp. 159-64; Kolko (1962), pp. 719, 721 ff.; van der Pijl, pp. 85-86;

Sutton, pp. 23, 37 ff.; Zilg, p. 304; De Baggio, p. 74.

12 Gassert (1999); Sutton, p. 37 ff.

13 Feldenkirchen, p. 199.

14 Etzold, pp. 78-79.

15 Gossweiler, pp. 85-87, 98-99, 323, 344; Czichon (1978), p. 48; van der Pijl, pp. 71-72.

16 Sutton, p. 10.

17 Chossudovsky; Sutton, pp. 78-9; Tarpley and Chaitkin, "All in the Family: The Apple does not fall far from the BUSH"; Aris and Campbell; Buchanan; Buchanan and Michael; Mikhah and Kofoet; "W. Averell Harriman."

18 영 플랜에 대해선 von Hassel and MacRae, 19쪽을 참조하라, 그들은 필요한 대출금을 제공한 은행의 "잠재적인 장기 수익이 어마어마했다"고 설명한다.

19 Van der Pijl, p. 82; Weixelbaum (2010).

12장

1 Schmitz; Diggins.

2 Chernow, pp. 277-86; Engdahl, p. 77; "Thomas W. Lamont."

3 Krales, p. 3; Russell, pp. 246-47.

4 Burke, pp. 166-67.

5 Mickey Z.

6 Kolko (1962), p. 714, 당시 미국 경제 기자들이 히틀러에 대해 가졌던 회의주의에 대해 언급한다. 그 회의주의는 히틀러가 '정치적·경제적으로 일반적인 관행을 따르지 않는 사람'이라는 사실에 근거하고 있었다.

7 Baldwin, pp. 172-91; Higham, p. 162.

8 Higham, p. 162.

9 Zdral, p. 167; Gossweiler, pp. 322, 342; Burke, p. 282; Ferguson and Voth, p. 16.

10 Hörster-Philipps, p. 106.

11 Zilg, p. 292.

12 Sutton, 제너럴 일렉트릭에 관해선 39~42쪽, 포드에 관해선 66쪽; Mickey Z., 업튼 싱클레어Upton Sinclair가 헨리 포드에 대해선 쓴 책 *The Flivver King*에 대해 언급하고 있다.

13 Gassert (2004), p. 346.

14 Warburg, pp. 34-35; Higham, p. 162; Deschner (1992), pp. 219-6; Sutton, pp. 102-14.

15 Tarpley and Chaitkin; "All in the Family: The Apple does not fall far from

the BUSH"; Aris and Campbell; Buchanan and Michael; Mikhah and Kofoet; "W. Averell Harriman."

16 Hörster-Philipps, p. 102.

17 Davis; "Fascism and America's Ruling Elites."

18 "William Randolph Hearst"; Nasaw, pp. 474–75.

19 Tarpley.

20 Burke, 152~58쪽에 나오는 사례를 참조하라.

21 Pendergrast, p. 221.

22 *Research Findings About Ford-Werke Under the Nazi Regime*, pp. 135–6.

23 GmbH는 'Ltd.'와 같은 뜻이다; '유한책임회사Gesellschaft mit beschränkter Haftung'의 약어다.

24 Pendergrast, p. 221; Jones and Ritzmann; Reymond, pp. 302–5.

25 Billstein et al., p. 25; Turner (2005), p. 23; Grunberger, p. 199.

26 Higham, p. 94.

27 Knudsen, Higham, 163쪽에서 인용; 또한 Berghahn, 142쪽부터; Zilg, 294쪽을 참조하라.

28 Liebig; Adam LeBor, 134쪽에서 인용; van der Pijl, p. 113; Kinzer, p. 114; Doares; Mickey Z.

29 *Research Findings*, pp. 35–36; Kümmel, pp. 121–33; de Grazia, p. 215; Reich (1990), pp. 109, 117, 247; Silverstein, pp. 11–16.

30 Billstein et al., p. 24; Gassert (2004), p. 345; Lindner, p. 121; Kümmel, pp. 110–12.

31 Turner (2005), p. 10. 터너에 대한 논평은 Black (2009), 123~24쪽에 있다. 또한 Fraunholz가 쓴 글도 참조하라.

32 Dobbs (1998b)에서 인용; 또한 Black (2009), 101~02쪽도 참조하라; Gassert (2004), pp. 347–48.

33 "BMW"; Pohl, Habeth, and Bruninghaus, pp. 132–33, 182; Gaul, pp. 377–85.

34 Black (2001), pp. 76–77, 86–87, 98, 119–21, 164–68, 222.

35 Kümmel, pp. 226–33; Abramovici, pp. 1–2; Higham, pp. 94–95; Sutton, pp. 58–60, 98; von Hassell and MacRae, p. 224; Sobel (1982), p. 87; Doerries, pp. 295–96.

36 Navarro가 쓴 글도 참조하라.

37 Kümmel, 44쪽에 있는 통계자료를 참조하라.

38 Jersak.

39 Finkel and Leibovitz, *The Hitler-Chamberlain Collusion* 참조.

40 *Research Findings*, pp. 24–28; Gassert (2004), pp. 348–49; Higham, p. 36.

41 Etzold, pp. 78–79.

42 Dodd and Dodd, pp. 200–1, 283.

43 Dodd and Dodd, pp. 74, 131; Sutton, pp. 30-31.
44 Gossweiler, pp. 150-54; 또한 다큐멘터리 〈히틀러와의 은행 거래Banking with Hitler〉도 참조하라.
45 '외무장관'으로서의 무니에 대한 설명은 von Hassell and MacRae, 67쪽에 나와 있다.
46 Silverstein; Wiegrefe.
47 Black (2001), pp. 59 ff., 76 ff.
48 Bourgeois, p. 48; Pavillon, "Maggi et le Troisieme Reich."
49 Black (2001), pp. 76-77, 86-87, 98, 119-21, 164-98, 222; *Research Findings*, p. 133; Turner (2005), p. 12; Kümmel, pp. 111-12.
50 *Research Findings*, p. 6; Reich (2004), pp. 121, 123; Gassert (2004), p. 355.

13장

1   Kershaw (2000), pp. 317-18.
2   Dodd and Dodd, pp. 111, 195. 개닛의 미디어 제국은 지금도 유지되고 있다; 가장 잘 알려진 신문은 *USA Today*이다.
3   Lederman; Abramovici, p. 3.
4   Black (2009), pp. 101-2.
5   Hansen에서 인용.
6   Higham, p. 162; Black (2009), p. 9; Losurdo (2006), pp. 219-20, 224-25 and (2007), p. 114 ff.; "Braunes Haus."
7   Fischer (1998), 174~81쪽을 참조하라.
8   Kühnl (1980), p. 119.
9   Fischer (1998), p. 176.
10 또한 Kershaw (2000), 245~47쪽을 참조하라.
11 Müller (2011a), 145쪽에서 인용.
12 Hayes (1998), p. 4, 자본주의와 유대인들에 대한 책의 저자 제리 멀러Jerry Muller의 연구들을 언급하고 있다.
13 미국과 영국에 '유대교-볼셰비즘'에 대해선, "Jewish Bolshevism"이라는 글을 참조하라.
14 Losurdo (2006), p. 224 ff.; Losurdo (2008), pp. 20-21; Fischer (1998), p. 176; Black(2009), pp. 1-15. 유대식 통치Judenherrschaft에 대해서는 Kühnl (1980), 115~16쪽에서 인용; 포드는 Losurdo (2006), 245쪽, and (2007), 115~16쪽에서 인용.
15 스토더드에 대해선 Losurdo (2008)를 전반적으로, 특히 5쪽과 10~13쪽을 보라; 또한 Russell, 266~68쪽을 참조하라; "Untermensch."
16 Baldwin, p. 279; Higham, p. 161.

17 Dodd and Dodd, p. 107.

18 Black (2009), pp. 109-10.

19 Hofer and Reginbogin, pp. 585-86; Higham, pp. 162-65; Schonbach, pp. 232-35; Ndiaye, pp. 118-22.

20 Schäfer, p. 207.

21 Black (2009), p. 106.

22 Zdral, p. 170; Gossweiler, pp. 507-8; Friedman; May.

23 Sobel (1982), p. 92.

24 Reymond, p. 300.

25 Kolko (1962), p. 715; *Research Findings*, p. 17; Reich (2004), p. 114.

26 Turner (2005), pp. 46-47, 81.

27 Evans (2005), pp. 370-77, 371쪽에서 인용; Kershaw (2000), pp. 448-49.

28 Kühnl (1980), p. 115.

29 싱어에 대해선 Potkina가 쓴 글을 참조하라.

30 Evans (2005), 693쪽에 나오는 사례를 참조하라. Timothy Snyder의 저서 *Bloodlands* 등에 나오는 이러한 주장을 완전히 무너뜨리려면 Furr, 7장과 8장을 참조하라.

31 Müller (2011a), pp. 163-64. 또한 Lieven Soete의 독-소 조약에 대한 훌륭한 연구도 참조하라, 안타깝게도 네덜란드어로만 읽을 수 있기는 하다.

32 Sobel (1986), p. 105.

33 Billstein et al., pp. 37-44; Volklein, pp. 81-88; Turner (2005), p. 104 ff.; Gassert(2004), pp. 350-51; Kümmel, pp. 115-18.

34 Chernow, p. 441; "NYSE Statistics Archive."

14장

1 Billstein et al., p. 25; Neliba, passim; Bauer, Fritze, Geschke, Hesse, and Silz, pp. 128-38; Black (2009), pp. 104-5; Kugler (1997a), pp. 35-38, 40 ff., and (1997b), pp. 69-92; Helms, p. 113; Turner (2005), p. 41 ff., 92-99.

2 Gassert (1999).

3 Black (2009), p. 104. Gassert (2004), 349쪽에 따르면, 포드-베르케와 오펠은 이미 1930년대에 독일 국방군이 사용할 트럭을 생산했고, 1939년 전쟁 시작 이후 비행기 엔진과 기타 군 장비를 생산하기 시작했다.

4 Herbst, p. 74.

5 Scherner (2006), pp. 29, 33-34, and (2008), p. 283; Puchert, p. 364.

6 Higham, pp. 93-95; Abramovici, p. 2; Kümmel, p. 233.

7 Kahn, pp. 86-87; Etzold, p. 79; Kolko (1962), p. 726; Sutton, p. 20.

8 Kolko (1962), p. 726; Davis.

9   Turner (2005), p. 42.
10 Higham, pp. 63–70; Jersak; Wallace, p. 257; 미국 기업이 스페인의 프랑코에게 제공한 지원에 대해선, Krales가 쓴 글을 참조하라.
11 Völklein, p. 65 ff.; Hofer and Reginbogin, pp. 588–89; IG Farben: Von Anilin …, p. 51. Stokes, 255쪽에 따르면, 예를 들어 1936년에 독일은 필요한 액체 연료 500만 톤의 약 70퍼센트를 수입해야만 했다.
12 Dobbs (1998a)에서 인용.
13 Kahn, pp. 86–87; Hofer and Reginbogin, p. 589; von Hassell and MacRae, p. 223; Sutton, pp. 53–54; Tooze (2006), p. 128; Jeffreys, pp. 196–99; Becker, p. 4; Black (2009), 107~08쪽에서 인용.
14 Harrington, pp. 53–83, 그리고 Jane Mayer의 저서 *Dark Money: The Hidden History of the Billionaires behind the Rise of the Radical Right*에 대해 언급한 Cush and Walker의 글을 참조하라.
15 Black (2001), pp. 207–8.
16 "Das Nähmaschinenwerk …"
17 Kolko (1962), 726쪽에서 인용; 제너럴모터스의 앨프리드 P. 슬론이 했던 비슷한 발언은 Turner (2005), 27쪽에 인용되어 있다.
18 Whiting, p. 44.
19 Black (2001), p. 212.
20 Harrington, p. 135.
21 Reymond, pp. 295, 308; Jones and Ritzmann.
22 Grosbois, pp. 201–3; Lacroix-Riz (2013), pp. 131–32, 152; Imlay, p. 179.
23 Higham, pp. 97, 171; Cray, p. 315; Sampson (1975), p. 82; Whiting, pp. 43–44.
24 Black (2009), p. 115.
25 Gold: "12월 31일에 영국은 제2차 세계대전 기간 동안 미국에서 빌렸던 대출금을 모두 상환했다." 또한 "Lend-Lease"를 참조하라.
26 Chernow, pp. 462–63.
27 Lewis, pp. 222, 270.
28 Chernow, pp. 463–64.
29 Harrington, pp. 14–15; "Werner von Clemm."
30 Maddux, pp. 148–50; Levering, p. 49; Ponting, p. 116; Doenecke, pp. 381–82.
31 Pauwels (2012), p. 84; Ueberschar, pp. 95–96; Losurdo (2008), p. 29.
32 Carroll and Noble, p. 345.
33 Schröder, p. 263 ff.
34 Pauwels (2012), pp. 76–78.
35 Levering, p. 46; Cole, p. 433 ff.
36 Hitler, Bourgeois, 113~14쪽에서 인용.

37 Hillgruber (1989), p. 81; Ueberschär, p. 120.
38 Lacroix-Riz (2016), pp. 245–46,
39 Lacroix-Riz (1996), p. 417; Lacroix-Riz (2015); Deschner (1996), pp. 645–47, p. 650.
40 Bourgeois, pp. 123, 127.
41 Ueberschär, pp. 107–8.
42 Martin (1974), p. 475.
43 Tooze (2006), p. 589.
44 Ponting, p. 76 ff.; Tooze (2006), p. 589.
45 Bourgeois, pp. 124, 127.
46 예르자크는 독일 연방 문서보관소의 군사 분야에서 *Wehrmacht Reichsstelle fur Mineralöl* 라는 '극비' 문서를 찾아 인용했다(참고 번호 RW 19/2694). 또한 Higham, 59~61쪽을 참조하라.

15장

1   Compton, pp. 179–83; Small, p. 20; Hillgruber, pp. 83–84.
2   제너럴모터스와 오펠과 관해서는 Kümmel, 114~15쪽에, 포드와 포드-베르케에 관해서는 138~40쪽에 나오는 사례를 참조하라.
3   Helms, p. 114.
4   Billstein et al., pp. 74, 141.
5   Friedman.
6   Kümmel, p. 236.
7   De Baggio, p. 74; 또한 Lacroix-Riz (2013), 524쪽을 참조하라.
8   Helms, pp. 114–15; Higham, pp. 18, 104 ff.
9   *Research Findings*, p. 88; Reich (2004), pp. 111, 118 ff., 127 ff.
10 Wallace, p. 339.
11 디어본의 포드 본사와 포드-베르케 사이의 의사소통과 없어진 문서 기록에 대해선 Wallace, 337~39쪽, 376쪽도 참조하라.
12 Michael Pinto-Duschinsky는 그의 글 "The Holocaust: Excusing the Inexcusable"에서 다음과 같이 썼다: "그 책들을 쓰기 위해 선택된 역사학자들이 '독립적'으로 보일 수도 있겠지만, 후원과 독립이 과연 공존할 수 있는 건지 의심스럽다."
13 Black (2001), pp. 339, 376, 392–95; 또한 Black (2004)도 참조하라.
14 Fraunholz.
15 De Baggio, p. 75; '조지프 디바지오[원문 그대로]'가 쓴 글은 Turner(2005), 163쪽에 언급되어 있다.
16 Billstein et al., p. 61. On Opel, 또한 Turner (2005), 127쪽부터 참조하라.

17 Silverstein, p. 15 ff.; Lindner, p. 121.
18 Black, 234쪽에서 인용. 또한 Gassert (2004)를, 특히 351쪽부터 참조하라.
19 Wubs, p. 182.
20 Black (2001), pp. 376, 400-2, 405, 415.
21 Black (2001), pp. 234-37. 적국 자산에 대하는 나치의 자세는 Turner (2005), 141 쪽에도 논의되어 있다.
22 Billstein et al., p. 81; Kugler (1997a), pp. 52, 61 and ff, and (1997b), p. 85; Turner(2005), p. 142; Bauer, Fritze, Geschke, Hesse and Silz, p. 137.
23 Billstein et al., 81쪽에서 인용.
24 Friedman.
25 Snell, pp. 14-15; Kugler (1997a), pp. 53, 67, and (1997b), p. 89; Higham, pp. 175-76; Kümmel, p. 114.
26 *Research Findings*, pp. 41-42; Kümmel, p. 137; Wallace, 231쪽에 비판적인 논평이 실려 있다.
27 Higham, pp. 99-112; Sampson (1973), pp. 33-35; Kümmel, pp. 233-34.
28 Lindner, p. 104; Gassert (2004), pp. 360-61.
29 Black (2001), pp. 360 ff., 371 ff. 또한 Black (2004), 그리고 (2009), 127~60쪽을 참조하라.
30 Higham, pp. 58-61.
31 Reymond, pp. 306, 310.
32 "Fanta boooo"; Lindner, p. 118; Pendergrast, p. 228; Reymond, p. 311.

16장

1 *Research Findings*, p. 136; Kümmel, p. 133; Silverstein, pp. 12, 14; Helms, p. 115; Reich (2004), pp. 121, 123.
2 Billstein et al., p. 106; *Research Findings*, pp. 73-75; Silverstein, pp. 15-16; Wallace, p. 345 ff.
3 Black (2001), pp. 212, 253, 297-99.
4 Turner (2005), pp. 146-47.
5 Billstein et al., p. 73; Kugler (1997a), pp. 55, 67, and (1997b), p. 85; Sutton, p. 69.
6 "Das Nähmaschinenwerk …"
7 Gassert (2004), pp. 361-62; Spoerer (1996), p. 151.
8 Focke and Reimer, pp. 141-42; Bettelheim, II, p. 30; Diehl, pp. 82-85.
9 Engelmann (1975), pp. 263-64; Recker, 특히 436쪽; Hörster-Philipps, 286쪽에서 인용.
10 Turner (2005), p. 144; Kugler (1997b), pp. 71, 86; Billstein et al., pp. 45-46;

"Das Nahmaschinenwerk ..." 전쟁 기간 동안 독일 노동자들이 처했던 운명에 대해선 Focke and Reimer, 166~69쪽을 참조하라.

11 Reymond, p. 311; Friedman.

12 "Ford-Konzern wegen Zwangsarbeit verklagt"; 또한 "ZwangarbeiterInnen [sic] bei Ford AG Koln"을 참조하라.

13 Fings, p. 108. See also Silverstein, p. 14; Billstein et al., pp. 53–55, 135–56; Wallace, pp. 325 ff.; Research Findings, pp. 45–72; von Hassell and MacRae, pp. 107–8; Hoven.

14 Kugler (1997a), p. 57, and (1997b), pp. 72–76, quotation from p. 76; Billstein et al., pp. 53–55; Turner (2005), pp. 145–46; Bauer, Fritze, Geschke, Hesse and Silz, pp. 134–36. 대략 20년 전, 독일 정부는 전쟁 기간 동안 독일 공장에서 노예노동을 강제당했던 외국인 노동자 가운데 드물게 생존한 사람들에게 보상하기 위해 기금을 조성했다. 오펠이 이 사업에 기부하기로 결정했고, 포드-베르케도 그 뒤를 따랐다; von Hassell and MacRae, 109쪽을 참조하라.

15 Reich (2004), pp. 119–22; Wallace, pp. 336, 343; Weixelbaum (2010).

16 Hörster-Philipps, p. 340.

17 Spoerer (2001), p. 239.

18 Plumpe (2003).

19 Wiesen.

20 Spoerer (1998), p. 68.

21 Eichholtz (1999c)를 참조하라.

17장

1 Turner (2005), pp. 147–49, 158.

2 뤼셀스하임 시립 문서보관소의 A. Neugebauer가 필자에게 보낸 2000년 2월 4일자 서신; Lindner, pp. 126–27.

3 Research Findings, p. 133; Silverstein.

4 Helms, p. 115; Higham, pp. 158–59.

5 *Research Findings*, p. 133.

6 Higham, pp. 20–31; Liebig에서 인용. 〈히틀러와의 은행 거래Banking with Hitler〉라는 다큐멘터리도 참조하라.

7 Goda, pp. 173–3.

8 Chernow, pp. 450–54.

9 Eichholtz (1996), p. 530.

10 Black (2001), p. 73; Black (2004); Helms, p. 115.

11 Higham, pp. 1–19, 한 장 전체에 걸쳐 국제결제은행에 대해 논하고 있다. 매키트릭에 대해선 Chargueraud의 저서를 참조하라. 〈히틀러와의 은행 거래〉라는 다큐멘터

리도 참조하라.

12　Chargueraud, pp. 16, 19. "Johan Willem Beyen"도 참조하라.

13　Higham, p. 98; Liebig.

14　Friedman; Sutton, p. 61.

15　Abramovici, p. 5.

16　Liebig; "Hitlers beflissene Hehler"; Steinacher, pp. 190-93.

17　"Hitlers beflissene Hehler"에서 인용.

18　Higham, p. 72.

19　LeBor, p. 206; Trepp (1998), pp. 71-80; Higham, pp. 1-19; Sampson (1973), p. 47; "VS-Banken collaboreerden met nazi's"; Clarke.

20　Chargueraud, p. 12.

21　Chargueraud, p. 111; "Thomas H. McKittrick Papers, 1924-1955."

18장

1　Brandes, pp. 253-59, 263. See also Zinn, p. 416; Cashman, pp. 202-8.

2　Higgs, pp. 186-8; Brandes, pp. 253-9, 263.

3　Black (2001), p. 345.

4　Farber, p. 223.

5　Reymond, p. 280.

6　제너럴모터스에서 제작을 후원한 애국 포스터들은 워싱턴 DC에 위치한 국립문서보관소 사진 컬렉션에서 찾을 수 있다.

7　Gaja, pp. 26-28; "Council on Foreign Relations"도 참조하라.

8　Gaja, p. 28; Kolko (1994), p. 74.

9　Gaja, pp. 30, 121-23.

10　Bruhn, pp 17-18.

11　Reymond, pp. 267-80.

12　Higham, pp. xv-xi.

13　"W. Averell Harriman"; Buchanan and Michael; Aris and Campbell.

14　Higham, pp. 44-6; Kümmel, pp. 172-74.

15　Black (2001), pp. 333-48.

16　Higham, pp. 112-15; Sampson (1973), p. 40; Bower, pp. 78-79; Kümmel, pp. 235-36.

17　"Bombing of Cologne in World War II"; "ZwangarbeiterInnen [sic] bei Ford AG Koln"; Weixelbaum (2012).

18　*Research Findings*, p. 106; Billstein et al., pp. 98-100, 118; Helms, pp. 115-16; Reich(1990), pp. 124-25; Wilkins and Hill, pp. 344-46; Sutton, pp. 44-46. 안트베르펜에 있는 포드에 대한 문서는 Grosbois, 204쪽에서 찾을 수 있다.

19 Black (2001), pp. 406-9.

20 Billstein et al., pp. 77-9; Heyl and Neugebauer, pp. 170-80.

21 Sobel (1982), p. 110.

22 *Research Findings*, p. 109; Wallace, pp. 342-43; Higham, pp. 159-60. 미국 물가상승률 계산기에 따라 2017년 달러로 환산한 것이다. www.usinflationcalculator.com.

23 Silverstein, p. 16; Snell, p. 16; Higham, pp. 160, 177; Sampson (1973), p. 47; Reich(1990), p. 123; Billstein et al., pp. 73-75; *Research Findings*, pp. 108-9, 115-16; Black(2009), p. 118.

19장

1 Eisenberg (1996), 144쪽에서 인용. 독일의 정책 결정에 대한 미국 기업의 영향력에 대해선 Higham (1983), 212쪽부터 참조하라; Eisenberg (1982), p. 29, (1993), pp. 63-64, and (1996), pp. 119-21; Billstein et al., pp. 96-97; Berghahn, p. 88; Simpson (1993); Greiner, pp. 262-66.

2 "William Henry Draper, Jr."

3 Delanty, 121쪽에 나오는 사례를 참조하라.

4 Gatzke, 168쪽도 참조하라; Altmann, p. 199.

5 Black (2001), p. 424.

6 Neugebauer, pp. 177-78.

7 Black (2001), pp. 418-19.

8 Pauwels (2012), p. 317.

9 Pavillon, "Les Acieries Georg Fischer …"

20장

1 Black (2001), p. 420.

2 Grosbois, pp. 204-5.

3 Reymond, pp. 312-13.

4 Bower, pp. 110, 118, 137-40; Gimbel (1986), p. 437 ff., (1990b), p. 448, and (1993), pp. 175-96; Kolko (1968), p. 572; Simpson (1988, pp. 30-31; Hunt; Crim.

5 Gimbel (1990a), p. 349.

6 Gimbel (1990c), p. 296, and (1993), pp. 182, 186, 192-94.

7 Pätzold and Weißbecker, pp. 217-8.

8 "John J. McCloy"; Taylor, p, 355. 테일러는 그 기업과 매클로이의 관계를 언급하

지 않았다; 그는 자신의 저서 중 점령과 이른바 독일의 탈나치화를 다룬 부분에서 미국 기업들이 맡았던 역할에 대해서는 침묵했다.

9   Simpson (1993), p. 13.
10 Feldbauer, pp. 160-63.
11 Pauwels (2015), pp. 246-47.
12 Hayes (2001), pp. 361-63, 377-79; Holocaust-Uberlebende klagen [Klagen Gegen Frankfurter Konzern Degussa]; Ponting, pp. 282-83; Schmelzer; '닭 도둑'에 대해서는 Borkin, 195쪽에서 인용; 이게파르벤은 1952년에 해체된 것으로 추정되지만, 2003년까지 상당한 부동산을 소유한 '트러스트 회사'로 계속 존재했다—"IG Farben"을 참조하라.
13 Gaja, p. 280 ff.
14 Simpson (1993), passim, and especially pp. 290-310; Brodsky, p. 179.
15 Czichon (2001), p. 238 ff.
16 Buchanan and Michael.
17 Eisenberg (1996), p. 142.
18 Sutton, pp. 64, 99.
19 Kümmel, pp. 60-61.

후기

1   다음 글들을 참조하라. Rocha, "The Great Rubber Robbery," 그리고 Labarique, "Historiens sous influence …"
2   Wiesen.
3   하워드 우드하우스Howard Woodhouse의 책을 참조하라.
4   North, p. 6.
5   Hilberg, "Is There a New Anti-Semitism?"에서 인용.

참고문헌

Abelshauser, Werner. "Modernisierung oder institutionelle Revolution? Koordinaten einer Ortsbestimmung des 'Dritten Reiches' in der deutschen Wirtschaftsgeschichte des 20. Jahrhunderts," in: Werner Abelshauser, Jan-Otmar Hesse and Werner Plumpe (eds.), *Wirtschaftsordnung, Staat und Unternehmen: Neue Forschungen zur Wirtschaftsgeschichte des Nationalsozialismus. Festschrift für Dieter Petzina zum 65. Geburtstag.* Essen, 2003, pp. 17–39.

Abelshauser, Werner, Jan-Otmar Hesse and Werner Plumpe (eds.). *Wirtschaftsordnung, Staat und Unternehmen: Neue Forschungen zur Wirtschaftsgeschichte des Nationalsozialismus. Festschrift für Dieter Petzina zum 65. Geburtstag.* Essen, 2003.

Abramovici, Pierre. "Comment les industriels américains ont travaillé pour le Reich," January 7, 2008, https://fr.sott.net/article/25414-Comment-les-industriels-americains- ont-travaille-pour-le-Reich.

"All in the Family: The Apple Does Not Fall Far from the BUSH," *Press for Conversion*, 54, August 2004.

Altmann, Peter (ed.). *Hauptsache Frieden. Kriegsende-Befreiung-Neubeginn 1945–1949: Vom antifaschistischen Konsens zum Grundgesetz.* Frankfurt am Main, 1985.

Aly, Götz. *Hitlers Volksstaat: Raub, Rassenkrieg und nationaler Sozialismus,* Frankfurt am Main, 2005. (English: *Hitler's Beneficiaries: Plunder, Racial War, and the Nazi Welfare State.* New York, 2007.)

Ambrose, Stephen E. *Americans at War.* New York, 1998.

Archer, Jules. *The Plot to Seize the White House: The True Story of the American Fascists Who Tried to Seize Power from FDR.* New York, 1973.

Aris, Ben, and Duncan Campbell. "How Bush's grandfather helped Hitler's rise to power," *The Guardian*, September 25, 2004.

Ayçoberry, Pierre. *La question nazie: Les interprétations du national-socialisme 1922–1975.* Paris, 1979.

Bahar, Alexander, and Wilfriedn Kugel, *Der Reichstagsbrand: Wie Geschichte gemacht wird*, Berlin, 2001.

Bähr, Johannes. "'Corporate Governance' im Dritten Reich: Leitungs- und Kontrollstrukturen deutscher Großunternehmen während der nationalsozialistischen Diktatur," in: Werner Abelshauser, Jan-Otmar Hesse and Werner Plumpe (eds.), *Wirtschaftsordnung, Staat und Unternehmen: Neue Forschungen zur Wirtschaftsgeschichte des Nationalsozialismus. Festschrift für Dieter Petzina zum 65. Geburtstag.* Essen, 2003, pp. 61–80.

Baldwin, Neil. *Henry Ford and the Jews: The Mass Production of Hate.* New York, 2001. Balke, Ralf. "Amerikas Geschäfte mit den Nazis," *Handelsblatt*, July 21, 2006.

Banking with Hitler, documentary of UKTV History, https://www.youtube.com/ watch?v=veQfroRUWdM.

Baptista, Robert J., and Anthony S. Travis. "I.G. Farben in America: The Technologies of General Aniline and Film," *History and Technology*, vol. 22, no. 2, June 2006, pp. 187– 224, www.colorantshistory.org/IGFarbenAmerica.html.

Barkai, Avraham. *Vom Boykott zur "Entjudung": Der wirtschaftliche Existenzkampf der Juden im Dritten Reich 1933–1943.* Frankfurt am Main, 1987.

Bauer, Gudrun, Wolfgang Fritze, Doreen Geschke, Heiko Hesse and Edith Silz. *Unfreiwillig in Brandenburg: Kriegsgefangene und Zwangsarbeiter in der Stadt Brandenburg in zwei Weltkriegen.* Berlin, 2004.

"Bayer: a history," www.gmwatch.org/gm-firms/11153-bayer-a-history.

Beatty, Jack. "Hitler's Willing Business Partners," *The Atlantic*, April 4, 2001, https://www. theatlantic.com/magazine/archive/2001/04/hitlers-willing-business-partners/303146/.

Becker, Peter W. "The Role of Synthetic Fuel in World War II Germany," Air University Review, July-August 1981, www.airpower.maxwell.af.mil/airchronicthe/aureview/1981.

Berg, Manfred, and Philipp Gassert (eds.). *Deutschland und die USA in der Internationalen Geschichte des 20. Jahrhunderts: Festschrift für Detlef Junker.* Stuttgart, 2004.

Berghahn, Volker. "Writing the History of Business in the Third Reich: Past Achievements en Future Directions," in: Francis R. Nicosia and Jonathan Huener (eds.), *Business and Industry in Nazi Germany.* New York and Oxford, 2004.

Bettelheim, Charles. *L'économie allemande sous le nazisme: Un aspect de la décadence du capitalisme*, 2 parts. Paris, 1971. (Original edition: 1945)

"Big business," http://en.wikipedia.org/wiki/Big_business.

Billstein, Reinhold, Karola Fings, Anita Kugler and Nicholas Levis, *Working for the Enemy: Ford, General Motors, and Forced Labor during the Second World War*. New York, 2000.

Black, Edwin. *IBM and the Holocaust: The Strategic Alliance between Nazi Germany and America's Most Powerful Corporation*. London, 2001.

Black, Edwin. "The Nazi Party: IBM & 'Death's Calculator,'" *Jewish Virtual Library*, July 9, 2004, www.jewishvirtuallibrary.org/ibm-and-quot-death-s-calculator-quot.

Black, Edwin. *Nazi Nexus: America's Corporate Connections to Hitler's Holocaust*. Washington, DC, 2009.

"BMW," http://de.wikipedia.org/wiki/BMW.

"Bombing of Cologne in World War II," http://en.wikipedia.org/wiki/Bombing_of_Cologne_ in_World_War_II.

Bonstein, Julia, Dietmar Hawranek and Klaus Wiegrefe. "Breaking the Silence: BMW's Quandt Family to Investigate Wealth Amassed in Third Reich," *Spiegel Online*, December 10, 2007, www.spiegel.de/international/germany/0,1518,511193,00.html.

Borkin, Joseph. *The Crime and Punishment of I.G. Farben*. New York, 1978.

Bourgeois, Daniel. *Business helvétique et troisième reich: milieux d'affaires, politique étrangère, antisémitisme*. Lausanne, 1998.

Bower, Tom. *The Paperclip Conspiracy: The Battle for the Spoils and Secrets of Nazi Germany*. London, 1987.

Bracher, Karl Dietrich. *Die deutsche Diktatur: Entstehung — Struktur — Folgen des Nationalsozialismus*, 2nd edition. Cologne and Berlin, 1969.

Brandes, Stuart K. *Warhogs: A History of War Profits in America*. Lexington, KY, 1997.

"Braunes Haus," http://de.wikipedia.org/wiki/Braunes_Haus.

Breitman, Richard, et al. (eds.). *U.S. Intelligence and the Nazis*. Cambridge, 2005.

Brodsky, Patricia P. "The Hidden War: Working-Class Resistance during the Third Reich and the Postwar Suppression of Its History," *Nature, Society, and Thought*, vol. 11, no. 2 (1998), pp. 171–86, http://mep-publications.net/nst112a.pdf.

Broszat, Martin, and Klaus Schwabe (eds.). *Die deutschen Eliten und der Weg in den Zweiten Weltkrieg*. Munich, 1989.

Bruhn Jürgen. *Der Kalte Krieg oder: Die Totrüstung der Sowjetunion. Der US-militär-industrielle Komplex und seine Bedrohung durch Frieden*. Giessen,

1995.

Buchanan, John. "Bush-Nazi Link Confirmed," *The New Hampshire Gazette*, October 10, 2003.

Buchanan, John, and Stacey Michael. "'Bush-Nazi Dealings Continued Until 1951': Federal Documents," *The New Hampshire Gazette*, vol. 248, no. 3, November 7, 2003, www. globalresearch.ca/index.php?context=viewArticl e&code=BUC20051102&articleId=1176.

Buchheim, Christoph. "Unternehmen in Deutschland und NS-Regime 1933–1945: Versuch einer Synthese," in: *Historische Zeitschrift,* vol. 282, no. 2, April 2006, pp. 351–90.

Buchheim, Christoph (ed.). *German Industry in the Nazi Period*. Stuttgart 2008.

Buchheim, Christoph, and Jonas Scherner. "Anmerkungen zum Wirtschaftssystem des 'Dritten Reichs,'" in: Werner Abelshauser, Jan-Otmar Hesse and Werner Plumpe (eds.), *Wirtschaftsordnung, Staat und Unternehmen: Neue Forschungen zur Wirtschaftsgeschichte des Nationalsozialismus. Festschrift für Dieter Petzina zum 65. Geburtstag.* Essen, 2003, p. 81–97.

Burke, Bernard V. *Ambassador Frederic Sackett and the Collapse of the Weimar Republic, 1930– 1933*. Cambridge, 1994.

Camarasa, Jorge. *Odessa al Sur: La Argentina como refugio de nazis y criminales de guerra*. Buenos Aires, 2012.

Canfora, Luciano. *L'occhio di Zeus: Disavventure della 'Democrazia'.* Rome and Bari, 2006.

Canfora, Luciano. *La democrazia: Storia di un'ideologia*. Bari, 2008. (Original edition: 2004)

Carlin, John. "Missing hero Wallenberg 'was US spy,'" *Independent*, May 4, 1996, www.independent.co.uk/news/missing-hero-wallenberg-was-us-spy-1345703.html.

Carroll, Peter N., and David W. Noble. *The Free and the Unfree: A New History of the United State*s, 2nd edition. New York, 1988.

Carsten, F.L. *The German Workers and the Nazis*. Aldershot, 1995.

Cashman, S. Dennis. *America, Roosevelt and World War II*. New York and London, 1989.

Charguéraud, Marc-André. *Le banquier américain de Hitler*. Geneva, 2004.

Chernow, Ron. *The House of Morgan: An American Banking Dynasty and the Rise of Modern Finance*. New York, 1990.

Chossudovsky, Michel. "Bush Family Links to Nazi Germany: 'A Famous American Family' Made its Fortune from the Nazis," *Global Research*,

March 6, 2016.

Clarke, William. "Nazi Gold: The Role of the Central Banks — Where Does the Blame Lie?" *Central Banking*, 8, Summer 1997, www.centralbanking.co.uk/cbv8n11.html.

Cole, Wayne S. *Roosevelt and the Isolationists 1932–1945*. Lincoln, NE, 1983.

Colla, Guido. *Nationalsozialistische Arbeitsbeschaffung in Theorie und Praxis 1933 bis 1936*. Cologne, 1994.

Compton, James V. "The Swastika and the Eagle," in: Arnold A. Offner (ed.), *America and the Origins of World War II 1933–1941*. New York, 1971, pp. 159–83.

Cope, Zak. *Divided World Divided Class: Global Political Economy and the Stratification of Labour under Capitalism*, Montreal. 2012.

"Council on Foreign Relations," http://en.wikipedia.org/wiki/Council_on_foreign_relations.

Cray, Ed. *Chrome Colossus: General Motors and Its Times*. New York, 1980.

Crim, Brian E. "Wernher von Braun's 'Rocket Team' and America's Military-Industrial Complex," *Library of Social Science*, January 12, 2017, www.libraryofsocialscience.com/ ideologies/resources/crim-von-braun.

Cush, Andy. "Declassified Documents: U.S. Military Bombed the Nazi Germany Oil Refinery That Fred Koch Helped Build," *Gawker*, January 18, 2016, http://gawker.com/ declassified-documents-u-s-military-bombed-the-nazi-g-1753037746.

Czichon, Eberhard. *Wer verhalf Hitler zur Macht? Zum Anteil der deutschen Industrie an der Zerstörung der Weimarer Republik*, 5th edition. Cologne, 1978. (Original edition: 1967)

Czichon, Eberhard. *Deutsche Bank Macht — Politik: Faschismus, Krieg und Bundesrepublik*. Cologne, 2001.

d'Almeida, Fabrice. *La vie mondaine sous le nazisme*. Paris, 2008.

"Das Nähmaschinenwerk [Singer Wittenberg] in der nationalsozialistischen Bewegung," http:// naehmaschinenwerk.de/naehmaschinenwerk_chronik/seite_betriebschronik06.htm.

Davis, Randy. "Nazis in the Attic," May 24, 2000, http://emperors-clothes.com/articles/ randy/swas5.htm.

De Baggio, Thomas. "The Unholy Alliance," *Penthouse*, May 1976, pp. 73–76, 91, https://docslide.net/documents/thomas-de-baggio-the-unholy-alliance-links-between- american-big-business.html.

de Grazia, Victoria. *Irresistible Empire: America's Advance through Twentieth-Century Europe*. Cambridge, MA, and London, 2005.

Delanty, Gerard. *Inventing Europe: Idea, Identity, Reality*. London, 1995.

Derbent, T. *La résistance communiste allemande 1933–1945*. Brussels, 2008.

Deschner, Karlheinz. *Der Moloch: "sprecht sanft und tragt immer einen Knüppel bei euch!": zur Amerikanisierung der Welt*. Stuttgart, 1992

Deschner, Karlheinz. *Abermal krähte der Hahn: Eine kritische Kirchengeschichte*, 6th edition. Munich, 1996.

"Deutschland AG," http://de.wikipedia.org/wiki/Deutschland_AG.

De Witt, Thomas. *The Nazi Party and Social Welfare, 1919–1939*, PhD dissertation, University of Virginia, 1971.

Diehl, Markus Albert. *Von der Marktwirtschaft zur nationalsozialistischen Kriegswirtschaft*. Stuttgart, 2005.

Diggins, John P. *Mussolini and Fascism: The View from America*. Princeton, NJ, 1972.

Doares, Bill. "The Hidden History of World War II. Part I: Corporate America and the Rise of Hitler," *Workers' World*, May 4, 1995, www.wildcat-www.de/zirkular/16/z16histo.htm.

Dobbs, Michael. "Ford and General Motors Scrutinized for Alleged Nazi Collaboration," *The Washington Post*, December 12, 1998. (1998a)

Dobbs, Michael. "US Automakers Fight Claims of Aiding Nazis," *The International Herald Tribune*, December 3, 1998. (1998b)

Dodd, William E., Jr., and Martha Dodd (eds.). *Ambassador Dodd's Diary, 1933–1938*. New York, 1941.

Doenecke, Justus D. "Rehearsal for Cold War: United States Anti-Interventionists and the Soviet-Union, 1939–1941," *International Journal of Politics, Culture and Society*, vol. 7, no. 3, 1994, pp. 375–92.

Doerries, Reinhard R. "*Transatlantic Intelligence* in Krieg und Frieden: Die Rolle von Nachrichtendiensten in den deutsch-amerikanischen Beziehungen," in: Manfred Berg and Philipp Gassert (eds.), *Deutschland und die USA in der Internationalen Geschichte des 20. Jahrhunderts: Festschrift für Detlef Junker*. Stuttgart, 2004, pp. 286–302.

Domarus. M. (ed.). *Hitler: Reden und Proklamationen 1932–1945*, 2 volumes. Würzburg, 1962 and 1963.

Donovan, John. "Royal Dutch Shell Nazi Secrets: Introduction ," November 6, 2010, http://royaldutchshellplc.com/2010/11/06/royal-dutch-shell-nazi-secrets-introduction.

Eichholtz, Dietrich. *Geschichte der deutschen Kriegswirtschaft 1933–1943*, 3 volumes. Berlin, 1969, 1984, and 1996.

Eichholtz, Dietrich (ed.). *Krieg und Wirtschaft: Studien zur deutschen Wirtschaftsgeschichte 1939–1945*, Berlin, 1999. (1999a)

Eichholtz, Dietrich. "Ökonomie, Politik und Kriegführung: Wirtschaftliche

Kriegsplanungen und Rüstungsorganisation bis zum Ende der
Blitzkriegsphase,'" in: Dietrich Eichholtz (ed.), *Krieg und Wirtschaft:
Studien zur deutschen Wirtschaftsgeschichte 1939-1945.* Berlin, 1999,
pp. 9-41. (1999b)

Eichholtz, Dietrich. "Unfreie Arbeit — Zwangsarbeit," in: Dietrich Eichholtz
(ed.), *Krieg und Wirtschaft: Studien zur deutschen Wirtschaftsgeschichte
1939-1945.* Berlin, 1999, pp. 129-55. (1999c)

Eichholtz, Dietrich. "Die deutsche Kriegswirtschaft 1944/45. Eine Bilanz,"
in: Dietrich Eichholtz (ed.), *Krieg und Wirtschaft: Studien zur deutschen
Wirtschaftsgeschichte 1939-1945.* Berlin, 1999, pp. 325-47. (1999d)

Eichholtz, Dietrich. "Der Weg nach Auschwitz: Stationen der Nazifizierung
des deutschen Großkapitals," in: Manfred Weißbecker and Reinhard
Kühnl (eds.), *Rassismus, Faschismus. Antifaschismus: Forschungen und
Betrachtungen. Gewidmet Kurt Pätzold zum 70. Geburtstag.* Cologne,
2000, pp. 112-28.

Eichholtz, Dietrich. "Zum Kaukasus, zum Ural und weiter . . . Der deutsche
Überfall auf die Sowjetunion am 22. Juni 1941," *Junge Welt,* June
22, 2001, www.ag-friedensforschung. de/themen/Kriegsgeschichte/
eichholtz.html.

"Eidgenössische Soziale Arbeiterpartei," http://de.wikipedia.org/wiki/
Eidgen%C3%B6ssische_ Soziale_Arbeiterpartei.

Eisenberg, Carolyn Woods. "U.S. Policy in Post-war Germany: The
Conservative Restoration," *Science and Society,* vol. 46, no. 1, Spring
1982, pp. 24-38.

Eisenberg, Carolyn Woods. "The Limits of Democracy: US Policy and the
Rights of German Labor, 1945-1949," in: Michael Ermarth (ed.), *America
and the Shaping of German Society, 1945-1955.* Providence, RI, and
Oxford, 1993, pp. 60-81.

Eisenberg, Carolyn Woods. *Drawing the Line: The American Decision to
Divide Germany, 1944-1949.* Cambridge, 1996.

Engdahl, F. William. *A Century of War: Anglo-American Oil Politics and the
New World Order,* revised edition. London and Ann Arbor, MI, 2004.
(Original edition: 1992)

Engelmann, Bernt. *Einig gegen Recht und Freiheit: Ein deutsches Anti-
Geschichtsbuch.* Munich, 1975.

Engelmann, Bernt. *Wie wir wurden, was wir sind: Von der bedingungslosen
kapitulation bis zur unbedingten Wiederbewaffnung.* Munich, 1980.

Erker, Paul. *Industrieeliten in der NS-Zeit: Anpassungsbereitschaft und
Eigeninteresse von Unternehmern in der Rüstungs- und Kriegswirtschaft*

1936–1945. Passau, 1993.

Etzold, Thomas H. "The (F)utility Factor: German Information Gathering in the United States, 1933–1941," *Military Affairs*, Index to Volume 39, 1975, pp. 77–82.

Evans, Richard J. *The Coming of the Third Reich*. New York, 2004.

Evans, Richard J. *The Third Reich in Power*. New York, 2005.

Evans, Richard J. *The Third Reich at War 1939–1945*. New York, 2008.

"Exxon," *http://en.wikipedia.org/wiki/Exxon*.

Falter, Jürgen W. "War die NSDAP die erste deutsche Volkspartei?," in: Michael Prinz and Rainer Zitelman (eds.), *Nationalismus und Modernisierung*, 2nd edition. Darmstadt, 1994, pp. 21–47.

"Fanta boooo," www.ciao.co.uk/Fanta_Orange Review_5794341.

Farber, David. *Sloan Rules: Alfred P. Sloan and the Triumph of General Motors*. Chicago and London, 2002.

Feldbauer, Gerhard. *Geschichte Italians: Vom Risorgimento bis Heute*. Cologne, 2008.

Feldenkirchen, Wilfried. Siemens 1918–1945. Columbus, OH, 1999.

Felinska, Kamila (ed.). Zwangarbeit bei Ford: eine Dokumentation. Cologne, 1996.

Ferguson, Thomas, and Joachim Voth. "Betting on Hitler — The Value of Political Connections in Nazi Germany," http://papers.ssrn.com/sol3/papers.cfm?abstract_ id=651984.

Fings, Karola. "Zwangsarbeit bei den Kölner Ford-Werken" in: Kamila Felinska (ed.), *Zwangarbeit bei Ford: eine Dokumentation*. Cologne, 1996, pp. 107–10.

Finkel, Alvin, and Clement Leibovitz. *The Chamberlain-Hitler Collusion*. Halifax, NS, 1997.

Fischer, Fritz. *Griff nach der Weltmacht: die Kriegszielpolitik des kaiserlichen Deutschland 1914/18*. Düsseldorf, 1967.

Fischer, Fritz. *Hitler war kein Betriebsunfall: Aufsätze*, 4th edition. Munich, 1998. (Original edition: 1992)

Focke, Harald, and Uwe Reimer. *Alltag unterm Hakenkreuz: Wie die Nazis das Leben der Deutschen veränderten*. Reinbek bei Hamburg, 1979.

Forbes, Neil. *Doing Business with the Nazis: Britain's Economic and Financial Relations with Germany 1931–1939*. London, 2000.

"Forced labour under German rule during World War II," http://en.wikipedia.org/wiki/ Forced_labour_under_German_rule_during_World_War_II.

Ford, Henry. *The International Jew: The World's Foremost Problem*. Dearborn,

MI, 1920. "Ford 'profited' from Nazi slave labour," *BBC News*, February 23, 1996, http://news.bbc.co.uk/2/hi/world/americas/59351.stm.

"Ford-Konzern wegen Zwangsarbeit verklagt," *Kölner Stadt-Anzeiger*, March 6, 1998.

Foster, John Bellamy, and Michael D. Yates. "Piketty and the Crisis of Neoclassical Economics," *Monthly Review*, 2014, vol. 66, no. 6, November 2014, http://monthlyreview.org/2014/11/01/piketty-and-the-crisis-of-neoclassical-economics.

Fraunholz, Uwe. " Working for the Enemy?," *H-Net Online*, June 2008, http://www.h-net. org/reviews/showrev.php?id=14645.

Frei, Norbert, and Tim Schanetzky (eds.). *Unternehmen im Nationalsozialismus: Zur Historisierung einer Forschungskonjunktur.* Göttingen, 2010.

Friedman, John S. "Kodak's Nazi Connections," *The Nation*, March 26, 2001, http://www.thirdworldtraveler.com/Fascism/Kodaks_NaziConnections.html.

"Friedrich Minoux," http://en.wikipedia.org/wiki/Friedrich_Minoux.

Furr, Grover. *Blood Lies: The Evidence That Every Accusation against Joseph Stalin and the Soviet Union in Timothy Snyder's* Bloodlands *Is False.* New York, 2014.

Gaja, Filippo. *Il secolo corto: La filosofia del bombardamento. La storia da riscrivere.* Milan, 1994.

Gall, Lothar, and Manfred Pohl (eds.). *Unternehmen im Nationalsozialismus.* Munich, 1998.

Gassert, Philipp. "Handel mit Hitler," *Die Zeit*, March 1999, http://www.zeit.de/1999/03/Handel_mit_Hitler.

Gassert, Philipp. "Keine reine geschäftliche Angelegenheit: Die Feindvermögensfrage' und die Auseinandersetzungen um die ausländischen Investitionen im Dritten Reich," in: Manfred Berg and Philipp Gassert, *Deutschland und die USA in der Internationalen Geschichte des 20. Jahrhunderts: Festschrift für Detlef Junker.* Stuttgart, 2004, pp. 339–63.

Gatzke, Hans W. *Germany and the United States: A "Special Relationship"?* Cambridge, MA, and London, 1980.

Gaul, Claus-Martin. *Die industriellen Anlageinvestitionen und ihre Steuerung in Deutschland von 1933 bis 1939: Ein Beitrag zur wirtschaftshistorischen Analyse des Verhältnisses von Politik und Ökonomie im Nationalsozialismus.* Hamburg, 2004.

Gedenkstätte Deutscher Widerstand, www.gdw-berlin.de/en/home.

"Gesellschaft zum Studium des Faschismus," http://de.wikipedia.org/wiki/
    Gesellschaft_zum_ Studium_des_Faschismus.

Gillens, Martin, and Benjamin I. Page. "Testing Theories of American Politics:
    Elites, Interest Groups, and Average Citizens", *Perspectives on Politics*,
    vol. 12, no. 3, pp. 564–81, http://scholar.princeton.edu/sites/default/files/
    mgilens/files/gilens_and_page_2014_-testing_theories_of_american_po
    litics.doc.pdf.

Gillingham, John. *Belgian Business in the Nazi New Order*. Ghent, 1977.

Gimbel, John. "U. S. Policy and German Scientists: The Early Cold War,"
    Political Science Quarterly, no. 3, 1986, pp. 433–51.

Gimbel, John. "Project Paperclip: German Scientists, American Policy, and
    the Cold War," *Diplomatic History*, 14–3, Summer 1990, pp. 343–65.
    (1990a)

Gimbel, John. "German Scientists, United States Denazification Policy, and
    the 'Paperclip' Conspiracy," *The International History Review*, 12–3,
    August 1990, pp. 441–65. (1990b)

Gimbel, John. "The American Exploitation of German Technical Know-How
    after World War II," *Political Science Quarterly*, 105-2, Summer 1990, pp.
    295–309. (1990c)

Gimbel, John. "Science, Technology, and Reparations in Postwar Germany,"
    in: Jeffrey M. Diefendorf, Axel Frohn and Hermann-Josef Rupieper
    (eds.), *American Policy and the Reconstruction of Germany, 1945–1955*,
    Cambridge, 1993.

Gnau, Christoph. *Die deutschen Eliten und der Zweite Weltkrieg*, Cologne,
    2007.

Goda, Norman J.W. "Banking on Hitler: Chase National Bank and the
    Rückwanderer Mark Scheme, 1936–1941," in: Richard Breitman et al.
    (eds.), *U.S. Intelligence and the Nazis*, Cambridge, 2005, pp. 173–202.

Gold, Kim. "The Mother of All Frauds: How the United States Swindled Britain
    as it Faced Nazi Invasion," *Morning Star*, April 10, 2003.

Gossweiler, Kurt. *Aufsätze zum Faschismus*. Berlin, 1986.

Gowland, Rob. "Banks' Nazi Connections Exposed," *The Guardian*, June 19,
    1996, www.hartford-hwp.com/archives/61/193.html.

Gregor, Neil. *Daimler-Benz in the Third Reich*. New Haven, 1998.

Greiner, Bernd. *Die Morgenthau-Legende: Zur Geschichte eines umstrittenen
    Plans*. Hamburg, 1995.

Grieder, André, in collaboraton with Daniel Arnet and Rolf Hürzeler. "Hitlers
    Zürich- Connection," http://forum.finanzen.net/forum/ohne_CHF_kein_dr
    ittes_Reich-t235268.

Grosbois, Thierry. "Ford in Belgium," in: H. Bonin, Y. Lung and S. Tolliday, *Ford: The European History 1903–2003*. Paris, 2003, pp. 197–229.

Grunberger, Richard. *The 12-Year Reich: A Social History of Nazi Germany 1933–1945*. New York, 1971.

Guérin, Daniel. *Fascism and Big Business*. New York, 1973.

"Günther Quandt," http://fr.wikipedia.org/wiki/G%C3%BCnther_Quandt.

Hachtmann, Rüdiger. "Labour Policy in Industry," in: Christoph Buchheim (ed.), *German Industry in the Nazi Period*. Stuttgart, 2008, pp. 65–83.

Hallgarten, George W.F., and Joachim Radkau. *Deutsche Industrie und Politik von Bismarck bis in die Gegenwart*. Reinbek bei Hamburg, 1981.

Hansen, Suzy. "Rethinking the Nazi Nightmare," October 2, 2002, www.salon.com/2002/10/02/dwork.

Harrington, Dale. *Mystery Man: William Rhodes Davis: Nazi Agent of Influence*. Dulles, VA, 1999.

Harrison, Mark. *The Economics of World War II: Six Great Powers in International Comparison*. Cambridge, 1998.

Hayes, Peter. *Profits and Persecution: German Big Business and the Holocaust*. Washington, DC, 1998.

Hayes, Peter. *Industry and Ideology: IG Farben in the Nazi Era*, 2nd edition. Cambridge, 2001. (Original edition: 1987)

Hayes, Peter. "Industry under the Swastika," in: Harold James and Jakob Tanner (eds.), *Enterprise in the Period of Fascism in Europe*. Aldershot and Burlington, VT, 2002, pp. 26–37.

Hayes, Peter. "Die Verstrickung der Degussa in das NS-System," in: Jürgen Lillteicher (ed.), *Profiteure des NS-Systems?: Deutsche Unternehmen und das 'Dritte Reich,'* Berlin, 2006, pp. 30–43.

Hayton, Bill. "Inside the Secretive Bilderberg Group." *BBC News*, September 29, 2005, http:// news.bbc.co.uk/2/hi/4290944.stm.

Heartfield, James. "World War as Class War," January 20, 2010, www.metamute.org/ editorial/articles/world-war-class-war.

Helms, Hans G. "Ford und die Nazis," in: Komila Felinska (ed.), *Zwangsarbeit bei Ford*. Cologne, 1996.

Herbst, Ludolf. "Der Krieg und die Unternehmensstrategie deutscher Industrie-Konzerne in der Zwischenkriegszeit," in: Martin Broszat and Klaus Schwabe (eds.), *Die deutschen Eliten und der Weg in die Zweiten Weltkrieg*. Munich, 1989, pp. 72–134.

Heyl, Bernd, and Andrea Neugebauer (eds.). *"... ohne Rücksicht auf die Verhältnisse": Opel zwischen Weltwirtschaftskrise und Wiederaufbau*. Frankfurt am Main, 1997.

Higgs, Robert. "Private Profit, Public Risk: Institutional Antecedents of the Modern Military Procurement System in the Rearmament Program of 1940–1941," in: Geofrey T. Mills and Hugh Rockoff (eds.), *The Sinews of War: Essays on the Economic History of World War II*. Ames, IA, 1993, pp. 166–198.

Higham, Charles. *Trading with the Enemy: An Exposé of the Nazi-American Money Plot 1933– 1949*. New York, 1983.

Hillgruber, Andreas. *Der Zweite Weltkrieg 1939–1945: Kriegsziele und Strategie der Großen Mächte*, 5th edition. Stuttgart, 1989. (Original edition: 1982)

"Hitlers beflissene Hehler," *Der Spiegel*, March 17, 1997 (www.spiegel.de/spiegel/ print/d-8680325.html).

Hofer, Walter, and Herbert R. Reginbogin. *Hitler, der Westen und die Schweiz 1936–1945*. Zürich, 2002.

Hoffmann, Peter. *German Resistance to Hitler*. Cambridge, MA, and London, 1988. "Holocaust-Überlebende klagen gegen Frankfurter Konzern Degussa," *Frankfurter Rundschau*, August 24, 1998.

Homburg, Heidrun. "Wirtschaftliche Dimensionen der deutschen Besatzungsherrschaft in Frankreich 1940–1944," in: Werner Abelshauser, Jan-Otmar Hesse, and Werner Plumpe (eds.), *Wirtschaftsordnung, Staat und Unternehmen: Neue Forschungen zur Wirtschaftsgeschichte des Nationalsozialismus. Festschrift für Dieter Petzina zum 65. Geburtstag*. Essen, 2003, pp. 181–204.

Hörster-Philipps, Ulrike. *Wer war Hitler wirklich? Großkapital und Faschismus 1918–1945: Dokumente*. Cologne. 1978.

"Hotel Kaiserhof (Berlin)," http://de.wikipedia.org/wiki/Hotel_Kaiserhof_%28Berlin%29.

Hoven, Herbert. "Was Ford nicht tut," *Die Zeit*, September 22, 1995, www.zeit.de/1995/39/ Was_Ford_nicht_tut.

"How Does a Congress of Millionaires Represent You?" www.gatheringspot.net/topic/ political-activismcover-ups/how-does-congress-millionaires-represent-you.

"Hugo Boss," http://en.wikipedia.org/wiki/Hugo_Boss.

Hunt, Linda. *Secret Agenda: The United States Government, Nazi Scientists, and Project Paperclip, 1945 to 1990*. New York, 1991.

"IG Farben," http://en.wikipedia.org/wiki/Ig_Farben.

IG Farben: Von Anilin bis Zwangsarbeit: Zur Geschichte von BASF, BAYER, HOECHST und anderen deutschen Chemie-Konzernen. Stuttgart, 1995.

Imlay, Talbot. "Shades of Collaboration: The French Automobile Industry

Under German Occupation," in: Froland, Hans Otto, Mats Ingulstad, and Jonas Scherner (eds.), *Industrial Collaboration in Nazi-Occupied Europe: Norway in Context*. London, 2016, pp. 161–86.

"Is There a New Anti-Semitism? A Conversation with Raul Hilberg," *Logos,* vol. 6, nos. 1–2, Winter-Spring 2007, http://www.logosjournal.com/issue_6.1-2/hilberg.htm.

James, Harold. "Die Rolle der Banken im Nationalsozialismus," in: Lothar Gall and Manfred Pohl (eds.), *Unternehmen im Nationalsozialismus*. Munich, 1998, pp. 25–36.

Jeffreys, Diarmuid. *Hell's Cartel: IG Farben and the Making of Hitler's War Machine*. London, 2008.

Jensen, Derrick. "Neighborhood Bully: Ramsey Clark on American Militarism," *The Sun Magazine*, August 2001, www.thesunmagazine.org/bully.html.

Jersak, Tobias. "Öl für den Führer," *Frankfurter Allgemeine Zeitung*, February 11, 1999. "Jewish Bolshevism," https://en.wikipedia.org/wiki/Jewish_Bolshevism.

"Johan Willem Beyen," http://fr.wikipedia.org/wiki/Johan_Willem_Beyen.

"John J. McCloy," http://en.wikipedia.org/wiki/John_J._McCloy.

Jones, Eleanor, and Florian Ritzmann. "Coca Cola goes to War," http://xroads.virginia. edu/~CLASS/coke/coke.html.

"Julius Friedrich Lehmann," http://de.wikipedia.org/wiki/Julius_Lehmann. Jungbluth, Rüdiger. *Die Quandts: Ihr leiser Aufstieg zur mächtigsten Wirstschaftsdynastie Deutschlands*. Frankfurt am Main, 2002.

Kahn, David. *Hitler's Spies: German Military Intelligence in World War II*. New York, 1985.

Kershaw, Ian. *Hitler 1889–1936: Hubris*. New York and London, 2000. (Original edition: 1998)

Kershaw, Ian. *Hitler 1936–45: Nemesis*. New York and London, 2001. (Original edition: 2000)

Kershaw, Ian. *Making Friends with Hitler: Lord Londonderry and Britain's Road to War*. London, 2004.

Kinzer, Stephen. *Overthrow: America's Century of Regime Change from Hawaii to Iraq*. New York, 2006.

Köhler, Otto. "Wohlstand für alle? Wie Ludwig Erhard im Januar 1945 zusammen mit dem später gehängten SS-Einsatzgruppenführer Otto Ohlendorf die Soziale Marktwirtschaft erfand," *Junge Welt,* September 19, 2009, https://www.jungewelt.de/loginFailed. php?ref=/2009/09-19/023.php.

Kolko, Gabriel. "American Business and Germany, 1930–1941," *The Western*

Political Quarterly, vol. 15, December 1962, pp. 713–24.

Kolko, Gabriel. *The Politics of War: The World and United States Foreign Policy, 1943–1945*. New York, 1968.

Kolko, Gabriel. *Century of War: Politics, Conflicts, and Society Since 1914*. New York, 1994.

Krales, Edwin. "Ensuring the Success of Fascism in Spain: The US Corporate Role," *Counterpunch*, April 7, 2008, https:// www.counterpunch.org/2008/04/07/ensuring-the- success-of-fascism-in-spain/.

Krammer, Arnold. "Fueling the Third Reich," *Technology and Culture*, vol. 19, no. 3, July 1978, pp. 394–422.

Krebs Daniel. "Jimmy Carter: U.S. Is an 'Oligarchy With Unlimited Political Bribery,'" *Rolling Stone*, July 31, 2015, www.rollingstone.com/politics/ videos/jimmy-carter-u-s-is-an- oligarchy-with-unlimited-political-bribery-20150731.

Kreis, Georg. *Die Schweiz im Zweiten Weltkrieg*. Innsbruck and Vienna, 2011.

Kugler, Anita. "Das Opel-Management während des Zweiten Weltkrieges. Die Behandlung 'feindlichen Vermögens' und die 'Selbstverantwortung' der Rüstungsindustrie," in: Bernd Heyl and Andrea Neugebauer (eds.), '... *ohne Rücksicht auf die Verhältnisse : Opel zwischen Weltwirtschaftskrise und Wiederaufbau*. Frankfurt am Main, 1997, pp. 35–68. (1997a)

Kugler, Anita. "'Flugzeuge für den Führer,' Deutsche 'Gefolgschaftsmitglieder' und ausländische Zwangsarbeiter im Opel-Werk in Rüsselsheim 1940 bis 1945," in: Bernd Heyl and Andrea Neugebauer (eds.), '... *ohne Rücksicht auf die Verhältnisse : Opel zwischen Weltwirtschaftskrise und Wiederaufbau*. Frankfurt am Main, 1997, pp. 69–92. (1997b)

Kühnl, Reinhard. *Die nationalsozialistische Linke 1925–1930*. Meisenheim am Glan, 1966.

Kühnl, Reinhard. *Formen bürgerlicher Herrschaft: Liberalismus — Faschismus*. Reinbek bei Hamburg, 1971.

Kühnl, Reinhard. *Der deutsche Faschismus in Quellen und Dokumenten*, 5th edition. Cologne, 1980. (Original edition: 1975)

Kühnl, Reinhard. *Die Weimarer Republik: Errichtung, Machtstruktur und Zerstörung einer Demokratie*. Reinbek bei Hamburg, 1985.

Kümmel, Gerhard. *Transnationale Wirtschaftskooperation und der Nationalstaat: Deutsch- amerikanische Unternehmensbeziehungen in den dreißiger Jahren*. Stuttgart, 1995.

Labarique, Paul. "Historiens sous influence: Qui 'écrit' l'histoire ?" April 8, 2004, www.voltairenet.org/Qui-ecrit-l-Histoire.

Lacroix-Riz, Annie. *L'économie suédoise entre l'Est et l'Ouest, 1944–1949: neutralité et embargo, de la guerre au Pacte atlantique*. Paris, 1991.

Lacroix-Riz, Annie. *Le choix de la défaite: Les élites françaises dans les années 1930*. Paris, 2006.

Lacroix-Riz, Annie. *De Munich à Vichy: L'assassinat de la Troisième République (1938–1940)*. Paris, 2008.

Lacroix-Riz, Annie. Opération Walkyrie: comment Hollywood attente à l'histoire," *Investig'action*, February 27, 2009, www.investigaction.net/Operation-Walkyrie- comment.

Lacroix-Riz, Annie. "Louis Renault et la 'fabrication de chars pour la Wehrmacht,'" March 10, 2011, http://owni.fr/2011/03/10/louis-renault-et-la-fabrication-de-chars-pour-la- wehrmacht. (2011a)

Lacroix-Riz, Annie. "Dossier Renault: archives et documents," December 12. 2011, www. historiographie.info/renault.html. (2011b)

Lacroix-Riz, Annie. *Industriels et banquiers français sous l'Occupation*, new edition. Paris, 2013. (Original edition: 1999)

Lacroix-Riz, Annie, "Le débarquement du 6 juin 1944, du mythe à la réalité," *Réseau Voltaire*, June 4, 2014, www.voltairenet.org/article184071.html.

Lacroix-Riz, Annie. "Le rôle de l'URSS dans la deuxième guerre mondiale (1939–1945)," *Le Grand Soir*, May 9, 2015, https://legrandsoir.info/le-role-de-l-urss-dans-la-deuxieme- guerre-mondiale-1939-1945.html.

Lacroix-Riz, Annie. *Les élites françaises entre 1940 et 1944. De la collaboration avec l'Allemagne à l'alliance américaine*. Paris, 2016.

Lederman, Robert. "A Jewish Perspective on G. W. Bush," http://naturalsolutionsradio.com/ blog/natural-solutions-radio/jewish-perspective-gw-bush.

LeBor, Adam. *Hitler's Secret Bankers: The Myth of Swiss Neutrality During the Holocaust*. Secaucus, NJ, 1997.

"Lend-Lease," http://en.wikipedia.org/wiki/Lend_Lease.

Levering, Ralph B. *American Opinion and the Russian Alliance, 1939–1945*. Chapel Hill, NC, 1976.

Lewis, David Lanier. *The Public Image of Henry Ford: An American Folk Hero and His Company*. Detroit, 1976.

Lewy, Guenter. *The Catholic Church and Nazi Germany*. Boulder, CO, 2000.

Liberman, Peter. *Does Conquest Pay?: The Exploitation of Occupied Industrial Societies*. Princeton, NJ, 1996.

Liebig, Michael. "Terror's Legacy: Schacht, Skorzeny, Allen Dulles," *Executive Intelligence Review*, April 9 and 16, 2004, http://larouchepub.com/other/2004/3114_terror_legacy. html.

Lillteicher, Jürgen (ed.). *Profiteure des NS-Systems?: Deutsche Unternehmen und das 'Dritte Reich.'* Berlin, 2006.

Lindner, Stephan H. *Das Reichskommissariat für die Behandlung feindlichen Vermögens im Zweiten Weltkrieg: Eine Studie zur Verwaltungs-, Rechts- und Wirtschaftsgeschichte des nationalsozialistischen Deutschlands.* Stuttgart, 1991.

"L'Oréal," https://fr.wikipedia.org/wiki/L%27Or%C3%A9al.

Losurdo, Domenico. *Democrazia o bonapartismo: Trionfo e decadenza del suffragio universale.* Turin, 1993.

Losurdo, Domenico. *Le révisionnisme en histoire: problèmes et mythes.* Paris, 2006. Losurdo, Domenico. *Il linguaggio dell'impero: Lessico dell'ideologia americana.* Bari, 2007. Losurdo, Domenico. *Stalin: Storia e critica di una leggenda nera.* Rome, 2008.

Luyten, Dirk. *Ideologie en praktijk van het corporatisme tijdens de Tweede Wereldoorlog in België.* Brussels, 1997.

MacDonald, Dougal. "Les liaisons nazies des impérialistes anglo-américains — La filière nazie d Electrolux," http://histoire.skynetblogs.be/tag/imperialisme.

Maddux, Thomas R. *Years of Estrangement: American Relations with the Soviet Union 1933–1941.* Tallahassee, FL, 1980.

Manchester, William. *The Arms of Krupp, 1587–1968.* New York, 1970. (Original edition: 1968)

Martin, Bernd. *Friedensinitiativen und Machtpolitik im Zweiten Weltkrieg 1939–1942.* Düsseldorf, 1974.

Martin, Bernd. "Friedens-Planungen der multinationalen Großindustrie (1932–1940) als politische Krisenstrategie," *Geschichte und Gesellschaft,* 2 , 1976.

"Massacre des Héréros," http://fr.wikipedia.org/wiki/Massacre_des_Hereros.

May, Gareth. "10 Big Business Nazi Profiteers," October 24, 2013, http://listverse. com/2013/10/24/10-big-business-nazi-profiteers.

Mayer, Arno J. *Why Did the Heavens Not Darken? The Final Solution in History.* New York, 1988.

Mazower, Mark. *Hitler's Empire: How the Nazis Ruled Europe.* New York, 2008.

Meyssan, Thierry. "History secrète de L'Oréal: Anti-Sémitisme et anti-maçonnisme," *Le Réseau Voltaire,* July 28, 2010, www.mondialisation.ca/index.php?context=va&aid=20374.

Mikhah, Yosef. "Ford, General Motors et le Troisième Reich: une collaboration 'hautement profitable,'" www.marxiste.org/theorie/histoire-materialisme-historique/732-ford- general-motors-et-le-troisieme-reich-unecollaboration-hautement-profitable.

Mikhah, Yosef, and Tony Kofoet. "Criminele partners: Het VS-grootkapitaal en de nazi's," Dutch translation of a German article published in: *Die Funke*, May 10, 2005, www. afvn.nl/2005_4/afpag_20_21.htm.

Mills, Geofrey T., and Hugh Rockoff (eds.), *The Sinews of War: Essays on the Economic History of World War II*. Ames, IA, 1993.

Milward, Alan S. *The German Economy at War*. London, 1965.

Milward, Alan S. "Politische Ökonomie, Unilateralismus und Sicherheit im Dritten Reich,'" in: Werner Abelshauser, Jan-Otmar Hesse, and Werner Plumpe (eds.), *Wirtschaftsordnung, Staat und Unternehmen: Neue Forschungen zur Wirtschaftsgeschichte des Nationalsozialismus. Festschrift für Dieter Petzina zum 65. Geburtstag.* Essen, 2003, pp. 221–29.

Mommsen, Hans, and Manfred Grieger. *Das Volkswagenwerk und seine Arbeiter im Dritten Reich*, 3rd edition. Dusseldorf, 1997.

Mommsen, Wolfgang J. "1933: Die Flucht in den Führerstaat," in: Carola Stern and Heinrich A. Winkler (eds.), *Wendepunkte deutscher Geschichte 1848–1990*. Frankfurt am Main, 1997, pp. 127–58.

Muller, Jerry Z. *Capitalism and the Jews*. Princeton, NJ, 2010.

Müller, Rolf-Dieter. *Der Manager der Kriegswirtschaft — Hans Kehrl, ein Unternehmer in der Politik des 'Dritten Reiches.'* Essen, 1999.

Müller, Rolf-Dieter. "'Das Unternehmen Barbarossa' als wirtschaftlicher Raubkrieg," in: Gerd R. Ueberschär and Wolfram Wette (eds.), *Der deutsche Überfall auf die Sowjetunion: "Unternehmen Barbarossa" 1941*. Frankfurt am Main, 2011, pp. 125–57. (2011a)

Müller, Rolf-Dieter. *Der Feind steht im Osten: Hitlers geheime Pläne für einen Krieg gegen die Sowjetunion im Jahr 1939*. Berlin, 2011. (2011b)

Nasaw, David. *The Chief: The Life of William Randolph Hearst*. Boston, 2000.

Navarro, Vicente. "They Worked for Franco: How Secretary of State Cordell Hull and Nobel Laureate Camilo Jose Cela Collaborated with Spain's Fascist Regime," *Counterpunch*, October 30/31, 2004, https://www.counterpunch.org/2004/10/30/they-worked-for- franco/.

Ndiaye, Pap A. *Nylon and Bombs: DuPont and the March of Modern America*. Baltimore, MD, 2007.

Neebe, Reinhard. *Großindustrie, Staat und NSDAP 1930–1933: Paul Silverberg und der Reichsverband der Deutschen Industrie in der Krise der Weimarer Republik*. Göttingen, 1981.

Neliba, Günter. *Die Opel-Werke im Konzern von General-Motors (1929–1948) in Rüsselsheim und Brandenburg: Produktion für Aufrüstung und Krieg ab 1935 unter nationalsozialistischer Herrschaft.* Frankfurt am Main, 2000.

Neugebauer, Andrea, " . . . die Räder wieder ins Rollen bringen! , " in Bernd Heyl and Andrea Neugebauer (eds.), *. . . ohne Rücksicht auf die Verhältnisse : Opel zwischen Weltwirtschaftskrise und Wiederaufbau.* Frankfurt am Main, 1997, pp. 169–94.

Newton, Scott. *Profits of Peace: The Political Economy of Anglo-German Appeasement.* Oxford, 1996.

Niess, Frank. *Geschichte der Arbeitslosigkeit. Ökonomische Ursachen und politische Kämpfe: ein Kapitel deutscher Sozialgeschichte*, 2nd edition. Cologne, 1982. (Original edition: 1979)

Nolte, Ernst. "Big Business and German Politics: A Comment," *American Historical Review*, vol. 75, no. 1, October 1969, pp. 47–55.

North, David. "A critical review of Daniel Goldhagen's *Hitler's Willing Executioners*," *World Socialist Web Site*, April 17, 1997, www.wsws.org/en/articles/1997/04/holo-a17.html.

"NYSE Statistics Archive," www.nyse.com/financials/1022221393023.html.

"Octogon," http://fr.wikipedia.org/wiki/Octogon.

Ogtheby, Carl. "The Secret Treaty of Fort Hunt," https://archive.org/stream/the-secret-treaty- of-fort-hunt/the-secret-treaty-of-fort-hunt_djvu.txt.

"On 31st December, Britain will have paid off the last of its WWII loans from the US," http://forums.canadiancontent.net/internationalpolitics/55234-31st-december-Britain- will-have.html.

Overesch, Manfred. *Machtergreifung von links: Thüringen 1945/46.* Hildesheim, 1993.

Panitch, Leo, and Sam Gindin, *The Making Of Global Capitalism: The Political Economy of American Empire.* Londen and New York, 2012.

Parenti, Michael. *Democracy for the Few*, 6th edition. New York, 1995. (Original edition: 1974)

Pätzold, Kurt. *Der Führer ging, die Kopflanger blieben: Ein historisches Finale und aktuelle Kontroversen.* Cologne, 2005.

Pätzold, Kurt, and Manfred Weißbecker. *Geschichte der NSDAP 1920–1945.* Cologne, 1998.

Pauwels, Jacques R. *The Myth of the Good War: America in the Second World War,* revised edition. Toronto, 2015. (Original edition: 2002)

Pauwels, Jacques R. *De Canadezen en de bevrijding van België 1944–1945.* Berchem, 2004.

Pauwels, Jacques R. "70 Years Ago, December 1941: Turning Point of World War II," *Global Research*, December 6, 2011, www.globalresearch.ca/

index.php?context=va&aid=28059. (2011a)

Pauwels, Jacques R. "Fall 1941: Pearl Harbor and The Wars of Corporate America," *Global Research*, December 11, 2011, www.globalresearch.ca/fall-1941-pearl-harbor-and-the- wars-of-corporate-america/28159. (2011b)

Pauwels, Jacques R. *The Great Class War 1914–1918*. Toronto, 2016.

Pavillon, Sophie. "Aluminium Industrie AG (AluSwitzerland) et le Troisième Reich: L'axe de l'aluminium," http://page2.ch/EdPage2/p2_2GM_alu.html.

Pavillon, Sophie. "Les Aciéries Georg Fischer et le Troisième Reich: Obus sans frontière," http://page2.ch/EdPage2/p2_2GM_fischer.html.

Pavillon, Sophie. "Maggi et le Troisième Reich: Du potage pour la Wehrmacht," http://page2. ch/EdPage2/p2_2GM_maggi.html.

Paxton, Robert. *Vichy France: Old Guard and New Order, 1940–1944*. New York, 1982.

Pendergrast, Mark. *For God, Country, and Coca-Cola: The Unauthorized History of the Great American Soft Drink and the Company That Makes It*. New York, 1993.

Pinto-Duschinsky, Michael. "The Holocaust: Excusing the Inexcusable," July/August 2011, http://standpointmag.co.uk/features-julyaugust11-the-holocaust-excusing-the- inexcusable-michael-pinto-duschinsky-holocaust-toepfer-richard-evans.

Plumelle-Uribe, Rosa Amelia. *La férocité blanche des non-blancs aux non-Aryens: génocides occultés de 1492 à nos jours*. Paris, 2001.

Plumpe, Werner. "Politische Zäsur und funktionale Kontinuität: Industrielle Nachkriegsplanung und der Übergang zur Friedenswirtschaft 1944–1946," *1999: Zeitschrift für Sozialgeschichte des 20. und 21. Jahrhunderts*, vol. 4, 1992, pp. 11–37.

Plumpe, Werner. "Unternehmen im Nationalsozialismus: Eine Zwischenbilanz," in: Werner Abelshauser, Jan-Otmar Hesse and Werner Plumpe (eds.), *Wirtschaftsordnung, Staat und Unternehmen: Neue Forschungen zur Wirtschaftsgeschichte des Nationalsozialismus. Festschrift für Dieter Petzina zum 65. Geburtstag*. Essen, 2003, pp. 243–66.

Pohl, Hans, Stephanie Habeth and Beate Brüninghaus. *Die Daimler-Benz AG in den Jahren 1933 bis 1945: Eine Dokumentation*. Stuttgart, 1986.

Ponting, Clive. *Armageddon: The Second World War*. London, 1995.

Pool, James. *Hitler and His Secret Partners: Contributions, Loot and Rewards, 1933–1945*. New York, 1997.

Pool, James, and Suzanne Pool. *Who Financed Hitler?* New York, 1978.

Potkina, Irina V. "The Singer Company in Russia, 1897–1917: strategy, identity,

performance, reception, adaptability," www.helsinki.fi/iehc2006/papers3/
Potkina.pdf.

Poulantzas, Nicos. *Fascism and Dictatorship*. Paris, 1974. (Original edition:
1970)

Puchert, Berthold. "Die ökonomische Expansion Deutschlands und ihre Rolle
in den

Weltkriegen," in: Werner Röhr, Brigitte Berlekamp and Karl-Heinz Roth
(eds.), *Der Krieg vor dem Krieg: Ökonomik und Politik der friedlichen
Aggressionen Deutschlands 1938/1939*. Hamburg, 2001, pp. 352–66.

Recker, Marie-Luise. "Zwischen sozialer Befriedung und materieller
Ausbeutung: Lohn- und Arbeitsbedingungen im Zweiten Weltkrieg," in:
Wolfgang Michalka (ed.), *Der Zweite Weltkrieg. Analysen, Grundzüge,
Forschungsbilanz*. Munich and Zurich, 1989, pp. 430–44.

"Reemtsma (Familie)," https://de.wikipedia.org/wiki/Reemtsma_(Familie).

Reich, Simon. *The Fruits of Fascism: Postwar Prosperity in Historical
Perspective*. Ithaca, NY, and London, 1990.

Reich, Simon. "Corporate Social Responsibility and the Issue of
Compensation: The Case of Ford and Nazi Germany," in: Francis R. Nicosia
and Jonathan Huener (eds.), *Business and Industry in Nazi Germany*. New
York and Oxford, 2004.

Reichhardt, H.J. Möglichkeiten und Grenzen des Widerstandes der
Arbeiterbewegung," in: Walter Schmitthenner and Hans Buchheim (eds.),
*Der deutsche Widerstand gegen Hitler: Vier historisch-kritische Studien
von H. Graml, H. Mommsen, H. J. Reichhardt, E. Wolf*. Cologne, 1966.

Research Findings about Ford-Werke under the Nazi Regime, Dearborn,
MI, 2001, http://www. jewishvirtuallibrary.org/ford-motors-report-on-
german-subsidiary-in-world-war-ii.

Reuss, Ernst. *Kriegsgefangenen im 2. Weltkrieg: Wie Deutsche und Russen
mit ihren Gegnern umgingen*. Berlin, 2010.

Reymond, William. *Coca-Cola, het verboden onderzoek*. Breda, 2007.

Ritschl, Albrecht. "Die NS-Wirtschaftsideologie — Modernisierunsprogramm
oder reaktionäre Utopie?" in: Michael Prinz and Rainer Zitelman (eds.),
Nationalismus und Modernisierung, 2nd edition. Darmstadt, 1994, pp.
48–70. (Original edition: 1994)

Rocha, Leon. "The Great Rubber Robbery: How Julius Fromm's Condom
Empire Fell to the Nazis," *The Berlin Review of Books*, January 28, 2011,
http://berlinbooks.org/ brb/2011/01/the-great-rubber-robbery-how-
julius-fromm%E2%80%99s-condom- empire-fell-to-the-nazis/.

Roth, Karl Heinz. "Wirtschaftliche Vorbereitungen auf das Kriegsende und

Nachkriegsplanungen," in: Dietrich Eichholtz, *Geschichte der deutschen Kriegswirtschaft 1933–1943*, volume 3. Berlin, 1996, pp. 509–611.

Roth, Karl Heinz. "'Neuordnung' und wirtschaftliche Nachkriegsplanungen," in: Dietrich Eichholtz (ed.), *Krieg und Wirtschaft: Studien zur deutschen Wirtschaftsgeschichte 1939– 1945*. Berlin, 1999, pp. 195–219.

Roth, Karl Heinz, and Jan-Peter Abraham. *Reemtsma auf der Krim: Tabakproduktion und Zwangsarbeit unter der deutschen Besatzungsherrschaft 1941–1944*. Hamburg, 2010.

Russell, Thaddeus. *A Renegade History of the United States*. New York, 2010.

Sampson, Anthony. *The Sovereign State of ITT*. New York, 1973.

Sampson, Anthony. *The Seven Sisters: The Great Oil Companies and the World They Made*. New York, 1975.

Schäfer, Hans Dieter. "Amerikanismus im Dritten Reich," in: Michael Prinz and Rainer Zitelman (eds.), *Nationalismus und Modernisierung*, 2nd edition. Darmstadt, 1994, pp. 199–215. (Original edition: 1994)

Schanetzky, Tim. "Geschäfte mit der braunen Diktatur," *Die Zeit*, March 16, 2006.

Scharnberg, Harriet. "Das A und P der Propaganda: Associated Press und die nationalsozialistische Bildpublizistik," *Zeithistorische Forschungen/ Studies in Contemporary History*, vol. 13 (2016), no. 1, http://www.zeithistorische-forschungen.de/1-2016/id=5324.

Scherner, Jonas. "Industrial Investment in Nazi Germany: The Forgotten Wartime Boom," March 2006, http://economics.yale.edu/sites/default/files/files/Workshops-Seminars/ Economic-History/scherner-060329.pdf.

Scherner, Jonas. *Die Logik der Industriepolitik im Dritten Reich: Die Investitionen in die Autarkie- und Rüstungsindustrie und ihre staatliche Förderung*. Stuttgart, 2008.

Schmelzer, Janis. "In zwei Etappen zum Sieg: Wie Bayer & Co die Nachkriegsgeschichte bestimmten," December 1988, http://kritischeaktionaere.de/Archiv/Konzernkritik/ I_G Farben/IGF-Nachkrieg/igf-nachkrieg.html.

Schmitz, David F. "A Fine Young Revolution: The United States and the Fascist Revolution in Italy, 1919–1925," *Radical History Review*, vol. 33, September 1985, pp. 117–38.

Schneider, Michael. "Der Kampf um die Arbeitszeitverkürzung von der Industrialisierung bis zur Gegenwart," http://library.fes.de/gmh/main/pdf-files/gmh/1984/1984-02-a-077.pdf.

Schonbach, Morris. *Native American Fascism During the 1930s and 1940s: A Study of Its Roots, Its Growth, and Its Decline*. New York, 1985.

Schröder, Hans-Jürgen. *Deutschland und die Vereinigten Staaten 1933–1939: Wirtschaft und Politik in der Entwicklung des deutsch-amerikanischen Gegensatzes*. Wiesbaden, 1970.

Schweitzer, Arthur. *Big Business in the Third Reich*. Bloomington, IN, 1964.

Seldes, George, assisted by Helen Seldes. *Facts and Fascism*. New York, 1943.

Sherry, Michael S. *Preparing for the Next War: American Plans for Postwar Defense, 1941–45*. New Haven, 1977.

Silverstein, Ken. "Ford and the Führer," *The Nation*, January 24, 2000.

Simpson, Christopher. *Blowback: The First Full Account of America's Recruitment of Nazis, and Its Disastrous Effect on Our Domestic and Foreign Policy*. New York, 1988.

Simpson, Christopher. *The Splendid Blond Beast: Money, Law, and Genocide in the Twentieth Century*. New York, 1993.

Sinclair, Upton. *The Flivver King: A Story of Ford-America*. Pasadena, CA, 1937.

Small, Melvin. "The 'Lessons' of the Past: Second Thoughts about World War II," in: Norman K. Risjord (ed.), *Insights on American History*, volume 2. San Diego, CA, 1988.

Snell, Bradford. "General Motors and the Nazis," *Ramparts*, June 12, 1974, pp. 14–16.

Sobel, Robert. *I.T.T.: The Management of Opportunity*. New York, 1982.

Sobel, Robert. *RCA*. New York, 1986.

Soete, Lieven. *Het Sovjet-Duitse niet-aanvalspact van 23 augustus 1939: Politieke Zeden in het Interbellum*. Berchem, 1989.

Sohn-Rethel, Alfred. *The Economy and Class Structure of German Fascism*. Londen, 1987.

Spoerer, Mark. *Vom Scheingewinn zum Rüstungsboom: Die Eigenkapitalrentabilität der deutschen Industrieaktiengesellschaften 1925–1941*. Stuttgart, 1996.

Spoerer, Mark. "Die Automobilindustrie im Dritten Reich: Wachstum um jeden Preis?" in: Lothar Gall and Manfred Pohl (eds.), *Unternehmen im Nationalsozialismus*. Munich, 1998, pp. 61–68.

Spoerer, Mark. *Zwangsarbeit unter dem Hakenkreuz: Ausländische Zivilarbeiter, Kriegsgefangene und Häftlinge im Deutschen Reich und im besetzten Europa 1939–1945*. Stuttgart and Munich, 2001.

St. Clair, Jeffrey. *Grand Theft Pentagon: Tales of Corruption and Profiteering in the War on Terror*. Monroe, ME, 2005.

Staas, Christian, and Volker Ullrich. "Deutsche Geschichte vom zweiten zum 'Dritten Reich,'" *Zeit Online*, February 8, 2011, *www.zeit.de/zeit-geschichte/2010/04/Interview*.

Stannard, David E. *American Holocaust: Columbus and the Conquest of the New World*. New York and Oxford, 1992.

Steinacher, Gerald. *Nazis auf der Flucht: Wie Kriegsverbrecher über Italien nach Übersee entkamen*. Frankfurt am Main, 2010.

Steiner, André. "Umrisse einer Geschichte der Verbraucherpreispolitik unter dem Nationalsozialismus," in: Werner Abelshauser, Jan-Otmar Hesse, and Werner Plumpe (eds.), *Wirtschaftsordnung, Staat und Unternehmen: Neue Forschungen zur Wirtschaftsgeschichte des Nationalsozialismus. Festschrift für Dieter Petzina zum 65. Geburtstag*. Essen, 2003, pp. 279–303.

Stokes, Raymond G. "The Oil Industry in Nazi Germany, 1936–1945," *Business History Review*, vol. 59, no. 2, Summer 1985, pp. 254–77.

Streb, Jochen, "R. Banken: Edelmetallmangel und Großraubwirtschaft" (review of the book by Ralf Banken, *Edelmetallmangel und Großraumwirtschaft: Die Entwicklung des deutschen Edelmetallsektors im 'Dritten Reich' 1933–1945*, Berlin, 2009), November 5, 2009, http://hsozkult.geschichte.hu-berlin.de/rezensionen/2009-4-112.

Sutton, Anthony C. *Wall Street and the Rise of Hitler*. Sudbury, UK, 1976.

Tarpley, Webster G., and Anton Chaitkin. "The Hitler Project," chapter 2 of *George Bush: The Unauthorized Biography*. Washington, 1992. http://tarpley.net/online-books/george-bush- the-unauthorized-biography/chapter-2-the-hitler-project/.

Tarpley, Webster G. "In 1932, Fox Helped Make Propaganda Films for Hitler," September 30, 2010, http://tarpley.net/2010/09/30/in-1932-fox-helped-make-propaganda-films-for- hitler.

Taylor, Frederick. *Exorcising Hitler: The Occupation and Denazification of Germany*. New York, 2011.

"The Nazi Party: Women of the Third Reich." *Jewish Virtual Library*, www.jewishvirtuallibrary. org/women-of-the-third-reich.

"Thomas H. McKittrick Papers, 1924–1955," http://nrs.harvard.edu/urn-3:HBS.Baker. EAD:bak00058.

"Thomas W. Lamont," http://en.wikipedia.org/wiki/Thomas_W._Lamont.

"Timothy Mason," http://en.wikipedia.org/wiki/Timothy_Mason#Interpretations_of_ fascism.2C_.E2.80.9Cprimacy_of_politics.E2.80.9D.

Tooze, Adam. "Economics, Ideology and Cohesion in the Third Reich: A Critique of Goetz Aly's *Hitlers Volksstaat*," September 2005, http://

campuspress.yale.edu/adamtooze/files/2012/10/Tooze-Article-on-Aly-for-Dapim-Lecheker-HaShoah-Sep-2006- Corrected.pdf.

Tooze, Adam. *The Wages of Destruction: The Making and Breaking of the Nazi Economy*. London, 2006.

Trepp, Gian. "Ein Rückblick am Ende einer Ära: Das Gewicht der Vereinigten Staaten in der BIZ," *Neue Zürcher Zeitung*, November 25, 1994.

Trepp, Gian. "Kapital über Alles: Zentralbankenkooperation bei der Bank für Internationalen Zahlungsausgleich im Zweiten Weltkrieg," in: Philipp Sarasin and Regina Wecker (eds.), *Raubgold, Reduit, Flüchtlinge: Zur Geschichte der Schweiz im Zweiten Weltkrieg*. Zurich, 1998, pp. 71–80.

Treue, Wilhem (ed.). *Deutschland in der Weltwirtschaftskrise in Augenzeugenberichten*. Munich, 1976.

Treue, Wilhelm. "Widerstand von Unternehmern und Nationalökonomen," in: Jürgen Schmädeke and Peter Steinbach (eds.), *Der Widerstand gegen Hitler*. Munich, 1985, pp. 917–37.

Turner, Henry Ashby Jr. *German Big Business and the Rise of Hitler*. New York, 1985. Turner, Henry Ashby Jr. "Unternehmen unter dem Hakenkreuz," in: Lothar Gall and Manfred Pohl (eds.), *Unternehmen im Nationalsozialismus*. Munich, 1998, pp. 15–23.

Turner, Henry Ashby Jr. *General Motors and the Nazis: The Struggle for Control of Opel, Europe's Biggest Carmaker*. New Haven and London, 2005.

Ueberschär, Gerd R. "Das Scheitern des 'Unternehmens Barbarossa,'" in: Gerd R. Ueberschär and Wolfram Wette (eds.), *Der deutsche Überfall auf die Sowjetunion: "Unternehmen Barbarossa" 1941*. Frankfurt am Main, 2011, pp. 85–122.

Uhl, Susanne. "Interview with Karl Heinz Roth: How the Reemtsma corporation profited from Nazi organised forced labour on the Crimea," www.tlaxcala-int.org/article. asp?reference=835.

"Ullstein Verlag," http://de.wikipedia.org/wiki/Ullstein_Verlag.

"Untermensch," http://en.wikipedia.org/wiki/Untermensch.

van der Pijl, Kees. *The Making of an Atlantic Ruling* Class. London, 1984.

"VARTA," http://de.wikipedia.org/wiki/VARTA.

Volker, Hentschel. *Ludwig Erhard: Ein Politikerleben*. Munich and Landsberg am Lech, 1996.

Völklein, Ulrich. *Geschäfte mit dem Feind: Die geheime Allianz des großen Geldes während des Zweiten Weltkriegs auf beiden Seiten der Front*. Hamburg and Vienna, 2002.

von Hassell, Agostino, and Sigrid MacRae, with Simone Ameskamp. *Alliance* of Enemies: The Untold Story of the Secret American and German Collaboration to End World War II. New York, 2006.

"VS-Banken collaboreerden met Nazi's," Het Nieuwsblad, December 26, 1998.

"W. Averell Harriman," http://en.wikipedia.org/wiki/W._Averell_Harriman.

Walker, Tim. "Father of Koch brothers helped build Nazi oil refinery, book claims," Independent, January 12, 2016, www.independent.co.uk/news/ world/americas/father-of- koch-brothers-helped-build-nazi-oil-refinery-book-claims-a6808081.html.

Wallace, Max. The American Axis: Henry Ford, Charles Lindbergh, and the Rise of the Third Reich. New York, 2003.

Warburg, Sydney. De geldbronnen van het Nationaal-Socialism: 3 gesprekken met Hitler. Rijswijk, 2008. (Original edition: 1933)

Weißbecker, Manfred. Das Firmenschild: Nationaler Sozialismus. Der deutsche Faschismus und seine Partei. Cologne, 2011.

Weixelbaum, Jason. "Business as Usual: Journalistic, Academic, and Synthetic Responses to Allied Corporate Collaboration with the Third Reich," December 25, 2010, http:// jasonweixelbaum.wordpress.com/2010/12/25/ historiography-of-corporatenazi- collaboration-review-essay.

Weixelbaum, Jason. "Debunking Conspiracy: Ford-Werke and the Allied Bombing Campaign of Cologne," May 9, 2012, https://jasonweixelbaum. wordpress.com/2012/05/09/ debunking-conspiracy-ford-werke-and-the-allied-bombing-campaign-of-cologne/.

"Werner von Clemm," http://en.wikipedia.org/wiki/Werner_von_Clemm.

Whiting, Charles. Hitler's Secret War: The Nazi Espionage Campaign against the Allies. London, 2000.

Wiegel, Gerd. "Faschismusdefinition — Nur ein Streit um Worte?" in: Michael Klundt (ed.), Kapitalismus versus Barbarei?: Die Geschichtsschreibung der 'Neuen Weltordnung.' Cologne, 2007, p. 178–93.

Wiegrefe, Klaus. "Hitler-Orden für Henry Ford," Der Spiegel, 50, December 7, 1998, pp. 184– 85, http://www.spiegel.de/spiegel/print/d-8440647.html.

Wiesen, S. Jonathan. "German Industry and the Third Reich: Fifty Years of Forgetting and Remembering," Dimensions: A Journal of Holocaust Studies, vol. 13, no. 2, www.adl.org/ news/op-ed/german-businesses-and-nazis.

Wilkins, Mira. The History of Foreign Investment in the United States, 1914– 1945. Cambridge, MA, 2004.

Wilkins, Mira, and Frank Ernest Hill. American Business Abroad: Ford on Six Continents. Detroit, 1964.

"William Henry Draper, Jr.," http://en.wikipedia.org/wiki/

William_Henry_Draper_Jr.

Woodhouse, Howard. *Selling Out: Academic Freedom and the Corporate Market*. Montreal, 2009.

Wubs, Ben. *International Business and National War Interests: Unilever between Reich and Empire, 1939–45*. London and New York, 2008.

Yeadon, Glen, and John Hawkins. *The Nazi Hydra in America: Suppressed History of a Century*. Palm Desert, CA, 2008.

Z, Mickey. "The A[ppeasement] Word," January 10, 2003, http:// dissidentvoice.org/Articles/ MickeyZ_AWord.htm.

Zdral, Wolfgang. *Der finanzierte Aufstieg des Adolf H*. Vienna, 2002.

Zezima, Michael. *Saving Private Power: The Hidden History of "The Good War."* New York, 2000.

Ziegler, Dieter (ed.). *Großbürger und Unternehmer: Die deutsche Wirtschaftselite im 20. Jahrhundert*. Göttingen, 2000.

Ziegler, Jean. *The Swiss, the Gold, and the Dead*. New York, 1997.

Zilg, Gerard Colby. *Du Pont: Behind the Nylon Curtain*. Englewood Cliffs, NJ, 1974.

Zinn, Howard. *A People's History of the United States*. New York, 1990.

"ZwangarbeiterInnen [sic] bei Ford AG Köln," *Stadtrevue Köln*, 9/1995, www.nadir.org/nadir/ archiv/Antifaschismus/Themen/Zwangsarbeit/ ZwangFord.html.

찾아보기

426

자본은 전쟁을 원한다

초판 1쇄 펴낸날 2019년 10월 4일
초판 2쇄 펴낸날 2023년 10월 16일
지은이 자크 파월
옮긴이 박영록
펴낸이 박재영
편집 이정신·임세현·한의영
마케팅 신연경
디자인 조하늘
제작 제이오
펴낸곳 도서출판 오월의봄
주소 경기도 파주시 회동길 363-15 201호
등록 제406-2010-000111호
전화 070-7704-5018
팩스 0505-300-0518
이메일 maybook05@naver.com
트위터 @oohbom
블로그 blog.naver.com/maybook05
페이스북 facebook.com/maybook05
인스타그램 instagram.com/maybooks_05

ISBN 979-11-87373-98-8 03900

만든 사람들
책임편집 박재영
디자인 조하늘